insel taschenbuch 4997

Anna Fredriksson

Der Weg ins Apfelreich

In der Serie *Die Jahreszeiten-Saga* sind erschienen:
Zwischen Himmel und Meer (Frühling)
Der Traum vom einfacheren Leben (Sommer)
Der Weg ins Apfelreich (Herbst)

Der Herbst ist im südschwedischen Kivik angekommen und die Apfelbäume tragen bereits Früchte. Vanja kann ihre erste Kunstausstellung seit langer Zeit feiern, sie wird ein großer Erfolg. Doch ein Geist aus der Vergangenheit taucht bei der Eröffnung auf und wirft sie ganz schön aus der Bahn …

Ihre Tochter Sally bekommt in ihrem Bed & Breakfast tatkräftige Unterstützung von ihrem neuen Freund Peter, mit dem sie im Liebesglück schwebt. Doch eine Sache lässt sie nicht los: Sie hat einen Onkel, doch ihre Mutter Vanja hüllt sich über ihren Bruder in Schweigen. Sally bleibt nichts anderes übrig, als selbst Nachforschungen anzustellen, um die Familie wieder komplett zu machen.

Auch Sallys Tochter Josefin eröffnet endlich ihre eigene Vintageboutique, doch die Kunden bleiben aus. Ist ihr Traum bereits vorbei, bevor er richtig angefangen hat?

Frühling, Sommer und Herbst im Bed&Breakfast von Sally in Skåne: drei Frauen, drei Generationen und drei Geschichten darüber, was es bedeutet, Mutter und Tochter zu sein.

Anna Fredriksson, geboren 1966, ist eine schwedische Autorin. Sie ist bekannt als »Queen of Feel Real«. Ihre Bücher haben sich in Schweden über 700 000 Mal verkauft. Sie lebt mit ihren drei Söhnen in Stockholm. www.annafredriksson.se

Elke Ranzinger, 1980 in Passau geboren, lebt als Übersetzerin aus dem Norwegischen und Schwedischen in Berlin.

Anna Fredriksson

Der Weg ins Apfelreich

Die Jahreszeiten-Saga: Herbst

Aus dem Schwedischen von
Elke Ranzinger

Insel Verlag

Die Originalausgabe erschien 2020 unter dem Titel
Vägen till äppelriket bei Forum, Stockholm.

Klimaneutral
Druckprodukt
ClimatePartner.com/14438-2110-1001

Erste Auflage 2023
insel taschenbuch 4997
Deutsche Erstausgabe

First published by Forum, Sweden.
Published by arrangement with Nordin Agency AB, Sweden.

Umschlaggestaltung: zero-media.net, München
Umschlagabbildungen: FinePic®, München; Getty Images, München
Satz: Dörlemann Satz, Lemförde
Druck: CPI books GmbH, Leck
Printed in Germany
ISBN 978-3-458-68297-4

www.insel-verlag.de

Der Weg ins Apfelreich

Vanja

Ein leichter Wind wehte über den Friedhof von Södra Mellby. Einige vertrocknete Blätter wurden aus dem Gras hochgewirbelt und flatterten um die Grabsteine herum. War die Natur nicht vielleicht jetzt im Frühherbst am allerschönsten? Vanja saß neben Sally auf einer Bank und konnte just in diesem Augenblick die Frage guten Gewissens mit Ja beantworten. Das Wetter war mild und sonnig, das Laub lag als goldgelber Teppich unter den Bäumen und die Früchte am Hagebuttenstrauch leuchteten hellrot. Märta, die große, zottelige Berner Sennhündin, lag auf dem Boden, mit einem würdevollen Ausdruck, als erwartete sie, gleich fotografiert zu werden.

Vanja stand auf, um den Reißverschluss ihrer Lederjacke zu schließen, so früh am Morgen war es mittlerweile doch ziemlich frisch. Dann setzte sie sich sofort wieder, denn sie wollte nicht, dass diese Stunde ein baldiges Ende nahm. Für ein Gespräch unter vier Augen hatten Sally und sie kaum Gelegenheit gehabt. Zumindest nicht in der Art. Ruhig und nett, ohne irgendjemanden in der Nähe.

»Das war eine gute Idee von dir, hierherzufahren und nach dem Gedenkhain zu schauen.«

Sally nickte.

»Ich wollte das schon eine ganze Weile, habe es aber nicht geschafft. In der Pension war mit den ganzen Gästen einfach zu viel los. Aber jetzt hat es gut gepasst. Das Frühstücksbuffet ist aufgebaut und als ich raus bin, haben noch alle geschlafen.«

Vanja war noch nie hier gewesen, in diesem Gedenkhain. Dem Ort, an dem im Abstand von dreißig Jahren Åkes und Georgs Urnen beigesetzt worden waren. Sie hatte es nie für nötig befunden und außerdem war Sentimentalität sowieso nicht ihr Ding, deshalb hatte die Vorstellung gereicht, dass sie die beiden Männer weiter in sich trug. Natürlich trauerte sie, aber eben auf ihre Art.

Sally strich sich eine Strähne hinters Ohr, bekam nicht mit, dass Vanja sie musterte. In mancherlei Hinsicht war ihre Tochter Georg wahnsinnig ähnlich. Vom Profil her irgendwie. Aber auch bezüglich ihres Charakters. Sally hatte eine außergewöhnliche Art, ihren Gesprächspartnern das Gefühl zu geben, ganz bei ihnen zu sein. Josefin hatte erzählt, ihrer Mutter sei der Umgang mit Menschen aller Couleur immer leichtgefallen. Das konnte sich Vanja gut vorstellen. Georg war auch so gewesen.

Vielleicht aber lag der Grund für Sallys Eigenschaften in etwas anderem. Vielleicht waren sie aus ihrer langanhaltenden Einsamkeit zu erklären. Sie war extrem darum bemüht, in ein soziales Umfeld eingebettet zu sein.

Vanja blickte wieder über den Friedhof.

»Hier möchte ich auch einmal liegen.«

»Bis wir darüber sprechen müssen, ist noch eine Weile hin.«

»Weiß man's? Aber du hast Recht, ich bin gesund und munter und bleibe das hoffentlich auch noch lange.«

Märta stand auf, trottete rum und schnüffelte hier und da. Wenn niemand in der Nähe war, durfte sie unangeleint herumstreunern.

Vanja spürte, dass Sally sie ansah.

»Du weißt doch, was die meisten Leute auf die Frage antworten, was sie ihrem jüngeren Ich sagen würden?«

»Was denn?«

»Irgendwas in Richtung, ›Immer ruhig bleiben, es wird sich alles finden.‹ Ist das nicht ziemlich bescheuert?«

»Wie meinst du das?«

Vanja kapierte nichts. Wie kam Sally jetzt darauf? Manchmal waren sie schon sehr verschieden. Sally stand auf und schüttelte die Beine, stampfte etwas auf.

»Naja, das tut es ja nun nicht immer. Sich finden. Meist ist es eher genau andersherum.«

Sie gingen Richtung Parkplatz. Es war Zeit für den Heimweg. Vanja stand auf und folgte ihr.

»Was wäre denn deiner Meinung nach eine gute Antwort auf die Frage? Was würdest du sagen?«

»Vielleicht eher: ›Nimm jetzt nicht alles so furchtbar ernst, vermutlich wird in der Zukunft vieles noch schlimmer.‹«

Vanja lachte los. Sally konnte wirklich genauso erbarmungslos zynisch sein wie sie selbst.

»Da könnte was dran sein«, sagte sie. »Wobei ja andererseits die Kindheit und Jugend ziemlich viel Bedeutung für den Rest des Lebens hat.«

»Ja, aber trotzdem. Man sollte seinem jüngeren Ich lieber sagen, du bist jetzt jung und süß und dir stehen alle Türen offen. Warte erst mal, bis du fünfzig bist.«

Das klang ziemlich düster. Und doch irgendwie komisch. Vanja grinste wieder.

»Ich verstehe, was du meinst. Man ist irgendwie immer mehr sich selbst ausgeliefert. Irgendwann kommt der Tag, wo man einsieht, dass einen tief drinnen niemand versteht. Dass das schlicht nicht die Aufgabe der anderen ist.«

Von fern knirschte der Kies. Vanja und Sally blickten in

Richtung des Geräuschs und sahen den Priester. Er hatte dieselbe Schifferkrause und kurzgeschnittene Stirnhaare wie immer. Bei ihnen angekommen, schüttelte er beiden die Hand, erst Vanja, dann Sally. Dann tätschelte er Märta, liebevoll, ohne ein Wort darüber zu verlieren, dass sie nicht angeleint war.

»Was macht ihr denn hier? Einen kleinen Morgenspaziergang?«

»Genau«, antwortete Vanja.

»Es verspricht ja heute ein richtig schöner Tag zu werden.«

Sie pflichteten ihm bei. Der Pfarrer musterte sie eindringlich. Offenbar wollte er etwas fragen, sagte aber nichts, vielleicht spürte er, dass es zu aufdringlich wäre. Obwohl er schon häufiger ziemlich neugierig gewesen war. Nicht zuletzt in Verbindung mit Åkes Begräbnis, als er bei der Planung der Zeremonie viel zu viele Fragen gestellt hatte. Darüber war Vanja noch nicht hinweg. Nichtsdestotrotz war das Begräbnis schön gewesen.

Der Pfarrer richtete seinen dünnen Strickpullover, aus dessen Bund der weiße Priesterkragen herausragte. Nach einem kurzen Hüsteln lächelte er Vanja an.

»Ich habe gehört, Sie geben nun Malkurse auf Vallmogården? Das hat mir Liselott gestern bei ICA erzählt.«

»Ja, richtig. Wir haben die Scheune ausgeräumt und darin ein Atelier eingerichtet. Heute ist der letzte Kurstag.«

»Wie schön, dass Sie sich da eingemietet haben, damit Harald und Josefin den Hof behalten können. Und dass es für Sie in letzter Zeit so gut gelaufen ist. Gratulation zu Ihren Erfolgen.«

»Danke.«

»Was ist das denn im Kurs für Malerei?«

»In erster Linie Aquarell. Und Gouache und noch ein bisschen was anderes.«

Der Pfarrer sah etwas verloren aus.

»Klingt spannend.«

Vanja nickte. Der Kurs war wirklich geglückt. Ende August hatte sie Gorm angerufen und ihn gebeten, an seiner Galerie Brinck-Jensen einen Aushang für einen Malkurs in Österlen anzubringen. Und Josefin hatte ihre Freundin Lou in Malmö dasselbe im Klamottenladen *Broken Twill* machen lassen, wo Vibekes Tochter Grethe nun beschäftigt war. Knapp zwanzig Personen hatten sich angemeldet. Dänen wie Schweden, und die ersten acht hatten einen Platz bekommen. Fünf Frauen und drei Männer verschiedenen Alters.

Der Blick des Pfarrers wanderte zwischen Vanja und Sally hin und her.

»Es freut mich so, Sie miteinander zu sehen. Mutter und Tochter. Als wir das letzte Mal hier waren, bei Åkes Begräbnis, war das noch ganz anders.«

Beide nickten, aber keine sagte etwas. Der Pfarrer wusste auch so genug. Vanja vermied es, ihn anzusehen. Sie richtete den Blick in die Ferne, wo die orangefarbenen Baumwipfel wie Wellen im Wind wogten. Wie unglaublich viel war doch in diesem Frühling und Sommer geschehen! Mehr als in vielen Jahren zuvor.

Der Pfarrer verabschiedete sich, dann waren sie wieder nur zu zweit. Oder dritt, wenn man Märta mitrechnete.

Vanja ging langsam Sally hinterher zum Auto. Beim Anblick ihrer Tochter kam ihr das Bild vom Frühjahr in den Sinn. Das große, sperrige Werk mit seinen abstrakten Feldern und seltsamen Farben und der Badewanne in der Mitte. Jetzt war es weg.

Der Verkauf war Ende Juli über die Bühne gegangen. Gorm hatte sich gemeldet, über und über glücklich mit dem Preis, den der Käufer bezahlen wollte. Vanja war in erster Linie geschockt, aber auch froh, vor allem als ihr klar wurde, dass sie dadurch genug Geld haben würde, um die Scheune auf Vallmogården zu mieten. Und natürlich war es eine Anerkennung. Nach all den Jahren der Schufterei gefragt zu sein, angesehen und geschätzt zu werden. Es war noch immer unfassbar für sie.

Vanja hoffte, dass der Käufer mit dem Bild zufrieden war. Es handelte im Grunde genommen von einem kleinen Kind. Der Tochter, die sie verlassen hatte, als sie vor fast fünfzig Jahren weggegangen war. Sie bekam einen Kloß im Hals und trat nach einem Laubhäufchen, genervt von sich und diesem bescheuerten Mangel an Selbstbeherrschung.

Dann fokussierte sie die Gedanken auf etwas anderes, das mit ihrem neuen Erfolg als Künstlerin zu tun hatte. Denn auf die *Pension Pomona*, in der bis vor einigen Wochen ihr Jugendwerk gehangen hatte, wartete hoffentlich eine gesicherte Zukunft. Der Ruf hatte sich offenbar verbreitet, es gab bereits Reservierungsanfragen für den nächsten Sommer. Ab und zu hatte Vanja Führungen durchs Haus gemacht, bis Ende Juli sämtliche der Jugendwerke an die Galerie Brinck-Jensen verliehen worden waren. Gorm hatte auf eine mehrmonatige Ausstellung gedrängt, die Vernissage sollte am dreizehnten Oktober stattfinden.

Sie hatten den weinroten VW-Bus erreicht. Vanja holte den Autoschlüssel raus.

»Sicher, dass ich dich nicht heimbringen soll?«

»Ich gehe gern«, sagte Sally. »Aber danke für das Angebot.«

Vanja öffnete die Autotür. Eine Eingebung stoppte sie. Was wusste Sally eigentlich über das Bild mit der Badewanne? Vermutlich nichts.

»Du weißt, dass ich im Sommer ein Bild verkauft habe?«

Sally legte Märta gerade die Leine an.

»Josefin hat es erzählt. Sie ist wahnsinnig froh, dass dir das genug Geld eingebracht hat, um die Scheune zu mieten. Dass Harald und sie auf dem Hof bleiben können, bedeutet ihr alles.«

»Ja, das ist toll.«

Vanja setzte sich hinters Steuer.

»Aber manchmal bereue ich, dass ich dieses Bild verkauft habe. Du hättest es haben sollen, denn das Motiv hat mit dir zu tun. Vielleicht hätte ich ein anderes Werk für eine ebenso große Summe verkaufen können.«

Sally schüttelte den Kopf.

»Denk nicht so. Mir reicht es schon, das zu wissen.«

Vanja schluckte, um die Tränen zurückzuhalten. Die eigene Tochter so etwas sagen zu hören. Das hätte sie sich niemals auch nur zu wünschen getraut, und nun war es Wirklichkeit.

»Leider kann ich es nicht mehr ändern. Verkauft ist verkauft.«

Sally lächelte und blinzelte in die Sonne.

»Vielleicht kannst du was Neues malen?«

»Ja. Vielleicht.«

Ganz so einfach war das nicht, aber das wollte Vanja jetzt nicht erklären.

»Hast du immer gemalt und gezeichnet?«, fragte Sally. »Schon als Kind?«

»Ich erinnere mich nicht richtig. Vermutlich ja.«

»Was hast du am liebsten gemacht? Gemalt oder irgendein Spiel? Oder was anderes?«

Vanja lachte auf.

»Glaubst du wirklich, dass ich das noch weiß? Ich bin über siebzig.«

Sally sagte nichts mehr. Sie sah auf die Uhr und gähnte, wirkte etwas müde. Vanja wusste, dass sie hart arbeitete, sieben Tage die Woche. Heute war der erste Tag des Apfelmarkts. Die *Pension Pomona* war für das ganze Wochenende ausgebucht, morgen reisten die Teilnehmer des Malkurses ab. Danach kamen bestimmt neue Gäste, die im Sommer gebucht hatten, und nach deren Abreise würde es abermals nicht lange dauern, bis die Pension wieder gefüllt war. Das Risiko einer Pleite, vor der Sally im Sommer solche Angst gehabt hatte, war aus der Welt. Außerdem hatte sie Zusatzeinnahmen in Verbindung mit dem Kurs, denn Peter und sie hatten angeboten, für die Verpflegung an den Mittagen zu sorgen.

In der kurzen Zeit, die sie einander kannten, hatte Vanja begriffen, wie effektiv Sally im Lösen von Problemen war. Konkret, schnell und klug. Man merkte, dass sie in ihrem Leben in einer ganzen Reihe unterschiedlicher Jobs gearbeitet hatte. Von Pflegekraft über Garderobiere zu Kellnerin und Empfangsdame war sie alles mal gewesen. Was auch geschah, sie würde klarkommen.

»Danke für die Hilfe bei der Verpflegung«, sagte Vanja. »Wir haben die ganze Woche über fantastisch gegessen.«

»Gern geschehen.«

Sie verabschiedeten sich und Sally machte sich mit Märta auf den Weg den Mellby Hügel hinunter, während Vanja nach Hause fuhr, um sich fertig zu machen.

Ihre Hände lagen ruhig auf dem Steuer, sie atmete lang und genussvoll ein. Das Dasein war in bester Ordnung. Hätte sie das nur gewusst, als im Frühling durch Åkes Tod und Sallys Umzug nach Kivik alles über sie hereinbrach. Dann hätte sie das letzte halbe Jahr ruhiger geschlafen.

Als sie auf die Straße nach Svinaberga bog, dachte sie an ihr eigenes schönes Zuhause, das Stallgebäude auf Peters Hof. Die leere Ecke im Atelier kam ihr in den Sinn, wo das Bild gestanden hatte. Junge Fachleute mit dünnen, weißen Baumwollhandschuhen hatten es mit äußerster Vorsicht weggetragen und in einen Transporter geladen.

Vanja parkte den VW-Bus. Bei Gelegenheit würde sie Gorm nach dem Käufer des Bilds fragen. Das durfte sie nicht vergessen, falls Sally es irgendwann wissen wollte.

Sally

Der Duft von Mandelteig, Vanille und warmen Äpfeln füllte die ganze Küche. Sally nahm den fertigen, goldbraun gebackenen Apfelkuchen aus dem Ofen. Sobald er abgekühlt war, wollte sie ihn aufs Frühstücksbuffet stellen, damit die Gäste zweifelsfrei wussten, es war Herbst und Apfelmarkt in Kivik. Anderen Menschen ein Gefühl von Gemütlichkeit zu verschaffen, war das Schönste, was es für sie gab. Und noch schöner war das in der eigenen Pension.

Sie machte eine Runde durchs Erdgeschoss, um nach dem Feuer im Kachelofen zu sehen und danach, ob fürs Frühstück irgendwas fehlte. Nachdem nun alle von Vanjas Bleistiftzeichnungen und Aquarellen an die Galerie in Kopenhagen verliehen waren, war das Haus voll mit zurückgebliebenen hellen Rechtecken an den Wänden. Aber das schien die Gäste nicht zu stören. Einige sagten, am interessantesten sei für sie, das Haus zu sehen, in dem Vanja gelebt hatte, und sie hätten fest vor, irgendwann die Ausstellung in Kopenhagen zu besuchen.

Die Pension war voll, und das schon seit dem Sommer. Alle Teilnehmerinnen von Vanjas Kurs hatten eigene Zimmer gebraucht, also waren Speziallösungen notwendig geworden. Zwei wohnten in den beiden Doppelzimmern, die Sally Ingrid Marie und Granny Smith genannt hatte. In den Einzelzimmern Astrachan und Cox Orange nächtigten weitere zwei. Die Schlafplätze für die verbliebenen vier Personen hatte sie schaffen können, indem sie ausnahmsweise das große Haus dafür nutzte. Dabei war aber jedes

Zimmer draufgegangen, sogar ihr eigenes Schlafzimmer. Was nichts gemacht hatte, sie hatte bei Peter in Svinaberga unterschlüpfen können und es war wunderbar dort.

Natürlich hatte sie Vanja die Bitte um Hilfe nicht abschlagen können, schließlich hatte sie erheblichen Anteil am Überleben der *Pension Pomona.* Wäre Vanja nicht in die Bresche gesprungen, hätte Sally vielleicht im August schließen müssen.

Sally ging zurück in die Küche. Durchs Fenster sah sie Peter aufs Haus zukommen. Wenn sie ihn sah, wurde sie innerlich irgendwie zart und zerbrechlich. Er was so schön, noch immer konnte sie kaum begreifen, dass sie mit ihm zusammen sein durfte. Manchmal fühlte sie sich wie eine unbeholfene Gymnasiastin.

Peter und sie wollten nun das letzte Mittagessen für Vanjas Kursgruppe oben auf Vallmogården zubereiten. Darauf freute sich Sally, wie schon an jedem Tag zuvor. Es gab nichts Besseres, als mit Peter in der Küche zu stehen und über alles und nichts zu plaudern, manchmal unterbrochen von einer Pause zum Küssen.

Derart bedingungslos zu jemanden zu gehören, war für sie noch immer wahnsinnig ungewohnt. Peter hatte eine Lebenseinstellung, nach der man zusammen für jedes erdenkliche aufkommende Problem eine Lösung finden konnte.

Innerhalb dieser kurzen Zeit war er zu einer Selbstverständlichkeit in ihrem Dasein geworden. Kaum konnte sich Sally mehr vorstellen, wie es ohne ihn gewesen war. Ohne diesen Mann, der behauptete, sie mache ihn allein dadurch glücklich, dass sie den Raum betrete. Der sagte, sie strahle und leuchte und sie habe in allem, was sie tue, eine kindliche Lebensfreude. Wenn Sally ihm das nicht glauben wollte und ihn daran erinnerte, wie schwer sie es in ihrem Leben mitunter gehabt hatte, lachte er sie nur an, sodass das Grübchen auf seiner Wange sichtbar wurde, und fügte an, das könne man an der Dunkelheit in ihren Augen natürlich auch sehen. Ohne das wäre sie jetzt nicht, wer sie war.

Sie wohnten nicht zusammen, verbrachten aber so viel Zeit wie nur möglich miteinander. Peters enge Freundschaft mit Vanja war kein großes Problem mehr, eher im Gegenteil. Er half Sally, ihre Mutter zu verstehen, oder versuchte es zumindest.

»Hallo!« Peter trat in den Flur. »Ich hab dich heute Morgen gar nicht rausschleichen hören. Wie das hier duftet! Ist das Apfelkuchen?«

Sally umarmte ihn und versprach ihm ein Stück, falls eines übrig war, nachdem die Gäste sich beim Frühstück daran bedient hatten. Dann erzählte sie von dem Spaziergang mit Vanja oben in Södra Mellby und dem Besuch im Gedenkhain.

»Es war so schön da. Einfach nur eine Weile zusammen zu sein und zu reden. Ganz ungestört.«

»Das freut mich.«

Er drückte die Lippen nacheinander auf Sallys Augenbrauen, langsam und zärtlich. Da fiel Sallys Blick durchs Fenster, einige Gäste traten aus dem Flügelgebäude, sie riss sich los, gleich würden sie hier in den Flur kommen.

»Guten Morgen«, sagte sie, als sie vorbeigingen.

Die Gäste erwiderten den Morgengruß. Sally stellte schnell den Kuchen aufs Buffet. Dann öffnete sie auf der Suche nach einer blaugestreiften Kanne, die ihr wieder in den Sinn gekommen war, in der Küche Schrank um Schrank. Irgendwo musste sie sein, dessen war sie sich sicher, obwohl sie sie seit dreißig Jahren nicht gesehen hatte. War sie vielleicht irgendwo anders im Haus gelandet? Als Blumenvase und dann vergessen. Sally würde sie finden.

Sie begann im Obergeschoss, wo ein paar der Kursteilnehmer wohnten. Da auch sie unten beim Frühstück waren, konnte sie diskret einen Blick in jeden Raum werfen. Nachdem sie sicherheitshalber angeklopft hatte, öffnete sie die Tür zum früheren Zimmer ihres Vaters Georg. Ihr Blick verweilte auf den auffälligen Bettvorhängen, die sie vor dem Kurs aufgehängt hatte. Der Stoff hatte ein für die Siebzigerjahre typisches Blumenmuster und erinnerte sie stark an ihre Kindheit. An die Zeit, als sie in Schlaghosen und Clogs oder Cordrock und geringelten Kniestrümpfen herumgelaufen war. Oder bei Regen auf ihrem Bett gelegen und *Unsere kleine Farm* Band für Band verschlungen hatte. Zu der Zeit waren auch Liselott und sie durch Kivik geradelt, hatten am Strand an den von der Weide hängenden Lianen geschaukelt und mit Luftmatratzen in den Wellen gebadet.

Große, runde, blaugrüne Blumen bedeckten den gesamten Stoff. Sally ging hin und schnüffelte zaghaft daran, meinte sich plötzlich daran zu erinnern, dass ihre Mutter ein ganz ähnlich aussehendes Kleid gehabt hatte. Vielleicht nicht exakt so, aber das Blumenmuster war in der Art gewesen.

Ihre Mutter. Sprich Vanja. Diese beiden Personen zusammenzubringen, fiel Sally noch schwer. Die eine, eine diffus verschwommene Gestalt, hatte sie auf den Schoß genommen und sie zu den Klängen der heute im begehbaren

Schrank liegenden, alten Spieluhr gewiegt. Die andere gab es hier und jetzt, mit grauen, wirren Haaren, den Falten, ihrem scharfen Profil und eindringlichen Blick. Sie hatte sich als feiner Mensch entpuppt.

Die Worte, die Vanja ihr irgendwann im Sommer ins Ohr geflüstert hatte, würde Sally nie vergessen. Die Sätze waren ihr durch den ganzen Körper gegangen. *Ich werde dich nicht aufgeben. Der Schmerz und das Leid, das ich verursacht habe, tun mir leid, aber jetzt bin ich jedenfalls da.*

Beim Gedanken daran wurden ihre Augen feucht. Wie viel Mut und Kraft diese Aussage Vanja gekostet haben musste. Von dem Moment an hatte sich alles verändert.

Sally wischte sich über die Nase. Für ein paar Minuten suchte sie nach der Kanne, gab dann auf und ging weiter in Åkes Zimmer. Auch hier war ein Kursteilnehmer untergebracht und so bewegte sie sich vorsichtig zwischen Taschen und aufgehängten Kleidungsstücken hindurch. Am Fenster stand der Schreibtisch, an dem Åke oft gesessen und seine Briefmarken sortiert hatte. Jetzt war er mit Aquarellzeichnungen und unterschiedlichsten Skizzen bedeckt.

Hier hätte Milena bei ihrem nächsten Besuch vielleicht auch unterkommen können. Doch ihre frühere Stockholmer Nachbarin hatte seit dem Sommer nichts mehr von sich hören lassen. Damals hatte Milena gesagt, sie wolle zum Apfelmarkt zurück sein, aber danach war es still geworden. Vielleicht hatte sie nach ihrer Scheidung ein neues Leben angefangen, war einem Mann begegnet oder hatte einen aufregenden Job gefunden. Oder alles zusammen. Sally nahm sich vor, sie, sobald es ein wenig ruhiger geworden war, anzurufen.

In diesem Zimmer hatte Josefin auch den Stapel alter Notizbücher gefunden. Die handgeschriebenen Zeilen darin waren für Sally entscheidend gewesen im Bestreben, ihre Herkunft zu verstehen. Indem Åke Vanjas Wiedervereinigung mit ihrem Kind verhindert hatte, war er, selbst wenn das natürlich nicht seine Intention gewesen war, der Ursprung ihrer ganzen Familientragödie. Der Verursacher jener Wunde, die seit dem Frühling endlich heilen konnte. Was wiederum Åkes Verdienst war, nachdem er Sally das Haus vererbt und sie damit zu ihrem Umzug nach Kivik veranlasst hatte. Er hatte alles in seiner Macht Stehende getan, um seine Schuld wiedergutzumachen.

Der Schreibtisch mit den gedrechselten Beinen hatte unter der Tischplatte zwei Schubladen direkt nebeneinander. Was war da eigentlich drin? Sally zog an einem der Griffe, aber die Schublade ließ sich nicht öffnen. Zuerst glaubte sie, sie würde nur klemmen, doch sie war tatsächlich abgeschlossen. Die Schublade daneben ging jedoch auf. Darin lagen ein paar leere Kuverts, ein grauer Tacker und einige Bleistifte.

Aber sie musste auch die verschlossene Schublade öffnen, aus blanker Neugier.

Sally ging ins Erdgeschoss, um nach irgendwas zu suchen, womit sie das Schloss knacken konnte. Sie holte aus der Küche eine Spicknadel, eine Büroklammer und ein Messer. Die Spicknadel und das Messer waren als Dietrich gänzlich ungeeignet, die Schublade ließ sich noch immer nicht bewegen. Die Büroklammer aber zwang das Schloss schließlich in die Knie.

Vorsichtig zog Sally die Schublade heraus und war zunächst enttäuscht, nur eine Rolle Klebeband und eine

Schere darin zu finden. Aber unter der Schere lag etwas. Ein Foto. Es hatten einen Gelbstich und zeigte eine junge Vanja in einem Wollpullover. Sie lehnte an einem Baum und lächelte mit geschlossenem Mund in die Kamera. Sie sah bleich und fahl aus, ganz und gar nicht braungebrannt und freudestrahlend wie auf dem im Frühjahr gefundenen Bild, auf dem sie hochschwanger war.

Neben Vanja stand jemand und hatte ihr den Arm um die Schultern gelegt. Ein Mann mit rotblonden Haaren, so um die dreißig Jahre alt. Er trug typische Siebzigerjahre-Klamotten, braune Schlaghosen und einen Duffelcoat mit Kapuze. Hinter dem Paar sah man einen weißen Zaun und einen Garten, und dann war noch die Ecke eines Hauses mit Fachwerkfassade zu erahnen. Das Bild war offenbar im Winter aufgenommen, die schemenhaften Bäume im Hintergrund waren kahl.

Vermutlich war das dieser Hof in dem kleinen dänischen Örtchen Søvind, von dem Vanja ab und zu erzählte. Dann musste der Kerl Knud sein, der Bewohner des Landwirtschaftskollektivs, mit dem Vanja zusammen gewesen war. Ihre dänische Freundin Vibeke hatte Knud in ihren Tagebuchaufzeichnungen erwähnt, diesem dicken Papierberg, den Josefin im Juli aus Kopenhagen mitgebracht hatte.

Sally legte das Foto zurück und schloss die Schublade. Wieso hatte Åke dieses Bild wohl aufgehoben? Sie musste es Vanja zeigen und danach fragen.

Da fiel ihr wieder ein, was sie hier eigentlich gewollt hatte, und sie sah sich im Zimmer um. Da! Ganz oben auf dem Regal stand die gestreifte Kanne. Hell, hellblau. So bekannt auch noch nach all den Jahren.

Sie holte sie runter und ging zurück ins Erdgeschoss.

Märta kam sofort an und stupste mit bettelndem Blick gegen ihre Beine.

»Ja, ja, du kriegst gleich was zum Fressen.« Sally streichelte die weichen Ohren.

Sie gab Märta frisches Wasser und füllte Trockenfutter in den Fressnapf, das die Hündin sofort verschlang. Anschließend schaute Sally nach dem Frühstücksbuffet, stellte die mit Apfelsaft gefüllte Kanne hin und brachte ein paar benutzte Tassen und Teller zum Geschirrspüler.

Sie nahm Märta mit nach draußen, um am Meer langzulaufen. Vor Liselotts Haus blieb Sally stehen und winkte durchs Fenster. Liselott kam auf die Terrasse. Sie war noch im Morgenmantel und hatte die Zahnbürste in der Hand.

»Hallo. Ist heute der letzte Tag mit den Kursleuten?«

»Ja, genau. Sie reisen morgen ab, aber dann kommen neue Gäste. Was machst du heute?«

»Bei ICA arbeiten.«

»Dann bis später. Muss ein paar Sachen kaufen.«

Liselott lächelte. Dasselbe offene, frohe Lächeln, das sie schon als Kind gehabt hatte. Wie schön, sie jetzt immer in der Nähe zu haben und nicht nur im Sommer, wie früher als Kinder. Über Banalitäten plaudern zu können. Oder wenn etwas anstand auch über wichtige Dinge.

Sally und Märta gingen weiter. Ohne Liselott hätte die *Pension Pomona* nicht Wirklichkeit werden können. Sie hatte von Anfang an bei der Renovierung und einer Menge anderem Zeug geholfen, obwohl sie ihren Job bei ICA und einen eigenen Fußpflegesalon hatte, um den sie sich kümmern musste. Liselott war so froh darüber, dass Sally zurückgekommen war und sich dauerhaft im Ort niedergelassen hatte, das hatte ihren Alltag von Grund auf verändert. Sie hatte sich dazu entschieden, alles dafür zu tun, um Sally bei der Verwirklichung ihres Traums zu helfen. In gewisser Weise hatte sie den Traum in Teilen übernommen und zu ihrem eigenen gemacht. Neben Freundinnen waren sie nun ein Arbeitsgespann.

Der Spaziergang war belebend. Nach einer Stunde war Sally zurück und ließ Märta im Garten von der Leine. In der Küche hatte Peter bereits als frühes Mittagessen ein einfaches Pastagericht für sie beide zubereitet. Er vermischte die gekochten Nudeln mit der Soße, steckte einen Löffel in die Pfanne und ließ Sally probieren.

»Mhm, was ist das?«, sagte sie. »Das schmeckt himmlisch.«

»Artischocken, braune Butter und Salbei. Und ein bisschen Zitronenabrieb und Parmesan.«

Peter probierte auch einen Löffel. Er sah zufrieden aus.

»Das hat meine Mutter immer gemacht. Sie hatte es von meiner Großmutter gelernt, die war Halbitalienerin.«

»Deine Großmutter? Aha.«

Mit einem Mal wurde Sally klar, dass sie nicht die geringste Ahnung hatte, was ihre Mutter immer gegessen hatte, als sie klein war. Sie wusste überhaupt nichts. Nicht einmal, wer ihre Großmutter war.

»Seltsam eigentlich. Dass ich absolut nichts davon weiß, wie Vanja als Kind gelebt hat.«

»Hast du sie danach gefragt?«

»Ja, ein wenig. Gerade erst heute Morgen. Als wir oben an der Kirche waren. Aber ich habe keine direkte Antwort bekommen. Sie schien nichts erzählen zu wollen.«

Peter rührte die Nudeln um und drehte ein paar Mal die Pfeffermühle.

»Nein, über ihre Kindheit hat sie noch nie gern gesprochen. Und zwar egal mit wem, soweit ich weiß.«

Sally begann das Frühstücksgeschirr einzusammeln. Sicher, es war schön, ihre Mutter zurückbekommen zu haben, wenn auch spät. Aber woher kam Vanja eigentlich? Wie war sie zu der geworden, die sie war? Auch wenn sie nun miteinander Kontakt haben und reden konnten, gab es doch etwas, das fehlte. Eine Perspektive dahinter.

Vanja

Goldenes Licht, wolkenfreier Himmel und sanfter Wind. Man hatte ein leichtes Gefühl von Hochsommer, obwohl es Ende September war. Vanja fuhr die Schotterstraße entlang und sprach über Freisprechanlage mit ihrem Galeristen. Sie hatte ihn angerufen, um eine Antwort auf ihre brennende Frage zu bekommen.

»Wer ist eigentlich der Käufer des großen Bilds mit der Badewanne?«

»Weiß ich nicht«, sagte Gorm. »Der Kauf war anonym.«

»Du hast also keinen Namen?«

»Nein. Ich hatte nur Kontakt mit irgendeiner Angestellten, einer Assistentin oder so was, ich kann mich nicht erinnern.«

Vanja war enttäuscht. Und Gorm klang nicht besonders an der Frage interessiert, für ihn war das Werk verkauft und die Sache erledigt. Er sprach nun über die Ausstellung und alles, was für die Vernissage in zwei Wochen geregelt werden musste. Plötzlich sprudelte er vor Enthusiasmus.

»Deine Jugendwerke sind noch fantastischer, wenn man sie richtig ausgestellt betrachtet. Ich habe schon einen Vorschlag zur Hängung, mit dem großen Bild im Zentrum. Bin gespannt, was du davon hältst. Wann kommst du her?«

»Montag in einer Woche.«

»Vibeke und Grethe werden sich so freuen. Bis dann.«

Sie beendeten das Gespräch. Es war Viertel vor zehn, bald würde der letzte Kurstag in vollem Gang sein. Die Woche war schnell vergangen. Vanja und Vibeke hatten die acht Teilnehmer jeden Tag von zehn bis fünf Uhr unterrichtet. Mittags hatte die Gruppe gemeinsam die leckeren Speisen von Sally und Peter gegessen, entweder in der großen Vallmogården-Küche oder, wenn das Wetter schön genug gewesen war, draußen. Ums Abendessen hatten sich die Teilnehmer selbst kümmern müssen, in der Gegend gab es gute Restaurants jeder Preisklasse.

Während der Woche hatten die Teilnehmer vier wasserbasierte Techniken ausprobiert: Aquarell, Gouache, Tusche und Acryl. Zu sehen, wie die unterschiedlichen Techniken Luft und Licht darstellen können, war eine große Bereicherung für sie gewesen.

Heute war nach dem Mittagessen ein Ausflug geplant. Nicht weit weg, nur in die Landschaft rundherum. Laut Vorhersage sollte das Wetter den ganzen Tag über schön sein. Die Gruppe würde ein paar Stunden draußen arbeiten und das natürliche Licht fließen lassen.

Vanja drückte auf den erstbesten Song ihrer zuletzt gehörten Playlist. *Tainted Love* von Soft Cell, dieser alte Knaller von Anfang der Achtziger. Einer Zeit, in der viele Gleichaltrige damit beschäftigt waren, sich um Kinder oder Ehemänner zu kümmern, oder beides. Selbst war sie so oft wie möglich ausgegangen und hatte in Nachtklubs getanzt und sich bisweilen alt gefühlt. Wie idiotisch. Sie war noch nicht einmal vierzig gewesen.

Sie bog auf die Schotterstraße Richtung Vallmogården ab, verringerte das Tempo ein wenig, damit der Song Zeit hatte auszuklingen, und öffnete für maximale Wirkung das Seitenfenster ganz.

»Wee-hoo!«, rief sie in Richtung Kuhweide. »Guten Morgen!«

Die Kühe drehten alle ihre großen Häupter und folgten

ihr mit dem Blick. Sie käuten wieder und wirkten etwas verdutzt. Vanja winkte ihnen zu und freute sich, den Tieren ein wenig Unterhaltung bieten zu können, bevor sie für den Winter in den Stall zurückmussten.

Die Musik pumpte aus dem Lautsprecher und sie drehte die Lautstärke etwas hoch. Die Töne dröhnten über Äcker und Wiesen. Dieses überbordende Lebensgefühl sollte mit auf den Hof kommen, damit die Kursteilnehmer verstanden, dass ihr letzter Tag besonders toll werden würde.

Als Vanja auf den Hofplatz einbog, waren alle anderen schon da. Drei Autos parkten an der Scheunenwand, wo Josefin, Vibeke und Grethe warteten und wegen der wummernden Musik erstaunt in Richtung Auto starrten. Vibeke kicherte dermaßen los, dass sie die Hand vors Gesicht schlagen musste. Vanja lächelte. Vibeke war lange Zeit nicht besonders fröhlich gewesen, jetzt strahlte sie richtig vor Freude über ihre bloße Existenz. Darüber, den furchtbaren Fahrradunfall im Sommer überlebt zu haben und dem Krankenhaus wie auch ihrer engen Wohnung entflohen zu sein, endlich befreit von allem, was den Namen Hilfsmittel für Behinderte verdiente.

Die Freundin hatte während der vergangenen Tage auch als Künstlerin ein völlig neues Selbstvertrauen bekommen. Offenbar hatte sie endlich Anerkennung erhalten, die Kursteilnehmer respektierten sie als Lehrerin und Mentorin zutiefst. Vor dem Kurs hatte Vibeke Vanja Aufnahmen von ein paar ziemlich erstaunlichen Bildern geschickt. Unglaublich, wie viel künstlerische Vitalität trotz der vielen Jahre Schaffenspause noch in ihr steckte.

Und dann war da ihr Schreiben. Nach ihrem Besuch in Kopenhagen hatte Josefin Vanja überraschend einen Ordner überreicht, der sich als Vibekes Tagebuchaufzeichnungen aus den Siebzigern erwiesen hatte. Vibeke hatte ihre Erlaubnis gegeben und Josefin hatte gewollt, dass Vanja alles durchlas. Mit großem Unbehagen hatte sie sich durch die engbeschriebenen Blätter gezwungen. Aber sie war auch erstaunt über den im Text steckenden Detailreichtum und das Formulierungsvermögen. Es knisterte schier. Vibeke war in jungen Jahren ein ausgemachtes Schreibtalent gewesen, und war es vielleicht noch immer. Aber davon sollte niemand wissen. Sie wollte unter absolut keinen Umständen, dass ihr Werk an einen Verlag geschickt wurde. In ihren Augen war das Ganze nichts wert.

Als Vanja aus dem VW-Bus stieg, kam Josefin mit großen Schritten auf sie zu. Sie wirkte verärgert.

»Oma, du musst die Musik nicht brüllend laut aufdrehen, wenn du auf unserem Weg fährst. Denk an die Nachbarn.«

»Du meinst, die Kühe des Nachbarn? Die sahen aus, als würden sie meinen Geschmack schätzen. Ich glaub, ich habe sie sogar ein paar Tanzschritte machen sehen. Aber vielleicht war das auch Einbildung.«

»Die Leute in den Höfen hier rundherum wollen es ruhig und friedlich. Wir müssen hier nicht ständig Trara machen, nur weil wir einen Kunstkurs abhalten.«

»Schätzchen, ist doch nichts passiert.«

Vanja legte Josefin den Arm um die Schultern. Nichtsdestotrotz war es nett, dass sie darauf erpicht war, die Nachbarn nicht zu stören. Mitten im Grünen.

Vanja sah sich um. Zwischen den Gebäuden des Vierseithofs war es windstill. Hier fühlte man sich immer wie in einer Umarmung. Irgendwas hatte das Traditionsreiche und Ursprüngliche. Einstmals war Vallmogården ein

Kleinbauernhof gewesen, später hatte hier ein älteres Ehepaar gelebt, das es nicht wirklich geschafft hatte, Gebäude und Grund so in Schuss zu halten, dass nicht alles mehr oder minder verfiel. Dann hatten Josefin und Harald übernommen und das Ganze etwas auf Vordermann gebracht. Aber es war noch viel zu tun.

»Hab ich dir schon gesagt, wie perfekt die Scheune diese Woche funktioniert hat?«, sagte Vanja. »Harald und du, ihr müsst Tag und Nacht gerackert haben, um sie herzurichten.«

Josefin nickte, ihre Miene hatte sich aufgehellt.

»Ja, mehr oder weniger. Das Streichen war nicht so schwer, das ging ziemlich fix. Am meisten Arbeit hatten wir damit, den ganzen Krempel aus dem Teil der Scheune abzutransportieren.«

»Was habt ihr mit dem Kram gemacht?«

Josefin deutete Richtung der Felder, die sich zwischen den Gebäuden erstreckten. In der Ferne sah man den Nachbarhof.

»Svante und Kristin haben uns ein paar der alten Landmaschinen abgenommen. Svante möchte versuchen, sie zu reparieren. Vor allem aber war es, um uns zu helfen.«

»Das ist nett.«

»Dann war da eine Menge Müll, vor allem Sperrmüll. Wir haben viele Touren nach Måsalycke gemacht.«

»Der Vintageladen da drüben wird schön.«

Vanja nickte in Richtung der Kurzseite der Scheune, wo auf provisorischen Tischen Kleidung lag. Auch an klapprigen Kleiderstangen hingen Sachen.

Josefin wurde ganz lebhaft.

»Und wie. Da drüben wollen wir an der ganzen Wand

Holzstangen anbringen und auf der anderen Seite Regale. Das haben wir morgen vor. Wenn wir es schaffen.«

Die junge Frau brannte dafür, ihre alte Scheune schön zu machen, obwohl es mitten in der Erntezeit war. Darin erkannte sich Vanja wieder. Wenn man jung war, packte man quasi alles.

»Ihr seid fantastisch«, sagte sie. »Ich bin wirklich stolz auf euch.«

Das Mädchen schlenkerte wie eine Fünfjährige wild mit den Armen.

»Danke für die ganzen Kleider, Oma. Dass wir die bekommen haben, bedeutet uns wahnsinnig viel.«

»Papperlapapp, ich ziehe davon sowieso nichts mehr an. Seit Jahren schon nicht. Das war also kein Opfer. Im Gegenteil! Gut, dass ich sie loswerden konnte und im Abstellraum etwas mehr Platz bekommen habe.«

Josefin und Grethe gingen weg. Die beiden hatten miteinander eine schöne Woche verbracht, Vanja war froh, das Vibeke ihre Tochter mitgebracht hatte. Mit ihrem Hintergrund als Yogalehrerein in Kopenhagen hatte sich Grethe zudem im Kurs nützlich machen können. Die meisten in der Gruppe hatten nach Kursende gegen fünf Uhr an der nachmittäglichen Yogastunde teilgenommen.

»Kommst du, Vanja?«

Vibeke winkte sie heran. Sie gingen durch die weit geöffneten Holztore. Der Boden der Scheune bestand aus alten, wunderschön handgefertigten Ziegeln. Vanja inspizierte die frisch gestrichenen Wände. Harald und Josefin hatten wirklich saubere Arbeit geleistet, nachdem sie die Scheune von all dem Müll befreit hatten. Alle großen Risse und Fugen waren sorgfältig zugespachtelt worden und nun waren die Wände kalkweiß. Das zum First oben offene Dach sollte vorerst so bleiben. Die Holzbalken hatten einen eigenen Charme, und etwas Patina brauchte es fürs richtige Gefühl. Zumindest konnte man sich das in Ermanglung von Zeit und Geld einreden.

Zwischen den Holzbrettern am Giebel fiel das Sonnenlicht durch und schaffte eine für kreatives Schaffen gemachte Stimmung. Durch die Sprossenfenster aus mundgeblasenem Glas flutete das Licht, und es haute Vanja fast um, wie viel Raum und Atmosphäre dieser Ort hatte. Hier konnte man wirklich alles Mögliche veranstalten.

Sie ließ den Blick über die Wand der Kurzseite schweifen, wo die Kleiderstangen angebracht werden sollten. Man konnte sich gut vorstellen, wie der kleine Vintageladen aussehen würde, wenn alles fertig war. Hübsch aufgehängt würde ihre alte Kleidung, die Jacken, Hosen und Röcke, wahrscheinlich ziemlich attraktiv wirken.

In der Mitte des Raums gab es einen rechteckigen Tisch mit zehn Stühlen rundherum. An einer Wand standen einige von Peter gebraucht gekaufte Staffeleien. In einem Regal lag das Material, das Vanja für das Malen in Aquarell, Tusche und Acryl angeschafft hatte. Sie hatte Bleistifte, Kohlekreiden, Aquarellfarben, Pinsel, Zeichenblöcke und jede Menge anderer Sachen im Netz bestellt. Die Gruppe war schon dabei, sich ihr Arbeitsmaterial zusammenzusuchen und ihre Plätze rund um den großen Tisch einzunehmen.

Vibeke stellte sich vor sie.

»Ich hoffe, ihr habt gut geschlafen! Dann ist heute auch schon unser letzter Kurstag. Vanja und ich dachten, wir widmen uns vor allem der Tuschezeichnung, aber auch

Kohle und Grafit. Wer Aquarell malen will, darf das aber natürlich auch.«

Die Teilnehmer wirkten erwartungsvoll. Vanja hörte, wie Vibeke sich anstrengte, Schwedisch zu sprechen, was bisher unerwartet gut gelungen war. Aus ihrem Mund kam schlicht ein Skandinavisch, das für alle leicht zu verstehen war.

Dass Vibeke und sie hier nun wirklich gemeinsam standen! Schon in den Siebzigern hatten sie das Künstlerinnenduo V&V gegründet, ein Projekt, das aber nie besonders weit gediehen war. Nun durften sie stattdessen anderen ihr Wissen und ihre Erfahrungen vermitteln.

»Wir arbeiten heute mit kleinen wie auch großen Formaten«, sagte Vanja. »Der Schwerpunkt liegt auf dem Sehen und dem Ausdrucksmittel der Zeichnung.«

Sie hielt einen Skizzenblock hoch.

»Linie, Fläche, Raum, Richtung und Bewegung. Ihr werdet verstehen, was ich meine, wenn ihr losgelegt habt.«

Vibeke ergriff wieder das Wort.

»Am Nachmittag gehen wir dann raus und arbeiten experimentell mit Aquarell und machen verschiedene Zeichenübungen. Wir wollen darüber sprechen, wie wir Charakter und besondere Qualitäten verschiedener Pigmente herausarbeiten, und schauen, wie ihr alle eure Bilder weiterentwickeln könnt, indem wir nach eurem eigenen Ausdruck und eurer euch innewohnenden eigenen Kreativität suchen.«

Der Vormittag verflog. Vanja und Vibeke gaben den Teilnehmern persönliche Anleitung und erklärten zugleich Möglichkeiten des Zeichnens. Sie gingen herum und studierten die Werke der Teilnehmerinnen, gaben Tipps und

Feedback, hörten zu und betrachteten das, was entstand. Die meisten arbeiteten an Stillleben und Figuren, manche experimentierten frei mit abstrakten Motiven.

Etwas entfernt hatte Vibeke dünne Leinen durch den Raum gespannt und eine Plastikbüchse mit Metallklammern dazugestellt. Daran hingen Aquarelle zum Trocknen.

Vanja war erstaunt, wie interessant es war, alle Ergebnisse zu sehen. Einige Kursteilnehmer waren Anfänger, andere hatten etwas Erfahrung, aber für alle war die Zeit eine echte Entdeckungsreise gewesen. In Formen, Pinselführung und der unterschiedlichen Leuchtkraft der Farben.

Sally und Peter hatten heute ein besonders tolles Mittagessen zubereitet. Der Tisch in der Küche war mit großen Servierplatten gedeckt. Das Hauptgericht waren kleine, schmackhafte Pizzastücke mit Kürbiscreme und Pecorino. Dazu gab es gegrillten Spitzkohl mit gerösteten Haselnüssen und selbstgemachter Mayonnaise, einen grünen Salat und frische Wachsbohnen mit einem Dressing aus Öl, Zitronensaft, Dijonsenf und Basilikum.

Die Gruppe aß gemeinsam an dem großen Tisch mit Vanja an der einen und Vibeke an der anderen Stirnseite. Alle schienen sich wohlzufühlen und mit sich nach ihren Anstrengungen ganz zufrieden.

Vanja plingte an ihr Glas und stand auf, um eine kurze Abschiedsrede zu halten.

»Vielen herzlichen Dank an Sally und Peter für ihr fantastisches Essen die ganze Woche. Wir haben es wirklich genossen.«

Sie machte eine Pause und sah von einem zum anderen. Sie mochte jeden und jede in der Gruppe. Es waren sympathische Menschen und in dieser vergangenen Woche hatte niemand jemand anderen niedergemacht oder auf Kosten der anderen zu viel Raum eingenommen.

»Für Vibeke und mich war es unsagbar schön und bereichernd, euch alle kennenzulernen und an euren Werken teilzuhaben. Ihr wart mutig und habt euch getraut, Tusche, Acryl, Kohle und Grafit auszuprobieren, und dann auch Aquarellmalerei. Eine der schwersten Techniken. Ich finde, ihr seid große Talente, jeder und jede von euch, und ich hoffe, ihr werdet eure Kreativität weiter erforschen.«

Als sie fertig gesprochen hatte, erhielt sie etwas Beifall, und dann ging das gemütliche Geplauder weiter. Vanja setzte sich wieder und aß. Der Kurs besprach den nachmittäglichen Ausflug, zu dem sie bald aufbrechen wollten. Vanja hatte Vibeke überzeugt, wie schon am Anfang der Woche zum Meer hinunterzugehen.

»Was für ein Erlebnis, sich ausgerechnet bei Haväng die Landschaftsmalerei anzueignen«, sagte eine der Schwedinnen. »Ich kann nur sagen, da ist ein Traum in Erfüllung gegangen, das wiederhole ich gerne noch einmal.«

Die Frau erhielt allseits Zustimmung und das Gespräch plätscherte weiter. Vanja lauschte dem heiteren Plappern der Teilnehmer um den Tisch. Das war eine Stunde der Gemeinschaft, und es fühlte sich schön an, dass sie den ganzen langen Nachmittag vor sich hatten.

Der Kurs hatte auf sie eindeutig einen belebenden Effekt gehabt. Das Leben konnte im Augenblick nicht besser sein. Als über Siebzigjährige war sie mit verschiedenen kreativen Projekten beschäftigt und bei guter Gesundheit. Und bald war die Vernissage. Die Ausstellung würde großartig werden, redete sie sich ein, mit dem großen, neuen Werk im Zentrum. Wer der Käufer war, hatte tatsächlich keinerlei Bedeutung.

Vanja sah aus dem Fenster, über die goldgefärbten Baumkronen, umringt von sonnenbeschienenen Feldern und Wiesen. Nichts ging über den frühen Herbst in Österlen.

Dann wurde ihr mit einem Mal eiskalt.

In nur wenigen Tagen war der dritte Oktober. Das Datum, an dem sie vor achtundvierzig Jahren Georg und Sally verlassen hatte. Um auf einen fernen Kontinent auf der anderen Seite der Welt zu verschwinden, zusammen mit einer Gruppe, in der sie niemanden kannte, außer Trine. Oh, Trine! Die Sehnsucht war noch immer unermesslich.

Der Abreisetag. Ihn rumzubringen war immer gleich quälend und machte Angst. Jetzt würde sie es zum ersten Mal hier tun, am selben geografischen Ort, an dem auch ihre Tochter war.

Josefin

Josefin tunkte den Pinsel in die Dose mit weißer Farbe und fuhr den letzten Buchstaben in dem Wort nach, das sie gerade geschrieben hatte: QUALITÄTSKLEIDUNG. Das war ein Zusatz unter dem, was bereits darüber in etwas größerer Schrift gestanden hatte: VINTAGELADEN – HERZLICH WILLKOMMEN! Jetzt war das große, pfeilförmige Schild ein bisschen informativer als zuvor. An derselben Stelle gab es von früher schon ein kleineres Holzschild, auf dem in ausgeblichenen Buchstaben stand: GEMÜSE & EIER.

Das neue Ladenschild hatten Harald und sie früh am Morgen an der Landstraße platziert, nachdem sie die Kleidung auf die Stangen im Laden gehängt hatten. Seit die Kursteilnehmer weg waren, hatten sie bis gestern am späten Abend den Laden mit Grethes Unterstützung hergerichtet. Nun war alles fertig. Zugegeben, heimlich hatten sie bereits früher eröffnet, zum Ende der Sommersaison, aber nun sah der Laden so aus, wie Josefin ihn haben wollte. Hoffentlich lockte das Schild vorbeifahrende Leute an. Mehr als die paar, die bisher Gemüse und Eier hatten kaufen wollen, dieser Verkauf hatte sich eher bescheiden gestaltet.

Sie sah die Landstraße entlang. Nicht viel Verkehr, vielleicht noch nicht. Ein paar Autos waren vorbeigefahren, aber bisher hatte noch niemand Interesse gezeigt. Nicht ein einziger Kunde war auf ihre kleine Schotterstraße abgebogen, um herauszufinden, was für Kleidung es auf dem Hof geben könnte.

Vor ihr lag die Ebene, herbstlich mit verwelktem Gras und struppigen, schwarzen Blumenstielen. Die Landstraße war beinahe verlassen, nur wenige Autos fuhren und keines verringerte auch nur die Geschwindigkeit. Aber so würde das doch nicht bleiben? Oder war das vielleicht ganz normal? Es galt, Geduld zu haben.

Josefin drückte den Blechdeckel auf die Farbdose und ging zurück Richtung Hof. Sie hoffte, dass der Zusatz *Qualitätskleidung* zumindest irgendwen anlockte.

Als sie mit der Planung ihres Vintageladens begonnen und Harald von der Idee überzeugt hatte, waren sie beide aufgeregt und erfüllt vom Vertrauen in die Zukunft gewesen. Sie hatten gedacht, die Dorfbewohner und Nachbarn rundherum würden, sobald sie von dem Laden hörten, direkt darauf reagieren. Würden aus purer Neugier einen Abstecher nach Vallmogården machen, um sich das anzuschauen und vielleicht ein paar aufmunternde Worte zu sagen. Was aber, wenn der neueröffnete Laden nicht anlief?

Sie wollten die alten Sachen ihrer Großmutter verkaufen und dann gab es noch die Sachen vom Vorbesitzer, die Harald und sie in einem Schrank auf dem Dachboden verstaut hatten. Ein Riesenberg alter, ungetragener Kleidung. Vieles davon war von schwedischen Fabrikaten, aber es gab auch ein paar in England gefertigte Jacken und fünf echte Arbeitshosen aus dickem Stoff, die aus Frankreich stammten. Außerdem einen Haufen gut geschnittener Hemden und einige Schuhe und Schnürstiefel. Bei ihrem Sommerjob im Kleiderladen *Broken Twill* hatte Josefin sich ein Bewusstsein für Qualität angeeignet und erkannte nun ein gutes Produkt. Sie musste nur eine Auswahl treffen, die Goldschätze hervorziehen und sie ordentlich in der Scheune aufhängen.

In dieser Gegend lebten eine Menge Künstlertypen und moderne Stadtflüchtige, überall gab es kulturelle Aktivitäten und Kleinbetriebe. Josefin hatte sich bereits bei verschiedenen lokalen Facebook-Gruppen angemeldet und alle in den Vintageladen, der heute offiziell eröffnete, eingeladen. Aber bisher hatte niemand ihren Beitrag kommentiert.

Was konnten weitere Maßnahmen sein? Vielleicht sollten Harald und sie sich mehr als bisher im Ort zeigen. Sich in Situationen begeben, wo sich alltägliche Gespräche ergeben konnten. Alle darauf aufmerksam machen, dass es ganz in der Nähe einen Hof gab, wo man ab heute Vintagekleidung kaufen und ein richtig geselliges, nettes Paar kennenlernen konnte.

Josefin blickte wieder über die graumelierten Äcker. Die Apfelplantagen in der Ferne brachen unter den Früchten beinahe zusammen. Hier auf dem Land war die Stille regelrecht greifbar, mitunter blieb Josefin heute noch stehen, um ihr zu lauschen.

Beinahe bereute sie ihre Zustimmung zu dem Vorschlag ihrer Großmutter, im Herbst hier einen Malkurs abzuhalten. Als ihre Großmutter im Sommer ihr Bild verkaufen konnte und dadurch genug Geld für das Mieten der Scheune bekommen hatte, hatte alles so einfach und nett geklungen. Josefin hatte sich über all diese Pläne gefreut und Vallmogården gern zu einem lebhaften Treffpunkt für kreative Menschen machen wollen.

Viel weiter hatte sie damals nicht gedacht. Aber jetzt, da der Herbst da war und der Kurs zu Ende, war sie irgendwie nervös. Die Bauern und Apfelbauern rundherum hatten sowieso schon genug Grund zum Tratschen über Josefin und Harald, dieses junge Großstadtpärchen, das ökologisch und unabhängig leben wollte. Einige fanden sie vermutlich naiv und töricht und die wenigsten wussten, dass Harald als Kind viel Zeit auf dem Hof seiner Großeltern in der Nähe von Östra Hoby verbracht hatte oder dass Josefins Großmutter eine erfahrene Landwirtin war. Auch nicht, dass sie beide Kurse in Bodenkunde und Tierhaltung belegt hatten. In den Augen vieler Nachbarn waren Josefin und Harald bestimmt zwei ahnungslose, junge Menschen, die um ihren runtergekommenen Hof kämpften. Aber würde jemand nur fragen, könnte Josefin erzählen, dass sie nachhaltig, einfach und frei leben wollten. Das war es auch schon. Allerdings schienen die meisten Bewohner der Gegend keine Lust auf Kontakt oder Begegnung zu haben. Weder in Facebookgruppen noch sonst wo.

Mit Ausnahme der Björks. Svante und Kristin, das über sechzigjährige Paar mit dem größten und schönsten Hof der Gegend, waren von Anfang an herzlich gewesen. An Haralds und Josefins erstem Abend auf Vallmogården waren die Björks mit einer Pilzlasagne, Salat und Rotwein auf der Türschwelle aufgetaucht. Sie waren immer hilfsbereit gewesen, fast so sehr, dass es anstrengend werden konnte. Josefin schämte sich für diesen Gedanken, waren das doch trotz allem ihre einzigen Freunde hier. Oder vielleicht nicht direkt Freunde. Eher ältere und erfahrenere Mentoren.

Sie schlenderte die Schotterstraße zurück. Drüben beim Steinwall schob Harald noch immer Steine vor und zurück. Jetzt fehlte nicht mehr viel, bald war die niedrige Mauer fertig, bei deren Planung und Konstruktion Vanja geholfen hatte. Hatte er erst ein Projekt angefangen, konnte er nur schwer wieder damit aufhören, insbesondere dann nicht, wenn es dabei um etwas ging, das ihr Leben auf Vallmogården verbessern konnte. Jetzt wälzte er einen Stein herab und wuchtete ihn auf den richtigen Platz auf der Mauer. Dann fuhr er sich durch die rotblonden Haare. Allmählich wurden sie lang, fast reichten sie bis auf die Schultern.

Seit ihrem Aufenthalt in Malmö und Kopenhagen im Sommer war Harald eindeutig bedachter auf sein Aussehen. Das gefiel ihr. In diesen etwas locker sitzenden Hosen mit Hosenträgern sah er hübsch aus. Wie ein unglaublich modebewusster Bauer, beziehungsweise Großstadthipster. Das zu hören würde ihm gar nicht gefallen. Bei dem Gedanken lächelte sie vor sich hin.

Grethe trat mit ihrem Gepäck aus dem Wohnhaus. Sie und Vibeke fuhren heute nach Kopenhagen zurück. Josefin musterte Grethe diskret. Auch ihre dänische Freundin hatte im Sommer zu einem neuen Kleidungsstil gefunden. Statt der ewigen elastischen Yogakleidung trug sie nun eine dunkelblaue Jeans und ein kariertes Hemd. Der Job im *Broken Twill* hatte deutliche Spuren hinterlassen, auch äußerlich. Grethes Strubbelhaare steckten in einem ordentlichen Pferdeschwanz, und sie wirkte ungezwungener und sorgloser als früher. Was nun nicht wirklich sonderbar war, bedenkt man, dass ihre Mutter beinahe den gesamten Sommer über im Krankenhaus gelegen hatte und zweitweise nicht klar gewesen war, ob sie auch ganz wiederhergestellt werden würde. Was sie nun war.

Vibeke war in den Tagen hier wie beflügelt gewesen, sowohl vom Kurs her wie auch davon, wieder laufen zu können und den Rollstuhl los zu sein. Sie brauchte nicht einmal mehr Krücken. Die Ärzte hatten gesagt, ihr Körper sei exakt so geheilt, wie er sollte.

»Danke, dass ich deinen Hof kennenlernen durfte«, sagte Grethe. »Und die Hühner und Schafe. Und Harald.«

»In dieser Reihenfolge.«

Sie lachten los. Ihre Freundschaft hatte über die Distanz gehalten, war sogar tiefer geworden. Während der vergangenen Woche hatten sie einander über alles, was seit dem Sommer geschehen war, auf Stand gebracht. Grethe war glücklich mit dem Job im Laden. Es gefiel ihr und ihre Chefin Lou fand sie tüchtig.

»Grüß sie«, sagte Josefin.

»Mach ich. Ach, es ist so toll da. Ich möchte wirklich nicht weg.«

Grethe wirkte etwas beschämt.

»Heutzutage höre ich nicht alles einfach wieder auf. Dass ich mich früher so benommen habe, war Noahs Schuld. Er hat mich glauben lassen, dass ich nichts kann.«

Josefin nickte zustimmend. Grethe hatte erzählte, dass sie mit ihrem Ex keinen Kontakt mehr hatte. Das war beruhigend, denn es war ihr schwergefallen, die Beziehung mit ihm endgültig zu beenden.

Grethe lächelte schief.

»Rein ökonomisch gesehen war es sehr gut, mit ihm Schluss zu machen. Ich fasse es nicht, dass ich für alles aufgekommen bin, während wir zusammen waren. Plötzlich bin ich steinreich! Fast schon Multimillionärin!«

Sie lachten wieder los. Grethe verzog das Gesicht.

»Okay, vielleicht nicht steinreich. Aber ich komme super aus. Und heute früh hat eine Freundin angerufen, dass sie eine Wohnung zur Untermiete für mich gefunden hat. Für ein ganzes Jahr. Ohne Wuchermiete! Und sie liegt nur zwanzig Minuten vom Bahnhof weg, also kann ich gut pendeln.«

»Gratuliere! Ich habe gehofft, dass du was Eigenes findest, aber nicht gedacht, dass es so schnell geht.«

»Du hast ja keine Ahnung, wie viel Energie ich habe, seit mit Noah Schluss ist. Ich packe quasi alles.«

Josefin verstand sie genau. Grethe hatte erzählt, dass sie am Wochenende Yogaklassen unterrichtete und einen Abend pro Woche in einem Heim für obdachlose Frauen mithalf.

Dann hievte Grethe ihre Taschen in den Kofferraum und öffnete die Fahrertür ihres Wagens. Sie sollte ihre Mutter bei Vanja in Svinaberga holen, wo Vibeke die ganze Woche gewohnt hatte, und dann nach Kopenhagen fahren.

Grethe und Josefin umarmten einander und versprachen, sich bald wieder beieinander zu melden. Als das Auto vom Hof gerollt war, ging Josefin in die Küche und setzte sich an ihren Laptop. Sie schaute durch ihre Facebook-Gruppen, vor allem die für Kiviker. Niemand hatte auf ihren freudigen Beitrag über den neue Vintageladen mit Qualitätskleidung auf Vallmogården reagiert. Keine Antwort, kein Kommentar. Als wäre sie unsichtbar.

Sie scrollte nach unten. Ansonsten waren die Einwohner sehr aktiv und gesellig unterwegs. Es wurden Nähkurse, Fahrradklubs, Yogagruppen und Spaziergänge angeboten. Der Saunaklub schien sehr gefragt. Außerdem gab es ein Sponsorenessen für den Fußballverein, Mitwirkung am hundert Jahre alten Kino, Konzerte und Treffen des Ortsvereins. Jemand veranstaltete bald bei sich auf dem Grundstück einen privaten Herbstflohmarkt, für den mehrere ihr Interesse bekundet hatten, andere hatten einen Gospelchor gegründet und eine Menge Lob für den letzten Auftritt bekommen.

Fast alles deutete darauf hin, dass Josefin und Harald bisher nicht Teil der Ortsgemeinschaft geworden waren. Vielleicht konnte ihre Mutter gute Ratschläge geben. Sie war ja bei einem Lesekreis und hatte in nur einem halben Jahr eine Menge Leute in Kivik kennengelernt.

Josefin hob den Blick und schaute aus dem Küchenfenster. Durch das diesige Glas des Gewächshauses sah sie die Scheune. Vielleicht war es reines Wunschdenken, hier einen Kleiderladen betreiben zu können, eine dumme, unrealistische Fantasie.

Wie verhielt man sich, wenn man in einem kleinen Ort auf dem Land zum Außenseiter geworden war? Wenn man akzeptiert werden und dazugehören wollte. Um wie die Verrückten zu saunieren oder rundherum auf private Flohmärkte zu fahren, dafür fehlte die Zeit. Aber Singen mochte sie. Vielleicht sollte sie versuchen, in einen Chor zu kommen? Auch wenn sie lieber zuhause sang, mit Peter am Klavier.

Ein großer Pick-up holperte die Schotterstraße lang. Er war verdreckt und verbeult und gehörte den Björks, die zwar ziemlich wohlhabend waren, aber trotzdem mit matschverschmierten, eher schrottreif wirkenden Fahrzeugen rumfuhren. Josefin rappelte sich auf, schlüpfte in die Holzpantoffeln und ging auf den Hofplatz, um die Nachbarn zu begrüßen.

Der Pick-up hielt an. Kristin stieg auf der Fahrerseite aus und Svante öffnete auf der Beifahrerseite die Tür. Beide hatten grüne Arbeitshosen mit Werkzeugtaschen an, Kristin trug einen zerzupften Fleecepullover und Svante ein Flanellhemd in braunbeigen Farbtönen. Beide waren sehnig und kräftig, und wie wenige Jahre ihnen nur noch zum

Rentenalter fehlten, war kaum zu glauben. Dass sie dann aber zu arbeiten aufhören würden, stand nicht zur Debatte.

»Hallöchen«, sagte Kristin.

Sie hob ihre Hand in Richtung Josefin. Hier draußen auf dem Land waren Umarmungen zur Begrüßung unüblich. Anders als in der Großstadt.

»Hallo«, sagte Josefin.

Svante zeigte mit einem Kopfnicken in die Ferne.

»Der Steinwall ist bald fertig, sehe ich. Schöne Arbeit.«

»Ja, Harald und Peter haben hart geackert.«

Svante ging hin, um sich den Wall im Detail anzuschauen. Harald sah ihn, legte den Stein, den er gerade schleppte, ab und schüttelte ihm die Hand. Dann schritten die beiden gemeinsam die Mauer entlang. Josefin konnte sehen, wie sie das Bauwerk begutachteten und die Arbeiten kommentierten.

»Bitte.«

Kristin hatte eine Tüte Zimtschnecken aus dem Auto geholt und streckte sie ihr hin.

»Wollte nur was frisch aus dem Ofen rüberbringen, da ihr quasi auf unserem Weg liegt.«

Josefin nahm die Tüte entgegen, ein herrlicher Duft stieg daraus auf.

»Danke! Wollt ihr auf eine Tasse Kaffee reinkommen?«

Auch wenn sie gerade nicht besonders auf einen Kaffee oder Geselligkeit mit den Björks scharf war, musste die Frage doch unbedingt gestellt werden. Sie wollte ja neue Menschen kennenlernen und gerne auch welche, die jünger als sechzig waren.

Kristin schüttelte den Kopf.

»Nein, das schaffen wir nicht. Wir sind unterwegs zu

den Johanssons, um ihnen bei der Apfelernte zur Hand zu gehen.«

Sie nickte in Richtung Hammenhög im Westen. Gleich außerhalb des kleinen Örtchens hatte die Familie Johansson ihre Apfelplantage. Josefin wusste zwar, wer sie waren, kannte sie aber kaum. Sie hatte das Paar mittleren Alters und seine zwei Teenagerkinder nur einmal schnell im Vorbeigehen gegrüßt, als sie in einem Gartenlokal in Simrishamn saßen. Svante kam zurück und setzte sich nun ans Steuer. Kristin ging ebenfalls zum Auto, drehte sich dabei nochmal um und lächelte Josefin an.

»Schön, dass ihr euch entschieden habt, den Hof zu behalten, und keine anderen Pläne macht.«

Josefin nickte wortlos. Sie wusste, dass ihr nur ein paar Wochen im Juli dauernder Sommerjob in Malmö die Nachbarn rundherum zum Reden gebracht hatte. Mitten im Sommer, wenn es auf einem Hof am meisten zu tun gab, zu verschwinden, so was Absurdes hatten sie noch nie gehört. Viele hatten überlegt, ob Josefin und Harald wohl kurz vor einer Trennung und dem Verkauf von Vallmogården standen. Der Klatsch, der im Umlauf war, war völlig unverhältnismäßig und ärgerte Josefin. Warum kümmerten sich die Leute nicht um ihr eigenes Leben, statt das von anderen zu kommentieren? Aber dem konnte man vermutlich nur Abhilfe schaffen, indem man sich offen, fröhlich und gesellig zeigte. Wenn man den Nachbarn erlaubte, einen kennenzulernen.

Kristin setzte sich in den Wagen. Josefin trat etwas näher.

»Darf ich dich mal was fragen?«

»Na klar, was gibts?«

»Habt ihr mit vielen hier rundherum zu tun?«

»Ein bisschen. Mal hier, mal da.«

Kristin wirkte verwundert. Josefin beschloss, es ehrlich und direkt anzugehen. Schließlich gab es nichts, wofür man sich schämen musste.

»Was macht man, um mehr Leute zu treffen? Vielleicht sollten Harald und ich ein bisschen mehr in das Leben hier rein. Jetzt, wo wir einen Vintageladen haben und so.«

Kristin schaute irritiert. Josefin stocherte mit dem Schuh im Kies herum.

»Hast du irgendeinen Vorschlag? Wir haben ja keine Kinder, nicht mal einen Hund. Und wir sind in keinem Verein. Muss ich in einen Chor?«

Kristin kratzte an einer kleinen Schürfwunde am Handrücken.

»Hast du schon mal vom Fahrradfest gehört?«

»So halb.«

Josefin wusste ungefähr, wie das jährliche Fahrradfest ablief. Eine große Gruppe sammelte sich unten am Sportplatz, wurde dann in kleinere Gruppen aufgeteilt und schwärmte in unterschiedliche Richtungen aus. Man nahm sich abwechselnd per Fahrrad mit nach Hause und aß dann dort nach im Voraus besprochener Aufteilung Vorspeise, Hauptspeise und Nachspeise. Später endete der Abend mit einem gemeinsamen Fest.

»Da solltet ihr mitmachen«, sagte Kristin.

»Ja?«

Josefin hatte gedacht, dass sei nur für einen Kreis Auserwählter, die seit Generationen hier lebten und einander ewig kannten.

»Das diesjährige Fahrradfest ist bald«, sagte Kristin.

»Am dreizehnten Oktober, einem Samstag. Das ist eine super Art, Leute kennenzulernen.«

Josefin dachte nach. Leute zum Essen da zu haben wäre keine besondere Mühe, insbesondere nicht, wenn man nur ein Gericht machen musste.

»Selbstverständlich können aber nicht alle im Ort eingeladen werden«, sprach Kristin weiter.

»Ja, schon klar. Das verstehe ich. Aber wie geht man dann vor?«

Kristin zuckte mit den Schultern.

»Wir sind schon, solange ich denken kann, dabei. Seit ein paar Jahren besteht das Festkomitee aus zwei Paaren, den Strömbergs und den Furumos. Ich weiß, dass die Liste in einer Woche ausgehängt wird.«

»Gibt es irgendwelche besonderen Anforderungen?«

»Nur, dass man in Radfahrweite zum Ort lebt.«

Josefin überlegte gerade, ob der Hof der Björks wirklich dieser Kategorie entsprach, da lachte Kristin schon auf.

»Nein, Svante und ich quartieren uns an diesem Abend immer bei seiner Schwester ein und sie zieht mit ihrer Familie zu uns. Sie haben null Interesse an einer Teilnahme.«

Svantes Schwester wohnte in einem Haus irgendwo in der Nähe der Schule. Mitten im Ort. Josefin seufzte. Damit war es das dann wohl.

Kristin schickte sich an, die Autotür zu schließen, während Svante den Motor startete. Sie blinzelte Josefin lächelnd an.

»Strömbergs und Furumos, wie gesagt. Soll ich mal nachfragen?«

Josefin dachte nach. Sie hatten nichts zu verlieren.

»Das wäre superlieb. Wir würden gern mitmachen.«

»Ja, na dann. Ich schau zu, dass ihr eine Einladung bekommt.«

»Danke.«

Der Pick-up startete und holperte über den unebenen Untergrund der Schotterstraße weg. Josefin sah dem Wagen hinterher. Sie hatte keine Ahnung, wer die Strömbergs und Furumos waren. Aber das würde sie wohl bald herausfinden.

Sie ging ins Gewächshaus und spazierte mit einem Korb am Arm zwischen den Pflanzen herum, erntete Schwarzkohl, Grünkohl und Zwiebeln und noch etwas Brokkoli. Außerdem ein paar Artischocken und Zucchini. Der Kohl sollte in Butter gebraten oder in Sahne gekocht werden, den aufzutischen würde fein sein. Ihre Großmutter liebte Kohl in jeglicher Form.

Josefin legte noch einige Hand voll praller Saubohnen in den Korb. Mit Parmesan und Minze schmeckten die super auf Bruschetta. Oder man konnte sie mit Butter und frischem Knoblauch braten.

»Wie sieht es aus?«

Harald war hereingekommen. Sie streckte ihm den Korb entgegen.

»Schau. Wir haben megaviele Saubohnen. Und Kohl, eine Menge Schwarzkohl und Grünkohl. Plus Artischocken und ein bisschen was anderes.«

»Super, dann schaffen wir noch einen Winter.«

Er legte die Arme um sie und sie musste den Korb abstellen, um die Umarmung zu erwidern. Still standen sie da. Josefin blinzelte, versuchte den Augenblick zu dehnen. So sollte es immer sein. Mit Harald auf Vallmogården leben, war das Einzige, was sie sich wünschte. Und einen engeren Kontakt mit mehr Nachbarn als Svante und Kristin Björk.

Sie machte sich frei und nahm wieder den Korb.

»Kennst du das Fahrradfest? Das jeden Herbst im Ort stattfindet?«

»Ja. Warum?«

»Ich habe überlegt, dass wir da mitmachen sollten. Kristin hat versprochen, uns zu einer Einladung zu verhelfen.«

Er lachte kurz.

»Glaubst du wirklich, dass das etwas für uns ist?«

»Warum nicht? Wir sollten irgendwie ein wenig mehr Teil der Ortsgemeinschaft werden. Die Kiviker besser kennenlernen. Auf entspannte Weise.«

»Ich weiß nicht, ob dieses Fest so entspannt ist. Man muss doch Essen machen und eine Menge Leute einladen? Zueinander radeln.«

»Genau! Und du kochst doch gern.«

»Mir kommen solche Feste ganz schön anstrengend vor. Zu verschiedenen Häusern radeln und dann noch Leute bei sich empfangen, die man nicht kennt. Im eigenen Haus.«

»Aber darum geht es doch. Man lernt neue Freunde kennen. Ich glaube, das brauchen wir. Niemand scheint an dem Vintageladen interessiert. Die Leute müssen verstehen, dass wir nicht so unnormal sind, wie sie offensichtlich glauben.«

Bei ihren letzten Worten wirkte Harald missbilligend. Er wollte sich überhaupt nicht als unnormal sehen oder als Anfänger, wenn es um Ackerbau und Tierhaltung ging. Aber das war er nun mal. Dass er Kurse dafür besucht und als Kind viel Zeit auf dem Hof seiner Großeltern verbracht hatte, reichte nicht.

»Ich bin mir sicher, dass wir von den Ortsbewohnern viel mehr geachtet werden, wenn wir beim Fahrradfest mitmachen«, sprach Josefin weiter. »Da verstehen sie, dass wir es ernst meinen und Vallmogården genauso gut betreiben wie sonst wer.«

»Sicher. Gut, wenn du willst. Aber versprich dir nicht zu viel. Wir wohnen viel zu weit draußen. Wer sollte es schaffen hierherzufahren?«

Josefin tätschelte seine Wange. Sie hatte eine neue Idee.

»Was meinst du, können wir Göran und Inger fragen, ob wir uns ihr Haus leihen dürfen?«

Harald starrte sie an. Josefin lächelt nur zurück. Sie hatte ein gutes Verhältnis zu seinen Eltern, auch wenn diese, was den Hof anging, nicht immer ihrer Meinung waren.

»Wir können sie besuchen und zumindest fragen«, sagte sie. »Vielleicht freuen sie sich.«

Er seufzte, mehr aber auch nicht.

»Okay. Mach das. Aber das musst du allein regeln.«

Vanja

Vanja schlug die Decke zurück. Die geschlossenen Vorhänge konnten das Morgenlicht nicht abhalten. Das Schlafzimmer lag nach Südosten und wenn die Sonne aufging, schoss sie ihre ersten Strahlen direkt durch dieses Fenster. Vanja setzte sich auf die Bettkante und stellte die Füße auf den kühlen Holzboden. Nach ein paar Sekunden war sie richtig wach und es fiel ihr ein.

Heute war der dritte Oktober.

In ihr war eine solche Schwere, dass sie kaum aufstehen konnte, dann tat sie es aber doch. Man konnte die Düsternis zumindest teilweise vertreiben, indem man aufstand, sich anzog und aktiv blieb, indem man sozial unterwegs war. Am besten in der Natur.

Sie hatte sich mit Erna zu einem Spaziergang bei Hällevik verabredet. Anstatt wie sonst meist über die nördlichen Heiden zu marschieren, wollten sie den kleinen Pfad durch den Wald am Meer entlanggehen. Die kühlen Schatten und das prasselnde Laubwerk, der Duft feuchter Lehmerde und bodendeckender Gewächse waren eine schöne Abwechslung. Während Vanja sich anzog und eine Tasse Kaffee trank, sank ihre Laune weiter. Die Schwermut wollte nicht ablassen. Dabei war sie doch dieser Tage so glücklich gewesen. Über den gelungenen Malkurs und die anstehende Vernissage. Vor allem über ihr Leben. Nun war die Stimmung ganz und gar verändert. Fehlte ihrem Leben nicht geradezu ein Sinn? Wenn sie es wirklich wagte, diesen Gedanken zu Ende zu denken. Nachdem sie ihre Tochter verlassen hatte, hatte sie ein einsames Dasein geführt. Hatte Liebesbeziehungen begonnen und wieder beendet, weil man auf die fraglichen Männer nichts geben hatte können, was zu verstehen sie aber anfangs nie genug Verstand gehabt hatte. Der ganze Lebenstraum, sich als Künstlerin durchzuschlagen, war nur egoistisch, leer und uninteressant gewesen

Jetzt gab es quasi nur noch Angst. Davor, dass ihre Freunde bald anfangen würden zu sterben, davor, selbst einen Schlaganfall oder Altersdemenz zu bekommen. Und es gab die Veränderungen des Körpers, angefangen von verminderter Bewegungsfähigkeit über schlaffere Haut zu schlechterem Sehvermögen. Bald würde sie vermutlich auch nicht mehr gut hören, das war alles nur eine Frage der Zeit.

Und dann war da der Tod an sich. Kalt und rau und endgültig.

Vanja schlürfte den letzten Schluck Kaffee weg und stellte die Keramiktasse ins Abwaschbecken. Sie musste sich zusammenreißen, trotz des Datums. Jetzt hieß es: Herbstspaziergang mit Erna. Sie würden sehen, wie das weiche Herbstlicht durch die Bäume fiel, und frische Meeresluft atmen.

Im Flur schlüpfte sie in Stiefel und Armyjacke, wickelte den Schal um den Hals und versuchte weiterhin, die Gedanken umzulenken. Sie musste sich auch daran erinnern, was in ihrem Leben schön gewesen war. Wie sie Ende der Sechziger Georg begegnet war, sich furchtbar verliebt hatte und bald darauf schwanger wurde. Wie sie Blumen und Sträucher gepflanzt und die Sorten in ihren Gartenkalender geschrieben hatte. Da hatte ihr Interesse für Anbau begonnen, das sie durch die Jahre begleitet hatte und später enorm wichtig für den Aufbau einer engen Beziehung zu ihrer Enkelin gewesen war. Sie hatte Blumen und Insekten,

Kätzchen und Hundewelpen gemalt. Und dann hatte der Künstlerinnentraum zu sprießen begonnen, der seitdem das Zentrum ihres Daseins bildete.

Vanja trat auf die Treppe, machte die Haustür zu und drehte den großen, alten Schlüssel einmal herum. Abschließen war völlig unnötig, aber allein der Gedanke, ein ungebetener Gast könnte ihr Atelier betreten, verursachte ihr Herzrasen.

Sie gingen durch den Wald, Erna voran und Vanja hinterher. Der Pfad war so eng, dass man im Gänsemarsch gehen musste, und das Spaziertempo war nicht sonderlich hoch, denn Erna war etwas wackelig unterwegs, sie brauchte einen Gehstock und musste ab und zu zum Rasten stehen bleiben. Sie redete über ihren Enkel Harald, dessen Vater Göran und das weiterhin vertrackte Verhältnis zwischen den beiden. Vanja hörte mit halbem Ohr zu und hing zugleich ihren eigenen Gedanken nach.

»Sollten sie sich nicht einfach zusammensetzen und es ausreden?«, fragte Erna.

Vanja starrte in ein dichtes, dunkelgrünes Nesselmeer. Wie es sich anfühlte, sich daran zu brennen, wusste sie genau, auch wenn sie es seit Kindheitstagen nicht mehr getan hatte.

»Ich weiß nicht. Glaubst du wirklich, das hilft? Es auszureden?«

»Vielleicht, wenn du dabei bist. Und ich. Noch einmal.«

Vanja seufzte. Wozu sollte das gut sein? Nach all den bisherigen Versuchen. Aber Erna quälte dieser nun schon ewig anhaltende Zustand.

»Ich werde für niemanden Partei ergreifen«, sagte Vanja.

»Nur dass du es weißt. Ich mag Harald, aber ich kann auch seine Eltern in gewisser Weise verstehen.«

Erna erzählte nun von früheren Zeiten, als Harald ein kleiner Junge war und Göran ein stolzer Papa, der ihn auf den Schultern herumgetragen hatte. Vanjas Gedanken schweiften wieder ab. Sie war innerlich noch immer grau, diese Schwere saß irgendwo in der Brust oder vielleicht auch im Bauch. Dieses schwarze Datum.

Wie kam es, dass sie ihr ganzen Leben lang so leicht melancholisch wurde? In ihrem Alter sollte man Traurigkeit dieses Kalibers wirklich endlich hinter sich lassen.

Das Älterwerden barg doch auch große Sicherheit. Man musste sich nicht mehr um so vieles Sorgen machen, es war schon genug Schwieriges passiert, das man überlebt hatte. Und um diverse Liebesprobleme musste man sich auch nicht mehr kümmern. Mit über siebzig erwartete man kaum mehr, den richtigen Partner zu finden, der einen vervollständigen konnte. Man kam gut selbst klar oder man hatte vielleicht einen Lebensgefährten, der trotz seiner Fehler wunderbar war. Außerdem lebte man im Jetzt, war nicht ständig bereit dafür, dass sich irgendeine besondere Gelegenheit auftat. Stattdessen schätzte man den Alltag, trug seine teuerste Kleidung und verwendete das schöne Porzellan. Im Unterschied zur Jugend oder zu den mittleren Lebensjahren war der richtige Zeitpunkt immer jetzt.

Aber ein nerviger Ton hatte sich in ihren Kopf gesetzt und wurde lauter und lauter, je mehr Erna über Göran und Harald redete. Väter und Söhne, sie hatten im Lauf der Geschichte genug im Zentrum gestanden. Allmählich war es Vanja leid, sie war erschöpft. Ihr früheres politisches Engagement war geschrumpft. Das Ziel, dass Frauen genauso viel Raum einnehmen konnten wie Männer, erschien immer hoffnungsloser. Vielleicht war es eine unmögliche Utopie, dass Männer und Frauen gleichberechtigt und frei Seite an Seite stehen konnten.

»Oder, Vanja?«

Erna war stehen geblieben und hatte sich zu ihr umgedreht. Vanja hatte es kalt erwischt. Sie hatte sich nicht auf das Gesprächsthema konzentriert und wusste nicht, was Erna gerade wissen wollte.

»Sollten wir das nicht vielleicht tun?«, fragte Erna. »Ein für alle Mal mit ihnen sprechen, damit dieses Elend aufhört. Uns gemeinsam hinsetzen.«

»Aber ist das wirklich eine gute Idee? Wir haben das doch schon versucht.«

Ernas Gesichtsausdruck war derart verzweifelt, dass Vanja lieber schnell lächelte, als hätte sie gerade nur einen Witz gemacht, und ihre Antwort neu formulierte.

»Ach was, natürlich können wir das. Wenn du wirklich glaubst, es bringt was.«

»Wir dürfen nicht aufgeben. Jeder kann sich verändern.«

Bald waren sie in der Nähe von Hällevik, wo sie immer ihre Brotzeit machten. Erna ließ sich auf einem Felsen nieder. Sie holte eine Thermoskanne voll Kaffee und Becher aus ihrer Basttasche. Vanja setzte sich neben sie. Sie war heute fürs Essen zuständig gewesen, es gab Kavringbrote mit Ystadwurst und frischen Gurken drauf. Sie kauten, tranken Kaffee und schauten übers Meer. Am Horizont hatten sich weiße Wolken zu mehreren geraden Strichen geformt, die sich diagonal über den Himmel und ins Wasser erstreckten.

»Erzähl von deinem Malkurs«, sagte Erna. »War der gelungen?«

»Ja, sehr. Der war richtig gut, viel besser als erwartet.«

Die Woche hatte Vanja aufleben lassen. Aber jetzt war der Kurs vorbei und der düstere dritte Oktober war da.

Sie legte das angebissene Roggenbrot zurück ins Butterbrotpapier. Es ging nicht mehr. Sie war nicht in der Stimmung für Spaziergänge, die sonst einen heilenden Effekt hatten. Das war der schlimmste Tag des Jahrs und sie wollte nur zusammengerollt unter einer Decke liegen.

»Ich muss nach Hause.«

Erna schaute sie überrascht an.

»Schon?«

Vanja nickte. Sie wollte keine Sekunde länger bleiben. Der einzige Ort, den sie heute ertragen konnte, war ihr Atelier.

Zurück in Svinaberga ging Vanja schnurstracks an den Plattenspieler und legte *Upside Down* von Diana Ross auf. Bis die Nadel in der richtigen Rille gelandet war, dachte sie an all die Male, an denen sie frisch verliebt diesen Song gehört hatte. Als die Single an der Spitze der Charts gestanden hatte, war sie siebenunddreißig gewesen und weit davon entfernt, ruhiger zu werden. Sie war auf viele Partys gegangen, hatte wie eine Verrückte getanzt, sich zur Musik gedreht und supersexy gefühlt. Vielleicht konnte das Lied sie auch jetzt aufbauen.

Nach nur wenigen Takten schnappte das Unwohlsein aber wieder zu, die flirtende Stimme der Discodiva erreichte einen gegenteiligen Effekt, jene Zeit, da ein Mann sie derart durcheinanderbringen konnte, war vorbei.

Schnell ging Vanja in die Küche und zu der alten Speisekammer mit der Panelholztür. Sie machte sie auf und stellte sich auf die Zehenspitzen. Ganz hinten im obersten Fach hatte doch immer ein Päckchen Zigarillos gelegen. Genau. Da war es. Halbvoll. Sie zündete einen an und stellte sich auf die kleine Holztreppe, auf der sie früher immer gestanden hatte.

Nur einen. Das war kein Rückfall.

Aber das Datum war auf sie eingebrochen wie eine vom Regen schwere Plane. Das war der Tag, an dem sie ihr Kind verlassen hatte. Zugegebenermaßen aber auch ein Tag der Freiheit. Der lange Flug über den Atlantik mit Trine und den anderen in der Gruppe, die Begegnungen mit all den neuen Freunden, die Eindrücke einer fremden Kultur.

Vanja erinnerte sich an einen der ersten Abende auf Kuba, an dem sie mit Trine in der Hotelbar gesessen, Zigaretten geraucht und mit einer zarten Französin geplaudert hatte, die im August in Woodstock gewesen war. Die erzählte davon, wie sich fast vierhunderttausend Menschen auf einem großen Areal nördlich von New York getroffen hatten, um Rockmusik zu hören und zu tanzen. Alle hatten einander geliebt. Das französische Mädchen hatte in ihrem gebrochenen Englisch so lebendig von Freiheit und Liebe gesprochen, dass Trine Vanja von der Seite angestupst hatte.

»Sollen wir nicht mal auf ein Rockfestival, wir beide? Irgendwann.«

Daraus war nichts geworden, für keine von ihnen.

Weiter gelangte Vanja nicht in ihrer Grübelei. Peter kam mit einer Leiter über der Schulter aus der Apfelplantage.

»Hallo.«

Sie grüßte zurück und bemerkte seinen überraschten Blick, natürlich, er wusste, dass sie mit dem Rauchen aufgehört hatte. Aber er sagte nichts. Peter war kein verurteilender Mensch.

Dann lächelte er, wirkte beinahe selig.

»Ach, war das schön während deiner Kurswoche, als Sally gezwungenermaßen bei mir wohnen musste.«

Vanja versuchte, das Lächeln zu erwidern. Sie wollte jetzt im Moment nicht über ihre Tochter reden müssen. Irgendwas Diffuses nagte in ihr. Es hatte mit Sally zu tun, aber auch mit ihrem Künstlertum, das wurde ihr gerade klar, da beides auf komplexe und komplizierte Art zusammengehörte. Und bald würden eine Menge früher Werke in der Galerie Brinck-Jensen in Kopenhagen gezeigt werden. Kreationen aus einer Phase, die mit der Abreise nach Kuba geendet hatte.

Peter lehnte die Leiter an die Scheunenwand.

»Du wirkst nicht gerade fröhlich. Was ist los?«

Ein Telefonpiepen brach Vanjas Ansatz, die Frage zu beantworten, ab. Es war ihr Handy, das im Atelier auf dem großen Holztisch lag.

Peter kam näher. Natürlich hatte er ihr etwas angesehen, er kannte sie gut.

»Hat es mit der Vernissage zu tun? Du hast dich doch so darauf gefreut?«

Vanja wandte sich ab und ging ins Atelier. Sie ignorierte sowohl seinen auffordernden Blick wie auch den glimmenden Zigarillo in ihrer Hand. Peter war an ihr Einsamkeitsbedürfnis gewohnt.

Erneutes, hartnäckiges Piepen. Es war Sally. Die Tochter, die ihr vergeben hatte. Wobei Vanja selbst sich nicht vergeben konnte.

Sie ging ans Telefon.

»Kannst du morgen herkommen?«, fragte Sally. »Ich habe in Åkes Schreibtischschublade was gefunden, über das ich dich gern was fragen möchte.«

Vanja zog am Zigarillo und blies den Rauch gerade vor sich in den Raum.

»Ach ja?«

»Ein altes Foto. Von dir. Das vermutlich auf diesem Hof in Dänemark aufgenommen worden ist. Es wäre schön, mehr darüber zu erfahren.«

Vanja schluckte. Sie musste zustimmen, wie sehr es ihr auch widerstrebte.

»Natürlich. Ich komme. Wann passt es dir?«

Warum musste Sally in den alten Sachen rumwühlen, wie Josefin im Frühling und Sommer? Und das ausgerechnet heute. Aber aufs Datum brauchte sie nicht eingehen.

»Fein«, sagte Sally am anderen Ende.

Vanja hüstelte, der Rauch irritierte die Atemwege. Der Bauch wummerte vor Unwohlsein. Die Asche an der Spitze war lang geworden, bald würde sie auf den Boden fallen.

»Komm, wann du willst«, sprach Sally weiter. »Ich bin den ganzen Vormittag zuhause.«

Vanja legte auf, ließ das Telefon über den Tisch schlittern, eilte zur Holztreppe zurück und drückte den Zigarillo am Geländer aus, ihr war übel.

Das Bleilot in ihrem Inneren war zurück. Es zog sie nach unten wie ein rostiger Anker zum Meeresgrund und wirbelte alte Schlacke auf. Sie wollte nicht an ihre Geschichte denken. Fast schien sie in ihr ein eigenes Leben zu leben. Trat plötzlich auf und wütete herum.

Wenn nur Trine hier wäre, Trine mit ihren goldblonden Zöpfen. Sie hätte sie trösten, hätte die elendige Schwermut vertreiben können. Trine, die Vanja den Kopf auf ihre Knie hatte legen lassen und ihr ausdauernd mit der flachen Hand über den Rücken gestrichen hatte. Die sie mitten in der Angst hatte beruhigen können, wodurch die Depression leichter geworden war. Die ihr vielleicht auch das Leben gerettet hatte.

Aber Trine war tot. Schon sehr, sehr lange. Dabei fühlte sie sich ihr so nah. Immer.

Eine übermächtige Übelkeit stieg auf. Vanja ging mit schnellen Schritten durchs Atelier ins Bad, schloss, auch wenn sie allein war, sorgfältig ab und klappte den Toilettendeckel hoch. Mehrere Minuten beugte sie sich über die Porzellanschüssel, würgte und schluchzte und sank danach mit tränenüberströmten Wangen auf der Badewannenkante nieder.

Trine! Geliebte, liebe Trine.

Wie heftig war die Sehnsucht nach Trine damals im Dezember neunundsechzig gewesen, als Vanja in Kopenhagen gelandet war? Und wie viel schlimmer dann später, nach Weihnachten und Neujahr in Søvind, noch geworden? Als Vanja morgens übel wurde und der schreckliche Gedanke mit jedem Tag mehr und mehr wuchs. Bis sie schließlich das Kollektiv verlassen hatte, um in Kopenhagen etwas zu erledigen.

An die illegale Abtreibung hatte sie kaum Erinnerungen, außer an den Schmerz. Danach war sie auf den Hof zurückgekehrt, zum Kollektiv und zu Knud, und hatte ein paar Wochen so getan, als wäre sie krank. Sie hatte sich unter einer Decke vergraben ins Bett verkrochen und war innerlich geheilt, während Knud sich um sie gekümmert hatte, ohne zu wissen, was geschehen war.

Davon hatte sie niemals einer Menschenseele erzählt. Sie war diese unerwünschte Sache, die sie aus Kuba mitgebracht hatte, einfach losgeworden. Diesen Embryo, der mit hundertprozentiger Sicherheit von Leif gewesen war. Dem Freelancefotografen.

Vanja atmete tief ein und aus. Dann zog sie ab, wusch sich mit Seife Hände und Gesicht und rubbelte es mit einem Handtuch trocken. Im Spiegel sah sie, wie rot es war, und das Weiß im Auge hatte sichtbare Adern.

Lieber Gott. Hilf mir zu vergessen.

Sie richtete sich die Kleider und schloss die Badezimmertür auf. Die Hände waren zittrig und schwach. Das war der letzte Zigarillo gewesen.

Sally

Es war Vormittag. Die neuen Gäste der *Pension Pomona* waren zu verschiedenen Ausflügen aufgebrochen, während sich Sally um den Abwasch gekümmert, Betten gemacht und eine Maschine Wäsche angestellt hatte. Jetzt ging sie am Küchentisch die Buchführung durch und wartete auf Vanja. Aber vorher wollte noch Josefin vorbeischauen. Sie hatte gerade angerufen und gesagt, sie wolle über etwas reden.

Was das wohl war? Was, wenn es um Vanja ging? Um etwas, das in dem Papierberg stand, den Josefin im Sommer aus Kopenhagen mitgebracht hatte. Das Interessanteste darin war Vanjas kleiner Bruder, der nur hier und dort aufblitzte. Sally hatte eine Menge darüber nachgedacht, was mit ihm wohl geschehen war, und es würde sie nicht überraschen, wenn Josefin dasselbe tat.

Die Haustür wurde geöffnet und fiel wieder ins Schloss. Sally stand auf und ging Josefin entgegen.

»Ist was passiert? Seit deinem Anruf mach ich mir fast ein wenig Sorgen.«

Josefin hängte ihre Steppjacke auf. Wie hübsch sie in dem Strickpulli und den kaputten Jeans aussah! Den dreckigen Arbeitsoverall trug sie nur auf dem Hof.

»Nein, nein, keine Angst. Wie geht es dir?«

»Gut. Viel zu tun, natürlich. Aber ich mag es. Trotzdem schön, dass der Malkurs rum ist. Das waren dann doch ein paar Gäste zu viel.«

»Das kann ich verstehen.«

»Und wie geht es dir?«

»Wir sind jetzt bei der Ernte. Da schläft man richtig gut, kann ich dir sagen. Aber wir haben es fast geschafft.«

»Übertreibt es nur nicht. Ihr müsst auch Spaß haben.«

Sally strich Josefin, die ganz fröhlich wirkte, über die Wange.

»Haben wir.«

»Dann bin ich beruhigt. Komm rein, was willst du?«

»Also, es gibt da was, das ich mich frage. Wie machst du es, Leute im Ort kennenzulernen? Irgendwie kommen Harald und ich nicht so richtig hier an.«

»Ihr trefft doch eure Nachbarn? Diese Björks oder wie sie heißen.«

Sally ging in die Küche, um Kaffee aufzusetzen. Josefin folgte ihr. Sie setzte sich an den Küchentisch.

»Ja, schon. Aber das sind die einzigen. Und sie sind nicht direkt Freunde, eher ein paar schlaue, ältere Nachbarn, die für uns da sind. Ich weiß irgendwie nicht, wie man es hier anstellt.«

Plötzlich wirkte Josefin fast unglücklich. Sally löffelte Kaffeepulver in die Maschine, während sie überlegte. Sie hatte eigentlich für ihre sozialen Kontakte im Ort nicht besonders viel getan. Es hatte sich im Rekordtempo entwickelt, teils durch die Nachbarn, die sie in ihren Lesekreis gezerrt hatten, und teils durch Liselott, die im Prinzip jeden kannte. Sie hatte Sally auch ein paar Mal zum Frauenabend des Saunaklubs mitgenommen.

Und dann hatte natürlich ihre Pension dazu beigetragen. Die Bewohner waren den ganzen Frühling und Sommer über vorbeispaziert, um zu sehen, wie die Renovierungen voranschritten, dabei waren viele stehen geblieben, hatten mit ihr geplaudert oder Fragen gestellt. Mittlerweile war sie dauernd am Grüßen. Sobald sie zu ICA oder in die Bäckerei kam, war da jemand, der sie kannte. Das war eine der angenehmsten Seiten am Leben in einer kleinen Gemeinschaft. Sie freute sich fast auf die Nebensaison, denn dann würde endlich Zeit sein, die ständigen Bewohner mehr zu treffen.

Sally stellte die beiden Tassen auf den Küchentisch.

»Ich weiß nicht, ob ich dir einen Rat geben kann. Natürlich ist es leichter, Leute kennenzulernen, wenn man mitten im Ort lebt. Auf Vallmogården hat wohl niemand direkt etwas zu erledigen.«

»Doch, denn jetzt haben wir den Vintageladen richtig eröffnet. Wir haben ein Schild an der Straße aufgestellt und ich habe es in den sozialen Medien gepostet. Aber es hilft nicht. Keiner kommt und kauft was.«

»Hab ein bisschen Geduld. Ganz plötzlich entdeckt euch wer und dann verbreitet es sich wie ein Lauffeuer. Ich kann auch meinen Gästen den Tipp geben, wenn jemand nach einem Ausflugsvorschlag fragt.«

Josefin nickte, wirkte aber weiterhin niedergeschlagen. Sally holte den Kaffee und goss ein. Dann beschloss sie, die Chance zu ergreifen, wo Josefin schon mal da war.

»Darf ich dich was fragen?«

Josefin blickte hoch. Sally trank von ihrem Kaffee.

»Vanjas kleiner Bruder, über den Vibeke geschrieben hat. Was ist mit ihm geschehen?«

»Ich habe keine Ahnung. Dieser Däne, Knud, hat gesagt, wenn ich mehr über Omas leibliche Eltern und Geschwister wissen möchte, dann müsste ich versuchen, ihre älteste Pflegeschwester zu finden, falls sie noch lebt. Sie könnte eventuell wissen, wer sie waren.«

»Die älteste Pflegeschwester?«

Sallys Herz schlug schneller. Josefin nickte.

»Ich habe mir ihren Namen auf einem Zettel notiert. Sie heißt Inez Hallqvist.«

»Es gab also mehrere Geschwister in der Pflegefamilie? Wenn sie die älteste war?«

»Soweit ich weiß, bestand die Familie abgesehen von Oma aus fünf Personen. Also müssen da zwei weitere Geschwister gewesen sein. Aber sie will mit keinem von ihnen Kontakt haben.«

Sally ließ Josefins Worte sacken. Dieses Gespräch hätten sie schon früher führen sollen, aber sie waren beide so beschäftigt gewesen. Sally mit der Pension und Josefin mit Vallmogården, dem Vintageladen und der Scheunenvorbereitung. Josefin hatte ihr nur Vibekes Papierstapel gegeben und Sally hatte seit August mit großem Interesse jeden Abend ein bisschen darin gelesen. Es war seltsam zu wissen, dass sie in der beschriebenen Periode selbst ein kleines Kind gewesen war, das mit seinem alleinerziehenden Papa in Stockholm lebte und vergeblich auf seine Mama wartete.

Josefin nahm ein Stück Zucker aus Åkes alter Schale und rührte es in den Kaffee.

»Knud hat erzählt, dass Inez und eines der Geschwister in den Siebzigern einmal nach Kopenhagen gefahren waren, um mit Oma zu reden. Aber sie hatte kein Interesse gehabt. Vielleicht hat sie danach das Familienbild gemalt.«

Sally versuchte sich alles zu merken.

»Wann kam Vanja denn zur Familie Hallqvist?«

»Nach dem Kinderheim. Sie und ihr kleiner Bruder wurden, ich glaube 1951, von ihren leiblichen Eltern weggeholt, und dann war sie in ein Kinderheim irgendwo in Småland gekommen. Damals war sie acht Jahre alt. Zwei Jahre später landete sie bei den Pflegeeltern. Warum, weiß ich nicht, die hatten ja schon drei Kinder.«

Das Kinderheim in Småland. Sally schlürfte am Kaffee. Das Ganze war wie ein Puzzle, das sie legen musste, und sie musste sofort damit anfangen, plötzlich fühlte sich das sowohl wichtig wie auch dringend an.

»Kann ich diesen Zettel mit dem Namen der Pflegeschwester haben? Inez Hallqvist. Damit ich es nicht vergesse.«

»Den habe ich nicht mehr. Ich habe ihn weggeworfen.«

Josefin richtete sich auf.

»Als ich im Sommer in Kopenhagen war, habe ich versucht, herauszufinden, wie Omas Kindheit und Jugend ausgesehen hat. Ich habe Leute aufgesucht und Fragen gestellt. Habe gedacht, Oma braucht Hilfe dabei, ihre Familie zu vereinigen, und dass du und ich neue Verwandte finden könnten. Aber seitdem ich nun wieder zuhause bin …«

Sie wurde still. Sally umklammerte ihre Tasse.

»Ja?«

Josefin seufzte.

»Ich weiß nicht. Irgendwie bedeutet es nicht mehr so viel. Jetzt ist jetzt. Was früher passiert ist, spielt nicht wirklich eine Rolle. Ich möchte nach vorne schauen. Und Oma hat keine Lust, Fragen in die Richtung zu beantworten, also warum soll ich sie damit belästigen. Das kommt mir so unnötig vor.«

Sally trank Kaffee, sagte nichts. Dass Vanja ihre Herkunft verbergen wollte, war eindeutig. Jetzt hatte sie offensichtlich auch Josefin auf ihre Seite gezogen. Aber eine Generation weiter entfernt, war das auch leichter. Für sie sah die Sache anders aus. Sie wollte alles, was es über diese Mutter zu erfahren gab, die sie wiederbekommen hatte, aber über die sie nicht viel wusste, herausfinden. Nach all diesen Jahren war das nur fair.

Dass Sally nicht einmal den Namen ihres Onkels kannte, war völlig verrückt. Sie hatte nur einen einzigen Anhaltspunkt. Dank Josefin.

Inez Hallqvist. Vanjas älteste Pflegeschwester. Da würde sie anfangen.

Josefin brach auf. Sally stellte die Kaffeetassen in die Spülmaschine und blätterte in ihrem Buchführungsordner. Sie schaute auf die Uhr. Es war zwölf vor zehn. Bald würde Vanja auftauchen. Sie war ein wenig nervös. Noch mehr jetzt nach dem Gespräch mit Josefin.

Sie ging nach oben und schaute, ob irgendwas zu tun war. Aber kurz darauf hörte sie die Haustür erneut aufgehen und wieder ins Schloss fallen.

»Hallo! Jemand zuhause?«

Sally eilte die Treppe hinunter. Die eigenartige Frau, die ihre Mutter war, war durch die Haustür getreten. In ihrer abgewetzten Lederjacke. Der knallrote Schal war ein schöner Kontrast zu den silbergrauen, wirren Haaren. Denselben Schal hatte sie bei Åkes Begräbnis getragen und beim Leichenschmaus danach. Als sie sich im Garderobenraum des Badhotell begegnet waren.

Sally blieb in der Diele stehen. Dass sie nun tatsächlich eine Mutter hatte! Sich daran zu gewöhnen, würde noch dauern.

Märta kam an und schnüffelte neugierig an Vanjas Schuhen und Knien, ihr Schwanz wedelte freudig hin und her. Vanja tätschelte sie am Kopf und redete sanft mit ihr.

»Hallo«, sagte Sally. »Komm rein.«

»Was für ein Foto wolltest du mir zeigen?«

Direkt zur Sache, wie immer. Vanjas Augen ruhten auf Sally, die sich sofort anschickte, nach oben zu zeigen.

»Es liegt in Åkes Zimmer.«

Vanjas Miene war düster, aber zumindest kam sie mit hoch, blieb aber auf der Türschwelle stehen, als wäre ihr das Betreten eines fremden Schlafzimmers zu intim. Sally zog die Schublade am Schreibtisch heraus, um das Foto zu holen. Vanja nahm es ihr ab und betrachtete es schweigend.

Sally deutete auf den Hausgiebel im Hintergrund hinter den beiden Gestalten.

»Ist das dieser Hof, auf dem du gelebt hast?«

Vanja nickte. Man konnte nicht recht sagen, was sie bei dem Anblick empfand.

»Wer steht da neben dir?«, fragte Sally nun. »Dein Freund, dieser Knud?«

»Ja. Aber das mit uns hat nicht lang gehalten. Nur ein paar Jahre.«

Die Falte zwischen Vanjas Augenbrauen wurde immer tiefer. Sie drehte das Bild um und betrachtete die Rückseite, als erwartete sie, dass dort etwas stand. Tat es aber nicht.

»Ich habe ein wenig darüber nachgedacht, warum Åke dieses Bild aufgehoben hat«, sagte Sally. »Kann es sein, dass er vielleicht heimlich in dich verliebt war?«

Vanja schnaubte. Sie gab das Foto zurück.

»Verliebt?«

»Ja, das kann doch sein. Auch wenn du mit seinem Bruder verheiratet warst. Wer weiß?«

»Du hast Åke nicht gekannt.«

Es wurde still. Sally wartete auf eine andere Erklärung,

etwas, das beantworten konnte, warum dieses alte Foto in Åkes Schreibtisch gelegen hatte. Aber Vanja schwieg nur.

Die ganze Sache war enttäuschend. Sally blickte zu Boden, um zu verbergen, dass sie rot wurde. Sie hatte schon geahnt, dass Vanjas Reaktion eher negativ ausfallen würde. Aber trotzdem hatte sie tief in sich eine kleine, sinnlose Hoffnung gehegt. Auf etwas Neugier von Vanjas Seite. Dieser Fund war schließlich Teil ihrer gemeinsamen Familiengeschichte. Wenn es ihnen gelang, Åkes Aufbewahren des Bilds richtig zu deuten, konnten sie möglicherweise verstehen, warum er gehandelt hatte, wie er es getan hatte.

Was wiederum in ein Gespräch über ihre jeweilige Kindheit hätte führen können, zu Vanjas Zeit im Kinderheim und bei der Pflegefamilie und zu ihrem Bruder.

Aber Vanja sah das offensichtlich nicht so. Sie steckte die Hände in die Jackentasche, schien vom Anblick des Bilds fast eingeschüchtert.

Sally legte es in die Schublade zurück und versuchte es erneut.

»Was, wenn Åke gehofft hat, dass aus euch letztendlich was werden würde? Quasi jetzt, fast fünfzig Jahre später. Als sein Bruder seit vielen Jahren weg war.«

Vanja schüttelte den Kopf.

»Das sind nur haltlose Fantasien. Åke war mein Schwager. Er und ich waren gute Freunde, das weißt du sehr wohl. Was anderes stand überhaupt nicht zur Debatte.«

In erster Linie klang Vanja nun genervt, beinahe sauer.

Sally verstand, dass sie zu weit gegangen war. Sie musste es dabei belassen.

Auf der Treppe waren Schritte zu hören.

»Sally! Bist du hier oben?«

Sally trat aus der Tür. Liselott war auf der obersten Treppenstufe stehen geblieben. Sie hatte den Arm voll gefalteter Handtücher.

»Ich habe die Handtücher reingeholt, weil sich der Himmel ganz schön zuzieht. Sie sind schon trocken. Hoffentlich gibt es keinen Regen. Meinst du, wir sollten auch die Laken reinholen und sie auf den Dachboden hängen?«

Sally nickte. Ihr Kopf war voll von Vanja und dem Foto, aber dieser Sache konnte sie nicht noch mehr Zeit widmen. Falls Regen im Anmarsch war, musste die Wäsche rein. Da sie keine Mangelmaschine besaß, hängte sie die Laken draußen auf Wäscheleinen, damit sie glatt wurden. Kein Gast sollte sich über faltige Wäschetrocknerlaken beschweren.

Außerdem war es Anfang Oktober, höchste Zeit, mit dem Aufhängen der Wäsche im Garten aufzuhören. Sie hatte es noch nicht geschafft, ihre Routinen zu ändern.

»Ich komme in zwei Minuten runter, dann machen wir es zusammen«, sagte sie.

Liselott ging zum Wäscheschrank und legte die Handtücher in ordentlichen Stapeln hinein. Dann eilte sie wieder die Treppe hinunter.

Sally ging zurück in Åkes Zimmer. Vanja saß auf dem Bett, die Hände links und rechts auf die Decke gestützt, eine unnatürlich gestellte Position.

»Du solltest dieses alte Foto wegwerfen«, sagte sie. »Wir haben doch jetzt neu angefangen, du und ich und Josefin. Wir müssen nicht weiter in die Vergangenheit schauen.«

»Wegwerfen? Warum? Nachdem ich jetzt mit Sicherheit weiß, wer der Mann ist, werde ich es auf jeden Fall

Josefin zeigen. Sie interessiert es bestimmt. Und vielleicht weiß sie etwas von Åke, das weder du noch ich wissen.«

Vanjas Gesichtszüge spannten sich an.

»Es Josefin zeigen? Nein, nein. Auf gar keinen Fall.«

Ihre Stimme hatte eine neue Härte. Sie stand vom Bett auf.

»Josefin wird nur sauer werden. Du weißt doch, wie nah sie und Åke sich gestanden haben. Hast du gesehen, wie sie immer noch den leopardenfleckigen Stein im Fenster unten hochnimmt, den Åke einmal bei Haväng gefunden hat? Sie hält ihn in der Hand und denkt an ihn. Das weiß ich.«

Sally schwieg. Sie hatte nie gesehen, dass Josefin das getan hätte. Ihr war noch nicht einmal der Ursprung des Steins bekannt gewesen.

Sie schielte zur Schreibtischschublade. Egal, was Vanja sagte, dieses Bild war für ihre Familie von Bedeutung. Offensichtlich war Vanja von seinem Anblick bewegt, aber warum, war schwer zu sagen. Und sie wollte sich auch nicht erklären.

Sally seufzte leicht. Sie hatte nur Fragen stellen und Antworten bekommen wollen. In Ruhe reden, stärker zusammengeschweißt werden. Jetzt war es, als hätte sie stattdessen etwas zerstört.

Vanja ging aus dem Zimmer und hinunter ins Erdgeschoss. Sally folgte ihr ohne ein weiteres Wort. In der Diele blieb Vanja stehen und drehte sich in ihrer typisch majestätischen Manier nochmal um.

»Für dich ist Åke Geschichte. Du hast ihn dreißig Jahre nicht gesehen. Lass deinen Onkel in Frieden ruhen. Ich und Josefin erinnern uns an ihn, wie er am Schluss gewesen ist.«

Sie ging aus der Tür, über die Vordertreppe in den Garten und hinaus durchs Gartentor. Zu ihrem alten VW-Bus, der an der Straße stand.

Sally sah durch die offene Haustür, wie der Wagen zurücksetzte und wegfuhr. Die Augen brannten und sie wühlte in der Schürzentasche. Zog ein Papiertaschentuch raus und schnäuzte, in dem Moment kam Liselott aus der Küche.

»Holen wir die Laken rein? Der Himmel wird jetzt richtig schwarz.«

Sally nickte. Sie ging vor Liselott in den Garten hinaus. Trotzdem! Sie konnte Josefin das Foto zeigen. Sie war erwachsen und brauchte nicht Vanja um Erlaubnis bitten.

Unter sich ballenden Regenwolken wurden die Laken abgehängt. Sally schwieg und dachte an Vanja. Sie war so rätselhaft, und so distanziert. Manchmal fühlte es sich vertraut mit ihr an, wie an dem frühen Morgen am Gedenkhain, aber eigentlich war sie wirklich nur Josefin nah.

Als die Laken auf dem Dachboden hingen, ging Liselott wieder.

»Ich habe in einer halben Stunde eine Fußpflegekundin. Bis später.«

»Ja, bis später. Danke für deine Hilfe.«

Sally ging zum Schrank im Wohnzimmer. Sie holte ihren Laptop, einen Collegeblock und einen Stift. *Inez Hallqvist* schrieb sie ganz oben. Dann googelte sie den Namen und hatte Glück. Laut einem Zeitungsartikel von vor vier Jahren lebte Inez Hallqvist im Altenheim Daggkåpan auf Kungsholmen in Stockholm. In dem Interview stellte ein Reporter kurze Fragen darüber, was die Bewohnerinnen vom Essen hielten. *»Es ist sehr gut«, antwortete Inez und fügte hinzu, ihr Lieblingsgericht seien Kohlrouladen.*

Sally studierte das körnige Schwarzweißbild. Die Gesichter waren kaum zu erkennen, offenbar saß eine Gruppe alter Leute in ihren Rollstühlen um einen Tisch mit karierter Tischdecke. Wer von ihnen Inez war, ging nicht hervor.

Konnte sie einfach im Altersheim Daggkåpan anrufen und fragen, ob Inez noch dort lebte, und falls ja, ob sie etwas über ihre Familie erzählen wollte? Konnte man sie fragen, ob es wahr sei, dass sie eine Pflegeschwester gehabt habe, die Vanja hieß? Das Gespräch brauchte nicht länger als ein paar Minuten dauern.

Sally fand die Nummer heraus und holte ihr Telefon. Sie gab sie ein, ihr Magen zog sich vor Nervosität zusammen. Niemand wusste, was sie gerade tat. Nicht Josefin, nicht Peter, nicht Liselott und schon gar nicht Vanja. Das war ihre eigene Entscheidung. Aber vielleicht war es auch keine dramatische Sache. Wenn sie Inez erreichte, würde sie ihr Anliegen vorbringen, sie wolle nur ein bisschen darüber wissen, wie es Vanja in ihrer Pflegefamilie ergangen sei.

Nach ein paar Klingeltönen antwortete eine Frau. Sally stellte sich vor und fragte nach Inez Hallqvist.

»Ich bin im weitesten Sinn mit Inez verwandt und fange gerade damit an, Ahnenforschung zu betreiben, und da dachte ich …«

Sally verlor den Faden. Ihr Kopf war leer. Was wollte sie eigentlich? Mehr über Vanjas Kindheit wissen. Genau.

Die Frau räusperte sich.

»Es tut mir wirklich leid, aber Inez ist im Frühjahr von uns gegangen. Sie ist einundachtzig gewesen. Krebs.«

Es wurde wieder still. Sally sog Luft ein.

»Das ist traurig. Ich hatte ihr ein paar Fragen stellen

wollen. Gibt es denn irgendwelche Angehörigen, die ich kontaktieren könnte?«

»Ja, ihren Sohn Hannes. Aber ich kann Ihnen seine Kontaktdaten nicht geben. Aus Datenschutzgründen.«

»Ich verstehe.«

Es wurde ein paar Sekunden still.

»Einen Moment«, sagte die Frau.

Sally hörte, wie sie in einen anderen Raum ging und im Hintergrund gedämpftes Murmeln. Nach ein paar Minuten war sie wieder in der Leitung.

»Was ich tun kann, ist, ihn zu kontaktieren und zu bitten, sich bei Ihnen zu melden. Wenn er das möchte.«

»Wenn Sie das tun würden, wäre ich Ihnen sehr dankbar.«

Sally lief Schweiß über den Rücken. Was tat sie da? Sie konnte doch nicht ohne weiteres versuchen, einen völlig Fremden zu erreichen. Aber andererseits würde sie es bereuen, wenn sie es nicht täte.

Vanja

Vanja stand vor ihrem offenen Kleiderschrank. Das zittrige Gefühl von gestern war verschwunden, aber sie war noch immer kraftlos. Dieses Foto, das Sally gefunden hatte, war wie auf ihrer Netzhaut eingebrannt. Knuds warmes Lächeln in die Kamera, seine Hand, die um ihre Schulter lag. Und dann ihr eigenes Gesicht, dessen Anblick beinahe ein Schock gewesen war. Bleich und wie eingefroren. Mit einem Ausdruck, den man kaum als lächelnd bezeichnen konnte.

Jemand im Kollektiv, Vanja konnte sich nicht daran erinnern, wer es gewesen war, hatte eine Kamera hervorgekramt, um überall auf dem Hof in Søvind zu fotografieren. Knud hatte ein Bild vorm Giebel des alten Wohnhauses gewollt und sie schließlich dazu überredet. Vanja hatte da seit ungefähr einem Monat auf dem Hof gelebt und sich, seit sie von Kuba direkt nach Dänemark gekommen war, erbärmlich gefühlt. Sie war noch immer unsicher gewesen, ob sie nicht doch weiter nach Schweden wollte oder aber bleiben.

Als das Bild entwickelt worden war, hatte Vanja es bekommen. In einem Anfall von Verwirrung hatte sie es mit einem knappen Brief in ein Kuvert gesteckt und an Åke in Kivik geschickt. Nur ein paar Zeilen, dass sie nun in Jylland sei und Weihnachten und Neujahr dort gefeiert habe, mit Knud. Antwort hatte sie keine bekommen.

Åke hatte also dieses Foto all die Jahre über aufbewahrt, ohne etwas zu sagen. Er war ein seltsamer Mann gewesen. Aber Sallys Vermutung, er könne vielleicht in sie, die Schwägerin, verliebt gewesen sein, war natürlich komplett verrückt. Insgeheim hatte Vanja immer vermutet, Åke sei homosexuell und habe sich tragischerweise nie geoutet. Natürlich wusste niemand, ob diese Theorie stimmte. Abgesehen davon war es auch seine Sache, keiner brauchte sich eine Meinung darüber machen, und nachdem Åke nun fort war, gab es noch weniger Grund, wie eine Hyäne über die Frage zu spekulieren.

Das Foto hätte jedenfalls nicht aufbewahrt werden sollen, denn es weckte nur dunkle Erinnerungen. Kurz danach war sie nach Kopenhagen gefahren, um das Baby abzutreiben. Sallys Halbgeschwisterchen.

Vanja zitterte. Die ganze Episode sollte gelöscht werden.

Jetzt würde sie jedenfalls etwas zum Anziehen für die Vernissage in Kopenhagen auswählen. Es war nicht mehr lange hin und sie wollte vorbereitet sein.

Nachdenklich schaute sie durch ihre Sachen, befühlte das ein oder andere. Das safrangelbe Kleid mit um die Taille geknoteter Schärpe? Das bestickte Kleid mit Fransen? Die Tunika aus cremefarbener Seide? Die Entscheidung fiel ihr schwer. Sie musste Vibeke um Rat fragen.

Vanja holte ihr Telefon und rief sie an. Vibeke wirkte gut gelaunt.

»Was machst du?«, fragte sie.

»Ich versuche, was Passendes zum Anziehen für die Vernissage rauszusuchen, aber ich finde absolut nichts. Und dabei ist der Schrank so voll, dass ich ihn kaum zukriege. Wie geht das? Ja, es ist ein Klischee, aber das passt nur zu gut, denn im Augenblick bin ich nur platt und traurig. Verdiene ich es überhaupt, am Leben zu sein?«

Vibeke brach in schallendes Lachen aus und Vanja wurde es sofort warm ums Herz. Dass sie dieses prustende

Geräusch weiter hören durfte, war nach dem schrecklichen Fahrradunfall im Sommer kaum zu glauben.

»Schließ die Augen und wähl blind was aus«, sagte Vibeke. »Egal was. Du siehst in allem wunderschön aus.«

»Pass auf, was du sagt. Am Ende komme ich im Bikini.«

Vibeke kicherte hörbar laut. Vanja schluckte, versuchte, die Tränen zurückzuhalten. Sie würde gern ebenso sorglos wie Vibeke sein. Aber das ging einfach nicht. Etwas anderes hatte sich in den Weg gestellt.

»Was ist los, Vanja? Du klingst niedergeschlagen.«

Vibeke hatte schon immer Stimmungen spüren können, ähnlich wie Peter. Vanja hüstelte.

»Ich weiß es nicht. Ich fühle mich nur so müde und ein wenig krank. Und alt.«

»Aber Schätzchen, warum das denn?«

»Das hat gestern angefangen. Am dritten Oktober. Dem Datum, an dem ich damals nach Kuba bin.«

»Versuch lieber an die Vernissage zu denken. Wie *schön* wir es zusammen haben werden.«

Vanja stellte sich ans Atelierfenster und blickte über die Kuhweide des Nachbarn, die nun leer und grau und öde war. Eine kleine Baumgruppe etwas weiter entfernt funkelte in Goldbraun und Orangerot, die Farben waren so intensiv, dass sich ihr die Kehle zusammenschnürte.

»Im Moment bereue ich die ganze Ausstellung. Die Vernissage kommt mir irgendwie erdrückend vor. So vielen Menschen begegnen zu müssen …«

»Das gibt sich. Du wirst es lieben, wieder eine Vernissage zu haben.«

Vanja wurde still. Die Baumgruppe bewegte sich sanft im Wind. Heute war es in Österlen etwas windig und der

Wind pfiff ihr direkt entgegen. Die Dämmerung zog über die Heiden und das Hinterland herauf. Bald würde die Herbstdunkelheit anmarschieren. Fast ein ganzes Jahr bis zu den langen, hellen Vorsommernächten.

»Das wird ein fantastischer Tag werden«, sagte Vibeke. »Das verspreche ich dir.«

Vanjas Blick löste sich von der Baumgruppe und sie drehte sich mit dem Rücken zum Fenster. Vibeke ließ nicht ab.

»Erzähl, was dich bedrückt. Jetzt, wo du endlich deine Tochter wieder hast ... Sally hat dir vergeben. Das ist doch wunderbar, der reinste Traum. Denk dran, wie lange du dich danach gesehnt hast. Was bekümmert dich denn eigentlich?«

Vanja setzte sich in den Ledersessel und legte die Füße auf den Schemel. Hinter den Augen tat es weh, die Nase begann zu laufen

Sie streckte sich nach dem kleinen Säulentischchen, auf dem ein Päckchen Papiertaschentücher lag.

»Ich habe mir wohl selbst nicht vergeben. Auch wenn Sally es getan hat.«

»Verstehe.«

Vibekes sanfte Stimme war so nah. Allein sie zu hören, machte Vanja ruhiger.

»Vielleicht solltest du mit Josefin darüber sprechen?«, schlug Vibeke vor. »Ihr habt doch so ein gutes Verhältnis und vielleicht ist es einfacher, mit ihr zu reden. Über deine Herkunft.«

Vanja warf das zerknüllte Taschentuch auf das Tischchen.

»Vielen Dank, mit meiner Herkunft habe ich selbst schon genug zu tun.«

»Genau das meine ich. Dich quälen Dinge, die lange her sind, die vielleicht sogar in der Kindheit liegen. Du solltest darüber sprechen, um es aus deinem System zu kriegen. Und Josefin interessiert sich dafür, das weiß ich. Als ich im Krankenhaus war, hatte sie eine Menge Fragen. Aber ich wusste nicht sonderlich viel.«

Vanja stand auf. Sie ging im Atelier herum und knipste hier und da kleine Lampen an.

»Danke, aber nein, danke. Ich hege keine große Begeisterung für eine Art Therapiesitzung mit meiner Enkelin. Oder überhaupt wem. Ich lebe mein Leben hier und jetzt. Und Josefin hat mit dem Fragen aufgehört. Sie hat anderes zu tun.«

Vibeke am anderen Ende der Leitung wurde still. Sie räusperte sich noch einmal.

»Okay. Denk zumindest mal darüber nach. Wir sehen uns dann bald in Kopenhagen. Ich freu mich auf dich.«

Sie verabschiedeten sich und Vanja blieb eine lange Zeit reglos stehen. Dann begann sie, im Garnschrank nach einer halbfertigen Stickerei zu wühlen. Sie musste etwas mit den Händen tun, das war die einzige Weise, unerwünschte Erinnerungen abzuhalten.

Sie zog ein Kreuzstichtüchlein mit herabhängenden, gelösten Garnknäulchen hervor. Der ganze alte Quatsch, der im Kielwasser von gestern hochgekommen war, musste verdrängt werden, das raubte nur unnötig Energie. Die Siebziger waren für immer und ewig vorbei und würden nicht zurückkommen. Auch die Sechziger nicht, oder gar die Fünfziger. Zum Glück.

Vanja stach die Nadel in die Stickerei und zog den dünnen Faden auf der Rückseite hervor. Vibeke war ihr bei der

Kleidungswahl keine große Hilfe gewesen. Naja, es spielte keine Rolle. Solch lächerlichen Sorgen waren leicht zu lösen.

Sie stand auf und legte eine Platte auf. Blickte über die aufgerissenen Ackerflächen und lauschte dabei den Klängen von *You Can't Always Get What You Want* von den Rolling Stones. Bleiche Lichtstreifen lichteten sich durch das ansonsten massive Grau des Himmels. Hoffentlich kam noch ein wenig Sonnenschein, bevor der Tag vorbei war.

Vanja nahm eine Halsschmerztablette und trommelte mit den Fingern auf die Tischplatte. Dieser banale, alte Hit, was war mit dem eigentlich? Irgendwie drängte sich die Melodie auf spezielle Weise in sie.

Dann erinnerte sie sich. Das war Leifs Lieblingssong gewesen. Sie hatten den an jenem Nachmittag gehört, nach einem langen Gespräch beim Mittagessen, bei dem sie ihm unter anderem erzählt hatte, sie sei ein Pflegekind gewesen. Der Fotograf Leif, mit seinem Lederhalsband, Ohrring, Schnupftuch und einem enormen Engagement für Gesellschaft und Welt.

Ob er noch immer manchmal diesen Song hörte? Oder war er dafür zu alt? Vielleicht war er auch krank geworden. Oder gar gestorben. Womöglich bevorzugte der Leif von heute aber auch Akkordeon- und Tanzabendmusik.

Sie atmete mit weit geöffneten Nasenflügeln langsam ein, sodass der heftige Minzgeschmack beinahe Schmerzen verursachte. *You Can't Always Get What You Want.* Wie wenig hatte sie in Kuba davon gewusst, wie viel Wahrheit in diesem Lied steckte.

Im Schlafzimmer öffnete sie beide Türen des Kleiderschranks. Schaute durch die hängenden Kleider, holte Stück für Stück raus und legte sie aufs Bett. Dann begann sie, verschiedene Kombinationen vor dem Spiegel anzuprobieren. Was Vibeke da gesagt hatte, von wegen Vanja solle mit Josefin über ihre Kindheit reden, war einfach dumm. Niemand hatte Vanja Larsson zu sagen, was sie tun sollte, genauso wenig wie, was sie anziehen sollte.

Vanja hatte sich ein waldgrünes Viskosekleid vorgehalten und verharrte vor dem Spiegel. Sie betrachtete ihr Gesicht. Da war ihr Alter deutlich sichtbar, sie bemerkte Falten und Runzeln, aber auch die Traurigkeit in den Augen. Im Schwarz dieser Pupillen lag verborgen vor der Welt ein ganzes Leben sicher verwahrt.

Sie ließ das Kleid sinken und legte es über eine Stuhllehne. Dieser waldgrüne Fetzen war zu alltäglich, das würde sie auf keinen Fall zur Vernissage anziehen. Lieber den roten Samtkaftan mit den weiten Ärmeln und den eingewebten Glitzerfäden. Eine aufregende Kreation, die sowohl Würde wie auch Starglamour ausstrahlte. Wenn die Gäste ankamen, um die Ausstellung in Kopenhagen zu sehen, würde sie voll und ganz sie sein. Sprich die sanftmütige, verehrte Königin, zu der sie letztendlich geworden war.

Vanja nahm den Kaftan vom Bügel. Das war aus der rotzigen Kinderheimsgöre mit schäbigen, gebrauchten Klamotten geworden.

Josefin

Görans und Ingers Grundstück verströmte Herbstflair und war so gepflegt wie eh und je. Die zwei japanischen Ahornbäume leuchteten feuerrot, offensichtlich war ihre Glanzzeit jetzt im Oktober. Josefin holte das Telefon raus, während sie auf die Haustür des Einfamilienhauses zuging. Eine SMS war gekommen. Unbekannte Nummer. Sie öffnete die Nachricht.

Hallo Josefin! Du und Harald seid herzlich zum diesjährigen Kiviker Fahrradfest am 13. Oktober eingeladen. Ihr solltet ein Dessert für acht Personen vorbereiten. Wir versammeln uns alle um 15.00 Uhr auf dem Solevi-Sportplatz. Dort gibt es Kaffee und Spiele und anschließend einen kleinen Aperitif inklusive Snack. Dabei erhaltet ihr Informationen über euren weiteren Abendverlauf. Um baldmöglichste Zusage wird gebeten, die Kosten sind 180 Kronen (für die Miete einer für viele Personen geeigneten Festlocation). Herzliche Grüße, Cilla Strömberg

Josefin starrte auf den Bildschirm. Das Fahrradfest. Harald und sie waren eingeladen. Das musste Kristins und Svantes Verdienst sein. Oder das Festkomitee hatte sich von allein an das junge Paar auf Vallmogården erinnert. Was eher unwahrscheinlich war.

Kurz nach dem Klingeln öffnete Inger die Tür, sie trug adrette Hauskleidung, bestehend aus Strickweste, Markenjeans und Schaffellpantoffeln. Nachdem sie Josefin begrüßt hatte, ging sie in die Küche voraus, wo Göran gerade den Tisch mit Kaffeetassen und Zimtschnecken deckte. Er war erst kurz von der Arbeit zu Hause und trug noch ein Jackett.

»Wie schön, dich zu sehen«, sagte er. »Und wie unerwartet.«

Inger strahlte sie an.

»Setz dich, ich hole den Kaffee.«

Josefin nahm am Küchentisch Platz. Ohne Harald war das Hiersein viel leichter. So entging sie seinen wachsamen Augen und angespannten Bewegungen, musste nicht, auf Nägeln sitzend, darauf warten, dass er sich über irgendeinen Ausspruch seiner Eltern ärgerte. Als sie angerufen hatte, um zu fragen, ob sie vorbeikommen könne, hatte Inger schlicht entzückt geklungen. Josefin sei jederzeit herzlich willkommen, hatte sie gesagt.

»Wie geht es euch?«, fragte Josefin.

Ingers Lächeln versiegte ein wenig.

»So lala. Wir vermissen euch.«

»Ja, ist eine Weile her. Aber Harald war bis obenhin beschäftigt.«

»Das verstehen wir. War wohl viel Arbeit mit der Ernte.«

Josefin nickte.

»Und dazu noch der Natursteinwall, an dem er baut. Der wird richtig schön.«

Ingers Miene hellte sich etwas auf, sie sah zu Göran, der sich aufrichtete.

»Ihr scheint dort oben so einiges zu lernen.«

Er klang etwas wertschätzender als früher. Josefin meinte zu sehen, wie sich sein Mund verzog, wenn auch kaum merklich.

Beim Kaffeetrinken rückte sie mit ihrem Anliegen raus.

»Ich glaube, es wäre für Harald und mich supergut, wenn wir dieses Jahr beim Fahrradfest mitmachen. Aber Vallmogården ist zu weit weg, deshalb wollte ich fragen, ob wir uns dafür vielleicht bei euch einmieten könnten. Falls ihr nicht selbst mitmacht.«

Göran und Inger wirkten überrascht.

»Nein, tun wir nicht«, sagte Inger. »Wir haben dieses Jahr abgelehnt. Weil wir schon bei meiner Schwester und meinem Schwager in Lomma eingeladen sind.«

Göran lehnte sich über den Tisch.

»Was sagt Harald dazu? Will er wirklich bei so was dabei sein?«

Josefin sah ihnen direkt in die Augen, zuerst Göran, dann Inger.

»Ihm ist klar, wie wichtig es ist, dass wir Teil der Ortsgemeinschaft werden, dass wir mehr Leute kennenlernen. Das braucht man, wenn man einen Hof und einen Laden betreibt und längerfristig denkt.«

Inger füllte die Tassen nach.

»Das klingt klug, finde ich. Und natürlich könnt ihr an diesem Abend unser Haus haben, wenn ihr wollt«, sie stellte die Kaffeekanne wieder ab und blickte Göran an, »oder?«

Göran nickte. Er überlegte offenbar etwas.

»Ich glaube, dass das Fahrradfest gut für Harald ist«, sprach Inger weiter. »Da kann er den Hof mal kurz vergessen und andere Typen Menschen treffen. Das braucht er.«

Göran war noch immer nachdenklich. Ein Hauch seiner alten Missbilligung wurde sichtbar, aber dann nickte er wieder.

»Ja, absolut. Das ist sicher ein Spaß für euch beide. Rauskommen und Leute kennenlernen, ein Teil der Gemeinschaft werden. Nehmt euch unser Haus. Das ist kein Problem.«

»Danke!«

Josefin griff nach einer Zimtschnecke. Das Problem war auf dem Weg zur Lösung.

»Kennt ihr das Festkomitee? Cilla und Lorenz Strömberg oder Pontus und Anette Furumo?«

Inger lachte auf.

»Na klar. Seit vielen Jahren. Auch wenn wir mit ihnen nicht sonderlich viel zu tun haben.«

Josefin begegnete über den Tisch hinweg ihren Blicken ein weiteres Mal. Wie unglaublich nett Göran und Inger doch waren!

Auf dem Weg ins Auto las sie die Nachricht von Cilla Strömberg noch einmal. Ihr Herz begann zu klopfen, als sie daran dachte, wie es werden würde, eine Menge neuer Menschen kennenzulernen. Unheimlich in vielerlei Hinsicht. Soziale Aktivitäten bargen Risiken. Man konnte sich blamieren, falsche Sachen sagen oder schlicht nicht dazu passen. Aber jetzt hieß es, die Situation zu nehmen, wie sie kam.

Schnell tippte Josefin eine Antwort.

Hallo Cilla! Danke für die Einladung. Wir freuen uns, am diesjährigen Fahrradfest teilzunehmen. Bis dann auf dem Solevi! Herzliche Grüße, Josefin

Ihre Handflächen waren schweißnass, als die Nachricht raus war. Sie steckte das Telefon in die Jackentasche und öffnete die Fahrertür ihres Autos. Der Beschluss war gefasst. Würde sie ihre Großmutter fragen, bekäme sie zur Antwort, es gäbe nichts, wovor man Angst haben müsse. Überhaupt nichts.

Josefin setzte sich ans Steuer und überlegte, was wohl das beste Dessert war. Sollten sie sich an etwas Neues wagen? Nein, sie würde den Apfelkuchen ihrer Mutter machen. Der war einfach, aber nicht langweilig. Und die Zutaten waren saisonal, was der Philosophie auf Vallmogården entsprach.

Ihre Mutter war zuhause, Åkes alter roter Volvo stand vorm Haus. Josefin drückte die Klinke des Gartentors runter, als es hinter ihr mehrmals hupte. Sie drehte sich um und erblickte Liselott, die mit ihrem großen Auto angehalten und das Fenster heruntergelassen hatte. In ihrem Gesicht prangten noch immer die Sommersprossen aus dem Sommer und sie lächelte breit.

»Hallo! Ich habe gehört, ihr habt oben auf dem Hof einen Vintageladen eröffnet? Cool!«

Josefin erwiderte das Lächeln und nickte. Endlich jemand, der aufgepasst hatte. Sie schaute zum Kofferraum des Autos, der mit etwas so großem Sperrigen beladen war, dass die Heckklappe nicht ganz zuging. Liselott hatte ihre Fracht mit einigen gekonnt kreuz und quer gespannten und geknoteten orangenen Bootsleinen gesichert.

»Ich habe auch neue Pläne«, sagte Liselott. »Habe mir gerade einen gebrauchten Frisörstuhl gekauft. Ein echtes Schnäppchen aus dem Netz. Ich musste einfach zuschlagen. Klappbar und mit Fußstütze.«

Liselott lachte leicht.

»Ja, gerade ist die Zeit des Erweiterns. Ich hab einen Platz in einer Friseurausbildung in Ystad bekommen. Naja, vielleicht nicht direkt eine Ausbildung. Ein einwöchiger Schnellkurs für Amateure. Aber trotzdem. Ich habe mir überlegt, meine Geschäftstätigkeit etwas auszubauen und Kunden zu empfangen, die auch einen einfachen Haarschnitt wollen. Und mich währenddessen fortzubilden.«

»Das klingt clever.«

»Schon, oder? Jetzt räume ich gerade einen Schuppen aus, um ihn dann zu streichen und als kleinen Friseursalon einzurichten. Das wird hübsch werden. Natürlich mache ich aber auch weiterhin Hausbesuche. Für alle, die das wollen.«

Josefin wusste, dass Liselott oft mit ihrer Fußpflegeausrüstung zu älteren, nicht mehr mobilen Kivikern unterwegs war. Sie hatte ziemlich viele Stammkundinnen. Das Angebot, auch gleich noch die Haare gerichtet zu bekommen, zu Hause oder in ihrem Laden, war natürlich ein noch besserer Service.

»Aber mach dir keine Sorgen«, fügte Liselott hinzu. »Sally helfe ich auch weiterhin in der Pension, dafür will ich mir Zeit nehmen. Wie bisher auch.«

Sie sagte Tschüss und fuhr weiter die Straße entlang zu ihrem Haus. Josefin sah ihr hinterher. Wie packte Liselott es, in so grundverschiedenen Sachen zu arbeiten? Fußpflege, Friseurin und Kassiererin bei ICA. Und Aushilfe bei ihrer Mutter.

Josefin betrat die Pension, ohne zu klopfen, und schaute in die Küche, wo ihre Mutter mit Märta neben sich am Brotbacken war.

»Hallo. Kannst du mir das Rezept für deinen Apfelkuchen geben? Ich werde es nämlich brauchen.«

Ihre Mutter sah überrascht aus.

»Natürlich. Wozu?«

Josefin setzte sich auf ihren Stammplatz auf der Küchenbank.

»Harald und ich machen dieses Jahr beim Fahrradfest mit. Wir sollen acht Leute zum Dessert verköstigen.«

»Ui! Aufregend. Apfelkuchen passt da gut. Und ihr solltet dazu selbstgemachte Vanillesauce servieren. Aus echten Vanillestangen. Kein Fertigprodukt.«

Jemand klopfte vorsichtig an die Haustür und öffnete sie dann. Josefin und Sally blickten zur Diele. Herein kam eine schlanke, drahtige Frau um die vierzig mit klaren Gesichtszügen und hellen, schulterlangen Haaren. Zu ihren Füßen trippelte an einer Leine ein kleiner Dackel. Märta kam sofort auf die Beine und ging zu ihm, die Hunde beschnüffelten sich freundlich.

Die Frau trat in die Küche. Sie war mit Jeans und Pulli leger gekleidet und hatte eine Brille mit dünnem Metallrahmen auf der Nase. Ihr Lächeln war offen und sonnig.

»Hallo, ihr müsst Sally und Josefin sein?«

Sie sprach mit voller Stimme Lund-Schonisch und schüttelte nacheinander Sally und Josefin die Hand.

»Wie schön, euch kennenzulernen! Ich bin Cilla Strömberg. Und das ist Ebba-Karin.«

Sie nickte in Richtung des Dackels, wandte sich dann wieder zu Josefins Mutter.

»Mein Mann und ich wohnen ganz in der Nähe, wir sind also Nachbarn. Hie und da haben wir uns auf der Straße gesehen, aber noch nie wirklich Hallo gesagt.«

»Ja, stimmt«, sagte ihre Mutter.

Cilla blickte zu Josefin.

»Danke für deine rasche Antwort. Ich bin gerade vorbeigekommen und habe eine junge Frau in den Garten gehen sehen und vermutet, dass du das bist. Da wollte ich dich und Harald nur nochmal persönlich zum Fahrradfest willkommen heißen.«

Sie richtete ihre Brille, das Modell war so unauffällig,

dass man es kaum sah. An ihren Ohrläppchen baumelten kleine Silberperlen. Josefin war weiterhin überrascht von Cillas unerwartetem Auftauchen, so direkt nach ihrer SMS.

»Danke für die Einladung«, sagte sie.

»Natürlich sollt ihr dabei sein. Wir laden immer Neuzugezogene ein, damit sie sich einleben. Es sind immer sehr lustige Abende. Wir sind eine tolle Gruppe hier im Ort.«

»Das habe ich schon bemerkt.«

Auf der Treppe hörte man wieder Schritte, Peter kam mit einem Korb voll Brennholz durch die Tür. Wenn er ihre Mutter besuchte, brachte er ihr oft das Holz ins Haus. Cilla lächelte auch ihn an.

»Ach hallo, Peter.«

»Hallo.«

Mehr sagte er nicht, sondern ging direkt weiter in den Speiseraum und ein seltsames Schweigen blieb zurück. Josefin wusste nicht, was das sollte. So kurz angebunden war er sonst nicht.

Aber Cilla schien das nicht übel zu nehmen. Sie linste in den Speiseraum.

»Ui, wie schön du es hier hast«, sagte sie zu ihrer Mutter.

»Danke. Ja, ich fühle mich hier auch wohl. Schau gern rein, wenn du magst.«

Sie gingen alle drei hinein. Peter schichtete gerade Holz in den Kachelofen. Cilla bewunderte den schönen Raum.

»Dieses Haus ist ein wahrer Traum. Da hast du ordentlich schuften müssen, seit du hierhergekommen bist, oder?«

Ihre Mutter nickte.

»Ja, das war nicht zu vermeiden, mein Onkel Åke hatte seit Jahren nichts verändert.«

»Verstehe. Aber jetzt scheint jemand mit dem richtigen Gespür eingezogen zu sein.«

»Danke. Man will ja den Charme behalten und nichts zerstören.«

Nachdem Peter das Feuer angezündet hatte, stand er auf. Das Holz brannte, er legte die Streichholzschachtel auf den Kaminsims und verließ das Zimmer, ebenso schweigsam wie zuvor. Josefin verstand nur Bahnhof, das sah ihm überhaupt nicht ähnlich.

Cilla blickte zum Wintergarten.

»Was für ein Wahnsinnsort. Wirklich.«

Josefin und ihre Mutter wechselten einen stolzen Blick.

Nach ein paar weiteren anerkennenden Worten verschwand Cilla mit Ebba-Karin an der Leine. Josefin sah sie die Straße hinabspazieren. Cilla mit sportlichem Gang und ihr Dackel trippelnd.

Vielleicht hatte Peters Verhalten überhaupt nichts mit ihr zu tun. Vielleicht war er einfach müde. Sie beschloss, nicht weiter darüber nachzudenken. Jetzt wollte sie nur dieses angenehme Glücksgefühl auskosten. Sobald sie nach Hause kam, würde sie Harald erzählen, was geschehen war: Sie waren zum Fahrradfest eingeladen und von Cilla Strömberg persönlich willkommen geheißen worden.

Vanja

Was für ein Gefühl es doch war, am Hauptbahnhof in Kopenhagen auszusteigen, den Kopf in den Nacken zu legen und in das riesige Gewölbe des Bahnhofsdachs zu schauen! Nur so lange, dass Vanja keinen Schmerzen im Rücken bekam. Dann ging sie, ihren Trolley hinter sich herziehend, den Bahnsteig entlang, auf dem Weg zu der kleinen Galerie in der Nebenstraße, ein paar Blocks von der Wohnung entfernt, in der sie seit so vielen Jahren lebte. In der Galerie Brinck-Jensen wartete Gorm schon auf ihre Ankunft, gemeinsam würden sie bis zur Vernissage am Samstag ihre Ausstellung vorbereiten.

Was für ein Spaß durch das lebendige, bunte Kopenhagen zu laufen. Die Geräuschkulisse von Lokalen, Cafés und Bars gab einem fast das Gefühl, man wäre in einem Film.

Überall parkten bemalte Lastenfahrräder. Eine Frau in Jeansrock verkaufte selbstgestrickte Wollpullover, Straßenmusiker performten mit heiseren Stimmen Songs von Bob Dylan. Es roch nach Bier und frischem Brot, Kaffee und Schweinebraten. An einem kleinen, mit Kopfstein gepflasterten Platz gab es noch immer einige Außenbewirtungen, hier und da baumelten Lampions und in der Mitte sprudelte ein Brunnen. An manchen Cafés hingen Girlanden mit grellen Stoffwimpeln, Traumfängern und Bambuswindspielen, andere hatten sich für das exakte Gegenteil entschieden und ganz nüchtern dekoriert.

Diese Reibung faszinierte sie in dieser Stadt am meisten. Das Ungeordnete, Kaputte und zumindest nach außen hin Freie und Nachgiebige. Das Klischee über das dänische Gemüt stimmte wirklich. Vanja war egal, dass das bestimmt nicht das ganze Bild ausmachte, sie würde sich trotzdem hier in Kopenhagen immer wohlfühlen und zurechtfinden. Sie wollte die ganze Stadt absorbieren, diesen Ort, den sie als einen Teil von sich selbst betrachtete. Die dänische Sprache war ein besonderes Vergnügen und ihr nach all den Jahren bereits ebenso vertraut wie das Schwedische.

Und genauso wunderbar war, die Klinke an der Galerietür nach unten zu drücken und zu wissen, sie war zurück, und zwar richtig. Nicht als Besucherin, sondern als gefragte Künstlerin.

Vanja hob den Trolley über die Schwelle auf den Fußboden aus Nussbaumholz.

»Gorm. Hier bin ich.«

Das Handy ans Ohr geklemmt und mit zur Begrüßung weit geöffneten Armen kam er sofort aus seinem Büro angerauscht. Seine grauen Haare standen wie eh und je rundherum aus einem Mützchen hervor.

»Ich komme darauf zurück«, sagte Gorm ins Telefon. »Jetzt habe ich Besuch, wir sprechen bald weiter.«

Er legte auf und nahm Vanja in die Arme, drückte sie lange an sich.

»Willkommen in Kopenhagen! Meine Liebe.«

»Danke.«

Vanjas Blick schweifte über die Wände ringsherum. Gorm hatte bereits einen Teil ihrer Werke probeweise gehängt.

Er folgte ihrem Blick.

»Was meinst du so weit? Ist natürlich alles nur ein Versuch.«

»Sieht gut aus, finde ich.«

Sie stellte den Koffer neben die Tür und trat zu ein paar gerahmten Bleistiftskizzen von drei Kätzchen, die zwischen Gänseblümchen und Glockenblumen spielten. Sollten die wirklich gezeigt werden? Auf einmal wurde sie unsicher. Sie hatte sich nie um diese kleinen Bilder gekümmert, ihr gesamtes Erwachsenenleben hatte sie sie als etwas Unfertiges und Amateurhaftes betrachtet, fast an der Grenze zur Peinlichkeit. Nachdem sie Kivik als Zweiundzwanzigjährige verlassen hatte, hatte sie keinen einzigen Gedanken mehr an sie verschwendet, schon gar nicht, als sie mit ihrer offiziellen Ausbildung als Künstlerin begonnen hatte.

Aber Gorm sah in allen etwas, sowohl in den Zeichnungen wie auch den Aquarellen, und das taten offenbar auch eine Menge anderer Leute. Sie musste auf deren Urteil vertrauen. Und sicherlich war auch das scheinbar Armselige Teil ihres Lebenswegs.

Vanja schritt langsam die weißen Wände ab, studierte Werk für Werk. Währenddessen stieg ein diffuser Widerstand auf, von den Zehen zum Scheitel hoch. Diese alten Bilder erzählten etwas über ihr Aufwachsen. Etwas, von dem niemand wusste und in das auch nie jemand Einblick erhalten sollte.

Je mehr Zeichnungen, Skizzen und Aquarellbilder sie betrachtete, desto mehr konnte sie sich daran erinnern, wie sie sich beim Zeichnen damals gefühlt hatte. Wohlig ruhig, und vor allem sicher, nachdem sie endlich in einem freundlichen Umfeld gelandet war, in dem ihr niemand was antun konnte. Solange sie sie sich nur in eine helle Welt von Blumen, Schmetterlingen und Kätzchen träumte, gab es keine Gefahr.

In ihrer kindlichen Idealisierung waren diese frühen Werke nackt. Sie sagten in allerhöchstem Grad etwas über sie aus. Darüber, Angst zu haben, darüber, ein Mensch zu sein.

Eine große Wand war völlig leer. Drei grelle Lichter beleuchteten die Weißheit, sodass man fast davon geblendet wurde. In der Mitte war eine Hängung. Was sollte dorthin?

Vanja wandte sich zu Gorm, aber bevor sie fragen konnte, ging die Eingangstür auf und Vibeke kam herein, mit sanftem Lächeln und neuer Kurzhaarfrisur. Sie trug ihre üblichen, einfachen Leinensachen, einen vermutlich selbst genähten Zweiteiler.

»Endlich bist du da!«

Die Anwesenheit der Freundin reichte, um die dunkle Stimmung zu vertreiben. Vanja ging ihr entgegen. Beide freuten sich dermaßen über das Wiedersehen, dass sie einander ständig ins Wort fielen. Vibeke plapperte nur über die Ausstellung. Vanja ließ sie. Aber während sie Vibekes entzückten Ausrufen über diverse Aquarelle und Bleistiftskizzen lauschte, musste sie an diesen Papierstapel denken, Vibekes Aufzeichnungen aus den Siebzigern. In denen gab es eine Passage, die Vanja beim Lesen ein drückendes Gefühl im Bauch verursacht hatte, und jetzt, da sie wieder hier war, wurde sie daran erinnert.

Darin ging es um ihren kleinen Bruder. Er war nach Kopenhagen gekommen, um sie zu treffen, sie hatte ihn zum Abendessen eingeladen und danach entschieden, ihn nie wieder zu sehen.

Vanjas Lächeln schwand langsam. Schließlich ertrug sie es nicht mehr, bei den beiden ausgelassen Schwärmenden zu bleiben.

»Ich brauche mal einen Schluck Wasser«, sagte sie zu Gorm.

»Na klar. Gläser findest du im Küchenschrank. Aber das weißt du ja von früher.«

Sie ging in die kleine Pantryküche. Lehnte sich an die Arbeitsfläche, während sie das kalte Wasser in gleichmäßigen Schlucken trank.

Bosse. Der Kleine mit den seidenweichen Armen. Wo in aller Welt war er jetzt? Über vierzig Jahre später.

Vibeke kam ihr nach, als würde sie riechen, was los war. Ihr Blick war forschend.

»Wie geht es dir?«

»Gut.«

»Schaffst du es?«

Vibeke machte eine Kopfbewegung in Richtung Galerie. Vanja leerte das Glas.

»Ich werde mich bemühen. Aber eigentlich will ich am liebsten in mein Bett und mir die Decke über die Ohren ziehen. Wenn ich ehrlich bin.«

Vibeke schaute sie eindringlich an.

»Ich verstehe dich nicht. Nur weil du etwas über siebzig bist, hältst du dich doch nicht für uralt! Das bist nicht du, Vanja. Du, die immer ein wahres Feuerwerk gewesen ist. Du kannst nicht schon jetzt anfangen, das Leben herunterzufahren.«

»Es ist nicht Feigheit. Nur Müdigkeit. Wegen des Alters.«

Vibeke lachte auf.

»Müde? Du? Wenn es um ein tolles, kreatives Projekt wie das hier geht? Eine Einzelausstellung, eine Rückschau in dein künstlerisches Leben? Das kannst du wem anderen vormachen.«

Vanja schwieg. Vibeke durchschaute sie, wieder einmal. Wie Peter.

Draußen ging die Tür zur Galerie bimmelnd auf. Eine fremde Männerstimme murmelte etwas und dann rief Gorm: »Vanja! Wo bist du hin?«

Sie stellte das leere Glas ab und verließ ohne einen weiteren Blick zu Vibeke die Pantryküche.

In der Galerie wirbelte Gorm herum. Die Tür zur Straße stand weit offen und davor parkte ein großer Transporter mit geöffneten Hecktüren. Zwei junge Männer in T-Shirts mit gleichem Logo holten etwas aus dem Laderaum. Vorsichtig, sehr vorsichtig kam ein großes Gemälde zum Vorschein, eingepackt in Luftblasenfolie.

»Erkennst du es?«, fragte Gorm.

Vanja nickte. Die beiden Männer trugen das Bild äußerst achtsam durch die Tür, um weder oben noch seitlich an den Türrahmen zu stoßen. Dann stellten sie ihre Last auf den Boden und nahmen das Plastik ab.

»Ihr könnt es dort aufhängen.«

Gorm deutete zu der leeren, gut ausgeleuchteten Wand. Die beiden Männer zogen dünne, weiße Baumwollhandschuhe an, Dann hoben sie das Gemälde an die Wand. Ruckelten und justierten es zurecht, bis es ganz gerade hing.

»Perfekt!«, sagte Gorm. »Vielen Dank.«

Die beiden Männer verließen die Galerie und der Transporter fuhr weg. Vanja nahm das Bild unter die Lupe. Ihr relativ neues Ölgemälde, das von einer Mutter und einem Kind handelte, war vorübergehend wieder in ihrer Nähe. Seinen künstlerischen Wert zu beurteilen, fiel ihr schwer, sie hatte noch immer keine wirkliche Distanz zum Motiv.

Gorm wandte sich an sie.

»Was meinst du? Ist es gut platziert? Sonst hängen wir es um.«

»Nein, das ist gut.«

Vibeke neben ihr fand das auch. Gorm verschränkte die Arme vor der Brust und betrachtete es eine Weile.

»Das ist ein wahres Meisterwerk, Vanja. Siehst du, wie faszinierend es mit der richtigen Beleuchtung wird?«

Sie nickte stumm. Wusste nicht, was sie antworten sollte. So große Worte über etwas zu hören, was sie geschaffen hatte, war sie nicht gewohnt. Ein Danke fühlte sich zu banal und dürftig an.

»Aber gehört dieses Bild wirklich in diese Ausstellung?«, fragte sie. »Es ist ja nicht gerade ein Jugendwerk. Ich habe es diesen Frühling gemacht.«

Gorm stieß sein glucksendes Lachen aus.

»Ich weiß. Aber ich finde, es erfüllt seine Funktion als Relief deiner frühen Werke. Die leichten, kleinen Skizzen und Aquarelle stemmen sich mit den Füßen gegen dieses schwere und deftige Bild. Das erzeugt eine Spannung.«

Vanja erwiderte nichts.

»Ich bin sehr froh, dass ich es herschaffen und in der Ausstellung haben konnte«, sprach Gorm weiter. »Als Leihgabe des Besitzers.«

»Und wer ist er? Weißt du es nun?«

Er zuckte mit den Schultern.

»Nein, wie gesagt, der Kauf war anonym. Aber ich habe erfahren, dass das Werk im Juli nach Stockholm transportiert worden ist. Und dann heute hierher.«

»Also lebt der Käufer in Stockholm?«

»Ja. Das ist gewiss ein angesehener Kunstsammler.«

Vanja studierte das Bild erneut. Es war kein Teil mehr

von ihr wie früher. Nun war es verkauft, gehörte einer anderen, fremden Person mit viel Geld. Die Leinwand, der Rahmen, die Farben und das Motiv hatten sich in ein kommerzielles Produkt verwandelt. So austauschbar wie ein Liter Himbeerjoghurt, ein Paar Schlittschuhe oder was auch immer. Eigentlich ein befreiendes Gefühl.

Sally

Es war noch viel zu früh am Morgen, aber Sally konnte nicht mehr schlafen. Wach lag sie mit dem Kopf auf Peters Brustkorb. Sie hörte sein Herz, es schlug ruhig und gleichmäßig, und zugleich atmete er langsam ein und aus. Seine Schlafgeräusche brachten sie fast zum Kichern, und sie bekam Lust, ihn aufzuwecken, um ihm zu erzählen, wie er klang.

Aber das tat sie nicht, denn Peter brauchte seinen Schlaf. Er arbeitete derzeit richtig hart, es war Apfelernte, die Schweine mussten versorgt werden, und dann half er noch Harald bei seinem Natursteinwall. Dazwischen versuchten er und Sally, Zeit füreinander zu finden. Wie gestern Abend, als sie nur für ein paar gemeinsame Abendstunden und die Nacht nach Svinaberga gefahren war. Abgesehen von Vanjas Kurswoche übernachtete sie nicht oft hier. Mit den Gästen in der Pension, für die das Frühstücksbuffet hergerichtet werden musste, war es einfach nicht praktisch, und jeden Morgen um halb sechs aufzustehen und nach Kivik runterzufahren, war ihr auf Dauer zu anstrengend.

Peter und sie hatten gestern nichts Besonderes gemacht, nur gemeinsam Abend gegessen, geredet und hinterher noch einen selbstgebrannten Birnenlikör getrunken. Peter hatte ein wenig Klavier gespielt. Das mochte sie sehr. Obwohl, noch besser war es, später am Abend in seinem großen Bett zu liegen und ein Buch zu lesen, während er neben ihr Kreuzworträtsel löste. Zu beobachten, wie Peter beim Grübeln an seinem Stift knabberte, und wenn er sie dann anlächelte. Dieses Lächeln verlieh ihm etwas unerklärlich Leichtes, Spielerisches, das sie ihr Buch zuschlagen ließ, weil sie ihn einfach küssen musste.

Nach Vanjas Reaktion auf das Foto aus dem dänischen Örtchen war das Zusammensein mit Peter besonders schön. Er hatte sie getröstet, Vanja könne sich manchmal so aufführen, was aber nicht gleich bedeuten müsse, dass sie sauer sei. Sally war trotzdem enttäuscht. Ihre Mutter hätte doch ein wenig von den Jahren erzählen können, die sie in diesem Landwirtschaftskollektiv in Dänemark gelebt hatte. Das musste wahnsinnig aufregend gewesen sein und also für Sally richtig spannend.

Peter bewegte sich im Schlaf. Er wachte allmählich auf. Sally kroch näher an ihn ran, drückte ihren nackten Körper an seine Seite und studierte den Wirbel am Stirnansatz. Peters Mundwinkel hoben sich zu einem Lächeln, dann machte er die Augen auf.

»Bist du schon lange wach?«, fragte er.

»Ach nein, nur ein Weilchen.«

»Habe ich im Schlaf gemurmelt?«

Sally schüttelte den Kopf, soweit das in ihrer angekuschelten, eingeklemmten Stellung ging. Sie befreite eine Hand, berührte seine Augenbrauen mit den Fingerspitzen. Strich die borstige Kurve entlang, erst über dem einen, dann über dem anderen Auge.

Dann küsste sie ihn auf die Achsel, um anschließend gezwungenermaßen und demnach äußerst widerwillig aufzustehen und nach ihrer Kleidung zu suchen. Es war spät, sie musste nach Hause, bevor in der Pension die Gäste aufwachten und sich fragten, was aus ihrem Frühstücksbuffet geworden sei.

»Die Sache mit dem Foto macht mich immer noch genauso traurig wie gestern«, sagte sie. »Ich begreife nicht, warum Vanja so ein Geheimnis um ihre Herkunft macht.«

Peter knüllte sein Kissen im Nacken zusammen.

»Wie ich schon gestern gesagt habe, so war sie immer. Geheimnisvoll und darin schrecklich integer.«

Sally schlüpfte in ihre Jeans. Schon fertig zum Gehen, blieb sie auf der Schlafzimmerschwelle nochmal stehen.

»Aber warum?«

»Ich weiß, dass sich Vanja wirklich bemüht. Sie tut ihr Bestes. Aber ich glaube, sie hat mit viel mehr zu kämpfen, über das sie nicht spricht.«

Sally lehnte den Kopf an den Türrahmen. Vanja hatte bestimmt ihre Gründe für ihr Verhalten. Aber dieser Gedanke half ihr auch nicht. Denn was gab es Wichtigeres als das eigene Kind?

»Ich muss jetzt gehen«, sagte sie, um dieses bittere Gefühl abzuschütteln. »Ich habe eine Menge zu tun, heute kommen neue Gäste an.«

Draußen auf dem Hofplatz holte Peter sie nur in Unterhose ein. Er nahm sie nochmal in den Arm.

»Du? Sei nicht sauer auf Vanja. Sie meint es nur gut. Gib ihr Zeit.«

Sally sog den Schlafgeruch ein, der noch an seinem Hals hing. Tief im Inneren ahnte sie, dass er Recht hatte.

»Werde ich.«

Peter strich ihr durch die Haare und gab ihr einen Kuss.

»Bis dann.«

Sally stieg ins Auto. Sie fuhr aus dem Hof, vorbei an den Reihen von Apfelbäumen, die sich unter Früchten förmlich bogen und so beschnitten waren, dass sie wie kleine Pyramiden aussahen, und hier und da herumstehenden Obstkisten. Sie dachte an das Gespräch mit der Angestellten des Altersheims Daggkåpan. An Inez, die im Frühjahr gestorben war, und an ihren Sohn. Hannes. Er hatte sich nicht gemeldet und würde es vielleicht auch nie.

In der *Pension Pomona* war es still und ruhig. Offenbar schliefen noch alle Gäste. Sally bestückte rasch das Frühstückbuffet. Der Speiseraum wirkte bei dem düsteren Wetter draußen dunkel, deshalb zündete sie auf den Tischen und dem Buffettisch Kerzen an. Und sie machte ein Feuer im Kachelofen, damit sich der Raum einladender und gemütlicher anfühlte.

Es war wirklich schön hier. Kein Wunder, dass Cilla sich bei ihrem Spontanbesuch so positiv geäußert hatte. Irgendwie war sie ihr von irgendwoher bekannt vorgekommen. Sally überlegte eine Weile, dann fiel es ihr ein. Cilla war der erste Mensch, dem sie bei ihrer Ankunft in Kivik im Frühjahr begegnet war. Diese dick eingepackte Frau, die mit ihrem Dackel Gassi ging, als Sally von der Bushaltestelle am Markt unterwegs in Richtung von Åkes Haus war. Und nun hatten sie sich zu guter Letzt richtig kennengelernt.

Sally ging in die Küche und machte sich an die allmorgendlichen Arbeiten. Heute war sie unglaublich effektiv. Bevor noch der erste Gast im Speiseraum eingetrudelt war, hatte sie schon einen Brotteig geknetet und eine Maschine Laken in die Waschmaschine gesteckt. Nun blickte Liselott durch die Haustür.

»Guten Morgen, gibt es was, womit ich dir helfen kann?«

»Wenn du wirklich Zeit hast, gerne«, antwortete Sally. »Der Teig ist gerade fertig, könntest du den zu Brötchen backen? Dann drehe ich schnell mit Märta eine Runde.«

»Ja, geh. Ich kümmere mich darum und dann ändere ich noch die letzten Sachen auf der Homepage.«

»Oh, gut. Die Bilder sind ja richtig schön geworden. Danke auch für deine Hilfe dabei.«

Liselott hatte neue Fotos für die Homepage der *Pension Pomona* gemacht. Sie hatte Sally dazu überredet, mit Märta neben sich am Strand entlangzuspazieren, in Gummistiefeln den Rasen zu rechen und mit einer Kerze vor sich im Wintergarten zu frühstücken. Einfache Tricks, aber so wirkte alles sehr einladend.

Sally legte Märta die Leine um. Mit aufs Meer gerichtetem Blick ging sie die Straße lang. Auch heute morgen keine Mail von Hannes Hallqvist. Was für Zugänge zu Vanjas Leben konnte es sonst noch geben? Josefin hatte erzählt, sie habe im Sommer in Kopenhagen einen Teil ihrer Freunde und Bekannten getroffen. Auf ganz natürliche Weise, schließlich hatte sie in Vanjas Wohnung leben dürfen und sich also in ihrem Viertel bewegt. Vor allem hatte sie diese merkwürdige Gestalt namens Gorm kennengelernt, Vanjas Galeristen, der später in der Pension aufgetaucht und ganz entzückt von den alten Bildern an den Wänden im Haus gewesen war.

Aber laut Josefin wusste keiner dieser Dänen sonderlich viel über Vanjas Kindheit zu berichten.

Märta schnüffelte sich am Straßenbankett entlang. Sally folgte ihr. Sie und ihre zottelige Hündin waren beste Gefährtinnen. Wie hatte sie eigentlich gelebt, bevor Märta in ihrem Alltag aufgetaucht war? Das war ihr heute schier unbegreiflich.

Nach einer Weile gingen sie auf einem der Fußwege zwischen den Häusern hoch und bogen in eine der engen Straßen, um wieder nach Hause zu gehen. Märtas Schnüffelfrequenz erhöhte sich, auf dem Heimweg wurde sie immer schneller.

Bevor Sally das Gartentor aufmachte, schaute sie nochmal auf ihr Telefon. Eine Mail war gekommen. Eine Antwort von Hannes.

Sie ließ Märta von der Leine in den Garten laufen. Dann las sie die Nachricht direkt am Gartentor.

Hallo Sally, entschuldige meine verzögerte Antwort!

Das Altenheim Daggkåpan hat mir deine Mailadresse übermittelt. Ich war im Ausland und hatte nur schlechtes Netz, aber nun bin ich zurück und dabei, die Sachen meiner Mutter, die seit dem Ausräumen ihres Zimmers im Heim in Kisten liegen, auszusortieren. Leider weiß ich nichts über Vanja Larsson. Aber du kannst meine Tante Lilian, Mamas jüngere Schwester, kontaktieren. Vielleicht kann sie dir helfen.

Danach folgten eine Telefonnummer und ein Gruß. Sally spürte, wie ihr Blut pulsierte. Es gab eine weitere Pflegeschwester, und die war noch am Leben. Eine Frau, die möglicherweise ihre Kindheit und Jugend mit Vanja verbracht hatte, oder zumindest einen Teil davon. Die vielleicht mit Vanja unter einem Dach gelebt hatte, als diese ein kleines Mädchen war.

Alle Gäste waren verschwunden und das Haus war leer. Sobald sie mit dem Aufräumen und der Wäsche fertig war, ging Sally hoch in ihr Schlafzimmer. Sie schloss die Tür, setzte sich aufs Bett und stöpselte das Headset in die Ohren. Dann wählte sie die Nummer. Ziffer für Ziffer, mit klopfendem Herzen.

Drei Klingeltöne, dann vier, dann fünf. Beim sechsten wollte sie schon aufgeben, da nahm jemand ab.

»Hallo?«

Die weibliche Stimme klang gebrechlich und etwas mürrisch. Sally stand auf und lief auf dem Holzfußboden auf und ab.

»Ja, hallo ... Mein Name ist Sally Larsson. Entschuldigen Sie, dass ich einfach so anrufe, aber ich habe Ihre Nummer von Ihrem Neffen Hannes. Er hat gesagt, es wäre in Ordnung, wenn ich es bei Ihnen probiere.«

»Um was geht es?«

»Um meine Mutter. Vanja Larsson. Ich glaube, sie könnte irgendwann in den Fünfzigern ein Pflegekind in Ihrer Familie gewesen sein. In Östermalm.«

Am anderen Ende der Leitung wurde es mucksmäuschenstill.

»Mhm?«

»Stimmt das?«

»Ja.«

Sally blieb abrupt vorm Fenster stehen. Draußen leuchtete der große Apfelbaum, ihr Baum, voll roter Äpfel. Ihr Vater Georg hatte ihn gemeinsam mit Vanja gepflanzt.

»Ich würde gerne ein wenig mehr wissen. Und habe gedacht, dass ... Also, vielleicht könnte ich ein wenig darüber erfahren ...«

Sie verlor den Faden. Das klang alles so dumm. Was sollte Lilian denken? Vermutlich, wie seltsam es war, dass sie Vanja nicht selbst fragte.

»Wie geht es Vanja?«, fragte die mürrische Stimme. »Sie ist jetzt über siebzig. Sechs Jahre jünger als ich.«

»Ihr geht es gut. Wir wohnen ganz in der Nähe voneinander.«

»Mhm, aha.«

»Hatten Sie Kontakt mit ihr gehabt? In all den Jahren?«

»Nein. Meine Schwester und ich haben es in den Siebzigern einmal versucht, aber sie wollte nichts von uns wissen.«

Eine Pause entstand. Sally hörte die alte Frau schwach pfeifend in den Hörer atmen.

»Was interessiert Sie?«, fragte die mürrische Stimme.

Sally sammelte sich.

»Wo sie gelebt hat, bevor sie zu Ihrer Familie gekommen ist. Und warum sie und ihr Bruder in ein Kinderheim gesteckt worden sind.«

»Das ist so lange her, ich kann mich nicht genau erinnern. Aber soweit ich weiß, kam sie aus Vänersborg. Ihre leibliche Mutter war wohl psychisch krank.«

»Psychisch krank?«

»Ja, so habe ich das gehört. Aber ich weiß kaum etwas über Vanjas Mutter. Nur dass sie Elin hieß.«

Nun verstummte Sally schlagartig. Elin. Noch nie hatte sie den Namen ihrer Großmutter mütterlicherseits gehört.

»Sind Sie ihr jemals begegnet?«

»Nein.«

»Darf ich fragen … Warum haben Ihre Eltern ein Pflegekind aufgenommen, wo sie doch bereits drei eigene hatten?«

»Sie wollten sich für Kinder einsetzen, die es schwer im Leben hatten. Meine Mutter hat immer gesagt, man könne nicht allen helfen, aber wenigstens einigen. Sie hat immer betont, dass wir Vanja das Gefühl geben müssten, sie könnte für immer bei uns leben.«

Lilian senkte die Stimme und klang dadurch noch etwas mürrischer.

»Aber es war nicht leicht. Ich erinnere mich an einen Abend, an dem wir alle im Wohnzimmer gesessen haben und im Kerzenschein ›Mensch ärgere Dich nicht‹ spielen wollten. Unsere Mutter hatte Tee gemacht und meine Schwester Scones gebacken. Vanja kam nach Hause. Sie war damals vielleicht vierzehn oder fünfzehn. Wir haben ihr zugerufen, sie solle mitmachen, aber stattdessen bekam sie, als sie alles sah, einen Wutanfall. Sie warf einen Stuhl um und fegte einen Teller vom Tisch und dann lief sie wieder raus. Es war schrecklich.«

Sally spürte, wie ihr Herz unterm Pullover wummerte.

»Warum hat sie das getan?«

»Ich weiß es nicht. Aber ich glaube, dass der Abend zu gut war. Das hat sie nicht ertragen.«

Lilian wurde für einen Augenblick still.

»Meine Eltern haben alles versucht, damit sie sich als Teil der Familie gefühlt hat. Wir Geschwister auch. Aber es half nichts. Ich kann mich erinnern, dass sie oft mit Sonja darüber gesprochen haben.«

»Sonja?«

»Naderot. Vom Sozialdienst. Ja, Sonja Naderot hieß die, daran erinnere ich mich gut.«

Sally ging wieder auf und ab. Auf einmal fühlte sich das Ganze nicht mehr wirklich richtig an.

»Vielen Dank«, sagte sie deshalb. »Und entschuldigen Sie nochmal die Störung.«

»Keine Ursache. Grüßen Sie Vanja schön.«

Sie legte das Telefon auf die Fensterbank. Ihr Puls schlug hart. *Elin. Psychisch krank. Vielleicht vierzehn oder fünfzehn. Wutanfall.*

Vanja

Die Galerie Brinck-Jensen war voll Menschen und immer mehr strömten durch die Tür herein. Vanja in ihrem knöchellangen Kaftan aus tiefrotem Samt stand mit einem Glas Wein in der Hand in der Mitte des Raums und versuchte nach besten Kräften, alle zu begrüßen, alte Freunde wie auch ihr fremde Besucher, die Gorm eingeladen hatte. Unter ihnen erkannte sie das ein oder andere Gesicht wieder, es waren dieselben Personen, die sich auf den Weg nach Kivik gemacht hatten, um das Haus zu besichtigen, in dem sie einige Zeit mit ihrem Mann und ihrer Tochter gelebt hatte. Offensichtlich waren sie mit ihrer Führung dort so zufrieden, dass sie nun gekommen waren, um dieselben Werke noch einmal zu sehen.

Mikkel, ihr alter Freund, mit dem sie in den Siebzigern in einer Wohnkommune gelebt hatte, war mit seiner neuen Frau gekommen. Sie war bestimmt zwanzig Jahre jünger als er, hatte lange, dunkle Haare und lila lackierte Fingernägel. Vanja umarmte ihn und schüttelte seiner Begleitung die Hand.

»Wie schön, dass du da bist«, sagte Mikkel. »Ich hätte nicht gedacht, dass du wieder in Kopenhagen ausstellen würdest.«

»Ich auch nicht. Aber jetzt tu ich es.«

Sie tranken Wein und knabberten gesalzene Nüsschen und sprachen über alte Zeiten. Mikkel erzählte Anekdoten von absurden Situationen, in die er als Dokumentarfilmer geraten war. Dann wurden sie davon unterbrochen, dass Gorm an sein Glas plingte. Er stellte sich vor das größte, zentral gehängte Gemälde und allmählich ebbte das Gemurmel ab.

»Herzlich Willkommen in der Galerie Brinck-Jensen zu dieser Retrospektive der Künstlerin Vanja Larsson! Als Galerist ist es mir eine große Ehre, ihre frühsten Werke zeigen zu dürfen, die sich lange Zeit in Schweden befunden haben und der Allgemeinheit gänzlich unbekannt waren. Vielen Dank dafür, Vanja.«

Gorm nickte ihr lächelnd zu und schaute dann wieder über die Menge.

»In Vanja Larssons Kunst steckte schon immer eine unerhörte Lebenskraft. Vielleicht dreht sich eigentlich alles, was sie schafft, um die Vergänglichkeit des Lebens. In ihrem Jugendwerk kann man sehen, wie sie sich ausprobiert, sukzessive weiterentwickelt und vertieft hat. Anfangs hat sie, wie Sie hier sehen können, in realistischen Motiven gearbeitet, bevor sie sich später einer abstrakteren Bildsprache zugewandt hat.«

Vanja wagte kaum, die Besucher anzusehen, konnte es aber nicht lassen. Sie sah, wie mehrere Gorms Worten nickend zustimmten. Diesen Augenblick würde sie nie vergessen. Vielleicht war es das letzte Mal, dass sie eine Ausstellung hatte. In diesem Alter wusste man nie, was geschehen würde, die Inspiration konnte enden oder ihre Kräfte.

»Vanja hatte schon immer eine spielerische Arbeitsweise«, sprach Gorm weiter. »Sie widmete sich einem dauernden Experimentieren. Wenn man genau schaut, kann man dieses Suchen bereits in diesen Werken entdecken. Hier findet sich ein ganzes Universum komplexer Gefühle, auch wenn sie stets auf das Lebensbejahende und Farbenreiche zurückkommt.«

Er schloss seine Rede mit der Empfehlung, sich ein Exemplar des Heftes auf dem Tisch an der Wand zu nehmen. Darin stünden zu jedem Werk ein paar Zeilen.

Die Leute schwärmten nun in die Galerie aus. Vanja zog sich in die Pantryküche zurück. Die Anspannung köchelte in ihr und schleichend zogen Kopfschmerzen auf. Sie ließ kaltes Wasser in ein Glas laufen und hörte zwei Mädchen mit Miniröcken und klobigen Stiefeln, die mit dem Rücken zu ihr direkt vor der Tür standen, zu.

»Ich war im Sommer in Schweden«, sagte die eine.

»Du warst auf der Reise nach Kivik dabei?«

»Ja. Vanja hat uns durchs Haus geführt. Es war unglaublich, diese Sachen dort an den Wänden zu sehen, wo sie seit den Sechzigern gehangen haben.«

»Oh, ich wünschte, ich hätte mitgekonnt.«

»Vielleicht gibt es ja nochmal eine Gelegenheit.«

»Hoffentlich.«

Vanja trank das Wasser und atmete ein paar Mal tief durch. Wenn sie nur ein paar Minuten Ruhe hatte, würde der Kopfschmerz nachlassen, ohne dass sie Tabletten brauchte. Sie überlegte, ob sie sich zu erkennen geben und die beiden Mädchen begrüßen sollte, aber auch wenn das an sich keine große Anstrengung war und sich die beiden sicher freuen würden, schaffte sie es einfach nicht.

»Diesen Teil von Skåne kennst du nicht, oder?«, hörte sie die eine nun. »Den südöstlichen Zipfel.«

»Nein, ich war nur in Malmö.«

»Es ist sooo schön da. Kivik liegt direkt am Meer, es gibt herrliche Strände, genauso schöne wie hier in Dänemark. Und dann all die Kuhweiden und Apfelplantagen. Jetzt im Herbst dreht sich dort alles um Äpfel, hab ich gelesen.«

Vanja stellte das geleerte Glas ans Spülbecken. Das Apfelreich, schon immer hatte ihr dieser Ausdruck gefallen. Da, in Österlen, war sie zuhause. Nirgends fühlte sie sich mit ihrem Leben mehr zufrieden als an diesem Ort.

Ihr Weg ins Apfelreich war lang und verschlungen gewesen und voll schwerer Passagen, aber nun war sie da. Sie war gekommen, um dort zu bleiben, es spielte keine Rolle, wie steil es mit ihrer Karriere in Dänemark aufwärts ging oder wie oft Gorm Werke von ihr ausstellen wollte.

Sie hatte sich selbst dorthin gebracht. Den ganzen Weg aus dem dunklen, kleinen Nest in Vänersborg, wo sie die ersten acht Jahre mit ihrer Mutter und ihrem kleinen Bruder Bosse verbracht hatte, nachdem ihr Vater sie verlassen hatte. Bevor die Katastrophe geschah. Bevor man sie dort gewaltsam weggeholt hatte, bevor sie im Kinderheim und in der Pflegefamilie in Östermalm in Stockholm gelandet war. Bevor sie Soziologie studiert hatte und bevor sie Georg begegnet war.

Das Gemurmel in der Galerie war lauter geworden, Gläser klirrten und manchmal hörte man lautes Lachen. Irgendwie war es nun doch schade, dass weder Josefin, Harald, Sally noch Peter an ihrem großen Tag da waren. Sie hatten überlegt zu kommen, aber Vanja hatte abgewiegelt, sie sollten unter keinen Umständen ihre Arbeiten unterbrechen, gerade im Moment hatten sie alle wahnsinnig viel zu tun. Josefin und Harald mit ihrem Hof, Sally mit der Pension und Peter mit der Apfelernte. Und ihr Jugendwerk hatten sie genug gesehen.

Vanja verließ die Pantryküche. Es war an der Zeit, sich unter die Leute zu mischen und ein wenig Konversation zu betreiben. In just diesem Augenblick sah sie jemanden die

Galerie betreten. Ein Mann mit einem großen, feierlichen, in Zellophan eingeschlagenen Blumenstrauß. Sie erkannte ihn nicht, aber er steuerte geradewegs auf sie. Dann stand er vor ihr.

»Vanja?«

Es war Knud. Dreißig Jahre nachdem sie ihn in betrunkenem und elendem Zustand, in dem er gewesen war, aus der kleinen, nur einen Steinwurf von hier entfernt liegenden Wohnung geworfen hatte. Er schien nüchtern zu sein. Sein rotblonder Schopf war mittlerweile dünn und schneeweiß, eigentlich bestand er nur mehr aus ein paar über die Glatze gekämmten Strähnen. Seine Haut war rosa, glattrasiert und er trug eine Lederjacke wie früher. Darunter zeigte sich ein leichter Bierbauch. Die hellblauen Augen leuchteten.

»Ich habe ein Plakat in der Stadt gesehen. Ich hoffe, du hast nichts dagegen, dass ich hier einfach auftauche. Wir haben ja erst im Sommer telefoniert.«

Vanja rang sich ein Lächeln ab, zumindest hoffte sie, dass es wie ein Lächeln aussah. Der Schock hatte ihr Gesicht einfrieren lassen und sie wusste nicht, was sie antworten sollte. Ihn hier und jetzt wiederzusehen, war seltsam.

Weiter kam sie mit ihren Gedanken nicht, denn Knud überreichte ihr den riesigen Strauß und sie brauchte zum Entgegennehmen beide Hände. Die Blumen waren schwer und unhandlich, das Zellophan knisterte und hatte scharfe Spitzen, die sie in die Nase piekten.

Cerise Lilien, mit dieser Kombination hatte sie sich schon immer schwergetan. Cerise war als Farbe anstrengend, weil sie sich nicht entscheiden konnte, ob sie nun rot oder rosa sein wollte, und Lilien hinterließen eine klebrige

Spur giftgelber Pollen, die man nur schwer wieder entfernen konnte.

»Schön, dass du gekommen bist«, brachte sie hervor.

Knud machte eine ausschweifende Handbewegung durch die Galerie.

»Natürlich wollte ich deine neue Ausstellung sehen.«

Sie fand ihre Fassung wieder.

»Es ist eine Retrospektive. Was du hier siehst, unterscheidet sich sehr von dem, was ich in späteren Jahren gemacht habe oder was ich jetzt mache.«

»Das spielt für mich keine Rolle. Solange die Kunst von dir ist.«

Knud rieb sich übers Kinn und Vanja erkannte die Bewegung wieder. Die hatte er dauernd gemacht. Während sie draußen auf dem Feld waren und gearbeitet, geschwitzt und darüber gejammert hatten, kein Geld für ordentliche Werkzeuge zu haben. Beim Brotzeitmachen in einem Graben, umgeben von Wiesenblumen, mit mitgebrachten, belegten Broten. Diese Roggenbrote mit Scheiben von gekochten Kartoffeln, bestreut mit Salz und geschnittenem Schnittlauch.

Die Zeit in Søvind kam zurück. Eine Flutwelle unsortierter Erinnerungen. Die vielen Bilder aus dem Landwirtschaftskollektiv vermischten sich mit der allerersten Begegnung mit Knud in Kopenhagen nach ihrer Ankunft aus Kuba. Sie hatten sich bei einer Dichterlesung kennengelernt, und sie hatte erst kein Wort von dem, was dieser Däne mit den Sommersprossen gesagt hatte, verstanden. Bald schon hatte sie sich aber an seinen Dialekt gewöhnt. Ein paar Tage später hatte sie Knud auf diesen Hof, auf dem er lebte, begleitet und war geblieben.

Sally, ihre dreijährige Tochter, war weit, weit weg gewesen. Bei ihrem Vater in Stockholm. Aber vor knapp zwei Wochen hatte sie ihr nichtsahnend ein altes Foto aus Søvind gezeigt, auf dem auch Knud gewesen war.

Vanja trat einen Schritt zurück, denn ihr Verrat traf sie so heftig, dass sie wegen der Blumen und allem beinahe taumelte. Knud war schnell und fing den Strauß auf, bevor er fiel.

Die hellblauen Augen waren freundlich, das Lächeln schüchtern und verlegen. Er war er und zugleich nicht. Der Knud von heute war weit entfernt von dem Mann, mit dem sie gelebt hatte, diesem anstrengenden Alkoholiker, der ihr Leben mehr oder minder gekapert hatte. Das hatte sie aber erst viele Jahre später verstanden. Alles hatte sich um Knud gedreht, um seine Trinkerei und seine mittelmäßige Karriere als Liedermacher, und sie hatten es Liebe genannt.

Vanja hatte ihn aushalten und seine Schulden bezahlen müssen, obwohl sie selbst kaum genug für die Miete verdiente. Deshalb war sie so arm gewesen, weswegen sie sich wiederum derart geschämt hatte, dass sie es nicht wagen konnte, ihr Kind zu sich zu nehmen. Wie sich Sally bei ihrer Mutter unter solch lausigen Voraussetzungen hätte wohlfühlen sollen, hatte sie sich nicht vorstellen können.

Und dann waren alle Träume und Pläne auf später verschoben worden und es war nie was daraus geworden.

Jetzt war er also hier. Als Vierundsiebzigjähriger. Soweit Vanja das beurteilen konnte, nüchtern und gesund.

»Ich habe viel an dich gedacht«, sagte Knud. »Und mich gefragt, wie es dir geht.«

Vanja sagte nichts. Sie konnte nicht dasselbe entgegnen,

es wäre eine Lüge gewesen. Aber Knud erwartete offenbar keine Antwort. Er redete einfach weiter.

»Die Jahre sind wie verflogen. Ich habe so alles in allem ein sehr gutes Leben gehabt. Habe für die Musik gelebt. Ja, das habe ich ja auch, als wir zusammen waren.«

Sie nickte. Da konnte sie zumindest zustimmen.

»In den letzten Jahren habe ich immer häufiger an dich gedacht«, sagte er. »Und als im Sommer erst dein Anruf kam und mich dann Josefin aufgesucht hat ... das war, ja ... wie ein Zeichen. Eine Botschaft und Aufforderung.«

»Aha?«

Vanja wusste, das Josefin Knud aufgestöbert hatte. Hatte aber nicht mehr daran gedacht.

Knud lachte auf.

»Eigentlich muss ich mit nichts hinterm Berg halten und kann auch gleich zur Sache kommen. Du und ich sind jetzt etwas über siebzig. Soweit ich weiß, hat keiner von uns einen Lebenspartner. Was hältst du davon, wenn wir uns zusammentun, im Herbst des Lebens?«

Vanja verschlug es den Atem. Sie starrte Knud an.

»Was meinst du damit?«

Er breitete die Arme aus.

»Nur dass man die Dinge vielleicht nicht verkomplizieren muss. Wir kennen uns aus alten Zeiten. Zugleich gibt es vieles, das wir nicht voneinander wissen, alles, was uns in den Jahren widerfahren ist, in denen wir uns nicht gesehen haben. Das könnte spannend sein.«

»Ich verstehe nicht richtig.«

Knud trat näher. Er griff nach ihrer Hand, hielt sie fest.

»Wir sind jetzt alt, Vanja. Ich weiß genau, wie es ist, wenn die Einsamkeit in einen kriecht. Was hältst du davon, wenn wir irgendwo außerhalb von Kopenhagen ein Reihenhaus miteinander kaufen? Nicht weit weg von der Stadt. Mit einem kleinen, pflegeleichten Grundstück, in dem du wühlen und werkeln kannst. Das tust du doch so gerne.«

Vanja schluckte schwer. Dann entzog sie ihm langsam ihre Hand.

»Oder eine Erdgeschoss-Seniorenwohnung«, sprach Knud weiter. »Ohne Stufen und ebenerdig, damit wir eines Tages auch mit unseren Rollatoren kein Problem haben. In der Nähe eines schönen Parks zum Spazierengehen. Mit Bänken, auf die man sich immer wieder zum Ausruhen setzen kann. Und einfach die Ruhe und den Frieden genießt. Gemeinsam.«

Knud neigte sich vor.

»Falls du dir Sorgen über meine Trinkerei machst, da kann ich dich beruhigen, ich habe damit aufgehört. Komplett. Mit dem Alkohol bin ich durch.«

Sie kam wieder zu Sinnen.

»Schön. Weißt du was. Ich muss mich um etwas kümmern. Das … also das ist keine gute Idee. Aber es war nett, dich zu treffen.«

»Bis bald!«

Er zwinkerte ihr schelmisch zu, nahm eine Handvoll Erdnüsse aus einem Schälchen und kaute knirschend.

Vanja entschwand schnell durchs Gewimmel, floh in den größeren Raum, wo sie von ihren Blumen, Schmetterlingen und Kätzchen empfangen wurde. Panisch sah sie sich um, endlich entdeckte sie in einer Ecke Vibeke im Gespräch mit Ditte und Karla, ihren gemeinsamen, alten Freundinnen aus der Künstlerkommune.

»Vibeke!«

Die Freundin drehte sich überrascht um. Vanja packte sie an der Schulter.

»Ich muss mit dir reden.«

»Wir hatten uns gerade gefragt, wo du abgeblieben bist. Das ist ja dein großer Tag.«

»Alle sind ganz hin und weg von deinen fantastischen Bildern«, sagte Ditte. »Also, dass du in so jungen Jahren schon sowas zustande gebracht hast. Wirklich unglaublich.«

Karla nickte lächelnd. Aber Vanja hat nur einen Gedanken im Kopf. Sie fasste Vibeke fest am Arm.

»Vergiss, was ich gesagt habe! Von wegen, dass es mir schwerfällt, mit den Dingen fertig zu werden.«

Vibeke lächelte.

»Okay? Du fühlst dich also nicht alt?«

»Nein, überhaupt nicht. Wenn ich darüber nachdenke, bin ich kein bisschen müde. Dieses Zurückschrauben ist nichts für mich. Nie im Leben werde ich ein gewöhnliches Rentnerdasein fristen. Mit Spaziergängen im Park und solchem Zeug.«

Die drei Frauen lachten auf.

»Das klingt gut«, sagte Vibeke. »Da weiß ich, dass du bald ein neues Projekt angehst. Vielleicht weitere Kurse in der so schön hergerichteten Scheune auf Vallmogården?«

Vanja atmete einmal tief ein und aus. Vor Erleichterung. Sie war wieder sie selbst.

»Genau! Da werde ich einen Haufen unterschiedlicher kultureller Aktivitäten arrangieren. Es wird vor Inspiration und Kreativität nur so strotzen. Ich werde mit Josefin und Harald etwas richtig Einzigartiges erschaffen. Musik,

Theater, Tanz, Workshop, noch mehr Kurse – wer weiß, was uns sonst noch einfällt? Alles mögliche.«

Vibeke lachte wieder.

»Was anderes habe ich nicht erwartet. Nach unserem dermaßen gelungenen Malkurs.«

Vanja ließ Vibekes Arm los. Wenn sie in die frohen Augen ihrer Freundin schaute, rauschte das Blut regelrecht durch sie. Sie hatte sich noch nie so jugendlich und vital gefühlt wie jetzt. Denn das Älterwerden beinhaltete nicht nur Verluste, sondern auch Freiheiten. Es war schlicht eine Lebensphase, in der man exakt das tat, was man wollte.

Sie sah, wie sich Gorm einen Weg durchs Gedränge bahnte. Er winkte sie zu sich.

»Da ist jemand, der nach dir sucht«, sagte er. »Da drüben.«

Gorm deutete Richtung Eingangsbereich. Vanja richtete sich seufzend auf und war darauf gefasst, dass Knud noch nicht aufgegeben hatte und sie ihm deutlicher erklären musste, was Sache war.

Aber als sie den Blick Richtung Tür wandte, stand da nicht Knud. Der Mann, der dort wartete, war größer und trug einen schwarzen Mantel und einen weinroten Schal. Sie erstarrte. Konnte das wirklich Leif sein? Dieselbe Haltung, dieselbe Art zu stehen.

Sie ging näher. Der Mann starrte sie durch die Menschenmenge hindurch an. Vanja erwiderte den Blick, sah ihm direkt in die Augen. Ja, das war er. Leif Dahlin. Der Freelancefotograf, der mit dem bunten Haufen Weltverbesserer im Herbst 1969 nach Kuba aufgebrochen war.

Leifs Gesichtszüge waren wie damals, es waren nur Falten und Runzeln dazugekommen oder tiefer geworden. Die

Augenbrauen waren weißgrau, wie auch die Haare. Aber er hatte keine Glatze, wie sie überlegt hatte. Und die Augen versprühten noch immer sein leuchtendes Engagement.

Dann lächelte er, mehr und mehr. Je näher sie kam, desto mehr verwandelte sich sein Gesicht in pure Wärme.

»Na, hallo«, sagte sie. »Was für ein unglaublicher Zufall. Dass du ausgerechnet hier vorbeigekommen bist, ausgerechnet jetzt.«

»Hallo, Blumenregen.«

Vanja konnte nicht anders, sie musste loslachen. Blumenregen. *Flower Rain*, so hatten sie ein paar aus der Gruppe genannt. Eine Hippietruppe, die vom Woodstock Festival aus San Francisco angereist war. Leif hatte den Spitznamen sofort aufgegriffen, ihn ins Schwedische übersetzt und zu seinem gemacht.

»Wusstest du, dass ich hier ausstelle?«, fragte sie. »Oder hast du zufällig vorbeigeschaut?«

Er lockerte den weinroten Schal ein wenig. Der Art nach, wie er fiel und glänzte, war er vermutlich aus exklusivem Kaschmir.

»Ich bin seit ein paar Jahren Teilzeitrentner«, sagte er. »Ein äußerst kunstinteressierter. Und als ich von deiner Ausstellung in Kopenhagen gelesen habe, habe ich mich gefreut. Dachte, es wäre schön, die zu sehen. Also bin ich hergekommen.«

Wieder stand sie da wie gelähmt. Das war einfach zu unfassbar. Er hatte von ihrer Ausstellung gelesen. War extra dafür hergekommen.

»Wie schön«, brachte sie hervor.

»Lebst du in Kopenhagen?«

Sie schüttelte den Kopf. Die Frage war aus seiner Perspektive natürlich berechtigt. Sie war an jenem Morgen von Havanna nach Kopenhagen geflogen. Am Tag nach Trines Tod.

»Ich lebe in Skåne«, sagte sie. »In Österlen, um genau zu sein. Aber ich habe früher hier in Dänemark gelebt, erst in einem kleinen Ort und dann mitten in der Stadt, nur ein paar Straßen weiter. Genaugenommen habe ich fünfundvierzig Jahre in diesem Land gelebt und habe auch noch immer eine Wohnung hier.«

»Ich habe die ganze Zeit in Stockholm gelebt, mal hier, mal da. Jetzt aber bald zehn Jahre am selben Ort.«

Leif wirkte völlig entspannt. Vanja erinnerte sich wieder daran, wie leicht die Kommunikation mit ihm war. Und sie erinnerte sich auch an andere aus der Kubatruppe. Diese amerikanischen Hippietypen hatten ihre Flower-Power-Kultur beigesteuert, ihre psychodelische Musik und seltsamen Namen. Ein Typ hatte sich Hibiskus genannt, fiel ihr ein, und eine Frau Bluebell. Der Aufenthalt auf der anderen Seite des Erdballs war völlig losgelöst gewesen von Alltag und Realität.

Leif warf die Arme in die Höhe.

»Was für ein Wahnsinn, dass wir jetzt hier so viele Jahre später beisammenstehen! Hast du Zeit für eine Tasse Kaffee?«

Vanja wollte nichts lieber als das, aber Verschwinden war keine Option, weder jetzt noch später am Abend. Gorm hatte vorgeschlagen, nach der Vernissage mit den engsten Freunden Champagner zu trinken. Und danach hatte er einen Tisch in einem schönen Restaurant reserviert, um die Ausstellungseröffnung zu feiern. Das konnte sie nicht schwänzen.

Leif begriff das offenbar ohne Erklärung.

»Vielleicht ja morgen? Es wäre schön, ein Weilchen zu reden. Wenn du das auch willst? Wir haben fast fünfzig Jahre aufzuholen.«

Sie nickte und versuchte, fünfzig Jahre rein intellektuell zu fassen, diesen Ozean an Zeit. Aber es ging nicht.

Josefin

Auf dem Solevi, dem Sportplatz direkt am Meer, waren eine Menge Leute. Josefin und Harald hatten ihre Fahrräder abgestellt und gingen auf die große Gruppe zu, die sich vorm Klubhaus gesammelt hatte. Es war drei Uhr nachmittags und das Fahrradfest hatte begonnen. Nun würden alle miteinander Kaffeetrinken und Spiele spielen, bevor man in unterschiedliche Richtungen ausschwärmte.

Das Festkomitee hatte Kaffee und Zimtschnecken aufgebaut. Cilla und Lorenz Strömberg standen gemeinsam mit Pontus und Anette Furumo am Buffettisch und begrüßten alle. Als Josefin sie zusammen sah, erkannte sie das Quartett. Die Strömbergs und die Furumos, das waren diese beiden Paare, die immer zusammenhingen. Sie sah sie oft an schönen Sommertagen am Strand nördlich von Vitemölle auf vier der Sonne zugewandten Liegestühlen in einer Reihe. Irgendwo hatte sie aufgeschnappt, dass Lorenz eine Tischlerei und Cilla einen Hauspflegedienst betrieb und Pontus als Physiotherapeut arbeitete. Was Anette machte, fiel ihr nicht mehr ein.

Josefin und Harald wechselten einen Blick. Alle anderen begrüßten sich freundschaftlich, man kannte sich bestimmt seit Jahren. Die meisten schienen irgendwas zwischen fünfundvierzig und fünfundsiebzig zu sein. Kein einziger Mensch war unter dreißig. Sie drückten den Altersdurchschnitt gehörig nach unten.

Josefin nahm einen Pappbecher mit Kaffee. Eine Frau gesellte sich zu ihr und nickte freundlich. Sie war eine der Jüngeren, vielleicht fünfunddreißig, trug einen rosa Joggingoverall und Turnschuhe. Dieses Fest war offenbar keines, für das man sich hübsch machte, der Dresscode war eher leger. Niemand hatte ihr gesagt, was man am besten anzog, und Josefin hatte vergessen zu fragen.

Die Frau streckte ihr die Hand entgegen. Sie hatte ein Puppengesicht und knallrote Lippen.

»Du bist doch Josefin? Die Tochter von Sally mit der Pension? Ich bin Jennifer. Eine Nachbarin von Liselott, sie kennt deine Mutter.«

Sie grüßten einander. Josefin fühlte sich in ihrer Kleidung ein wenig fehlplatziert, die war zu gediegen und passte besser zu einem Abendessen in Lund oder nach Stockholm.

»Meine Mutter und Liselott sind Kindheitsfreundinnen«, sagte sie.

»Ach ja, genau. Liselott hat so was in der Richtung einmal erwähnt«

Josefin sah sich um und entdeckte Flynn und Britta, mit denen sich ihre Mutter manchmal traf. Das waren zumindest keine völlig Fremden. Etwas weiter weg erblickte sie sogar Yvonne und Olle, das Paar das direkt gegenüber der Pension lebte. Olles Aussehen mit seinem kahlen Scheitel und den buschigen Augenbrauen war speziell, Yvonne war ungewöhnlich chic und jugendlich.

Soweit Josefin verstand, waren einige auf dem Fest miteinander verwandt. Entfernt oder näher. Viele waren Nachbarn oder sie waren im Fußballklub oder gehörten aus irgendeinem anderen Kontext zusammen. Viele waren früher Schulkameraden gewesen.

Josefin wandte sich wieder Jennifer zu.

»Ist Liselott auch hier?«

Jennifer wirkte amüsiert.

»Liselott? Auf dem Fahrradfest? Nein. Es werden nur verheiratete Paare eingeladen. Oder zumindest Paare. Oder irgendwie so.«

»Okay. Klingt das nicht ein bisschen streng?«

»Naja, das ist keine direkte Regel. Es hat sich quasi nur dahin entwickelt.«

Cilla Strömberg kam in Jeans und beigem Sakko auf sie zu. Sie lächelte Josefin breit an.

»Wie schön, dass du da bist! Und dass wir uns schon kennengelernt haben. Dort drüben steht mein Mann Lorenz.«

Cilla deutete auf den langen, dunkelhaarigen Kerl in einem kleinen Grüppchen ein paar Meter entfernt. Er trug Chinos und eine dünne, schwarze Daunenjacke. Josefin nahm ihn nun genauer in Augenschein und bemerkte, dass er gut gebaut und ziemlich stylisch war. Aber Lorenz sah sie nicht, er fummelte an seinem Telefon herum.

»Und wo ist Harald?«, wollte Cilla wissen.

Josefin nickte in Haralds Richtung, der gerade mit ein paar älteren Leuten sprach. Er lernte gerne neue Menschen kennen und wirkte ausgeglichen wie immer. Eigentlich wollte sie ihn unbedingt Cilla vorstellen, die sie ja eingeladen hatte, aber das musste wohl warten.

»Ich hoffe, ihr habt einen richtig schönen Abend«, sagte Cilla. »Bis später!«

Sie ging zum Klubhaus, wo sie in die Hände klatschte. Alle wurden still und richteten die Blicke auf sie, als sie auf einen kleinen Tritt stieg, damit man sie sehen konnte.

»Herzlich willkommen zum diesjährigen Fahrradfest! Ich hoffe, eure Akkus sind für die Strapazen des heutigen Abends voll aufgeladen.«

Die Menge jubelte auf. Lorenz stellte sich neben Cilla und übernahm.

»Wir im Festkomitee legen großen Wert darauf Neuzugezogene einzuladen. Euch ein ganz besonders herzliches Willkommen! Wie üblich gibt es einige, die sich für heute hier im Ort bei jemandem eingemietet haben, weil sie zu weit weg wohnen oder gerade am Renovieren sind. Das ist für uns natürlich völlig in Ordnung.«

Dann erläuterte Pontus den Zeitplan und Josefin spürte, wie ihre Spannung stieg. Zuerst Spiele, dann Aperitif, gefolgt von dem umständlichen Dreigangessen. Danach, gegen elf, zurück hier zum Solevi für die Abschlussparty mit Disco.

Die Spiele wurden mit viel Trubel und Heiterkeit ausgeführt. Josefin und Harald versuchten sich bestmöglich zu integrieren, strengten sich sowohl bei bescheuerten Tippspielen, den Scharaden wie auch den Tanzliedern an. Als Zeit für den Aperitif war, konnten sie sich etwas erholen.

»Ist doch gut gelaufen, oder?«, flüsterte Josefin.

Harald verzog gequält das Gesicht und sie kicherte. Sie trank ein bisschen Sekt und merkte, wie das Blut in ihr quasi zu blubbern begann. Harald war ebenso zufrieden, wie sie, das wusste sie. Sie taten das hier zusammen, mit der gemeinsamen Absicht, das Leben auf Vallmogården zu meistern. Indem sie ein soziales Netzwerk aufbauten und dabei vielleicht sogar neue Freunde fanden.

Anette Furumo spazierte mit einem geheimnisvollen Lächeln umher und verteilte Zettel mit Informationen über die jeweiligen Uhrzeiten und Orte für Vorspeise, Hauptgang und Dessert.

»Darf ich euch bitten, darüber zu schweigen, wo ihr hinfahrt? Es ist ja gerade der Sinn der Sache, an jedem neuen Ort überrascht zu werden.«

Die Stimmung war elektrisch, alle schielten zueinander. Josefin und Harald standen eng zusammen, als sie ihren Zettel auffalteten. Sie schauten kurz über die Namen, acht Personen pro Station, aber sie kannten keinen einzigen. Außer Cilla und Lorenz Strömberg, die bei ihnen in Göran und Ingers Haus zum Dessert kommen würden.

Josefin hakte Harald unter. Er zog sie zu den Fahrrädern.

»Na komm. Was ist die erste Adresse?«

Mit allen anderen strampelten sie los. Einige hatten E-Bikes und rauschten in hohem Tempo vorbei, andere hatten ganz normale Modelle und dann gab es ein paar auf alten Drahteseln. Josefin bereute, Harald nicht zur Anschaffung neuer Fahrräder für diesen Abend überredet zu haben. Gebrauchte hätten ja gereicht, um nicht auf diesen schwerfälligen, rostigen Ungetümen, die sie mit dem Hof gekauft hatten, unterwegs sein zu müssen. Das wäre schön gewesen. Aber es war, wie es war.

Vor dem Haus aus den Fünfzigern, in das sie zur Vorspeise sollten, brannten zwei Fackeln. Josefin und Harald schoben die Fahrräder in den fremden Garten und stellten sie an den Zaun. Es war ein seltsames Gefühl, bei jemanden einzutreten, den man nicht kannte, aber auch interessant.

Das Licht im Haus war gedämpft, auf dem gedeckten Tisch brannten Kerzen. Die Einrichtung war geschmackvoll, reduziert und in Erdtönen gehalten. Ein paar der anderen Gäste waren bereits gekommen. Sie standen mit ihren Dry Martinis auf dem Parkett und unterhielten sich. Das Gastgeberpaar, ein Mann in den Sechzigern und seine etwas jüngere Frau, begrüßte Josefin und Harald und bot ihnen einen Drink an. Die Frau war pummelig und sommersprossig, trug ein enganliegendes, weit ausgeschnittenes Trikotkleid. Sie hatte dunkelrote Haare und schwere Goldohrringe.

»Ach, zwei Neuzugezogene! Ich hoffe, ihr fühlt euch wohl. Es gibt erst einen kleinen Aperitif und dann setzen wir uns zur Vorspeise.«

Josefin nahm den Drink entgegen, nippte aber lieber nur kurz daran. Ihr war der Alkohol schon ein wenig zu Kopf gestiegen und dabei hatte der Abend kaum angefangen.

Der Rest der Gäste traf ein und man setzte sich. Als Vorspeise gab es elegant gegrillte Jakobsmuscheln mit Selleriepüree. Josefin schielte zu Harald, er wirkte unbekümmert. Nach ihrer Rückkehr aus Kopenhagen hatte sie ihm gebeichtet, dort auch tierische Nahrung zu sich genommen zu haben, und danach hatte auch er die ein oder andere Ausnahme gemacht. Zwar versuchten sie weiterhin, Fisch und Fleisch möglichst zu vermeiden, aber ihre ehemaligen strikten Regeln waren lockerer geworden. Mittlerweile aßen sie, worauf sie Lust hatten, und das Leben hatte dadurch deutlich an Spaß zugelegt. Sie probierte eine Jakobsmuschel und genoss sie, und Harald offensichtlich auch.

Das Tischgespräch verlief zögerlich. Jemand wollte es mit der Behauptung, Fußball sei eine Kunstform, in Gang bringen, aber niemand sprang darauf an, also versandete das Thema wieder. Dann begann jemand von seiner Arbeit zu reden, woraufhin einige auftauten und von ihren jeweiligen Berufen und Arbeitsbedingungen erzählten. Der Gastgeber Bertil war Allgemeinmediziner und seine Frau Ann-Christin Wirtschaftsberaterin. Ein anderer Mann, Torbjörn, war Wirtschaftsjurist und seine Frau hatte einen Verlag für Bücher rund um das Thema Gesundheit aufgezogen.

Josefin erkannte einen übergewichtigen Mann mit Unterbiss von Åkes Begräbnis im Frühling wieder. Er war ein ehemaliger Lehrer. Seine Frau arbeitete für die Gemeinde in Simrishamn und begann nach einer Weile, Josefin einen Haufen Fragen darüber zu stellen, wie es sei, in Stockholm zu leben. Sie gestand, sie würde sich manchmal aus der Provinz wegsehnen. Aber ein Umzug kam nicht in Frage.

Harald wirkte allmählich verwirrt, was Josefin gut verstand. All diese Namen und Berufe zu behalten war schwierig, und dann erzählte auch noch jeder, wo in Kivik er lebte.

Mira, die Frau mit dem Gesundheitsverlag, war nun bei Ernährungsfragen angelangt.

»Jetzt vorm Winter braucht man einige Nahrungsergänzungsmittel«, erläuterte sie. »Selen und Ginseng und natürlich Vitamin C, das hilft gegen alles. Und am besten auch Zink und Omega drei. Zitronenwasser und Leinsamen am Morgen kann auch nicht schaden.«

Niemand schien besonders an diesem Thema interessiert. Ein schwules Paar mit Namen Kenneth und Sharif wandte sich an Josefin und Harald. Sie waren neugierig, wie es war, auf einem alten Hof zu leben. Selbst arbeiteten sie in Malmö. Der eine hatte ein Einrichtungsgeschäft, der andere war Anwalt.

»Ist es nicht kostspielig, Selbstversorger zu sein?«, fragte Sharif. »Ich habe gehört, es sei viel teurer, als Lebensmittel zu kaufen.«

Josefin stimmte ihm zu.

»Ja, schon. Aber wir finden, dass es das wert ist.«

»Manches müsst ihr doch aber sicher wie alle anderen auch kaufen«, hakte Kenneth nach. »Bei ICA.«

»Bestimmte Sachen kaufen wir natürlich. Reis kann

man beispielsweise hier nicht anbauen. Oder Zucker und Nudeln. Oder Salz und Kaffee.«

»Ja, genau. Und es ist auch schwer, die Möglichkeiten zur Herstellung von Butter und Käse zu haben. Oder von Hefe.«

Josefin nickte wieder. Das stimmte.

»Oh mein Gott«, mischte sich die Gesundheitsfrau Mira ins Gespräch. »Wie man weiß, braucht ja allein das Pflücken der Beeren für einen Jahresbedarf an Saft, Marmelade und Gelee wahnsinnig viel Zeit. Und eine Menge Zucker und Küchengeräte. Ihr müsst sehr hart arbeiten.«

Josefin warf Harald einen Blick zu. Jetzt war er dran mit dem Beantworten von Fragen. Er wandte sich Mira zu.

»Ja, aber wir machen das, weil wir wollen, dass es den Tieren und uns selbst gutgeht und dass unsere Nahrung richtig produziert wird.«

»Mal abgesehen von Lebensmitteln?«, fragte der Mann mit dem Unterbiss. »Wofür gebt ihr sonst Geld aus?«

Josefin wand sich innerlich unmerklich. Geld war eine sehr private Angelegenheit, die niemanden etwas anging. Aber Harald zuckte nur mit den Schultern.

»Natürlich haben wir dieselben Ausgaben wie alle. Strom, Telefon, Auto und Versicherungen zum Beispiel. Aber wir wollen uns bald Erdwärme zulegen.«

Ann-Christin, die Gastgeberin mit den dunkelroten Haaren, lächelte bedächtig.

»Ich möchte ja nicht negativ klingen. Aber ich habe schon viele Stadtflüchtlinge aufs Land herausziehen sehen. Sie haben im großen Stil begonnen und kamen dann doch nach ein paar Jahren angekrochen und haben um Hilfe gebettelt, man solle sie wirtschaftlich retten. Wenn die Familie in die Knie gezwungen worden war.«

Josefin hatte Sorge, Harald könne sich provozieren lassen, aber das tat er nicht. Er trank von seinem Vorspeisenwein und stellte dann ruhig das Glas ab.

»Zumindest drei Jahre haben wir jetzt geschafft. Man muss vorsichtig anfangen. Wir haben zuerst den Hof mitsamt dem dazugehörigen Grund gekauft. Danach ging es Schritt für Schritt. Anbau im kleinen Maß, dann etwas größer. Wir passen unsere Lebenssituation schrittweise unserer Ökonomie an.«

Er warf Josefin einen Blick zu, schaute dann die restliche Tischrunde an, die jetzt schweigend zuhörte.

»Josefin und ich stellen uns gegen die zunehmende Ansicht, dass der Mensch ein rein ökonomisches Wesen ist. Wir finden nicht, dass aller Lebensraum mit Lohnarbeit gefüllt sein muss.«

»Das ist eigentlich klug«, sagte Sharif, der Anwalt. »Das Grad an psychischen Krankheiten hat eine neues Rekordhoch erreicht. Und zugleich hat jegliche Art von Shopping in den vergangenen Jahren zugelegt. Irgendwas stimmt da nicht. Ein Systemfehler.«

Sein Ehemann, der Einrichtungsverkäufer Kenneth, stimmte zu.

»Ich glaube, dass die Menschen versuchen, der Wirklichkeit zu entkommen. Dass sie konsumieren, um sich eine Identität und Status zu verschaffen. Schlicht einen Wert. Und Gemeinschaft.«

Der Gastgeber Bertil blickte auf die Uhr.

»Leute, es tut mir leid, dass ich hier abbrechen muss, aber wir müssen zu unserem nächsten Halt aufbrechen. Den Zeitplan einzuhalten ist wichtig.«

Alle sprangen schnell auf, bedankten sich für die köstliche Vorspeise und eilten zu den Fahrrädern. Josefin war ein wenig schwindlig, als sie auf dem Sattel saß, denn obwohl es noch nicht besonders spät war, hatte sie schon eine Menge Alkohol intus. Jetzt ging es für sie für die Hauptspeise zu einem Paar, das irgendwo in der Siedlung hinter der Schule wohnte. Sie strampelte Harald hinterher, ihr Rücken klebte vor Schweiß. Aber ihr Herz war leicht. Schon jetzt hatten sie ein paar der Ortsbewohner kennengelernt.

Das Haus, in dem das Hauptgericht serviert wurde, ähnelte dem von Haralds Eltern, aber es war mit einer großen, protzigen Sofagruppe mit einem Stoff im Medaillonmuster, einer lederüberzogenen Bar und einem überproportional großen Kristallleuchter unter der Decke mutiger eingerichtet. Hier wohnte ohne Zweifel jemand, der Geld hatte.

Als Josefin und Harald ins Wohnzimmer traten, wiederholte sich die Prozedur von zuvor. Erst bot die Gastgeberin rundum einen Aperitif an, acht Gläser Champagner standen auf einem Tablett. Dann gab es etwas höfliche Konversation, nur eben mit sechs neuen Gesichtern. Der Gastgeber hieß Gösta und war ein Kerl, der gerne redete und bis zu seiner Rente vor zehn Jahren Schreiner gewesen war. Seine Frau kannte Josefin wiederum. Sie war zierlich, um die siebzig, trug eine schwarzumrandete Brille und hatte graumelierte Haare, hieß Anita und war im Lesekreis ihrer Mutter. Angeblich war Anita eine echte Klatschtante. Das zu erleben, erhielt Josefin jetzt aber nicht die Gelegenheit, denn es war schon bald Zeit, sich an den Esstisch zu setzen, um den im Ofen mit Ananas- und Tomatenscheiben, Senf und einer Menge geriebenem Käse gratinierten Fleischwurstring zu essen.

Josefin sah Harald von der Seite an, aber er bemerkte es nicht, schaufelte nur das Essen in sich hinein. Als wäre er nie Vegetarier gewesen. Sie selbst aß auch, schob aber die Ananasstücke diskret an den Tellerrand.

»Hattet ihr bisher einen schönen Abend?«, wollte eine Frau in einem Fleecepullover wissen.

Josefin setzte gerade zur Antwort an, als ein Mann mit kurzgeschorenen Haaren zu einem Gespräch über Motorräder und Autos anhob. Offenbar beurteilte er Menschen nach dem Fahrzeug, das sie fuhren. Beim Aperitif hatte er erzählt, er habe drei verschiedene Jobs, zwischen denen er wechsele. Taxifahrer, Elektriker und noch etwas, an das sich Josefin nicht mehr erinnern konnte.

Das Hauptgericht wurde mit einem Irish Coffee abgerundet, bevor man zum nächsten Ort aufbrach. Josefin und Harald lehnten dankend ab, da sie nach Hause mussten, um ihr Dessert vorzubereiten.

»Ach, müsst ihr wirklich schon los?«, fragte Gösta. »Gleich gibt es noch Shots! Und Karaoke. Das würdet ihr Jungen lieben.«

Glücklicherweise konnten sie verschwinden, ohne unhöflich zu wirken. Durch das offene Fenster hörten sie die Straße weit hinab das Gelächter und Gekreische. Die Mengen an Alkohol machten sich allmählich bemerkbar. Josefin durchfuhr eine Ahnung, was für Menschen da nun zum Dessert zu ihnen kommen würden. Auf jeden Fall noch mehr neue Gesichter, Berufe, Adressen und Namen. Harald kicherte nur.

»Das macht ja richtig Spaß.«

In Görans und Ingers Haus war der Esstisch bereits für zehn Personen gedeckt. Josefin stellte zwei Kännchen mit Vanillesauce dazu. Die beiden Apfelkuchen, die sie tagsüber gebacken hatte, standen zum Warmhalten im Ofen. Harald zündete auf dem Tisch und im Fenster Kerzen an, dann holte er die große Thermoskanne mit Kaffee und das Milchkännchen.

Als gerade alles fertig war, kamen die ersten Gäste. Vier an der Zahl. Zwei brausten auf E-Bikes an und zwei waren durchgeschwitzt, nachdem sie sich den Hügel hochgekämpft hatten. Eine stellte sich als Kyllikki vor, eine Ärztin aus Stockholm, die sich mit ihrem Ehemann Douglas, einem pensionierten Diplomaten, dauerhaft im Ort niedergelassen hatte. Das andere Paar schien mehr Bodenhaftung zu haben. Sie hießen Majken und Tony, sie war Töpferin und er Landschaftsarchitekt. Dann kamen zwei weitere Fremde, Sabina und Joel, zwei Lehrer ohne E-Bikes. Joel keuchte wie ein Blasebalg und sein Hemd hatte tiefe, dunkle Schweißringe unter den Achseln.

Als Allerletzte kamen die zwei Personen, auf die Josefin gewartet hatte, Cilla und Lorenz.

»Hallöchen«, flötete Cilla mit breitem Lächeln. »Wie geht es euch bei eurer Premiere?«

Josefin erwiderte ihr Lächeln.

»Sehr gut. Herzlich willkommen!«

Sie servierte den Apfelkuchen mit Vanillesauce, und alle aßen, während sie über Immobilienpreise und das Herbstwetter redeten. Harald schenkte Dessertwein aus und einige Gäste waren nun bereits merklich betrunken. Kyllikki erzählte mit leichtem Lallen vom Schnarchen ihres Manns und wie sie darunter litt und ihm auf den Kopf haute.

»Dann wird er wütend und antwortet: ›Was ist los?‹ Oder: ›Ich bin *wach*‹, fängt aber gleich wieder an zu sägen.«

Douglas saß ihr mit angestrengter Miene gegenüber.

»Jetzt übertreibst du eindeutig.«

Kyllikki ignorierte ihn und wandte sich an Majken und Sabine.

»Am Abend gehe ich extra schnell ins Bett, um rechtzeitig einzuschlafen. Aber es ist immer dasselbe. Ich liege hellwach da, bis er auch kommt und sich hinlegt. Und drei Sekunden später ist er eingeschlafen und schnarcht los. Und ich liege wieder völlig genervt da.«

Sie prustete los. Douglas kniff die Lippen zusammen.

»Ich habe ja gesagt, dass wir getrennte Schlafzimmer brauchen.«

Kyllikki schüttelte den Kopf.

»Nein, nein, nein. Das ist unsexy. Dann glaubt doch jeder, dass wir ein mieses Sexleben haben.«

Douglas wirkte befremdet. Auch Kyllikki verstummte. Es wurde still, bis Josefin in die Runde fragte: »Will noch jemand mehr Apfelkuchen? Oder Kaffee?«

Als sie die vorgestreckten Teller wieder füllte, merkte sie, dass ihre Hände zitterten. Fremde Menschen, die derart offenherzig sprachen, war sie nicht gewohnt. Cilla kam ihr zur Rettung, als sie ihr zweites Stück Apfelkuchen großzügig mit Vanillesauce begoss.

»Also, dieser Apfelkuchen! Der ist unglaublich. Kann ich das Rezept haben?«

Josefin wurde es an Wangen und Hals ganz heiß. Cilla hatte sie nicht nur beachtet, sie wollte sogar ihr Rezept haben.

»Danke«, presste sie hervor. »Ja, gern. Natürlich.«

»Woher ist das Rezept?«

»Von meiner Mutter. Die macht diesen Kuchen seit Jahren.«

Cilla nickte, sagte dazu aber sonst nichts. Dann beugte sie sich näher zu ihr und senkte die Stimme.

»Das mit dem Nachtisch beim Fahrradfest kann verdammt unterschiedlich ausfallen. Ich habe schon alle Varianten erlebt. Manche begnügen sich damit, eine industriegefertigte Eistorte hinzustellen, die man bei ICA kaufen kann, was natürlich auch okay ist. Und dann gibt es die, die sich ein Bein ausreißen. Einmal hat jemand eine regelrechte Symphonie aus Probierhäppchen von Cheesecake über eingelegte Früchte und Mini-Lavakuchen und ich weiß nicht was noch gemacht. Da hat man echt Komplexe gekriegt.«

Angesichts dieses Kontrasts lachte Josefin los. Auch Cilla lachte, sie kicherten miteinander, als wären sie seit Ewigkeiten gleichaltrige Freundinnen. Dass Cilla fast vierzig war, merkte man gar nicht. Dann wandte sich das Tischgespräch einer Fernsehsendung zu, die Josefin nicht gesehen hatte. Sie nahm sich etwas mehr Apfelkuchen und studierte diskret die Gäste. Vielleicht würde man Harald und sie nach heute Abend mehr akzeptieren. Es wirkte so.

Vanja

Vanja lief mit einem vibrierenden Gefühl im Bauch durch die sonntäglich leeren Straßen ihrer dänischen Heimat. Seltsam, dass sie einem Treffen mit Leif zugestimmt hatte. Ein Teil von ihr freute sich auf die vertraute Sicherheit mit ihm, sie kannten einander lang, hatten sogar eine Nacht miteinander verbracht, wenn auch vor Ewigkeiten. Zugleich rumorte in ihr die Angst davor, was passieren würde. Darauf war sie bei ihrer Abreise aus Svinaberga vor einer Woche nicht vorbereitet gewesen.

Leif wartete vor der geschlossenen Galerie. Sie spazierten das kurze Stückchen zu dem Café in der Querstraße daneben. Vanja konnte ihre Eindrücke nur schwer sortieren. Einerseits war Leif wie eh und je, sowohl in seiner Art wie auch im Aussehen, und andererseits war er beinahe fünfzig Jahre älter als damals. Wie sie selbst auch. Trotzdem war die Alterung irgendwie nicht merklich, der Mann neben ihr schien noch derselbe junge Kerl zu sein wie auf Kuba. Sie hoffte, dass Leif das andersherum ebenfalls empfand.

Offenbar ja. Als sie sich im Café mit ihren Cappuccini an einem Tisch in der Ecke niedergelassen hatten, lächelte er wieder, sodass sein Gesicht vor Wärme strahlte.

»Wie geht es dir? Ich habe die Jahre über an dich gedacht. Weißt du noch, was du immer über das Leben gesagt hast? Es soll sich nicht wie harte Arbeit anfühlen, sondern wie ein Abenteuer.«

»Das habe ich gesagt? Ich kann mich nicht erinnern.«

Vanja drehte verdutzt ihre Silberringe. Sie hatte keinerlei Erinnerung an eine Aussage dieser Art, nur daran, dass sie mit sich und ihren Gewissensbissen und einer tiefschwarzen Depression am Kämpfen war.

Diskret musterte sie Leif. Mantel und Schal hatte er an einen Haken hinter sich gehängt. Das darunter zum Vorschein gekommene Jeanshemd signalisierte nicht dasselbe makellose Finish. Es war zerknittert und ungebügelt und vermittelte in Verbindung mit dem Lederarmband um sein Handgelenk den Eindruck, er habe sich seine unkonventionelle Persönlichkeit bewahrt. Die Hände kannte sie gut. Er war derselbe Leif wie damals, nur älter.

Dann begann das Gespräch. Beide hatten neue Anschauungen und erhebliche Päckchen gesammelt. Leif erzählte, er sei nach der Kubareise in Stockholm angekommen und habe weitergelebt wie zuvor. Er hatte sich stark in der schwedischen FNL-Bewegung engagiert, hatte Flugblätter verteilt und mit Sammelbüchsen für das Vietnamesische Volk geklimpert.

Außerdem war sein Leben voll gewesen mit Demonstrationen, Studentenverbänden, Lernkreisen über China und all den Dingen, die auch Vanja miterlebt hatte. Sie selbst hatte diese Zeit in dem dänischen Örtchen verbracht, aber trotzdem gab es zahlreiche Ähnlichkeiten. Beide hatten mit Vorliebe stark gemusterte Jerseyklamotten getragen und sich auf den ewigen Zirkelschluss eingelassen, der sich um Arbeiterklasse versus Bürgerschaft drehte. Sie hatten sich mit Proletariern solidarisiert, waren aber nach jeder Begegnung mit echten Arbeitern genervt gewesen, weil sie fanden, diese verstünden nicht, was für sie am besten sei. Zum Glück hatte sie diese Attitüde längst hinter sich gelassen. Jetzt verstand sie besser. Leif auch.

»Aber die meisten Fragen, die wir diskutiert haben, sind

heute noch aktuell«, sagte er. »Das hätte ich nun nicht gedacht.«

»Ich auch nicht. Ich hatte gehofft, wir würden es weiterbringen.«

Leif nickte.

»Wobei sich zugleich unfassbar viel verändert hat. Manchmal frage ich mich: Was ist da verdammt nochmal eigentlich alles geschehen? Das ging so schnell.«

Vanja stimmte ihm zu. Wenn man zurückblickte, musste man verschiedene Gedankenstränge im Kopf haben. Teil der Frauenbewegung der Sechziger und Siebziger gewesen sein zu dürfen, war auch eine Gnade gewesen. Die Beteiligung an Demonstrationen, nicht zuletzt gegen den Krieg der USA in Vietnam, das Engagement im Klassenkampf. Oder unter vielem anderen auch für Abtreibungsrecht, Verhütungsmittel und das Recht der Frauen auf Teilnahme am Arbeitsmarkt. Unmengen wichtige Fragen hatten jene Jahre zu einer historisch bedeutsamen Zeit gemacht.

Vanja versuchte, zu beschreiben, wie sie diese in sich bewahrt hatte, erhobenen Hauptes. Das Wort Solidarität, das man nun so selten höre, habe sich auf ewig in ihre Seele eingebrannt.

Nachdem sie das gesagt hatte, schwieg Leif nur und schaute sie an. Sie wurde fast ein wenig verlegen, denn zweifellos war irgendwas geschehen.

Obwohl die Tassen leer waren, machten beide keine Anstalten, aufzustehen und das Café zu verlassen. Vanja hatte keine Ahnung, wie spät es war, aber draußen fiel nun ein leichter Regen. Der Barista ging durch den Laden und zündete auf allen Tischen Teelichter in kleinen Haltern an. Vielleicht war bald Zeit für einen Mittagssnack. Wobei sie nicht hungrig war. Sie wollte nur Leif hier gegenübersitzen. Seine Stimme hören und in seine Augen sehen. Wie an jenem letzten Abend in Kuba.

Sie würden über Trine sprechen, das wusste sie. Bald. Aber noch nicht jetzt.

»So im Nachhinein denke ich, dass es bei diesem starken Engagement vielleicht um etwas anderes gegangen ist«, sagte Leif. »Zumindest soweit es mich betrifft.«

»Wie meinst du das?«

Er sah weg, sein Blick wanderte ans andere Ende des Raums und blieb dort hängen.

»Ich weiß es nicht genau. Aber ich wurde als unerwünschtes Kind geboren. Und deshalb habe ich mich mein Leben lang einsam und wie ein Außenstehender gefühlt. Hatte keinerlei wirkliche Zugehörigkeit zu irgendwem. Deshalb war ich in den verschiedenen Gruppen und Cliquen. Aber es hat nicht geholfen. So was sitzt tiefer.«

Er sah sie nun wieder an.

»In den Sechzigern und Siebzigern sollte man alles Alte über Bord werden. Sicher, wir hatten einen Zukunftsglauben und wollten die Welt verändern, das war gut gemeint. Aber wir haben uns auch vielem entledigt, was alle Menschen brauchen, glaube ich. Wir waren unglaublich naiv.«

Vanja blickte ihm unverwandt in die Augen.

»Inwiefern?«

»Heutzutage bin ich überzeugt, dass alle Veränderung langsam vor sich gehen muss. Sonst gibt es keine gesellschaftliche Entwicklung.«

Sie wollte zurück auf das, was er über seine Geburt als unerwünschtes Kind gesagt hatte. Irgendwas war daran, eine ihr neue, unbekannte Spur. Und plötzlich gab sie völlig unkontrolliert eine Information preis, die eigentlich zu privat war und nicht zu dem passte, was er gerade gesagt hat.

»Apropos einsam und außenstehend. Mein Aufwachsen war auch besonders. Seit ich acht war, musste ich ohne meine leibliche Mutter auskommen. Erst war ich in einem Kinderheim und dann ein Pflegekind. In einer Familie, die mich nie berücksichtigt hat.«

Leif knüpfte geschmeidig an ihre Antwort an. Für ihn schien nichts je seltsam zu sein.

»Ich erinnere mich, dass du in Kuba erwähnt hast, dass du ein Pflegekind warst. Weißt du denn, warum deine Mutter sich nicht um dich kümmern konnte?«

Sie beschloss, sich weiter vorzuwagen.

»Angeblich war sie streitsüchtig und schwierig, außerdem psychotisch und paranoid. Psychisch krank. Aber ich war mir sicher, dass das nicht stimmte. Sie hatte es nur mit ein paar Sachen schwer.«

Zwei junge Frauen, die an einem etwas entfernten Tisch gesessen hatten, standen, in ein intensives Gespräch über selbst zubereitete Babykost vertieft, auf und gingen. Ihre Stimmen ließen Vanja aufblicken. Sie war etwas benommen, merkte erst jetzt, dass das Café beinahe leer war. Leif und sie waren die letzten verbliebenen Gäste. Der Barista war dabei, die Stühle umgedreht auf die Tische zu stellen. Offenbar machten sie hier zu.

»Wir sollten wohl gehen«, sagte sie. »es ist Sonntag, da wird früh geschlossen.«

Leif legte seine Hand auf ihre. Unter der Wärme erschauderte sie kurz, der Kontakt von Haut auf Haut war ungewohnt. Aber sie riss sich zusammen, fand zurück zu ihrer Ruhe und sah ihm ins Gesicht. Es war voller Lachfältchen, er musste viel Spaß im Leben gehabt haben. Trotz der Wehmut am Grund.

»Blumenregen, darf ich dich was fragen?«

»Ja. Wenn du mich Vanja nennst.«

Er lachte auf. Dann wurde er wieder ernst.

»Mein Flug nach Stockholm geht bald. Wäre es möglich, dass du mir bis dahin deine Ausstellung zeigst? Gestern waren da so viele Leute, dass ich fast nichts gesehen habe. Und ich würde deine Werke gerne in deiner Anwesenheit aufnehmen.«

Der Barista räumte mit einem Tablett die geleerten Kaffeetassen ab und verschwand damit in Richtung Küche. Vanja war aufgewühlt. Leif wollte eine eigene, private Besichtigung ihrer Ausstellung. Das war sehr intim, irgendwie hautlos.

Sie wusste weder ein noch aus. Sie hatten beide nichts über ihre derzeitige Lebenssituation gesagt, hatten nicht aufgeklärt, inwieweit sie in einer Beziehung lebten oder nicht.

Aber das musste sich wohl ergeben. Sie hätte früher niemals gekniffen, wenn etwas Spannendes geschah. Und das würde sie auch heute nicht.

Die Galerie Brinck-Jensen hatte gerade aufgemacht. Gorm mit seinen buschigen, weißen Haaren empfing sie mit überschwänglicher Freude, entschuldigte sich aber, er sei zu einem Treffen mit einem potentiellen Kunden unterwegs.

»Bleibt, solange ihr wollte. Im Kühlschrank ist Bier. Meine Assistentin kümmert sich um euch.«

Er stellte ihnen die Assistentin vor, ein junges Mädchen

mit schwarzgefärbten Haaren, knallrotem Haarband und schweinchenrosa Tüllkleid. Dann verschwand er und Vanja war froh, dass er Leif nicht darüber ausgefragt hatte, wer er sei und wie sie zueinander in Beziehung stünden.

Die Assistentin zog sich ins Büro zurück, sie waren allein in der Galerie. Leif ging langsam herum und betrachtete die Kunstwerke an den Wänden. Hier und da blieb er stehen und betrachtete ein Bild besonders gründlich. Vanja begnügte sich damit, zwei Mineralwasser in der Pantryküche zu holen, Leif eines zu geben und sich dann mit dem anderen auf das rote Plüschsofa in der Mitte der Galerie zu setzen.

»Vanja. Kommst du mal kurz?«

Sie hob den Kopf. Leif stand vor dem großen Bild, das, von den Spotlights beleuchtet, einsam an einer ganzen Wand prangte. Rechts davon gab es ein weißes Schildchen mit nur zwei Worten darauf, *Abendliches Bad*, mit dem jetzigen Jahr daneben und darüber hatte Gorm einen roten Punkt geklebt, um zu markieren, dass das Werk verkauft war.

Vanja stand auf und ging zu Leif. Er nickte in Richtung des Bilds.

»Kannst du über das hier was erzählen?«

»Das handelt von meiner Tochter. Sally.«

»Ist sie es, die baden soll?«

»Ja. Ich glaube schon. Aber jetzt kann ich es nicht mehr wissen. Jetzt liegt es am Besitzer, zu entscheiden, was dieses Bild schildert. So ist das ein jedes Mal, wenn mich ein Werk verlässt und das von jemand anderem wird.«

Leif schien darüber nachzudenken. Er trank einen Schluck Mineralwasser.

»Und das hast du neulich gemalt?«

»Ja. Im Frühling. Als ich nach achtundvierzig Jahren gerade meine Tochter zum ersten Mal getroffen hatte. Ich war wohl in einer Art Schockzustand. Ziemlich verwirrt.«

»Hattest du selbst überlegt, Kontakt aufzunehmen? Bevor sie es getan hat?«

Vanja stand schweigend da. Das war eine schwierige Frage.

»Nur ein Mal. Vor dreißig Jahren, als ihr Vater gestorben ist. Damals war Sally einundzwanzig. Ich war dreiundvierzig und noch immer geplagt von Schuldgefühlen und Trauer. Ich hatte solche Angst, weil ich gegangen war, und wusste nicht, ob ich sie aufsuchen sollte.«

»Aber getan hast du es nicht?«

Vanja drehte an ihren Silberringen.

»Nein. Ich ließ es bleiben. Einerseits aus Scham und andererseits, um ihr Leben nicht zu verkomplizieren.«

Sie begegnete wieder Leifs Blick. Versuchte langsam zu atmen, um nicht zusammenzubrechen.

»Ich habe nicht einmal einen Kranz zur Beerdigung geschickt.«

»Aber sie hat dir schließlich vergeben. Also zumindest irgendwas musst du richtig gemacht haben.«

Er strich ihr mit der warmen Hand über die Wange. Ließ sie einen Augenblick dort liegen. Das war unbeschreiblich schön. Tränen stiegen auf, sie drehte hastig den Kopf weg.

»Dann sind wir hier fertig, oder?«

»Ja. Ich muss zum Flughafen. Auch wenn ich nicht will.«

Leif nahm die Hand weg, die Wange wurde kälter.

Vanja schaute ins Büro und nickte der Assistentin, die dort von Hand eine Tasche aus Kunstleder nähte.

»Wir gehen jetzt. Schöne Grüße an Gorm.«

Ein kleiner Spaziergang blieb ihnen noch, Seite an Seite, zu der größeren Straße, wo Leif ein Taxi zum Flughafen bekommen konnte. Beide waren schweigsamer als zuvor. Zwischen ihnen hing nun ein Ernst, eine Schicksalshaftigkeit. Trotzdem gab es keine große Abschiedstirade, sie waren beide nicht von der sentimentalen Sorte. Sie sahen einander nur an und brachten sich zum Lachen, dann umarmten sie sich und versprachen sich wiederzusehen. Bald.

»Das darf nicht zu lange dauern«, sagte Leif.

Vanja glaubte, ihm ansehen zu können, dass er das ernst meinte. Wie sie auch, als sie ihm zustimmte. Leif winkte sich ein Taxi heran und stieg hinten ein, sie hob eine Hand zum Abschiedsgruß, dann zog er die Autotür zu und war weg.

Sally

Sally stand auf der Vortreppe und beschnitt die Kletterpflanzen, die allmählich erbärmlich aussahen. Sie sehnte sich nach den lauen Sommerabenden. Nichts konnte sich mit dem Duft von Flieder, Jasmin und Geißblatt messen. Besonders den Jasmin liebte sie, und dass der nah an der Veranda gepflanzt war. Vielleicht war das Vanjas Verdienst. Sally ließ die Arme sinken und rollte ein paar Mal die Schultern, ihr Blick fiel auf eine Distel neben der Treppe, die sie noch nie gesehen hatte. Sie durfte nicht vergessen, sie nachher auszureißen. Auch wenn Herbst war, sollte alles hübsch aussehen.

Das Gartentor der Nachbarn gegenüber quietschte. Yvonne kam heraus. Sie trug eine Windstopperjacke und schob ihr Fahrrad, vermutlich war sie auf dem Weg zu ICA. Sie war eine rüstige Rentnerin.

»Hallo«, rief sie herüber. »Bist du zum Lesen gekommen? Bald ist doch der nächste Lesekreis. Bei Anita, in zwei Wochen. Oder hast du zu viel zu tun?«

»Nein, nein, wir sehen uns da. Ich habe zwar noch nicht mit dem Buch angefangen, aber das will ich auf jeden Fall lesen.«

Sally legte den Wirrwarr aus abgeschnittenen, verwelkten Pflanzenteilen in den Laubkorb. Selbst wenn sie kaum zum Lesen kam, wollte sie das nächste Treffen des Lesekreises nicht verpassen, das zweite in diesem Sommer. Es machte einfach solchen Spaß, um einen Tisch zu sitzen und über ein Buch zu reden, das man gelesen hatte, und dabei seine Nachbarn zu treffen. Seit Josefin versuchte, sich mehr anzustrengen, in der Ortsgemeinschaft anzukommen, war sich Sally ihres sozialen Netzwerks bewusster geworden. Eines zu haben, war keine Selbstverständlichkeit.

Yvonne winkte zum Abschied, stieg auf ihr Fahrrad und strampelte los. Dann hielt sie nochmal an und stellte die Füße links und rechts auf den Boden.

»Hast du gehört, dass Liselott einen Friseursalon aufmachen will? Neben ihrer Fußpflege.«

»Ja, das hat sie gesagt. Sie besucht einen Kurs in Ystad und alles.«

»Hoffentlich kriegt sie das hin. Wir müssen ihr unter die Arme greifen und alle Freunde und Bekannte darauf aufmerksam machen, damit sie Kunden kriegt.«

Sally verzog den Mund.

»Trauen wir uns das wirklich? Sie ist ja bestimmt geschickt, aber ein Kurs von einer Woche kommt mir nicht besonders viel vor.«

Yvonne lachte.

»Nein, da hast du Recht. Vielleicht sollten wir abwarten, wie die ersten Kunden aussehen, wenn sie rauskommen.«

Sie kicherten ein wenig und Yvonne verschwand Richtung Dorfstraße. Sally sah ihr nach. Diese ungezwungenen Gespräche im Vorbeigehen mochte sie. Das war ein riesiger Unterscheid zu ihrem früheren Leben in Stockholm, wo sie in all der Zeit nur ein einziges Nachbarspaar kennengelernt hatte. Wobei sie sich wiederum richtig nahegestanden hatten.

Wie es Milena wohl nun ging? Sally wusste, dass sie bei ihr anrufen sollte. Irgendwas aber widerstrebte ihr. Milena konnte sich schließlich genauso gut melden. Sally presste den Gartenabfall tiefer in den Korb. Vielleicht lebten sie nun beide einfach auf ihren eigenen Planeten.

Sie schaute auf die Uhr. Zwanzig vor neun, und schon eine ganze Menge geschafft.

»Was für ein reizender Ort!«, hörte sie eine Stimme von hinten. »Innen wie außen.«

Es war eine der neuen Gäste, eine Frau über sechzig aus Västerbotten. Sie war auf die Vortreppe getreten, trug eine schwarze Hose und einen olivgrünen Strickmantel. Über den Schultern baumelte ein Lederrucksack.

»Vielen Dank«, sagte Sally. »Und Guten Morgen. Haben Sie gut geschlafen?«

»Allerdings.«

Nach und nach kamen die Gäste vom Frühstück mit ihren Handtaschen und Stoffbeuteln auf die Veranda. Bald würden sie in ihren Autos zu verschiedenen Ausflugszielen der Gegend losdüsen.

Alle stimmten in die Begeisterung der Frau aus Västerbotten ein. Trotz des Herbsts empfanden sie den Garten als kleines Paradies und einige bemerkten, dass er im Sommer sicher fantastisch sein müsse.

»Vanja, meine Mutter, hat hier vor rund fünfzig Jahren eine Menge angepflanzt«, erklärte Sally. »Danach hat mein Onkel Åke viele Jahre hier gelebt und als er im Frühjahr gestorben ist, habe ich das Haus übernommen. Also muss ich vor allem versuchen, mich um das zu kümmern, was schon da ist.«

Eine Frau deutete auf eine alte Leiter, die an der Giebelwand lehnte.

»Ich finde es furchtbar hübsch, wenn die Dinge ein wenig abgeblättert sind und Patina bekommen haben. Oder Rost oder Moos.«

Sally sah sich um. Das meiste von dem, was die Frau

als Patina bezeichnete, war aufgrund von Zeitmangel von selbst entstanden. Aber ja, ihr gefiel es hier. Auch im Herbst.

Dann schwärmten die Gäste in ihre Richtungen aus. Sally ging ins Haus und bestückte den Geschirrspüler. Die Gedanken wanderten zu dem Telefonat mit Lilian Hallqvist und allem, was sie gesagt hatte. Über Sallys Großmutter Elin, die angeblich psychisch krank gewesen war. Und zu ihrem Onkel, über den sie nichts Weiteres erfahren hatte.

Dann kam Liselott und begann damit, die Zimmer im Flügelgebäude zu saugen. Wie toll, dass sie einander helfen konnten. Sally stellte sich an den Herd und rührte in einer Pfanne mit gewürfeltem Speck. Als Mittagessen gab es für sie beide einen großen Pfifferlingstoast.

Nach einer Weile hörte Sally Liselotts Stimme durchs halbgeöffnete Küchenfenster. Als Touristenführerin war sie unschlagbar. Jetzt erzählte sie ein paar Gästen enthusiastisch von diesem Teil von Skåne, in dem sie sich befanden.

»Die meisten von Ihnen wissen sicher schon viel über Österlen. Aber vielleicht nicht alles. Hier leben die meisten Künstler pro Quadratkilometer im ganzen Land. Früher litt die Gegend unter Bevölkerungsschwund, aber nun gibt es zahllose Kulturinitiativen. Junge, kreative Menschen aus den Großstädten ziehen hierher und investieren in die verschiedensten Betätigungen, sie sind unglaublich darin, Wege zu finden, um ihren Lebensunterhalt zu bestreiten. Die ganze Gegend blüht regelrecht auf.«

Sally lächelte und kochte weiter. Da klopfte es an der Haustür. Peter kam rein. Er umarmte sie und sog den Duft ein, der aus der Pfanne hochstieg.

»Herrlich. Ist das für dich und Liselott?«

»Ja, aber es reicht auch für drei.«

»Danke. Was kann ich dir helfen?«

Er küsste sie auf die Wange. Sie nahm seine Hand und verschränkte ihre Finger in seine.

»Du sollst dich eine Weile ausruhen. Das hast du dir verdient.«

Er lachte.

»Absolut, aber ich kann einfach nicht dasitzen und dir beim Arbeiten zusehen. Solange ich mit dir zusammen bin, packe ich quasi alles.«

Sie küssten einander, rissen sich dann aber los, um das Essen fertig zu machen. Peter mixte eine Vinaigrette und Sally ließ den gewürfelten Speck auf Küchenkrepp abtropfen.

»Weißt du, ich denke viel an Vanjas kleinen Bruder«, sagte sie. »Wo er abgeblieben ist. Und natürlich auch an eine Menge anderes Zeug. Wie ihre leibliche Familie ausgesehen hat. Und warum sie und ihr Bruder in Obhut genommen worden sind.«

»Das kann ich verstehen.«

»Von Josefin weiß ich nur, dass Vanja seit den Siebzigern keinen Kontakt mehr zu ihrem Bruder gehabt hat. Damals hat er in Göteborg gelebt. Josefin hat gesagt, dass die Geschwister nicht miteinander hätten sprechen können.«

»Warum nicht?«

»Keine Ahnung.«

Peter verquirlte die Vinaigrette mit einer Gabel.

»Wann ist Vanja nochmal deinem Vater begegnet? Georg.«

»Sie war einundzwanzig. Ein Jahr später hat sie mich

bekommen und mit fünfundzwanzig ist sie nach Kuba verschwunden.«

Er stellte die Schale beiseite und machte den Salat fertig. Sally brutzelte die Pfifferlinge mit Knoblauch an und rührte dann die knusprigen Speckwürfel unter. Nach dem Salzen und Pfeffern kippte sie alles in eine Schale. Jetzt musste noch das Kastenbrot in Butter angeröstet werden und dann konnte alles andere darauf. Peter sagte nichts mehr über Vanja, auch gut. Sally war sich sowieso nicht so sicher, was er wohl von ihren Unternehmungen und dem Anruf bei Vanjas früherer Pflegeschwester halten würde.

Sie holte die Kürbiskerne, die sie am Abend zuvor zubereitet und in eine Dose gegeben hatte. Sie ließen sich leicht mit Öl und Salz rösten und schmeckten dann göttlich im Salat. Während sie alles zusammenbastelte, traf sie eine Entscheidung. Sie würde diesen seltsamen Namen googeln, den Lilian erwähnt hatte.

Sonja Naderot, so hieß die Person vom Sozialamt, die offenbar in Kontakt mit der Pflegefamilie gestanden hatte. Der Name war nun in Sallys Handy notiert. Vielleicht würde sie das zu einem Archiv führen, in dem sie nach weiteren Informationen über Vanjas Aufwachsen und leibliche Familie suchen konnte. Wenn sich Sally nur dazu durchringen konnte.

Vanja

Vanja blickte hinaus in den Hinterhof. Der Herbst hier in Kopenhagen war herrlich. Die Topfpflanzen hielten sich noch, Efeu kletterte die Backsteinfassade herauf und die Gartenmöbel waren noch nicht abgebaut. Auf dem silbergrauen Holztisch glänzte der Tau in der Morgensonne. Sie setzte sich zurück an den Küchentisch zu ihrem Mittagssnack, einem Sandwich und Tee aus einer großen Porzellantasse.

Unumwunden war die Vernissage am Samstag so gut gewesen wie erwartet, wenn nicht sogar besser. Ganz unabhängig von Leifs Erscheinen. Und mal wieder nach ihrer Stadtwohnung zu schauen, hatte auch gutgetan. Aber heute war Montag und sie würde zurück nach Schweden fahren.

Vanja rührte einen Löffel Honig in den Tee. Sie musste an Knud denken. Als er mit diesem gigantischen Blumenstrauß die Galerie betreten hatte, war das ein leichter Schock für sie gewesen. Sein verrückter Vorschlag vom Zusammenziehen in einer Seniorenwohnung oder was er da gefaselt hatte! Bei der Vorstellung durchlief sie ein Schaudern, wenngleich sie auch etwas Mitgefühl hatte.

Lieber aber dachte sie an Leif in seinem schwarzen Mantel und dem weinroten Schal. Der übrigens fast denselben Farbton hatte wie ihr VW-Bus. Was auch immer das bedeutete.

Vanja stand resolut auf, stellte Teetasse und Teller weg, es war nurmehr ein Happen übrig. Würden sie sich wiedersehen? Oder war das ganze nur ein ulkiger Einfall von ihm gewesen? Sie wusste noch immer nicht, ob Leif vergeben war. Verheiratet oder mit jemandem zusammenlebend oder in getrennten Wohnungen zusammen war. Ob zuhause jemand sehnsüchtig auf ihn wartete, eine Frau, die er liebte. Der er erzählt hatte, er müsse schnell nach Kopenhagen, um sich die Ausstellung eines alten Jugendfreunds anzusehen.

Vanja drehte eine Runde durch die Wohnung, richtete hier einen Bücherstapel, da ein Kissen. Überall lag Staub, eigentlich müsste sie wohl saubermachen. Was ziemlich sinnlos wäre, da sie bald auf dem Weg nach Svinaberga sein und für eine ganze Weile nicht zurückkommen würde.

Bei der Inspektion des Wohnzimmers blieb ihr Blick an etwas hängen. Sie ging zu dem kleinen Bild, das an der Wand neben dem ehemaligen Standort ihres Webstuhls hing. *Vanja Larsson, 1976* stand in der unteren rechten Ecke. Das Motiv zeigte eine Gruppe Menschen. Die Pflegefamilie, in der sie ihre Jahre zwischen zehn und siebzehn verbrachte hatte. Die fünf Familienmitglieder der Hallqvists hatten den Blick gerade nach vorne gerichtet, ohne sich um die kleine, gekrümmte Gestalt neben ihnen zu kümmern. Das Bild war nicht besonders beeindruckend, aber auch nicht missglückt. Es war, was es war. Hatte vermutlich zum Zeitpunkt seines Entstehens eine therapeutische Funktion erfüllt. Aber jetzt war es nicht mehr von Interesse, für niemanden, und außerdem war der Holzrahmen hässlich.

Die Pflegefamilie. Würde sie denn nie frei sein? Himmel auch, sie war doch uralt. Sie entschied selbst, wem sie ihre Gedanken widmete. Oder zumindest sollte das so sein.

Vanja hängte das Bild ab. Auf dem Rahmen oben war eine dicke Staubschicht, aber das war ihr egal, sie nahm es einfach mit zwei spitzen Fingern und ging in ihren Abstellraum. Dort drinnen stapelte sich bereits alles mögliche Zeug, aber sie schob das kleine Bild zwischen zwei Kisten auf dem Boden, drückte es so weit hinein, bis man nichts mehr davon sehen konnte.

Dann schloss sie die Abstellkammer und ging zurück. Das Bild hatte einen hellen Fleck an der Wand hinterlassen. Vanja betrachte die Leerstelle. Nun fiel ihr alles wieder ein. Wie Leif sie damals in Kuba nach einem Mittagessen mit der ganzen Truppe dazu ermuntert hatte, ihre Pflegefamilie zu malen. Sie waren zu zweit am Tisch zurückgeblieben, jeder für sich, wobei sie beide auch nichts dagegen hatten. Zwischen ihnen war schon eine Weile ein intensiver Flirt in Gange und nun erzählten sie von ihrer jeweiligen Kindheit. Aus irgendeinem Grund belastete es sie gar nicht, nur fasste sie sich ganz kurz.

Es war ein entspanntes, spirituelles Gespräch gewesen. Leif mit seinen langen Haaren, dem Lederhalsband, dem Ring im einen Ohr und obendrein der tiefen Sonnenbräune war ziemlich attraktiv. Er hatte ihr von seiner ärmlichen Arbeiterklassenherkunft erzählt, erinnerte sie sich. Die Eltern waren beschränkte Hinterwäldler gewesen. Selbst hatte Vanja die Zeit im Kinderheim ausgelassen und nur nebenbei erwähnt, dass sie ein Pflegekind sei, aber schon lange keinen Kontakt mehr zu ihrer Pflegefamilie habe.

Daraufhin hatte er sie mit seinen blauen Augen angesehen und vorgeschlagen, sie solle sie alle malen. Sowohl die Eltern wie auch die Geschwister. »Warum das?«, hatte Vanja amüsiert gefragt, da hatte er gelacht und geantwortet, es sei nur so ein Einfall gewesen. Mehr Erklärung hatte sie nicht bekommen.

Sie hatte diesen Dialogfetzen vergessen, bis sie sich sieben Jahre später, fast schon am Ende ihrer Zeit in Søvind, plötzlich an seine Worte erinnert und in einer spontanen Eingebung damals dieses Aquarell gemalt hatte. Sie hatte versucht, jedes Mitglied der Pflegefamilie aus der Erinnerung so gut wie möglich abzubilden. Erst danach hatte sie sich selbst hinzugefügt, mit einigem Abstand dazwischen.

Kurz danach hatte sie das Kollektiv auf dem Land verlassen und war ins Zentrum von Kopenhagen gezogen. Das Bild war mitgekommen, aber bis es aufgehängt wurde, jahrelang in einem Kellerabteil verstaut. Erst als sie in diese, ihre eigene kleine Wohnung gezogen war, hatte es einen verborgenen Platz bekommen. Vermutlich einzig, um die Wohnzimmerwand aufzufüllen. Denn vom künstlerischen Standpunkt aus war es nicht besonders raffiniert.

Vanja setzte sich an den großen Esszimmertisch an ihren Laptop, klappte ihn auf, schrieb *Leif Dahlin Stockholm* ins Suchfeld und redete sich ein, das sei nur zur Ablenkung. Eine Liste von Treffern erschien und durch eine kurze Überprüfung des Geburtsjahrs fiel es ihr nicht schwer, die richtige Person zu finden. Es gab auch ein paar Bilder, wenn auch wenige. Sie betrachtete sie genau, die Gesichtszüge waren kaum zu erkennen. Aber es war Leif. Immer noch ein hübscher Mann. Obwohl seine Haare nun kurz waren und er keinen Ohrring mehr hatte. Stattdessen trug er auf allen Bildern Anzug und weißes Hemd, und beim Weitersuchen verstand sie auch, warum.

Leif war jetzt Kapitalist. Geschäftsführer einer Investmentgesellschaft. Offenbar hatte er das Fotografieren an den Nagel gehängt, um sich mit Geldanlagen zu beschäftigen, und hatte mehrere Jahrzehnte mit dem Kauf und Verkauf von Unternehmen verbracht. Vermutlich in dem Teil der Zeit, in dem er nicht Teilzeitrentner war.

Vanja starrte eine Weile auf den Bildschirm. Leif war ein reicher Mann geworden, war es anscheinend den Großteil seines Lebens gewesen. Beim Anblick seiner Adresse wogte eine Welle von Abscheu durch sie. Er wohnte in Östermalm, nur ein paar Straßen von dem Haus entfernt, in dem sie aufgewachsen war. Abgesehen davon registrierte sie, dass sein Familienstand mit ledig angegeben wurde und dass unter der Adresse nur Leif geführt wurde. Was natürlich nicht bedeuten musste, dass er keine Partnerin hatte.

Vanja schloss den Laptop. Mit reichen Menschen tat sie sich schwer. Oft waren sie auf ungesunde Weise dermaßen von sich überzeugt und komplett empathielos. Gefühlsmäßig degeneriert mit nur einer Sache im Blick: sich selbst zu bereichern, auch wenn es auf Kosten von anderen geschah. Nicht selten versuchten sie Eigeninteressen zur Tugend zu erheben.

Aber es war nichtsdestotrotz Leif. Der ehemalige Freelancefotograf in abgeschnittenen Jeans. Der einzige lebende Mensch auf der Welt, der auf Kuba jenes Ereignis miterlebt hatte, das einen großen Teil ihres Lebens definiert hatte. Er war vor Ort gewesen, rein physisch. War in der lauen, sanften Nacht durchs bunte Treiben auf den Straßen von Havanna gestreunt. Hatte den Zikaden, Vögeln und der Salsarhythmen gelauscht. Diese Gerichte mit Kokos, Chili, Reis, Ingwer und Koriander gegessen. Den aromatischen Duft von Zigarren und dunklem, tropischem Rum eingeatmet.

Sie ging zurück in die Küche, spülte Tasse und Teller.

Ließ sich Zeit dabei, gab Spülmittel auf jedes Teil und schrubbte mit der Bürste. Widmete sich ausgiebig der Teekanne, die eigentlich einfach nur ausgespült werden musste. Danach stellte sie das Geschirr ins Abtropfgestell und wischte die Arbeitsfläche sauber.

Frisch geduscht und eingecremt suchte Vanja die passende Kleidung für eine lange Zugfahrt. Als sie auf die Straße kam, war die Sonne hinter den Wolken verschwunden. Sie machte sich auf den Weg zu Vibeke, die sie gestern zu sich auf einen Abschiedskaffee eingeladen hatte.

Die Tür zu Vibekes Wohnung ging auf und aus der Wohnung duftete es herrlich nach frisch gebrühtem Kaffee. Sie setzten sich auf das plüschige Sofa und Vibeke griff nach einer fantasievollen Stickerei mit noch nicht erkennbarem Motiv. Auf dem niedrigen Tisch standen drei Tellerchen mit selbstgebackenen Keksen.

»Wie geht es dir?«, fragte Vanja.

Sie nahm sich einen schokoglasierten, runden Keks. Leif wollte sie nicht erwähnen, nicht bevor sie mehr über seinen Grund, sie zu treffen, wusste.

Vibeke hielt im Sticken inne und sah Vanja an. Ihre Augen hinter der Brille wurden feucht.

»Fantastisch. Was ist das nicht für ein Abenteuer gewesen! Erst der Malkurs und dann die Vernissage.«

Vanja kaute an ihrem Keks.

»Finde ich auch.«

Ein paar Sekunden schwiegen sie, während Vibeke ein paar Stiche stickte.

»Ich habe eine Studie gelesen«, sagte Vanja dann. »Über sterbende Personen, die man gefragt hat, was sie im Rückblick bereuen.«

»Und was haben sie geantwortet?«

Vibeke nahm die Brille ab, um sie am Ärmel zu putzen. Vanja lächelte, diese nachdenkliche Geste war ihr so vertraut. Sie kannten einander in- und auswendig.

»Manche Antworten kamen häufiger als andere. Unter anderem, das persönliche Potential nicht voll ausgeschöpft und die eigenen Träume nicht verfolgt zu haben. Die Zeit nicht ausreichend genutzt zu haben.«

Vibeke setzte die Brille wieder auf. Ihre braunen Augen waren heiter.

»Dann müssen wir uns vorm Totenbett wohl nicht fürchten. Weder du noch ich.«

»Nicht eine Sekunde.«

Vibeke wollte gerade weitersticken, da berührte Vanja sie am Arm.

»Vibeke?«

Die Freundin stoppte in der Bewegung. Vanja sah ihr direkt in die Augen.

»Apropos Leben und wie kurz es ist. Darf ich dieses Manuskript wenigstens einsenden? Bei einem Verlag. Deine Tagebuchaufzeichnungen. Aus den Siebzigern.«

Vibeke erstarrte. Die Hand mit der Nadel zitterte.

»Das ist kein Manuskript.«

»Noch nicht, nein. Aber es kann eines werden. Glaube ich.«

Vibekes Blick glitt aus dem Fenster, zu dem schlanken Baum im Hinterhof.

»Das taugt nichts.«

»Warum nicht jemand anderen das beurteilen lassen?«

Ein tiefer Seufzer. Dann sah Vibeke Vanja wieder an.

»Jaja. Mach, was du willst. Wenn es dir so wichtig ist.«

Vanja lächelte. Endlich hatte sie ihr Ziel erreicht.

»Danke.«

Nach dem Kaffeeplausch ging Vanja zum Bahnhof. Bald würde Vibekes Papierstapel an einen Buchverlag in Kopenhagen verschickt. Die erste Etappe war geschafft – die Überredung. Man würde sehen, wie es weiterging.

Die Sonne schien wieder, als sich der Zug dem Öresund näherte und in den Tunnel fuhr, der sie auf die lange Brücke nach Schweden hinüber hochbrachte. Bald war sie wieder zuhause in Svinaberga. Sie schaute über das silbrige Wasser, es funkelte und glitzerte da unten, als wäre nichts Besonderes geschehen. Und doch war alles anders. Sie war Leif Dahlin begegnet, nochmal in diesem Leben.

Josefin

Josefin richtete ein paar an Holzkleiderbügel hängende Hemden. In den letzten Tagen war in ihrem Vintageladen eine Menge geschehen. Harald und sie hatten die Speicher weiter nach Möbeln durchstöbert und unter anderem einen alten Kleiderschrank mit verziertem Aufsatz und abblätternder Farbe heruntergeschleppt. In dessen Fächer hatte Josefin Stapel mit Pullovern und Hosen gelegt und die Tür offen gelassen.

Jetzt wirkte der Laden noch gemütlicher, es fehlten nur noch die Kunden. Aber nach dem Fahrradfest würden bestimmt bald Leute kommen.

Josefin dachte darüber nach, wie leicht es gewesen war, die Bewohner des Orts kennenzulernen, zumindest flüchtig. Besonders Cilla und ihren Mann Lorenz, aber auch Pontus und Anette, die anderen beiden aus dem Festkomitee. Die vier hatten versprochen, allen in ihrer Umgebung davon zu erzählen, dass das junge Paar auf Vallmogården einen Vintageladen mit zeitloser Qualitätskleidung eröffnet hatte. Cilla wollte bereits heute vorbeikommen und gleich noch ein paar Freunde mitbringen.

Es war wie der Anfang eines neuen Kapitels, das mit dem Fahrradfest begonnen hatte. Ganz von hier wegzuziehen, wie Josefin es im Sommer überlegt hatte, war undenkbar. Haralds damalige Pläne, den Hof zu verkaufen, wirkten, von jetzt aus betrachtet, komplett durchgeknallt. Was für ein Glück, dass es so nicht gekommen war.

Josefin erinnerte sich an das berauschende Gefühl, das Harald und sie ganz zu Beginn, direkt nach dem Kauf, gehabt hatten. Wie einig sie gewesen waren, das eingesperrte und viel zu schnell kreiselnde Stadtleben sattzuhaben. Wie sie sich nach einem erdverbundeneren Alltag gesehnt hatten. Sie hatten von einem Ort geträumt, wo sie selbst für ihren Lebensunterhalt aufkommen und vielleicht auch töpfern oder schreinern konnten, wenn ihnen danach war. Wo sie viel Zeit füreinander hatten. Und so war es jetzt. Größtenteils zumindest.

Josefin verließ die Scheune. Harald stand am Hühnerhaus, in dem er die Hühner gerade versorgt hatte. Sie schlenderte zu ihm.

»Was hältst du davon, einen Hahn anzuschaffen?«, fragte er. »Wenn wir es uns leisten können.«

Hühner hatten gern einen Hahn um sich, hatte Josefin gelesen. Er brachte Ordnung in die Brut und warnte vor Gefahren. Behielt den Überblick. Aber trotzdem war sie nicht begeistert.

»Lieber nicht«, sagte sie. »Das ganze Kikeriki würde mich verrückt machen. Wobei Küken natürlich an und für sich süß sind. Naja, vielleicht holen wir uns irgendwann einen.«

Harald lachte auf und legte ihr den Arm um die Schulter.

»Wir müssen das nicht jetzt entscheiden. Wir haben noch genug Zeit. Ein ganzes Leben.«

Hand in Hand spazierten sie zum Wohnhaus. Harald nutzte die Gelegenheit, um zwei kaputte Fassadenlampen zu inspizieren. Die restliche Beleuchtung funktionierte noch, also war es trotz der zunehmenden Dunkelheit abends kein Problem. Er klopfte leicht an eine der kaputten Lampen.

»Sollen wir versuchen, die selbst zu reparieren? Dann sparen wir uns einen teuren Elektriker.«

Josefin war sich nicht sicher. Besonders vor Elektroarbeiten sollte man Respekt haben.

»Das ist bei einem Fachmann in sichereren Händen.«

»Ja, du hast Recht. Und bald haben wir bestimmt Geld dafür.«

Sie stimmte ihm zu. Vermutlich würde der Vintageladen zwar keinen riesigen Gewinn abwerfen, aber hoffentlich etwas. Genug, um hier und da auf dem Hof kleine Verbesserungen angehen zu können.

Ihr neues Leben. Josefin hopste über eine kleine Pfütze.

»Fast finde ich es unglaublich, dass wir heute von Cilla und den anderen Besuch kriegen. Sie sind in Kivik groß geworden und mir ist klar, da gehört einiges dazu, dass sie sich mit irgendwelchen seltsamen Großstadtmenschen abgeben wollen.«

»Ja, das ist tatsächlich eine große Sache. Hoffentlich kaufen sie auch ein bisschen was.«

Sie gingen in den Schafstall. Harald versorgte die Schafe mit frischem Wasser, während Josefin Hjördis und Ingegerd kraulte, die ihr mit den Schnauzen kräftig gegen die Beine stupsten.

Sie dachte zurück an das Fahrradfest. Dass das so gut gelaufen war, war überhaupt keine Selbstverständlichkeit. Nach dem Apfelkuchen in Görans und Ingers Haus war die Nachtischrunde zurück zum Solevi geradelt. Da waren einige Gäste bereits deutlich angetrunken gewesen, eigentlich zu sehr, um sich aufs Fahrrad zu schwingen und irgendwelche Hügel runterzubrausen. Aber es war gutgegangen, wenn auch schwankend. Die Ärztin Kyllikki und die Keramikerin Majken hatten vor Lachen geheult. Douglas, der pensionierte Diplomat, hatte die Kontrolle über seinen Lenker verloren und war direkt in eine Hecke gerauscht, konnte sich aber daraus befreien und weiter Richtung Sportplatz fahren. Bei seiner Ankunft dort hatte er Blätter und Zweige in den Haaren, war aber noch immer so froh und vergnügt wie zuvor.

Im Klubhaus hatte das Festkomitee eine Disco mit einem Teenager als DJ organisiert und alle Festteilnehmer tanzten wild drauflos. Weiter floss eine Menge Alkohol, aber niemand war ausfallend geworden, die Leute hatten einfach Superlaune. Je länger der Abend gegangen war, desto mehr hatte sich Josefin entspannt. Was war das doch für ein wunderbares Gefühl gewesen, den nervösen Abend hinter sich gebracht zu haben und mit Harald tanzen und darüber lachen zu können, an was für einer bizarren Veranstaltung sie gerade teilgenommen hatten.

Die Nacht war lang geworden. Als Josefin und Harald im Morgengrauen zum Haus seiner Eltern gekommen waren, hatten sie sich im Doppelbett des Gästezimmers aneinander gekuschelt und geredet. Sie waren sich einig, dass das Fahrradfest im Großen und Ganzen wie erwartet verlaufen sei und dass sie nun vielleicht etwas mehr zum Ort gehörten. Dann waren sie augenblicklich eingeschlafen und hatten am nächsten Morgen für ihre Verhältnisse lang geschlafen, todmüde von der Anspannung.

»Hallo! Seid ihr irgendwo?«, rief eine unverkennbare klangvolle Frauenstimme.

Josefin eilte aus dem Schafstall und Harald folgte ihr. Sie hatten beide nicht gehört, dass Cilla und Lorenz auf den Hof gefahren waren und geparkt hatten. Cilla, die gerufen hatte, stieg gerade mit ihrem Dackel im Arm aus dem Wagen, während Lorenz den beiden anderen Autos zuwinkte, die den Schotterweg entlangkamen. Die Hundepfötchen hingen über Cillas Unterarm, als schaute Ebba-Karin von einem Balkon.

»Hallo«, erwiderte Josefin »Herzlich willkommen!«

Sie ging zu Cilla, die den Dackel absetzte, dann umarmten sie einander, als wären sie schon ewig befreundet. Lorenz trug wieder die schwarze, dünne Daunenjacke wie beim Fest.

»Schön, euren Hof zu sehen«, sagte er

»Und den Vintageladen«, fügte Cilla hinzu.

Harald machte eine ausladende Geste mit dem Arm.

»Wollt ihr euch umschauen?«

Cilla zog sich ihre Rippstrickmütze über die Ohren runter, sodass die Bügel der beinahe unsichtbaren Brille unterm Rand verschwanden.

»Gern. Der Rest der Gruppe will bestimmt auch mitkommen.«

Josefin begrüßte die vier anderen, die aus ihren Autos stiegen.

Es waren Pontus und Anette Furumo und ein weiteres Paar, an das sie sich vom Fahrradfest her zwar erinnerte, mit dem sie aber nicht gesprochen hatte. Sie stellten sich als Herman und Katinka Stenman vor. Josefin versuchte, sich die Namen zu merken. Sie bekam die Menge an neuen Menschen kaum auf die Reihe, bei den meisten hatte sie schon wieder vergessen, wie sie hießen. Aber diese Personen jetzt musste sie sich merken.

»Wie schön, neue Gesichter zu sehen«, sagte sie und begrüßte Herman und Katinka. »Herzlich willkommen.«

Herman war ein kleiner, dünner Mann über fünfzig, mit

sonnengebräuntem Gesicht und Kartoffelnase und einem Lederhut auf dem Kopf. Katinka war sowohl etwas größer wie auch molliger als ihr Mann. Sie hatte gerade weiße Zähne und braune, leicht wellige, rötlich schimmernde Haare.

»Ja, wir freuen uns, dass wir mit Cilla und den anderen hier rausgefahren sind«, sagte sie.

Sie gingen in die Scheune und schauten sich den Vintageladen an. Cilla geriet völlig aus dem Häuschen und tat einen Fund nach dem anderen. Lorenz seufzte halb im Spaß und erklärte, seine Frau liebe es, einzukaufen. Dann wandte er sich an Josefin.

»Ihr seid aber eher gegen Konsum, oder? So was habe ich zumindest irgendwo gehört.«

Sie erschrak ein wenig. Offenbar hatten sie über Harald und sie geredet. Hoffentlich nur Gutes.

»Ja, zumindest versuchen wir, so wenig wie möglich zu kaufen. Sparsam und nachhaltig zu leben.«

Herman interessierte, wie das aber damit zusammenging, Kleidung zu verkaufen. Harald mischte sich ins Gespräch ein.

»Dieser Vintageladen richtet sich an Leute wie uns, würde ich fast sagen. Die ihre Runden gedreht haben und ihre unnötigen Besitztümer losgeworden sind. Die sich nur noch auf das Beste konzentrieren wollen.«

»Ja, unsere Kleidung ist von höchster Qualität«, sagte Josefin. »Sie hält ein Leben lang. Eigentlich ist es eher Recycling, weil natürlich alles gebraucht ist. Insofern ist einkaufen bei uns ziemlich klug.«

Alle hörten interessiert zu, das merkte sie.

Als sie später über den Hof gingen und Schafstall, Hühnerhaus, Wohnhaus und die anderen Gebäude ansahen, stellten die Besucher ihnen weitere Fragen. Vor allem Pontus.

»Aber das finanziell hinzukriegen, ist doch sicher schwer? Was sagt ihr dazu?«

»Wir fühlen uns ökonomisch frei«, sagte Josefin. »Auch wenn wir natürlich innerhalb unseres Budgets bleiben müssen. Und ein einfacheres Leben leben als die meisten.«

Cilla lachte auf.

»Ja, mir würde es in der Tat schwerfallen, meinen Lebensstandard zurückzuschrauben, das kann ich euch sagen.«

»In den Siebzigern konnte man primitiv leben«, sagte Anette. »Ich erinnere mich daran, wie schön es meine Großmutter in ihrer kleinen Sörmlandshütte hatte. Aber heute geht das ja nicht mehr.«

Lorenz pflichtete ihr bei.

»Allerdings ist es supercharmant, eine alte Schule oder vielleicht einen Bahnhof zu kaufen. Wir kennen jemanden, der in einer stillgelegten Tankstelle wohnt. Aber um darin leben zu können, muss man diese Gebäude renovieren, und das sollte man meiner Meinung nach achtungsvoll tun. Was wiederum eine Menge kostet.«

Da stimmten ihm alle zu, aber es kam Josefin trotzdem so vor, als gäbe es Respekt für Lebensformen, die jemand anders gewählt hatte. Vielleicht waren die Gäste sogar beeindruckt.

Nach dem Rundgang, als sowohl Cilla wie auch Anette je eine Lederjacke und Katinka eine Bluse gekauft hatten, servierte Harald warmen Apfelmost mit Zimt und Ingwergeschmack. Das Obst stammte aus Peters Anbau. Man prostete einander zu und die Gäste fanden den Most himmlisch, auch wenn Harald versicherte, mit ein bisschen Rum wäre er noch besser.

»Das machen wir das nächste Mal«, wagte sich Josefin vor. »Da kommt ihr dann nicht mit dem Auto raus.«

Schon bereute sie ihren Vorstoß, vielleicht war das zu aufdringlich. Aber niemand schien es falsch aufgenommen zu haben.

»Nein, jetzt sind wir dran mit Einladen«, sagte Cilla.

Sie dachte nach.

»Wollen wir am Donnerstag ins Kino gehen? Lorenz und ich hatten das vor. Danach könnten wir vielleicht noch was trinken? Nicht zu lang, weil ja am nächsten Tag Arbeit ist. Aber es wäre nett. Also, falls ihr könnt?«

Sie sah sich lächelnd in der Runde um und alle nickten. Josefin blickte zu Harald.

»Warum nicht? Ich würde den Film tatsächlich gern sehen.«

»Was ist es für einer?«, fragte er.

Josefin versuchte, sich an das Plakat vor ICA zu erinnern, aber der Titel war weg. War eigentlich auch egal.

Sie wandte sich wieder an Cilla.

»Wir kommen gern, wohin auch immer.«

Cilla hob das Glas.

»Dann abgemacht. Donnerstagabend neun Uhr, bei uns zuhause.«

Vanja

Endlich war Vanja an der Spitze der Warteschlange vor dem Postschalter bei ICA. Bevor sie den wattierten Umschlag zum Frankieren auf den Tresen legte, kontrollierte sie extra nochmal, ob er wirklich ordentlich zugeklebt war. Nachdem die Briefmarke am richtigen Platz war und sich die junge Angestellte um den weiteren Versand gekümmert hatte, prickelte es in ihr.

Bald würde der Papierstapel den großen Buchverlag in Kopenhagen erreichen, begleitet von Vanjas langem Brief, in dem sie sich bei einem möglichen Buch fürs Verfassen eines Vorworts anbot. Nun konnte Vibeke nicht mehr verhindern, dass andere Menschen ihre Schilderung aus den Siebzigern lasen. Die kleinen Alltagsbeschreibungen eines Kommunemitglieds, auch über die wechselseitigen Beziehungen des Zusammenlebens dort.

Vielleicht würde nur eine Absage zurückkommen, eine höflich formulierte Nachricht, dass der Verlag jedes Jahr viele Manuskripte erhalte und die Qualität von diesem für eine Veröffentlichung nicht ausreiche oder dass ihm das kommerzielle Potential fehle. Dann würden Vanja und Vibeke dieser Welt nur mal wieder bescheinigen, ein Ort voll Stümper zu sein, die keine Ahnung von Kunst hatten.

Als sie gerade in den eigentlichen Supermarkt gehen wollte, rief Gorm an.

»Du hast keine Ahnung, wie viele Leute wir in der Galerie haben«, sagte er. »Jeder liebt die Ausstellung.«

»Das freut mich.«

»In den Augen vieler sind deine frühen Bilder in bezeichnender Weise vorausweisend und trotzdem ganz selbständige Werke.«

»Hm. Ich weiß nicht recht. Mir fällt es schwer, darüber eine eigene Meinung zu haben. Aber ich freue mich über das, was gesagt wird.«

Vanja rief sich die unbeholfenen Werke vor Augen, die sie in jungen Jahren geschaffen hatte. Blumen und Vögel, Kätzchen, die in hohem Gras versuchten, Schmetterlinge zu fangen. Ihre Haltung war zu distanziert, da war nichts zu machen.

»Die Darstellung der Pflanzen ist natürlich sehr realistisch«, sagte Gorm, »aber jetzt, da ich sie täglich sehe, stelle ich fest, dass die Blütenformationen schwer symbolisch sind.«

Da hatte er wohl Recht. Vanja stand nun in der Gemüseabteilung und überlegte, was sie brauchte. Vielleicht sollte sie Peter und Sally zu einem Chili mit Rinderhals, Schweinefleisch und schwarzen Bohnen einladen? Ein echter Herbsteintopf, genau das deftige Schmorgericht, nach dem man sich an einem Oktobertag sehnte.

»Manchmal weiß man erst weit im Nachhinein, was ein Werk, das man gemacht hat, bedeutet«, sagte sie.

»Und woran arbeitest du jetzt? Bist du wieder an was dran? Ich möchte gern mehr von dir, das weißt du.«

»Danke, mein Lieber. Aber ich habe noch keine wirklich zündende Idee. Ich suche noch immer nach einem Projekt, für das ich richtig brenne.«

»Nimm dir die Zeit, die du brauchst. Spüre ganz in Ruhe nach.«

Das Gespräch mit Gorm hatte ihr Gehirn auf Touren gebracht. Die Idee tauchte auf, während Vanja den Einkaufswagen durch den Markt schob. Sie, die sich bisher in erster Linie auf die weibliche Perspektive fokussiert hatte, würde einen großen Wandteppich machen, in dem sie die Männer in Åkes und Georgs Familie darstellte. Fast alle davon waren zur See gefahren, als Matrosen, Skipper oder Hochseekapitäne. Die Frauen waren zuhause gewesen und hatten sich um den Alltag gekümmert, um Kinder und Haushalt. Außerdem um Finanzen und den Handel, der im Ort höchst lebendig gewesen war.

Ihr Textilkunstwerk sollte eine ganze Wand bedecken und eine Chronik über die Ereignisse des Lebens beinhalten. Für diese zeitintensive Arbeit, eine echte Geduldsprobe, musste sich Vanja einen speziellen, stehenden Wandteppichwebstuhl anschaffen. Das Ganze würde mehr Malen als Weben sein, was die eigentliche Herausforderung war. Das Verfahren war langsam, man webte Detail für Detail und baute das Gewebe stückweise auf. Ein ungeheuer anspruchsvoller Prozess.

Geistesabwesend griff sie nach Lebensmitteln und ging dann zu den Kassen, während sie weiter über ihre neue Idee nachdachte. Konnten die verschiedenen Szenen chaotisch und abstrakt sein oder mussten sie eher konventionell werden? Vielleicht sollte sie nur mit den Gesichtern arbeiten? Außerdem war ein stehender Webstuhl sperrig, würde er überhaupt in ihr Atelier passen? Es gab eine Menge zu lösen.

Wieder zuhause, wurde Vanja skeptisch. Einen derart detaillierten Wandteppich zu weben, war vielleicht doch ein zu gewagtes Unterfangen. Es bestand ein großes Risiko, es nicht bis über die Ziellinie zu schaffen. Eigentlich wollte sie gerade Erna anrufen, um ein wenig zu plaudern, aber sie saß nur unschlüssig mit dem Telefon in der Hand da und langsam wurde ihr bewusst, warum ihre Kreativität eigentlich ausblieb.

Es lag an Leif. Er war ständig in ihrem Unterbewusstsein und drängte nach Aufmerksamkeit.

Bevor sie den Impuls noch unterdrücken konnte, hatte sie schon eine SMS geschickt: *Wie geht es dir?*

Die Sekunden, in denen sie wartete, zogen sich in die Länge, und dabei war Warten an sich bescheuert. Schließlich konnte Leif vergeben sein. Oder er hatte sein Telefon für die nächsten Stunden ausgemacht.

Da kam eine Antwort. Vanjas Augen wurden wegen der drei auf dem Display erscheinenden Worte feucht: *Kann ich anrufen?*

Ja, antwortete sie. Sie hatte noch völlig verinnerlicht, was ihr als Jugendliche eingebläut worden war, man müsse kurz angebunden und fast abweisend sein, wenn man an jemandem Interesse habe. Nie zu viel Gefühle zeigen, insbesondere nicht zu Beginn, denn da fühle sich der Mann eingesperrt und verschwände sofort.

Dann rief er an, und als sie seine Stimme hörte, waren alle Sorgen wie weggefegt.

»Schön, von dir zu hören«, sagte Leif.

Sie lächelte in den Hörer.

»Ich war in meinem Atelier und habe an einem neuen Projekt gearbeitet, und da musste ich an dich denken.«

Das entsprach zumindest der halben Wahrheit. Vanjas Wangen wurden warm, sie war etwas nervös, vielleicht zu viel gesagt zu haben. Aber nichts deutete darauf hin. Das Gespräch kam in Gang und es war so einfach wie irgendwie möglich. Leif verstand es, über die wahren Dinge nachzudenken, mit ihm wurde nichts schwer oder angespannt.

Nach einer Weile begannen sie, über die Kubareise zu sprechen. Wieder, ohne Trine zu erwähnen. Stattdessen erinnerten sie einander an unterschiedliche Personen und Geschehnisse, von denen Vanja viele völlig vergessen hatte. Nach kurzer Zeit war sie derart am Lachen, dass es fast weh tat.

Einen Teil des Gesprächs verbrachten sie damit, einander von ihren Liebesbeziehungen zu erzählen. Das entstand ganz natürlich. Leif war zweimal verheiratet gewesen und seine letzte Frau war vor elf Jahren an Brustkrebs gestorben. Seither lebte er allein, mal abgesehen von ein paar kurzen Affärchen. Kinder hatte er nicht.

Vanja erzählte ihre Geschichte direkt ohne Umschweife. Wie sie ihre Tochter Sally verlassen hatte, und wie ihre Enkelin Josefin plötzlich in Kopenhagen aufgetaucht war, um ihre unbekannte Großmutter kennenzulernen. Und wie im Frühjahr alles eine neue Wendung genommen hatte, als Sally nach dem Tod ihres Onkels nach Kivik gezogen war. Leif hörte ihr lange zu, ohne sie auch nur ein einziges Mal zu unterbrechen.

Dann kamen sie auf ihre Jugendjahre und Berufswahl zu sprechen, was Vanja leichter fiel.

»Ich hatte Probleme, mich in der Schule zu konzentrieren«, sagte Vanja. »Aber in der Mittelschule habe ich mich zusammengerissen und bin dann aufs Gymnasium gegangen. Später kam ich auf die Sozialpädagogische Hochschule.«

»Wie ist das gekommen?«, wollte Leif wissen.

»Mich hat vermutlich der Zeitgeist erwischt. Und ich

war sozial engagiert, also wollte ich Sozialarbeiterin werden. Ich wollte mit Familien arbeiten, die in Schwierigkeiten steckten. Was vermutlich mit meiner eigenen Familiengeschichte zu tun hatte.«

Sie räusperte sich. Brauchte vorm Weitersprechen eine kurze Pause.

»Allen Widrigkeiten zum Trotz konnte ich eine Hochschulausbildung bekommen. Mir ist dank der sozialdemokratischen Bildungspolitik der Klassenaufstieg gelungen. Wobei ja meine Pflegefamilie auch gebildet und wohlhabend war, aber zu denen habe ich nie gehört.«

»Wann hat dein politisches Engagement angefangen?«

»Im Gymnasium. Wie viele andere habe ich mich von der Generation unserer Mütter und ihrer aufopfernden Frauenrolle distanziert«

Leif lachte auf.

»Stimmt, ich erinnere mich daran, wie kritisch du dich über Mütter und ihre Art, sich um alle anderen zu kümmern und nie an sich selbst zu denken, geäußert hast. Über Familie überhaupt.«

Ihr entkam ein Seufzer.

»Man kann wohl sagen, dass ich ein wenig naiv war. Oder schlicht jung und hinterm Mond. Ich habe nie reflektiert, was Familienbande eigentlich bedeuten. Nun habe ich sie völlig neu bewertet, weswegen ich auch so froh bin, dass ich Josefin habe kennenlernen dürfen. Und nun auch Sally.«

»Das kann ich verstehen.«

Nachdem das Telefonat mit dem gegenseitigen Versprechen, einander bald wieder zu hören, zu Ende gegangen war, reckte sich Vanja. Ihr ganzer Körper war steif, seit gut einer Stunde hatte sie sich kaum bewegt. Aber sie konnte nicht aufhören zu lächeln. Dann versuchte sie sich wieder an die Planung des großen Webprojektes zu machen. Der Wandteppich, die gewaltige Familienchronik. Nein, das Projekt war zu riesig. Das würde sie nie schaffen.

Wie immer wenn ihr die Inspiration fehlte, stellte sich Vanja ans Fenster. Das Gespräch mit Leif war belebend gewesen. Ihr wurde bewusst, dass in jungen Jahren am meisten Diskussionen und die Interaktion mit anderen Menschen sie inspiriert hatten. In den Siebzigern hatte sie sich einem Künstlerinnenkollektiv angeschlossen, in dem man sich die ganze Zeit gegenseitig ermutigt hatte. Dort war sie schon lange nicht mehr, aber sie wollte gerne wieder Menschen finden, mit denen sie arbeiten konnte. Vallmogården war ein idealer Ort für kulturelle Aktivitäten, das dachte sie schon lange und nun gab es ein Atelier in der Scheune, in der man langfristig auch andere Projekte organisieren konnte. Theater schwirrte ihr durch den Kopf und ein Schreibretreat für Dramatiker.

Und wäre es nicht toll, auf Vallmogården eine Ausstellung nur mit Werken von Frauen zu machen? Männer dominierten den klassischen Kanon ohnehin, insofern brauchten sie nicht noch mehr Raum. Dieser historische Wandteppich, über den sie im Supermarkt nachgedacht hatte, konnte der Welt nichts wirklich Substantielles hinzufügen.

Ob sie für Erkundungen nach Vallmogården rauffahren sollte? Der kreative Schaffensdrang in ihr war erwacht. Die Ausstellung könnte die Besonderheit weiblicher Künstlerinnen demonstrieren. Jedes Werk könnte das Leben einer jeden einzelnen darstellen, wie ein Orchester. Die Möglichkeiten waren unendlich.

Vanja hielt auf dem Hofplatz an und stieg aus dem VW-Bus. Sie nahm die Umgebung in sich auf. Die alten Gebäude, den gepflasterten Teil des Hofplatzes, den großen Kirschbaum in der Mitte und die weite Aussicht rundherum.

»Hallo, Oma!«

Josefin kam in Holzpantoffeln und einem Strickpulli aus dem Wohnhaus und blinzelte in die Herbstsonne. Sie war eine farbenfrohe Minimalistin mit einem Faible für Secondhand-Kleidung, aber heute trug sie eine locker sitzende Jeans. An den Füßen ringelten sich ein Paar Wollsocken über den Schuhen.

»Möchtest du mit uns zu Mittag essen? Bei uns gibt es als kleine Vorspeise einen Schwarzkohlsalat mit Birnen und danach selbstgemachte Ravioli mit Tomaten und Salbei.«

»Oh, danke. Das klingt köstlich.«

Vanja sah sich erneut um. Dieser Ort hier war einfach unglaublich, nicht zuletzt, weil einem die fantastische Natur so nahekam. Sie war noch immer ganz beglückt von ihrer Kurswoche, insbesondere von den Ausflügen der Gruppe nach Haväng, wo sie sich mit Landschaftsmalerei beschäftigt hatten. Diese eigentlich bekannte Welt durch den frischen Blick der Kursteilnehmer zu sehen, war großartig. Die meisten waren nie zuvor dort gewesen, manche noch nicht einmal in Österlen und ein paar wenigen war sogar Skåne an sich völlig unbekannt. So ginge es sicher auch den Künstlerinnen, die sie einladen würde.

Sie schaute zu dem zur Hälfte fertigen Steinwall, bei dessen Start sie Harald geholfen hatte. Mein Gott, für Tipps zur Konstruktion hatte sie sogar Knud angerufen. Harald winkte ihr von dort zu und Vanja ging zu ihm. Auch Peter war da, er schleppte einen Felsbrocken ans unfertige Ende der Mauer. Dann wischte er sich lächelnd den Schweiß von der Stirn.

»Was sagst du?«

Vanja nickte anerkennend.

»Schön und stabil. Jetzt fehlt nicht mehr viel.«

Peter verzog das Gesicht.

»Ja, nur noch die Hälfte.«

Harald wirkte stolz und Vanja verstand, warum. Das Projekt, an dem er so hartnäckig gearbeitet hatte, würde vermutlich zu Weihnachten fertig sein.

Schade nur, dass er das Ergebnis wohl kaum mit seinen Eltern feiern oder ihre Anerkennung erhalten konnte. Göran und Inger fiel es immer noch schwer, zu akzeptieren, dass er für sich ein Leben als Bauer und Selbstversorger gewählt hatte, statt mit einem akademischen Abschluss in ihre Fußspuren zu treten. Ernas und Vanjas Versuche, diese verstrickte Beziehung zu verbessern, hatten zwar ein wenig geholfen, aber nicht ganz.

Peter setzte sich auf den Steinwall. Er war schweißüberströmt und schmutzig, aber Vanja konnte sehen, wie gut es ihm ging. Diese tiefe Dunkelheit, die ihn nach dem Tod seiner Frau Ellen so lange umgeben hatte, war verschwunden. Was garantiert mit Sally zu tun hatte.

Aber jetzt wollte sie an die Kunstausstellungsidee denken. Vanja beschloss, das Thema beim Mittagessen aufzubringen. Dann konnte sie Josefin und Harald ganz in Ruhe ihre Vision beschreiben. Auch wenn es dabei eher darum ging, den Fokus auf etwas anderes zu richten als auf Leif. Diesen Grund würde sie aber tief in sich verbergen.

Sally

Sally saß mit einem Notizblock vor sich im Obergeschoss an dem kleinen Schreibtisch. Sie hatte den Namen Sonja Naderot gegoogelt und sie quasi auf Anhieb gefunden. Sie lebte noch, war aber neunundneunzig Jahre alt. Nach etwas Recherche wusste Sally, dass Sonja in dem Jahr, als Vanja Pflegekind in Lilians Familie wurde, Sozialarbeiterin in Vänersborg war.

Sally schaute auf ihre Aufzeichnungen. Natürlich konnte sie diese alte Frau, die vermutlich in schlechter Verfassung war, nicht anrufen. Aber vielleicht hatte das Sozialamt Zugang zu Akten von früher, die nicht mehr unter Verschluss standen. Zumindest war das eine Chance.

Ein Mann ging ans Telefon. Er klang freundlich und ließ Sally ihr Anliegen vorbringen, sagte dann aber, er habe den Namen Sonja Naderot noch nie gehört.

»Das ist ein ungewöhnlicher Nachname. An den würde ich mich erinnern.«

Sie gab sich noch nicht geschlagen und fragte, ob er vielleicht ältere Kollegen habe, die etwas über einen ihrer Fälle wissen könnten.

Der Mann dachte ein paar Sekunden nach.

»Dann am ehesten Gudrun Rönnlund. Die ist hier schon seit Ewigkeiten. Ich verbinde Sie.«

»Vielen Dank«, sagte Sally.

Während es mehrmals tutete, wünschte sie sich, dass Gudrun ranging. Das tat sie dann auch, mit ruhiger, besonnener Stimme.

»Guten Tag, mein Name ist Sally Larsson und ich stelle

gerade Nachforschungen über meine Mutter an. Sie ist Anfang der Fünfziger erst in einem Kinderheim und dann in einer Pflegefamilie gelandet. Kennen Sie Sonja Naderot? Sie hat früher bei Ihnen gearbeitet und sich offenbar um den Fall meiner Mutter gekümmert.«

»Sonja Naderot? Ja, die gab es hier, als ich angefangen habe. Sie war Sachbearbeiterin. Aber sie ist jetzt sehr alt und lebt in einem Heim für Demenzkranke. Allerdings können wir sonst keine Informationen herausgeben. Das verstehen Sie sicher. Alles ist vertraulich.«

»Okay. Na dann, vielen Dank.«

Sally wollte gerade auflegen.

»Aber wenn Sie mehr über Sonja wissen wollen, können Sie natürlich ihre Tochter kontaktieren«, sage Gudrun Rönnlund. »Ich glaube, ich habe irgendwo noch ihren Namen und ihre Nummer. Wir hatten etwas Kontakt, als ich im Rahmen von Sonjas Pensionierung dabei geholfen habe, ihr Büro auszuräumen. Natürlich hat sie jetzt vielleicht eine neue Nummer, aber einen Versuch ist es wert.«

Sally überlegte schnell. Sonja Naderots Tochter kontaktieren? Das ging vermutlich etwas zu weit. Aber die Nummer konnte sie ja notieren.

»Danke, ja gerne.«

»Einen Augenblick.«

Gudrun war für ein paar Minuten weg. Sally schlug das Herz bis zum Hals. So etwas hatte sie noch nie gemacht. Es war, als würde sie in einem Haus voll unterschiedlichster Räume, eine Tür nach der anderen öffnen, ohne zu wissen, wie viele es davon gab und was sich dahinter befinden würde.

Da war Gudrun zurück.

»Sie heißt Paula Sjölander. Ich glaube, sie lebt irgendwo in Blekinge.«

Gudrun las die Telefonnummer vor und Sally notierte sie, dann verabschiedeten sie sich und legten auf. Jetzt musste sie sich aber erstmal über etwas anderes Gedanken machen, denn bald war es Zeit fürs Abendessen. Sie beschloss als Nachtisch den Apfelkuchen zu backen, den Josefin auch für dieses Fahrradfest gemacht hatte.

Der große Baum inmitten der Rasenfläche bog sich unter den Früchten. Sally pflückte ein paar Äpfel und legte sie in eine Edelstahlschüssel. Die Luft war feucht, aber die Temperatur mild. Es roch gut nach dem Rauch aus den Schornsteinen rundherum. Zwischen den Häusern hindurch konnte sie das tosende Meer sehen. Heute war es windig und mit weißem Schaum bedeckte Brecher rollten an Land.

Würde sie es wagen, weiter in Vanjas Kindheit vorzudringen? Würde sie versuchen, die Tochter der Sachbearbeiterin zu erreichen? Paula Sjölander, die vielleicht in Blekinge lebte. Womöglich war es aussichtslos, dass sie etwas über Vanjas Kindheit wusste, aber trotzdem fühlte es sich bedeutsam an. Allein mit der Tochter jener Person zu sprechen, die mit der Inobhutnahme zu tun gehabt hatte.

Sie stand auf der klapprigen Leiter und streckte sich nach den Äpfeln, als Yvonne und Olle aus ihrem Garten kamen.

»Viele Äpfel dieses Jahr«, rief Olle zu ihr herüber.

»Ja, allerdings. Mehr als ich verarbeiten kann.«

Olle nahm die Post aus dem Briefkasten und ging wieder nach drinnen. Yvonne betrachtete Sallys Rabatten.

»Du weißt, dass man im Herbst den Garten unter gar keinen Umständen saubermachen soll? Der Erde tut eine

Decke im Winter ganz gut. Am besten lässt du die Stauden einfach verwelken. Die Fruchtstände sollen bleiben.«

»Ja.«

Sally lächelte leicht. Inzwischen hatte sie sich daran gewöhnt, mit welcher Inbrunst Yvonne ihr ständig ungebetene Ratschläge über alles gab, was mit dem Garten zu tun hatte. Manchmal war es lästig, aber sie meinte es nur gut.

»Und vergiss nicht, die Gelbsternzwiebeln zu stecken«, ging es weiter. »Irgendwann im November. Wir haben Tulpenzwiebeln, von denen du welche haben kannst. Und Narzissen, Szilla und Traubenhyazinthen.«

»Danke, das wäre sehr nett.«

»Dann bringe ich dir später welche rüber. Und streu gern ein wenig Asche um die Rosen, falls du welche hast. Das hält sie gesund und lässt sie besser überwintern. Okay, tschüss.«

Sally winkte ihr zu und brachte die Äpfel ins Haus.

Auf dem Weg hinein fiel ihr Blick auf die Disteln neben der Treppe, mittlerweile waren es mehrere. Sie musste morgen daran denken, sie auszureißen.

In der Küche schälte sie rasch die Äpfel und schnitt sie in Spalten, während sie wieder einmal viel darüber nachdachte, wie sehr sie ihr neues Leben in diesem kleinen Ort mochte. Stockholm vermisste sie nicht im Geringsten. Hier war das Zusammensein mit anderen so einfach. Heute Abend ging sie zum Beispiel mit Liselott in die Sauna. In Stockholm so etwas hinzukriegen, war ein echtes Projekt gewesen.

Bald war der Kuchen im Ofen und wartete nur darauf, dass Peter kam. Die Küche war noch leer, bis auf Märta, deren Kopf Sally nun zwischen die Hände nahm.

»Was sollen wir denn tun? Diese Paula anrufen oder nicht?«

Der Hund leckte ihr über die Nase. Sally tätschelte Märtas Scheitel und traf eine Entscheidung. Wenn sie nicht anrief, würde sie auf ewig darüber grübeln, ob ihr irgendwelche interessanten Auskünfte durch die Lappen gegangen waren.

Draußen hörte man das Geräusch einer zufallenden Autotür. Durchs Fenster sah Sally Peter das Gartentor öffnen. Er war zurück, nachdem er oben in Svinaberga seine Schweine versorgt hatte. Auf dem Weg zur Vortreppe verschwand er im Holzschuppen, vermutlich um etwas von dem Holz zu holen, das er gestern gespalten hatte.

Noch war sie an Peters Umsicht nicht gewöhnt. Dass er beinahe immer auftauchte, wenn er ein wenig Zeit übrig hatte, um nachzuschauen, ob er ihr bei irgendwas zur Hand gehen konnte.

Nach ein paar Minuten kam er mit einem randvollen Holzkorb wieder aus dem Schuppen und überquerte das Grundstück. Sie sahen einander durch die Scheibe in die Augen und lächelten sich zu.

Peter brachte das Holz in den Speiseraum, bevor er in die Küche kam.

»Vielen Dank«, sagte sie.

»Jetzt kannst du den ganzen Abend heizen.«

Sie standen voreinander, und ihr wurde klar, dass sie damals im Frühjahr, als er joggen war und sie ihn in den Garten gerufen hatte, genauso gestanden hatten.

»Ich vermisse dich bei mir oben.« Er legte die Arme um sie. »Du solltest öfter übernachten.«

»Das würde ich auch gerne. Bald wird es hier ruhiger, wenn ich über den Winter schließe.«

Sally strich ihm über den Rücken.

»Danke für deine Hilfe mit dem Holz und allem. Du bist ein echter Engel. Ich mach das Abendessen gleich fertig, aber ich muss vorher noch kurz einen Anruf machen.«

Sie eilte mit dem Telefon ins Obergeschoss. Die Frau, die Sallys Anruf annahm, hatte einen ausgeprägten Blekingedialekt. Erst klang sie abwartend, aber als Sally erzählt hatte, warum sie anrief, war es am anderen Ende mucksmäuschenstill.

»Stimmt es denn?«, fragte Sally. »Dass ihre Mutter beim Sozialamt in Vänersborg gearbeitet hat? Vielleicht habe ich mich verwählt. Dann bitte ich um …«

Die Frau unterbrach sie. Die Stimme war schwächer geworden.

»Nein, Sie sind richtig und ich weiß, worum es geht.«

»Ja?«

»Ja. Meine Mutter hat das Gutachten verfasst, das dazu beigetragen hat, dass die Fürsorge diese beiden Kinder in Obhut genommen hat.«

Sally saß stocksteif da. Eine Fliege kroch über die Scheuerleiste. Tippelte schläfrig vorwärts, als versuchte sie sich wach zu halten, obwohl der Sommer längst vorbei war. Allein in der Welt, weil alle ihre Fliegenfreunde entweder schliefen oder in der rauen Herbstkälte draußen gestorben waren.

»Meine Mutter hatte all die Jahre Schuldgefühle«, sagte Paula. »Sie hat immer wieder darüber geredet. Hat diesen Fall bis ins kleinste Detail erzählt. Sie konnte das, was da geschehen war, nie wirklich verwinden.«

Sally atmete lange ein. Es gab unendlich viele Fragen zu stellen. Aber die Stimmbänder versagten ihr den Dienst.

Paula redete weiter.

»Im Bereich der sozialen Arbeit hat sich meine Mutter sehr für die Entwicklung der Gesellschaft engagiert. Als sie in Pension ging, hat sie Kopien von allen Dokumenten mitgenommen, für den Fall, dass sie es wagen sollte, jemanden in der Familie zu kontaktieren. Aber die Scham war so groß, dass sie diese Idee nie verwirklich hat. Und dann wurde sie alterssenil und damit war die Sache hinfällig.«

»Wo sind die Dokumente jetzt?«, fragte Sally.

»Bei mir.«

»Aber ... warum hat sie es getan? Wenn sie es bereut hat?«

Sallys Stimme zitterte. Das Gehörte war nur schwer zu verarbeiten.

»Tja, das ist kompliziert«, sagte Paula. »Vielleicht versteht man mehr, wenn man die Dokumente liest. Ich habe alles in einem Karton im Keller. Wollen Sie herkommen?«

Sally saß reglos da. Auch die Fliege auf der Scheuerleiste war stehen geblieben.

»Das geht wohl nicht. Ich lebe in Skåne und betreibe eine Pension und ... ich kann nicht einfach hier weg.«

»Gut, aber zumindest wissen Sie nun Bescheid, falls sie ein anderes Mal daran interessiert sind. Und ich bin froh, dass Sie angerufen haben. Ehrlich gesagt hat sich das gut angefühlt. Im Namen meiner Mutter. Sie klingen doch ziemlich normal. Witzig.«

Paula lachte auf.

»Entschuldigen Sie, ich hoffe, Sie nehmen es mir nicht übel. Aber ich bin einfach überrascht.«

Sally sagte, sie verstehe gut und sei dankbar über Paulas Freundlichkeit. Allein das Wissen, dass es gerettete Unterlagen gebe, mache einen großen Unterschied zu vorher.

Nach dem Gespräch blieb sie eine Weile mit dem Telefon auf dem Schoß sitzen. Dann ging unten die Haustür auf, man hörte muntere Frauenstimmen in der Diele und Schritte auf der Treppe. Ein paar Gäste waren zurück.

Sally ging wieder in die Küche hinunter. Peter hatte einen Hühnersalat zubereitet und nachdem sie den gegessen hatten, machten sie sich über den Apfelkuchen her. Dann fuhr er zurück nach Svinaberga, um nach seinen Schweinen zu sehen.

Sally schnappte sich ihr Badehandtuch und ging zu Liselott. Für die Sauna unten am Strand hatte sie ewig keine Zeit gehabt, aber jetzt wollte Sally gerne ein paar Frauen des Orts treffen.

Liselott wartete schon vor ihrem Haus. Gemeinsam spazierten sie durch die Straßen und Sally erzählte ihr von dem Telefongespräch eben. Sie ging nicht ins Detail, was Paula gesagt hatte, aber das Sprechen mit Liselott erleichterte sie trotzdem.

»Ich weiß nicht, ob ich mich zu weit aufs offene Meer gewagt habe«, sagte Sally. »Ich rufe Menschen an, die ich nicht kenne, und stelle ihnen Fragen über meine Mutter. Das ist doch nicht klug?«

»Du tust nichts Böses.«

»Vielleicht nicht. Trotzdem fühle ich mich wie eine Schurkin.«

»Ja, aber Vanja weiß doch, dass du auf ihr Leben neugierig bist, insofern warst du zumindest ehrlich. Was spielt es da für eine Rolle, ob du nun hier oder da anrufst?«

Sally war nicht ganz so überzeugt davon, was richtig war und was falsch. Aber das Bedürfnis nach Wissen war stark, dabei ging es um mehr als um Neugierde. Konnte sie nur einige der ganzen Lücken und Ritzen in ihrer und Josefins Familiengeschichte füllen, war viel gewonnen. Sie hatte bereits mehr Puzzleteile erhalten, als sie sich erhofft hatte.

Sie betraten die Sauna. Bisher war nur eine Person da, eine dunkelhaarige Frau über sechzig, die Sally schon aufgefallen war. Aufrechte Haltung, schönes Profil. Sally war ihr bereits öfter begegnet, bei ICA oder in der Bäckerei oder unten am Hafen. So war es, wenn man in einem kleinen Ort lebte.

»Hallo, Caroline«, sagte Liselott. »Das hier ist Sally, meine Kindheitsfreundin. Sie ist im Frühjahr hergezogen.«

Sally begrüßte die Frau, beinahe war lustig, dass Liselott so gut wie jeden Menschen kannte.

»Ich weiß, wer du bist«, sagte Caroline. »Du hast doch die Pension.«

Sie setzten sich mit um die Körper geschlungenen Handtüchern in die Sauna. Redeten über Österlens Unterschied in und außerhalb der Saison, wie es beinahe zwei verschiedene Orte waren.

»Ich liebe den Herbst, das ist die beste Zeit des Jahres«, schwärmte Caroline. »Mein Mann und ich haben unsere Jobs etwas runtergefahren, damit wir mehr hier sein können, wenn wir wollen.«

Das Paar lebte in Lund und beide waren Juristen. Caroline beschrieb, wie sich die Arbeit gestapelt hatte, als die Kinder klein waren. Nun fühlten sich ihr Mann und sie freier und klüger und nahmen nicht mehr so viel an. Liselott schielte zu Sally und lachte los.

»Du hast eher hochgeschaltet. Einen Betrieb eröffnet und bist am Rackern wie eine Verrückte.«

»Ja, aber ich habe keine kleinen Kinder«, sagte Sally.

Sie redeten eine Weile über ihre unterschiedlichen Lebensgestaltungen und Caroline wünschte Sally Glück für ihre Unternehmung.

»Dass du dich das getraut hast, ist mutig. Vermutlich sollten das mehr Menschen machen, vielen gefällt es in ihren Festanstellungen nicht. Aber das Bedürfnis nach Sicherheit ist absolut nachvollziehbar.«

Die Temperatur in der Sauna stieg, der Schweiß floss und am Ende hatten sie ganz rote Köpfe. Sally und Liselott hielten die Hitze nicht mehr aus, sie eilten nach draußen, während Caroline noch eine Weile sitzen blieb.

Über den steinigen Sandboden schwankend, stürzten sie nackt ins kalte Meer. Sie hielten sich aneinander fest, um das Gleichgewicht zu halten, was dazu führte, dass beide gleichzeitig hinfielen. Schnaubend und prustend versuchten sie, augenblicklich aus dem Wasser zu kommen, denn ein kurzes Eintauchen war bei der Kälte mehr als ausreichend, aber wenn man einfach nicht aufhören konnte zu lachen, gestaltete sich das Aufstehen schwierig.

Schließlich gelang es ihnen doch und sie stürmten hoch zur Sauna, wo nun weitere Frauen angekommen waren. Sally wickelte sich in ihr Badehandtuch und Liselott tat es ihr nach. Zitternd standen sie nebeneinander und wärmten sich auf. Wie oft hatten sie das nicht schon gemacht?

Sally musterte Liselott. Eigentlich war es ganz unglaublich, dass sie ihre Kindheitsfreundin wiederhatte und sie wie früher gemeinsam badeten. Sogar am selben Strand, an dem sie schon herumgetobt hatten, als sie noch so klein waren, dass sie nicht einmal schwimmen konnten.

Vanja

Der Strand beim Stenshuvud war leer, als Vanja und Erna vom Parkplatz kamen. Das Meer war still und es ging fast kein Wind. Sie marschierten gemächlichen Schritts auf dem feuchten, teils von knirschenden, rundgeschliffenen Steinen durchbrochenen Sand los Richtung Süden. Erna stützte sich auf ihren Stock und blieb hier und da stehen, um zu verschnaufen und zum Horizont zu schauen, bevor sie weitergingen.

»War deine Vernissage ein Erfolg?«, wollte sie wissen.

»Allerdings.«

Vanja blieb stehen und ritzte mit der Schuhspitze Kreise in den Sand. Ein Zitat von Goethe schoss ihr in den Kopf: *Am Ende hängen wir doch ab / Von Kreaturen, die wir machten.* Selbst hatte sie Sally unvermeidlich durch ihre Abwesenheit geprägt.

»Doch«, sagte sie. »Es war schön in Kopenhagen. Aber ich hatte nicht erwartet, dass ich einem alten Liebhaber wiederbegegnen würde. Er ist einfach in der Galerie aufgetaucht. Nach fünfzig Jahren.«

Erna lachte kurz auf.

»Sowas geschieht. Wie hast du reagiert? Hast du dich denn gefreut?«

»Ja. Zwischen uns hat es nie was Böses gegeben. Dass es mit uns nicht weitergegangen ist, hatte nichts damit zu tun, dass wir einander nicht mehr gemocht hätten oder überdrüssig geworden wären. Es gab diverse andere Umstände.«

»Konntet ihr ein bisschen reden?«

»Ja. Wir haben am nächsten Tag einen Kaffee getrunken

und dann habe ich ihm die Ausstellung gezeigt. Unter vier Augen.«

»Oh ja.«

Erna schien sich zu freuen.

»War er denn wie früher?«

»Ja. Natürlich älter, wie ich auch. Aber ich hatte nicht erwartet, dass …«, Vanja machte eine Pause, suchte nach den richtigen Worten, »… er mich an so viel erinnern würde. An andere Menschen. Die ich gekannt habe. Früher.«

Erna stocherte mit dem Stock ein schwarzes Algenbüschel auf und warf es weg.

»Was meinst du?«

Vanja ging weiter. Sie bog, ohne Erna zu fragen, in Richtung der grasüberwachsenen Böschung ab. Die Freundin folgte ihr. Durch den Durchgang im Holzzaun betraten sie die Wiese, auf der im Sommer die Kühe weideten.

»Es hatte mit seiner Kleidung zu tun, seiner Person im Ganzen. Er sah so gepflegt aus, schien wohlhabend zu sein. Da musste ich an meine Pflegefamilie denken. Sie haben in Östermalm gelebt, wie er.«

Erna nickte. Das Thema hatten sie bereits manchmal gestreift, waren aber nie ernsthaft eingedrungen. Nun blieb sie mit im Boden eingespreiztem Stock stehen.

»Von deiner Pflegefamilie hast du schon mal erzählt. Aber nicht, wie es dort für dich war. Wie bist du eigentlich aufgewachsen?«

Vanja steuerte auf den Buchenwald zu. Dort war das Licht wunderschön, sie liebte es, auf allen Seiten von Laub umgeben zu sein. Auch wenn sie sich in weiter Landschaft am wohlsten fühlte, war es ab und zu wunderbar, im Wald zu sein, vor allem, wenn er licht war wie dieser.

»Meine leibliche Familie lebte in Vänersborg. Mein Vater und meine Mutter haben sich früh scheiden lassen, da war ich erst fünf. Danach haben mein Bruder und ich die ganze Zeit bei unserer Mutter gelebt.«

»Wie war das?«

Vanja zögerte mit der Antwort. Das Atmen fiel ihr immer schwerer, nicht nur aufgrund des leichten Anstiegs.

»Zur damaligen Zeit genossen alleinstehende Frauen kein hohes Ansehen.«

»Nein, wahrlich nicht.«

Sie blieben stehen, denn das war eine ausgezeichnete Stelle für ihre Rast. Erna hatte Kaffee und eine Flasche Apfelmost mitgebracht und Vanja mit Käse und Paprikastreifen belegte, selbstgebackene Brötchen. Sie hatte auch zwei leichte Klapphocker dabei.

Schweigend aßen und tranken sie. Vanja wusste nicht, wie sie fortfahren sollte, aber mit Erna zu reden, tat gut, vielleicht weil sie in das alles nicht involviert war. Vanja stellte den Becher aufs Knie. Dann kam es einfach, alles auf einmal.

»Meine Mutter hat sich in ihrem Putzjob abgerackert. Sie war immer allein. Jedenfalls haben die Leute irgendwann zu reden angefangen, und eines Tages kam eine Frau vom Sozialamt zu uns. Sie hat Fragen gestellt und alles aufgeschrieben, was meine Mutter sagte. Und dann ... dann hat es angefangen.«

»Was?«

»Alles. In der Nachbarschaft wurde getratscht, Gerüchte kamen auf und machten schnell die Runde. Dass wir eine seltsame Familie seien, dass sich meine Mutter nicht benehmen würde. Solche Sachen. Als ich zur Schule kam, wurde ich gehänselt. Und so fingen die Behörden mit der Untersuchung unserer Familie an.«

»Nur weil deine Mutter alleinstehend war?«

»Ja, und arm. Und überarbeitet von ihrem Putzjob. Es wurde schlimmer und schlimmer, denn meine Mutter kooperierte nicht mit den Behörden. Die Schule mischte sich ein, dann hieß es, sie habe Wahnvorstellungen und ich weiß nicht was. Nachts hat sie heimlich geweint. Wenn sie geglaubt hat, dass mein Bruder und ich schlafen.«

Erna saß mit dem Kaffeebecher in der einen und ihrem Brötchen in der anderen Hand nur da. Vanja wich ihrem Blick aus. Vielleicht hatte sie zu viel gesagt. Andererseits war Erna vertrauenswürdig. Und hier im Wald, mit der Heide und dem Meer in der Nähe, war es schön, sich zu unterhalten. Die Worte blieben nicht haften, sie wurden sofort nach dem Aussprechen vom Wind fortgetragen.

»Ich hatte Probleme, mich in der Schule zu konzentrieren«, sprach sie weiter. »Blieb oft zuhause, hatte Bauchschmerzen. Meine Mutter meldete mich krank.«

»Und was ist dann passiert?«

»Irgendwann bin ich nicht mehr zur Schule gegangen. Meine Mutter hat dem Rektor und den Behörden gesagt, dass ich nicht kommen könne, weil ich die Gemeinheiten der Klassenkameraden nicht ertragen würde. Aber keiner hat ihr geglaubt. Der Rektor und die Lehrerin haben behauptet, es gebe keinerlei Mobbing. Letztendlich haben sie es als die Schuld meiner Mutter hingestellt, dass sie mich zuhause behalten hat. Was überhaupt nicht so war, ganz im Gegenteil. Sie hat versucht, mich dazu zu überreden, in die Schule zu gehen, aber sie hat auch verstanden, wie es mir dort ging.«

»Und es gab keine Hilfe?«

Vanja schüttelte den Kopf.

»Ich habe mich geschämt und die Gerüchteküche brodelte immer höher. Meine Mutter wurde krankgeschrieben und konnte nicht mehr arbeiten. Zugleich war sie stur und blieb standhaft. Hat den Behörden Hausbesuche verweigert.«

Ihre Rast war vorbei, sie packten Thermoskanne und Becher ein und machten sich langsam auf den Weg zurück zum Parkplatz, wieder schweigend.

»Es ist schrecklich«, sagte Erna nach einer Weile. »Wie man euch behandelt hat. Ich hatte keine Ahnung.«

Vanja ging Schritt für Schritt den Weg entlang. Ihre Atmung hatte sich wieder beruhigt, das Sprechen über diese Geschehnisse war nicht mehr so aufwühlend wie zuvor. Aber sie wusste nicht, was sie weiter sagen sollte. Die Bilder vor ihrem inneren Auge waren klar und scharf. Die Erinnerungen daran, wie sie mitten im Unterricht aufgerufen wurde und Fragen über ihre Mutter und häuslichen Verhältnisse beantworten musste. Wie sie in der Klasse ausgesondert wurde, was für Beschimpfungen sie anschließend zu hören bekam. Wie ihre Mutter davon erfahren hatte und am nächsten Tag wütend in die Schule gestürmt war. Ihr brennender Blick, die sich überschlagende Stimme. Die Schimpfworte, die ihre Mutter über Rektor und Lehrerin hereinbrechen ließ und die Drohung, sie anzuzeigen.

Erna sagte nichts mehr. Wahrscheinlich ahnten beide, dass das Thema für diesmal erschöpft war, dass es zu viel Kraft kostete und in kleinen Portionen geteilt werden musste.

Vanja öffnete die Beifahrertür des VW-Busses und half Erna beim Einsteigen.

»Übrigens«, sagte Erna, »apropos Eltern und Kinder ... Redest du mit Harald? Über das, worüber wir gesprochen haben. Dass wir uns zu fünft unterhalten sollten. Er, Göran, Inger und wir beide gemeinsam.«

Vanja seufzte diskret. Ja, das konnte sie wohl. Nicht dass es etwas bringen würde. Aber Erna war eine redliche Anstrengung wert.

»Ich wollte es heute tun.«

Vanja ging ums Auto und stieg auf der Fahrerseite ein. Sie schenkte Erna ein Lächeln, das ihr die Wahrheit der Aussage bekräftigen sollte. Nun musste es eben sein.

»Ich muss sowieso nach Vallmogården, um ein paar Sachen zu holen, die noch vom Kurs da sind. Dann werde ich die Sache ansprechen. Das verspreche ich dir.«

»Danke.«

Erna lehnte sich zurück und schnallte sich an. Sie sah ziemlich schwermütig aus oder sie war nach dem Spaziergang einfach müde.

Die Landstraße erstreckte sich, eben und weit, mit offenen Feldern links und rechts. Nachdem sie Erna an ihrem Reihenhaus abgesetzt hatte, war Vanja unterwegs nach Vallmogården. Dicke Regentropfen prasselten auf die Scheibe und flossen immer schneller nach unten. Sie machte den Scheibenwischer an und drehte das Autoradio lauter. George Michael sang, der Popsänger der Achtziger. Noch ein problembeladener Mensch, der wegen Liebe und Tod schwere Zeiten hatte. *They Won't Go When I Go.*

Sie lauschte intensiv dem Text, während sie auf die Schotterstraße bog und schließlich auf ihrem gewohnten Platz neben der Scheunenwand zum Halten kam. Dann schaltete sie mitten im Lied das Radio ab und stieg aus. Der Regen hatte wieder aufgehört. Drüben am Natursteinwall standen Harald und Peter mit Kaffeebechern in den Händen.

»Na, der sieht aber gut aus«, sagte Vanja, als sie bei ihnen angelangt war. »Großartige Arbeit.«

Harald reckte sich.

»Danke.«

Peter deutete zum Ende der Mauer.

»Ja, wir sind ein gutes Stück weitergekommen.«

Vanja sah sich um.

»Und wo ist Josefin?«

Harald nickte in Richtung Gewächshaus. Hinter dem beschlagenen Glas war vage eine Gestalt zu erkennen. Vanja wandte sich wieder an Harald.

»Eigentlich wollte ich sowieso mit dir was besprechen. Hast du kurz Zeit?«

Harald folgte ihr mit seinem Kaffee zu der Sitzgarnitur vorm Giebel, während Peter weiter an der Mauer baute. Die Gartenmöbel waren noch nicht eingewintert, denn die Septembertage waren schön gewesen und auch der Oktoberanfang. Man konnte weiterhin hier sitzen und die angenehme Herbstluft genießen. Nach dem kurzen Regenschauer waren die Sitzflächen nass, aber Harald wischte sie mit einem Lappen trocken.

»Geht es um Mama und Papa? Ich vermute, meine Großmutter hat dich gebeten, herzukommen?«

Sie setzten sich. Lächelten einander an, obwohl das Ganze eigentlich traurig war und alle Beteiligten unter der gegenwärtigen Situation litten.

»Ja, ich habe deiner Großmutter versprochen, mit dir zu

reden«, sagte Vanja. »Sie schlägt vor, dass wir uns zu fünft treffen. Du, ich und Erna und Göran und Inger.«

»Das ist nicht nötig.«

»Aber das Leben ist zu kurz, um zerstritten zu sein.«

Harald stierte trotzig in den Kaffee. In seinem Kopf schienen die Gedanken zu rasen. Übrigens waren die Haare ungewöhnlich lang. Friseurkosten waren offenbar aus dem mageren Haushaltsbudget gestrichen worden.

Vanja räusperte sich, damit er hoch- und sie anschaute.

»Lieber Harald.«

Er schwieg. Schritte knisterten auf dem Kies und als Vanja sich umdrehte, sah sie Josefin kommen.

»Hallo, mein Schatz. Ich versuche gerade Harald dazu zu bewegen, einem ruhigen Gespräch mit mir, Göran, Inger und Erna zuzustimmen. Die arme Erna nimmt die ganze Sache ziemlich mit und sie hat mich gebeten, so gut ich kann, zu vermitteln.«

Josefin beugte sich zu Harald hinunter und küsste ihn auf den Kopf.

»Hast du nichts erzählt? Vom Fahrradfest.«

Vanja verstand nicht. Was hatte das Fahrradfest damit zu tun.

»Mama und Papa haben uns ihr Haus geliehen«, sagte Harald. »Damit wir mitmachen konnten. Und es ist supergut gelaufen.«

»Ach? Vertragt ihr euch dann also wieder?«

Nie im Leben hätte sie geahnt, dass das Fahrradfest etwas derart Positives bewirken könnte. Harald zuckte mit den Schultern und stand auf.

»Zumindest ist es okay. Ich muss jetzt weitermachen.«

Er stiefelte zurück zum Steinwall, an dem Peter die

ganze Zeit mit Volldampf weitergebaut hatte. Vanja sah, wie Harald in seine Handschuhe schlüpfte und anpackte.

Sie wandte sich wieder an Josefin.

»Was für eine schöne Nachricht. Bedeutet das, dass ihr euch nun wieder treffen könnt, alle vier?«

Josefins Miene war schwer zu deuten.

»Ich weiß, dass Harald dankbar ist, dass sie uns ausgeholfen haben. Ich bin es auch.«

Das war keine erschöpfende Antwort, aber mehr sagte Josefin nicht, stattdessen schaute sie Vanja intensiv an.

»Wie geht es dir, Oma?«

»Ganz gut.«

Das Mädchen ließ sie nicht aus den Augen. Ihr scharfsinniges, hartnäckiges Enkelkind, das natürlich bemerkte, dass irgendwas anders war, als es sollte. Und verstand, warum.

»Der dritte Oktober war doch gerade erst«, sagte sie. »Hat dich der stark berührt? Wie Åke, der das doch in seine Notizbücher geschrieben hat. Jedes Jahr an diesem Tag ging es ihm fürchterlich.«

Vanja stand auf, um die Sachen zu holen, wegen derer sie gekommen war. Sie wollte wirklich nicht, dass Josefin beunruhigt war, wollte sie aber auch nicht anlügen. Es brauchte einen Mittelweg.

»Natürlich habe ich das Datum registriert. Doch Sally hat mir vergeben und ich versuche nach vorne zu leben. Aber ich bin nach dem Malkurs und der Vernissage etwas müde. Danke der Nachfrage.«

Sie sah Josefin nicht an. Ihr Enkelkind sollte nicht belastet werden von all dem, was vor so langer Zeit passiert war und sowieso nicht ungeschehen gemacht werden konnte.

Die Hauptsache war, dass Harald und seine Eltern sich auf die Suche nach einem gangbaren Weg gemacht hatten. Erna würde sich freuen.

Josefin

Vor dem Kino stand eine Menschenmenge. Josefin war vorausgefahren und hatte auf dem Weg bei ihrer Mutter vorbeigeschaut. Jetzt wartete sie auf Harald, der sein Auto parkte. Als er es abgeschlossen hatte und auf sie zukam, lächelte er breit. Offenbar war etwas geschehen.

»Weißt du, wer heute plötzlich auf dem Hof aufgetaucht ist?«, fragte er, als er bei ihr angekommen war. »Mein Vater.«

»Göran? Was hat er gewollt?«

»Gemüse kaufen.«

»Wie bitte?«

»Ja, er hat gesagt, er würde eigentlich nicht so recht verstehen, warum er irgendwo anders einkaufen soll, wenn wir doch so viel verkaufen würden.«

»Und was hast du darauf geantwortet?«

»Ich habe ihm eine Menge unterschiedliche Sachen gegeben und gesagt, er kann es umsonst haben. Aber das wollte er nicht. Er bestand darauf zu bezahlen.«

Josefin musterte Harald verstohlen. Er sah sehr zufrieden aus, während er zugleich unbeeindruckt wirken wollte. Vielleicht wollte er nicht zeigen, wie viel ihm eine so banale Sache bedeutete. Sie lachte, sagte aber nichts.

Sie ließen sich im Saal nieder. Der Film war eine Spionagegeschichte mit derart komplizierter Handlung, dass Josefin irgendwann nicht mehr folgen konnte. Am Ende wurde es mit ununterbrochener Ballerei und Verfolgungsjagden schlicht eintönig. Aber das spielte keine Rolle. Als sie im Besucherstrom das hundert Jahre alte Kino verließen, hackte sie sich bei Harald unter und drückte ihn kurz. Es war Zeit, zu Cilla und Lorenz Strömberg zu gehen, auf diesen Drink, zu dem sie am letzten Sonntag eingeladen worden waren. Josefin entdeckte das Paar ein Stück vor ihnen in der Menge, aber sie waren zu weit weg, als dass man sie ohne Aufsehen begrüßen hätte können.

»Glaubst du, es kommt noch wer außer uns, den Furumos und diesem anderen Paar?«, flüsterte sie Harald zu. »Herman und Katinka.«

Er hatte keine Ahnung. Josefin hoffte es. Mehr Gäste bedeutete neue Leute, die man kennenlernen konnte, was nur gut wäre.

Das Haus der Strömbergs lag in der Nähe der Pension ihrer Mutter. Von Kiviks Kino aus war der Spaziergang nicht weit. Cilla und Lorenz hatten es offenbar eilig, nach Hause zu kommen, vermutlich um alles vorzubereiten. Josefin sah sich nach Pontus und Anette Furumo um, die hier irgendwo sein mussten, da sie ja dasselbe Ziel hatten. Aber sie konnte sie nirgends sehen, sie kannte von diesen Menschen um sich herum niemanden sonst.

Vor dem schwarzen schmiedeeisernen Gartentor der Strömbergs brannten zwei Fackeln. Cilla und Lorenz mussten sie beim Heimkommen angezündet haben. Das Haus, in dem sie lebten, war groß, weiß gestrichen und irgendwann im neunzehnten Jahrhundert erbaut. Josefin und Harald betraten den Garten und gingen über die breite Treppe zur Haustür hoch, an der ein großer Kranz aus getrockneten Ahornblättern hing. Sie betätigten den wie eine Schildkröte geformten Türklopfer.

Cilla machte auf und hieß sie mit ihrem großzügigen Lächeln willkommen.

»Kommt rein! Die Getränke warten schon.«

Das Innere des Hauses war von Kerzen und Petroleumlampen erleuchtet. Die Einrichtung bestand vorwiegend aus älteren, offensichtlich wohlüberlegt ausgewählten Möbeln. Im Wohnzimmer saßen Pontus und Anette sowie Herman und Katinka. Sonst niemand. Auch gut. So konnten sie einander besser kennenlernen.

»Wir haben das Kino geschwänzt«, sagte Anette. »Pontus schaut am liebsten Komödien. Leider.«

Josefin winkte ab.

»Der Film war sowieso ziemlich langweilig. Da habt ihr nichts verpasst.«

Ebba-Karin kam angedackelt, beschnüffelte die neuen Gäste und ging dann zurück zu ihrem Körbchen. Cilla bat Josefin, auf einem stylisch abgewetzten Ledersessel Platz zu nehmen, und Harald landete in einer Ecke des großen, grünen Sofas. Lorenz brachte die Drinks, elegante Dry Martinis mit einer grünen Olive pro Glas. So stark, wie die waren, merkte Josefin bereits beim ersten Schluck, dass sie wohl aufpassen musste. Sie mochte das Gefühl nicht, wenn es anfing, sich im Kopf zu drehen, und außerdem musste sie später noch nach den Hühnern schauen. Also begnügte sie sich mit einem Schlückchen und stellte das Glas dann ab. Die anderen hatten ein Gespräch darüber begonnen, wie es war, ein eigenes Geschäft zu betreiben. Man merkte, dass sie füreinander ermutigende Unterstützer waren.

»Ich möchte nie wieder angestellt sein«, sagte Cilla. »Selbst etwas aufzuziehen, war das Beste, was ich je getan habe. Allein die Möglichkeit, mich mit dem zu beschäftigen, was ich will!«

Josefin versuchte, sich so viel wie möglich von dem, was

sie hörte, zu merken. Cilla brannte regelrecht für ihren Hauspflegedienst, durch den sie älteren Menschen in Kivik und Umgebung eine gut funktionierende Pflege bieten konnte. Ihr Anspruch war, für deren Wünsche offen zu sein und sich zugleich um ihre drei Angestellten zu kümmern. Außerdem arbeitete sie gern mit anderen regionalen Unternehmen zusammen, beispielsweise mit einem Reha-Shop in der Gegend, in dem man Hilfsmittel für Behinderte kaufen konnte.

»Wir sind wie eine kleine Familie, jeder kennt jeden«, sagte sie.

Lorenz stand auf und ging zu seinem Hausbar-Wagen, mixte einen neuen Drink und erzählte währenddessen, wie zufrieden er mit seiner Entscheidung, eine Tischlerei zu betreiben, sei.

»Es ist einfach nur gut, einerseits sein eigener Herr zu sein und zugleich auch die Verantwortung für eine Arbeit von Anfang bis Ende zu haben. Vom ersten Treffen mit einem Kunden bis zum Moment, wo ein Auftrag zu seiner Zufriedenheit erledigt ist.«

Harald flocht ein, dass sein Großvater Rune auch Schreiner gewesen sei und immer die Bedeutung einer soliden, hochqualitativen Arbeitsausführung unterstrichen habe. Lorenz nickte, das sah er ganz genauso.

»Was ich am meisten liebe, ist die Freiheit«, sagte Anette, die einen kleinen Geschenkladen in Simrishamn hatte. »Jeden Morgen mit dem Wissen aufzuwachen, dass ich selbst entscheiden kann, was ich tun will. Es gibt so viele Variationsmöglichkeiten.«

Josefin nahm ihr Martiniglas und trank ein Teelöffelschlückchen. Dann nahm sie paar Chips aus der Schale auf dem Sofatisch. Irgendwann in der Zukunft wollte sie auch so dasitzen und über Harald und sich als erfolgreiche Unternehmer auf Vallmogården sprechen können. Der Vintageladen war ein erster Schritt, zusätzlich zu dem kleinen Hofladen, in dem sie im Frühling und Sommer bereits Gemüse verkauften. Wenn auch in bescheidenem Umfang. Und nach und nach konnten weitere Geschäfte wachsen. Es gab ja die Scheune, und die war geräumig und konnte auch für anderes genutzt werden.

Außerdem hatte ihre Großmutter eine Menge Ideen für kulturelle Aktivitäten. Vorgestern war sie nach Vallmogården gekommen, um über eine Ausstellung von Werken ausschließlich weiblicher Künstlerinnen zu sprechen, die sie arrangieren wollte. Mal sehen, ob daraus was wurde. Bis dahin konnte noch eine Menge geschehen, denn ihre Großmutter war eher unbeständig.

Cilla lächelte Josefin an.

»Du wirkst aber nachdenklich. Was geht in deinem Kopf vor? Ich meine, angesichts dessen, dass ihr gerade einen Laden aufgemacht habt. Wenn ich kann, gebe ich euch gern ein paar Tipps.«

»Danke. Das ist nett.«

Josefin nippte erneut an ihrem Martini. Dass sie so lange geschwiegen hatte, war ihr ein wenig peinlich.

»Nein, ich habe mich nichts gefragt gerade … Ich habe nur an meine Großmutter gedacht. Sie hatte vor kurzem in unserer Scheune einen Malkurs abgehalten. Der ist super gelaufen und jetzt möchte sie mit anderen Projekten weitermachen.«

»Das klingt aber spannend.«

Cillas Miene wurde noch etwas offener und vergnügter.

»Ich weiß natürlich, wer deine Großmutter ist. Vanja Larsson. Dein Großvater hieß doch Georg? Und war Åkes Bruder?«

»Ja, genau. Meine Großmutter wohnt nun seit einigen Jahren in Svinaberga.«

»Stimmt, ja. Und sie ist Künstlerin, wie ich weiß. Sogar eine erfolgreiche. Ich habe irgendwo was über ihre Ausstellung in Kopenhagen gelesen.«

Josefin nickte. Sie war erstaunt, Cilla wusste doch tatsächlich, wer ihre Großmutter war. Dass deren Jugendwerk nun in Kopenhagen ausgestellt wurde, fühlte sich noch immer unreal an. Diese Zeichnungen, Skizzen und Aquarelle, die all die Jahre an fast allen Wänden in Åkes Haus gehangen hatten, war Josefin so gewohnt gewesen, dass sie sie kaum bemerkt hatte, aber jetzt wurden sie in Gorms Galerie der Öffentlichkeit präsentiert und das noch für eine ganze Weile. Harald und sie überlegten, vielleicht hinzufahren, um sich anzuschauen, wie die Ausstellung aufgezogen war.

»Sie zeigt da die Sachen, die sie gemacht hat, als sie jung war und hier in Kivik gelebt hat«, erklärte Josefin.

Cilla nippte an ihrem Drink.

»Cool. Aber dann ist sie weggezogen, habe ich irgendwo gehört. Und hat sich in Dänemark niedergelassen?«

»Ja.«

Josefin hatte keine Lust, näher auf die Vergangenheit ihrer Großmutter einzugehen. Sie wollte sich aufs Jetzt fokussieren und alles tun, damit Harald und sie Teil dieser Clique wurden.

Cilla redete nun mit den anderen über deren Großeltern und sogar Urgroßeltern. Manche wurden allmählich gebrechlich, also gab es viel über ihren Zustand zu besprechen, und Cilla wusste schließlich alles über Häusliche Pflege und Hilfsmittel, die den Alltag erleichtern konnten. Josefin war dankbar, dass ihre Großmutter bei so guter Gesundheit war. Sie hatte Probleme, sie sich schwach und krank vorzustellen.

»Schön, dass ihr hier seid« sagte Lorenz. »Richtig super!«

Er erhob sein Glas und nickte der Runde zu. Josefin tat es ihm nach und sie stießen alle miteinander an.

»Danke für die Einladung«, sagte sie. »Und dass wir zum Fahrradfest kommen durften. Sonst hätten wir uns nie kennengelernt.«

Cilla lachte.

»Ich würde sagen, da hat das Festkomitee einen guten Job gemacht.«

Josefin trank diesmal einen großen Schluck. Nachdem die Eiswürfel nun fast geschmolzen waren, war der Alkohol verdünnt und der Drink also nicht mehr ganz so stark.

Sie stellte das Glas ab, sah die Leute um sich herum an und begriff, dass Harald und sie auf dem besten Wege waren, sich neue Freunde im Ort zuzulegen. Genau, wie sie es sich gewünscht hatte.

Vanja

Vanja saß am Küchentisch und blickte auf die Kuhweide des Nachbarn. Unten auf der Wiese stand Peter und verbrannte altes Reisig und Buschwerk in einer rostigen Tonne. Sie folgte den züngelnden Flammen mit dem Blick, den Funken, die gen Himmel stoben und verschwanden. Plötzlich war sie sich wegen dieser Ausstellungsidee mit den ganzen Frauen nicht mehr sicher. Ein solch großes Projekt bedeutete viel Arbeit. Vor ein paar Jahren hätte sie sich ohne Zögern hineingeschmissen, aber nun war sie verändert. Sie wusste nicht genau inwiefern. Nur dass es so war.

Vanja stand auf und trat auf die kleine Holztreppe, um frische Luft zu schnappen. Von einem Zigarillo war keine Rede. Sie wickelte sich enger in ihre Strickjacke und nahm die melancholische Stimmung auf. Das nackte Astwerk des Baums, die aufziehende Herbstdämmerung. Die Stille.

Sie schielte zu Peters Haus. Sally war dort schon seit einer Weile nicht mehr aufgetaucht, aber bestimmt hatte sie die Pension noch immer voll Gäste, was ununterbrochene Arbeit bedeutete.

Ihr Telefon plingte. Vanja zog es aus der Jackentasche und las die eingegangene SMS. Ihr Herz stoppte, sie war von Leif. Wieder.

Hab gerade an dich gedacht.

Sonst nichts. Sie starrte aufs Display und registrierte, dass sich ein albernes Lächeln auf ihr Gesicht schlich. Zum Glück war sie allein.

Dito, tippte sie zurück.

Sofort kam seine Antwort, die sagte, dass ihn das froh mache und dass er gerade das letzte Meeting des Tages habe.

Aber wir sprechen morgen. Hoffe ich.

Machen wir.

Vanja steckte das Telefon wieder ein. Ihr Herzschlag war schneller geworden. Jetzt im Moment wäre ein Zigarillo dann doch gut, aber sie hatte nun mal leider aufgehört.

Himmel! Leif Dahlin. Was trieben sie da? Er und sie. Zwei über Siebzigjährige.

Sicher zum tausendsten Mal dachte sie an jene Nacht auf Kuba. Die Nacht, in der sich Trine zu Tode gefahren hatte, während Vanja zur gleichen Zeit mit dem charmanten Fotografen im Bett gewesen war. Sie hatte in ihm immer nur einen zufälligen Liebhaber gesehen, eine unwichtige Randfigur. Nichtsdestotrotz war er ihre Stütze gewesen, als am Tag darauf die Nachricht vom Tod ihrer Freundin gekommen war, er hatte ihr mit allem Praktischen rund um ihre Heimreise geholfen. Also hatte er einen lebenslangen Eindruck hinterlassen, nicht zuletzt, weil er genau da genau dort gewesen war. Am Schmerzpunkt an sich.

Und auch ihre gemeinsame Nacht in dem kubanischen Hotelzimmer war erinnerungswürdig. Ja, allerdings.

Vanja zog die Jacke noch enger um sich. Plötzlich fiel ihr eine von Leifs vielen überzeugten Aussagen ein. Dass sich nur Töchter der Mittelschicht gegen ihre Mütter auflehnen würden. Sie erinnerte sich an eine Diskussion, in der er behauptet hatte, nur Mädchen aus der Mittelschicht würden es wagen, ihre Mütter herauszufordern und in Frage zu stellen. Mädchen mit einer Herkunft aus dem Arbeitermilieu hätten mitgekriegt, wie ihre Mütter gekämpft, geschuftet und sich den Arsch für sie aufgerissen hatten. Was diese Töchter loyaler und empathischer machte.

Wenn Vanja jetzt darüber nachdachte, war da was dran. Nur wer mit kulturellem und ökonomischem Kapital aufgewachsen war, hatte das Geld, sein Elternhaus zu verachten. Schon damals hatte Leif diesen Durchblick gehabt. Das Vermögen, zu denken und sich auszudrücken, furchtlos und geradeheraus zu sein.

Sie konnte den jungen Leif deutlich vor ihrem inneren Auge sehen. Die Sechzigerjahreversion aus der Zeit auf Kuba, wo er in seinen fransigen Jeansshorts, einem Bandana um den Kopf und Ledersandalen herumgelaufen war. Und dann die Kamera, die an einem Riemen um den Nacken immer vor seinem Bauch baumelte. Nicht nur Vanja hatte ihn diskret ausgecheckt, die anderen Frauen aus der Gruppe waren nicht weniger zu ihm hingezogen gewesen.

Ob Vanja die war, die ihn letztendlich bekommen hatte? Als Einzige? Das wusste sie bis heute nicht. Sie musste es herausfinden, so viele Jahre später konnten sie doch sicher offen miteinander darüber sprechen. Vorausgesetzt natürlich, sie trafen sich wieder.

Ohne auch nochmal nachzudenken, war der Beschluss innerhalb einer Sekunde getroffen. Sie schlüpfte in die Holzpantoffeln, die auf der Treppe standen, um in den Schuppen zu gehen. Dort hatte sie auf einem großen Schrank ihre ausgebeulte, alte Reisetasche verstaut. Auf halbem Weg hielt sie doch inne. Eigentlich wollte sie nicht nach Stockholm. Sie hatte da nichts zu tun. Die Hauptstadt sah sicher ähnlich aus wie vor fünfzehn Jahren, als sie zum letzten Mal dort gewesen war. Staus, Menschen, die über Bürgersteige hasteten, Gedränge in der U-Bahn und nach Pisse stinkende Aufzüge. Allein beim Gedanken daran war sie gleich erschöpft. Stockholm machte ihr zu schaffen, länger als einen Tag wollte sie noch immer nicht dort bleiben.

Das Einzige, was sie wollte, war Leif treffen. Sie konnte ihn genauso gut anrufen und bitten noch einen Ausflug nach Süden zu machen. Nur diesmal nicht nach Kopenhagen, sondern nach Österlen. Genauer gesagt in den kleinen, schönen Ort Svinaberga.

Vanja musste sich an einem Baum abstützen und ein paar Mal tief durchatmen, damit sich das Herz wieder ein wenig beruhigte. Die Angst wich etwas. Aber der Wille war noch da. Sollte sie ihn anrufen? Oder sollte sie es lassen? Vielleicht war es am besten, ein wenig zu warten, nicht vorzupreschen und sich etwas einzubrocken, was nur zu Streit und Elend führen würde. Ihr Leben brauchte nicht mehr Drama, als sie bereits gehabt hatte.

Sally

Peter schlief noch im Obergeschoss. Sally machte das Spültuch nass und wischte den Herd. Ein Schwung Gäste hatte eben die Pension verlassen und am Nachmittag kamen neue, um im Flügelgebäude zu wohnen. Ein Quartett Frauen aus Stockholm, die im August bei einem Fahrradurlaub durch Kivik gekommen waren und gleich die Gelegenheit genutzt hatten, im Herbst für drei Tage zu buchen.

Sie rubbelte einen kleinen Fleck von der Herdkante. Wenn man in Ruhe denken musste, waren praktische Arbeiten gut. Jetzt lagen vor ihr ein paar Stunden Alleinsein, da würde sie wohl die Alternativen hin und her wenden. Eigentlich war das jedoch nicht nötig. Der Ofen glänzte, Sally hängte den Lappen über den Wasserhahn, sie wusste, was sie tun musste.

Wie lange würde die Hin- und Rückfahrt zu Paula Sjölander in Karlskrone wohl dauern? Doch nicht mehr als ein paar Stunden.

Bis zum späten Mittag war die Pension jetzt leer, vermutlich sogar länger. Vielleicht konnte Liselott den Nachmittag und Abend übernehmen. Sich um Märta kümmern und die vier Stockholmerinnen empfangen und dafür sorgen, dass sie alles hatten, was sie brauchten.

Peter kam aus dem Obergeschoss herunter, fertig angezogen und verstrubbelt.

»Guten Morgen. Das Frühstück habe ich wohl verschlafen.«

»Dann hast du es gebraucht.«

»Vermutlich. Die Apfelzeit ist ziemlich anstrengend.«

Er umarmte Sally und gab ihr einen Kuss auf die Stirn.

»Was steht bei dir heute an?«

Sie strich ihm durch die Haare.

»Es gibt da etwas, das ich tun muss. Was eher Spezielles. Etwas weiter weg. Deshalb überlege ich, ob ich Liselott bitten kann, nach dem Mittagessen hier zu arbeiten.«

»Aha?«

Peter wirkte leicht beunruhigt. Sie lachte sanft.

»Ich erzähle es dir später. Versprochen. Es ist eine lange Geschichte, die mit Vanja zu tun hat. Aber ich muss die eine Weile für mich behalten.«

»Kein Problem. Tu, was du tun musst. Du sollst nur wissen, ich bin für dich da.«

Sally legte ihm die Hände an die Wangen und küsste ihn. Wie schön, dass er nicht darauf bestand, ihre Pläne zu wissen.

»Dann fahre ich solange nach Hause zu den Schweinen.«

Peter verschwand in die Diele, um sich die Jacke anzuziehen. Sally folgte ihm und umarmte ihn noch einmal, sie konnte nicht anders. Dann ging er.

Sie rief auf der Stelle Paula an und sagte, was los war.

»Ich habe meine Meinung geändert. Ich würde gerne kommen.«

Die Frau am anderen Ende klang kein bisschen verwundert.

»Schön. Wenn Sie da sind, sind Sie da. Falls ich nicht auf dem Hof rumspringe, bin ich bei den Ziegen. Rufen Sie an, wenn Sie es nicht finden.«

»Bis dann«, sagte Sally. »Ich fahre in einer Viertelstunde los.«

Die Fahrt zu dem kleinen Ort im südlichen Blekinge dauerte knapp zwei Stunden. Die herbstliche Landschaft brannte golden und orange, ein Sprühregen ließ alle Flächen glänzen und der Himmel war in ein schönes, ebenmäßiges Grau getaucht. Sally folgte der Beschilderung und war bald in dem kleinen Örtchen, in dem Paula Sjölander ihren Hof hatte.

Er lag inmitten eines lichten Wäldchens, und als sie durch die geöffneten Tore fuhr, erwartete sie Paula bereits auf dem Hofplatz. Sie war kräftig gebaut, trug Gummistiefel und einen blauen Fleecepullover. Die dunklen, graumelierten Haare reichten bis über die Schultern, das Gesicht war eben und ungeschminkt. Mit einer resoluten Geste zeigte sie an, wo man parken konnte.

Als Sally ausstieg, schoss ein wild bellender, nicht angeleinter Hund auf sie zu, er war schwarz, mittelgroß und langhaarig.

»Rufus!«, rief Paula.

Der Hund sprang an Sally hoch, aber sie hatte keine Angst. Es war offensichtlich, dass er nur vor Freude außer sich war, sein Schwanz wedelte frenetisch.

»Rufus ist herzensgut«, sagte Paula in ihrem gemütlichen Blekingedialekt. »Aber gerade war er im Garten und hat sich in Kuhmist gewälzt.«

»Oh nein.«

Sally grinste. Dieser unerzogene Hund war irgendwie befreiend, überhaupt diese ganze ländliche Umgebung mitten im Nirgendwo.

Paula kommandierte den Hund zu sich, drang jedoch nicht durch. Zugleich versuchte Sally, ihn abzuwehren, damit sie nicht von ihm eingesaut wurde, was den Hund nur noch mehr anstachelte. Er glaubte, sie sei ebenso spielwütig wie er und mache mit. Schließlich erwischte Paula ihn am Halsband.

»Sitz!«

Gehorsam setzte Rufus sich. Die ganze Sache war Paula furchtbar peinlich, sie bat um Entschuldigung, aber Sally lachte nur.

»Ich habe auch einen Hund«, sagte sie. »Genauer gesagt eine Hündin. Eine Berner Sennhündin. Sehr viel träger.«

Da hätte sie Märta wohl auch mitbringen können, aber das war im Voraus nicht zu ahnen gewesen. Paula streckte ihr die Hand entgegen.

»Übrigens noch herzlich willkommen. Sie haben keine Ahnung, wie sehr ich auf Sie gewartet habe.«

Sally erwiderte den Gruß. Sonst wusste sie nichts zu sagen, tatsächlich hier zu sein, war einfach überwältigend. Bei jemandem, den sie nie zuvor getroffen hatte und über den sie kaum etwas wusste, der jedoch Wissen über ihren eigenen familiären Hintergrund hatte.

Paula ging vor in Richtung Wohnhaus. Auf einer angrenzenden Weide standen weiße Ziegen mit lockigem Fell, hängenden Ohren und in die Luft stehenden Schwänzchen. Sie waren unglaublich süß.

»Angoraziegen«, sagte Paula. »Die geben Mohairwolle.«

Der kleine, gepflasterte Hof zwischen den Gebäuden war uneben und Unkraut spross durch die Ritzen. Unter dem großen Baum in der Mitte stand eine bescheidene Bank, in einer abgelegenen Ecke gab es ein paar Stühle und einen Tisch. Überall waren Rabatten und Kieswege und Hecken. In höchst unterschiedlichem Zustand.

Paula schenkte ihr in der großen Bauernküche Kaffee

ein und zündete Kerzen in einem gedrehten Keramikständer an. Im Kontrast zu dem grauen Wetter draußen wurde die Stimmung ganz gemütlich. Auf dem Küchentisch lagen mehrere Stapel aus Ordnern und Heftern. Auf dem Boden stand ein ramponierter Umzugskarton mit offenbar noch mehr Papieren.

»Ich wohne hier seit achtzehn Jahren«, sagte Paula. »Eigentlich bin ich Sozialarbeiterin wie meine Mutter. Ich habe viele Jahre in einem Heim für Jugendliche mit besonderen Bedürfnissen gearbeitet. Nach der Trennung von meinem damaligen Mann bin ich hierhergezogen, um mein Leben zu ändern, und habe mit der Ziegenzucht begonnen. Seither lebe ich allein hier und liebe es sehr.«

»Sie haben es schön gemütlich.«

Sally ließ sich auf einem Sprossenstuhl nieder. Noch immer wusste sie nicht genau, weswegen Paula sie gleich beim allerersten Telefonat hierher eingeladen hatte. Aber offenbar war es wichtig für sie. Sie wirkte erleichtert, als Sally endlich mit einer Kaffeetasse vor ihr saß.

»Ich werde alles ohne Umschweife erzählen«, sagte Paula, »meine Mutter hatte all die Jahre über Schuldgefühle wegen eines Falls, für den sie in ihrem Job als Sozialarbeiterin verantwortlich gewesen war. Dabei ging es um eine alleinstehende Mutter. Elin Ekström. Ihre Großmutter.«

Sally nickte wortlos. Sie wollte nur weiter zuhören.

»Wenn Sie was fragen wollen, fragen Sie einfach«, sprach Paula weiter, »und ich werde Ihnen antworten, so gut ich kann. Kurz gesagt, war es so, dass Elin, als Vanja und ihr Bruder in permanente Obhut der sozialen Behörden kamen, ein Besuchs- und Umgangsverbot erhielt. Man war der Ansicht, sie habe die Kinder vernachlässigt.«

Paula schob Sally das Körbchen mit Zuckerkuchenscheiben näher. Aus Höflichkeit nahm sie eine und legte sie auf ihren Teller, aber sie konnte gerade nichts essen. Auch Paula griff zu.

»Sie kamen in unterschiedliche Kinderheime. Nach zwei Jahren ging es weiter in Pflegefamilien. Der Junge landete irgendwo in Värmland und Vanja kam zu einer Familie in Stockholm.«

Sie nickte zu dem Dokumentstapel auf dem Tisch und dem Karton am Boden.

»Sie können selbst schauen. Hier drin steht alles über den ganzen Vorgang. Da sind die Aufzeichnungen meiner Mutter, Krankenakten und Untersuchungsakten. Ich habe mich im Laufe der Jahre in alles eingearbeitet. Fast schon obsessiv.«

Sie unterbrach sich kurz, schaute Sally ängstlich an.

»Ich weiß, das klingt seltsam. Sie halten mich bestimmt für verrückt. Aber ich glaube, es ging dabei irgendwie um die Sehnsucht, meine Mutter besser zu verstehen. Ihr näherzukommen. Wobei ich im Nachhinein nicht weiß, ob mir das sonderlich geglückt ist. Naja, das ist eine andere Geschichte.«

Sally betrachtete Paula, besonders verrückt wirkte sie nicht.

»Ich glaube, ich kann das verstehen. Auch wenn wir einander nicht kennen«, sagte sie.

Paula atmete tief ein, schien sich zu sammeln, um wieder anzusetzen. Sie wirkte jetzt angespannter, vielleicht hatte es ihr vor diesem Treffen gegraut. Sosehr sie es zugleich gewollt hatte.

»Wie auch immer«, sagte sie. »Elin legte gegen die Inobhutnahme ihrer Kinder Einspruch ein. Sie meldete sich wieder und wieder bei meiner Mutter, per Telefon und Brief. Hat viele Vorstöße unternommen, auf alle möglichen Weisen. Sie stellte die Institutionen in Frage, kontaktierte unterschiedlichste Behörden. Meine Mutter hat alles dokumentiert und ich bin es durchgegangen. Eine Weile war ich wegen Erschöpfung krankgeschrieben und da war das eine Möglichkeit, die Zeit totzuschlagen.«

Sallys betrachtete den Dokumentenstapel. Den durchzuackern dauerte ganz ohne Zweifel. Paula goss Kaffee nach.

»Meine Mutter war von ihrer eigenen Herkunft geprägt. Ich will darauf nicht näher eingehen, nur so viel, für sie war es wichtig, es zu etwas zu bringen. Sie wollte sich in ihrem Job bei der Gemeinde als tüchtig erweisen, das hat sie mir so erzählt. Deshalb hat sie Elins Verhalten sehr gestört.«

»Inwiefern hat Elin die Karriere Ihrer Mutter behindert?«

»Die Chefs meiner Mutter waren sehr engstirnig. So war das damals. Oft hat man auf arme, alleinstehende Frauen herabgesehen.«

Paula machte erneut eine Pause, bevor sie weitersprach. Sie wirkte gequält.

»Meine Mutter ist viel zu gefühlsmäßig an ihre Arbeit rangegangen. Sie schreibt, dass die Klientin extrem lästig ist, und sie behauptet, Elin hat paranoide Züge und eine psychische Störung. Das war nicht ungewöhnlich, Sozialarbeiter haben das oft gemacht. Und die Chefs haben zu einem solchen Verhalten ermutigt.«

Paula seufzte und trank noch einen Schluck Kaffee.

»Viele Jahre später hat meine Mutter ein schlechtes Gewissen bekommen, als ihr allmählich klar wurde, was sie da eigentlich getan hatte. Vermutlich begriff sie aufgrund selbst gesammelter Lebenserfahrung, was allem Elin damals ausgesetzt gewesen war. Sie hat sich mir anvertraut, wollte aber zu sonst niemandem ein Wort sagen.«

»Was war denn Elins familiärer Hintergrund?«

»Darüber steht auch was in den Ermittlungen. Sie hat mit sechzehn beide Elternteile verloren und ist mit neunzehn von ihrem Freund schwanger geworden. Zuerst bekam sie Vanja und vier Jahre später Bosse.«

Sallys Herz schlug schneller und so hart, dass es im Brustkorb beinahe schmerzte. Tränen stiegen auf, aber sie räusperte sich und drängte sie zurück.

»Bosse? Hieß so ihr Bruder? Oder heißt.«

»Ja. Aber nach und nach hat der Vater sich mit der Familie überworfen und ist verschwunden. Elin hatte Probleme, für den Lebensunterhalt aufzukommen, also musste sie Sozialhilfe beantragen. Der Vater wollte ein geteiltes Sorgerecht, wurde aber nicht als Erziehungsberechtigter anerkannt. Dann gab es eine sozialfürsorgliche Ermittlung aufgrund derer auch die Mutter nicht als erziehungsfähig erachtet wurde.«

»Wie konnte man darauf kommen? Wenn es nicht wahr war.«

»Man ging von einer schwierigen, heimischen Situation aus und meinte, es sei nicht ausgeschlossen, dass es den Kindern zuhause schlecht erging. Die Fürsorge machte hinter Elins Rücken Hausbesuche und Interviews. Redete mit Nachbarn, Vanjas Klassenkameraden, Eltern, ihren Kolleginnen, dem Schulpersonal, Verwandten. Mit allen möglichen Menschen.«

»Und was ist dann geschehen?«

»Der Beschluss wurde gefasst, dass Elin Familienhilfe bekommen solle. Da wurde sie wütend und hat dem Familienhelfer nicht erlaubt, sich ihr und ihrer Wohnung zu nähern.«

Paula fegte ein paar Kuchenkrümel von der Tischdecke.

»Sie war schlicht eine kampflustige Person. Was für die Behörden eine Provokation war und dazu führte, dass sie als lästig abgestempelt wurde. Und ja, daran hatte natürlich meine Mutter großen Anteil.«

»Wurde Elin mit der Zeit nicht vorsichtiger?«

»Ganz im Gegenteil. Sie wurde nur noch kritischer. Was zu der Feststellung führte, sie sei psychisch gestört.«

Sally versuchte, das alles zu verdauen.

»Und Bosse? Wo ist er abgeblieben?«

Paula seufzte wieder.

»Ich weiß es nicht. In all den Akten steht nur, dass er nach Värmland gebracht wurde. Vielleicht hat man dort seinen Fall dann übernommen, keine Ahnung.«

Der Kaffee war ausgetrunken und Paula stand auf.

»Ich möchte, dass Sie den Karton mit dem ganzen Material mitnehmen. Ich habe keinerlei Grund, irgendwas davon zu behalten. Nun ist es Ihre Entscheidung, was damit passiert.«

Sally schaute auf den Karton und die Dokumentenberge auf dem Tisch. Sie wusste überhaupt nicht, was sie damit anfangen sollte.

»Der Grund, warum ich Sie hierher eingeladen habe, war, dass ich Verantwortung für das übernehmen wollte, was meine Mutter getan hat«, sagte Paula. »Ich möchte es wiedergutmachen, so gut es geht. Aber es hat gedauert, bis ich so weit war. Wie auch meine Mutter habe ich riesige Scham gespürt.«

»Das müssen Sie nicht. Sie waren ja nicht einmal daran beteiligt.«

Paula blickte zu Boden. Sally räumte die Ordner und Hefter zusammen.

»Ich nehme alles mit nach Hause. Dann brauchen Sie nicht länger darüber nachdenken. Glauben Sie, es passt alles in den Karton?«

Paula nickte bedächtig.

Gemeinsam hatten sie kurz darauf alles in dem Karton verstaut und den Deckel mit einem starken Tape zugeklebt. Paula und ihr schwarzer Hund sahen zu, wie Sally den Kofferraum öffnete und den Karton hineinschob, danach hielt Sally mit der Hand am Griff der Autotür noch einmal inne.

»Sie haben vorhin gesagt, dass Ihre Mutter von ihrer eigenen Herkunft geprägt war. Worum ging es da?«

Paula kraulte den Hund hinterm Ohr. Es dauerte ein paar Sekunden, bis sie antwortete.

»Meine Mutter war die Tochter zweier Überlebender des Finnischen Bürgerkriegs 1918. Sie erzählte immer davon, wie ihr Vater aus dem Krieg zurückgekehrt ist und seine Jugendliebe geheiratet hat, meine Großmutter. Im Jahr danach wurde meine Mutter geboren. Und diese Herkunft hat meiner Ansicht nach irgendwie dazu beigetragen, dass sie tüchtig sein wollte. Sie wollte unbedingt zeigen, dass sie es zu etwas bringen und Karriere machen konnte. Damit der Kampf ihrer Eltern zu etwas Anerkennungswürdigem geführt hatte.«

»Aha?«

Sally verstand nicht ganz. Sie wollte mehr wissen.

Der Hund lief nun über den Hof, pinkelte in ein Beet, fand einen Zweig und kaute darauf herum. Paula folgte ihm mit dem Blick.

»Meine Großeltern sind nach diesem Krieg nach Schweden geflohen. Er hatte zwar nur ein bisschen über drei Monate gedauert, aber die waren blutig und schonungslos gewesen. Sie haben oft über die Gräuel gesprochen und jedes Mal sind dabei Tränen geflossen. In einem Schrank lagen die Orden und der Helm meines Großvaters. Meine Mutter wusste über diese Zeit fast mehr, als sie sich an ihre eigene Kindheit erinnerte. Das ist bei mir auch so, glaube ich. Meine Mutter war in vielerlei Hinsicht ein verschlossener Mensch.«

Paula sah Sally nun wieder an.

»Jetzt im Erwachsenenalter weiß ich, wie häufig Traumata vererbt werden, auch wenn das Kind beim Ereignis an sich nicht anwesend war. Und das möchte ich gerne irgendwie verhindern. So gut ich kann.«

Sally drückte Paula die Hand und bedankte sich für die Einladung, dann stieg sie ins Auto und fuhr vom Hof und weiter durch das Wäldchen.

Während der Heimfahrt spürte sie, wie ihr Bauch schmerzte. Was hatte sie getan? Sich mit Vanjas Kindheit beschäftigt, ohne ihr etwas davon zu sagen. Sie hatte sogar Kivik verlassen und sich auf eine eigene Mission gemacht, damit hatte sie eindeutig eine Grenze überschritten.

Als sie nach Hause kam, war es stockfinster. Im Flügelgebäude und im Wohnhaus waren die Fenster erleuchtet. Die neuen Gäste waren angekommen und bestimmt von Liselott gut versorgt worden.

Sally parkte das Auto. Am Gartentor blieb sie stehen.

Von diesem Ausflug konnte sie niemandem erzählen. Ganz ausgeschlossen. Zumindest so lange nicht, bis sie wusste, was sie mit all den Informationen machen sollte. Der Karton aus dem Kofferraum musste hoch auf den Dachboden. Ins Turmzimmer. Ganz nach hinten, zwischen das andere staubige Gerümpel.

Vanja

Vanja klappte ihren Laptop auf. Jetzt musste sie sich zusammenreißen und der Idee von der Kunstaustellung weiter nachgehen, bevor sie sie aus purer Faulheit über Bord warf. Sie öffnete den Internetbrowser und tippte die Namen einer der Künstlerinnen ein, die in den letzten Jahren ihre Neugier geweckt hatten, und überflog ihren Background. Vorbereitende Kunstausbildung, Kunsthochschule, eine lange Reihe von Ausstellungen und öffentlicher Ehrungen. Seit achtunddreißig Jahren mit einem etablierten Künstler verheiratet.

Irgendwo da ließ ihr Interesse nach. Vanja verschränkte die Hände im Nacken und blickte hoch an die Decke ihres Ateliers. Ihr Weg war verschlungener gewesen. Ihre letzten Teenagerjahre düster. In den Sechzigern war die Kernfamilie die Norm und das hatte enormen Druck ausgeübt. Sie erinnerte sich, wie sie als Neunzehnjährige die meiste Zeit mit der Qual beschäftigt war, noch niemandem begegnet zu sein, mit dem sie zusammen sein konnte. Diese augenblicklich aufkommende Panik, wenn jemand mit der alten Jungfer drohte. Sie fühlte sich allein und ungeliebt und glaubte, außer ihr hätten alle bereits mit den Plänen zur Gründung einer Familie begonnen.

Außerdem verlief auch ihr beruflicher Weg nicht wie gedacht. Zuerst wollte sie sich an der Sozialpädagogischen Hochschule mit dem Ziel, Sozialarbeiterin zu werden, bewerben. Dieser Beruf erschien ihr wie gemacht für ihren Wunsch, den Schwächsten der Gesellschaft zu helfen. Dann aber begegnete sie auf einer Party einer einige Jahre älteren Frau, die in diesem Bereich tätig war, und musste erkennen, dass sie unmöglich in diesem Job arbeiten konnte. Nach nur einem kurzen Gespräch hatte Vanja verstanden, dass sie für den Umgang mit den Klienten dort nicht geeignet wäre. Diese tiefgehenden und vielfältigen Probleme, mit denen diese Menschen zu kämpfen hatten, würden ihr fürchterliche Angst machen. Die Frau sprach offen darüber, wie viel Angst es hinter den Kulissen gab. Regelmäßig kam es zu Gewaltandrohungen, und Vanja erkannte, dass man in diesem Beruf einem Elend ausgesetzt war, das sie nicht ertragen würde. Abgesehen davon würde sie das Getratsche der Kolleginnen im Pausenraum traurig machen, ihre Verachtung für die Klienten. Die Frau riet entschieden davon ab und erklärte, wie neidisch sie auf Vanja sei, die noch die Wahl habe.

Also suchte sie sich stattdessen einen befristeten Job als Zimmermädchen in einem Hotel, um die Zeit zu überbrücken, bis sie wusste, was sie wollte. Ihre Pflegeeltern waren natürlich entsetzt und die Arbeit an sich auch widerlich, aber sie hielt trotzdem eine ganze Weile durch. Stoisch, aus reiner Selbstbehauptung. Doch nach jeder Arbeitsschicht floh sie quasi nach Hause und rettete sich ins Malen von Aquarellen bei klassischer Musik.

Die Kunst hatte sie dazu gebracht, zu dem zurückzufinden, was sie war. Nur sie.

Vanja schloss den Laptop und stand auf. Nein, diese Künstlerin war wohl niemand, den sie kontaktieren würde. Jetzt reichte es aber mit den Grübeleien und dem sinnlosen Rumgegoogele.

Sie griff zum Telefon. Worauf noch warten? Sie hatte sich bereits am Freitag, als sie die Reisetasche aus dem

Schuppen holen wollte, entschieden, es sich aber selbst nicht eingestanden. Heute war Sonntag. Sie hatte den ganzen Samstag gehabt, um Mut zu sammeln.

Leif war sofort dran, es hatte kaum angeläutet.

»Blumenregen, wie ich mich danach gesehnt habe, deine Stimme zu hören. Ich habe gehofft, dass du anrufst. Habe gedacht, es wäre vielleicht aufdringlich, wenn ich es tue.«

»Komm her«, sagte sie. »Jetzt sofort.«

Vanja stieg am Bahnhof Kristianstad aus dem Bus. Sie war zwanzig Minuten zu früh und wusste nicht, wohin mit sich, während sie wartete. Wie sonderbar das alles war. Heute Morgen als Leif und sie telefoniert hatten, hatte sie gesagt, er solle den Zug nach Kristianstad nehmen, wo sie ihn mit ihrem VW-Bus am Bahnhof abholen würde. Leif hatte entgegnet, er habe einen besseren Vorschlag. Er würde in seinem bequemen Auto nach Skåne runterfahren und sie könne den Bus nach Kristianstad nehmen. »Dann treffen wir uns am Spätnachmittag am Bahnhof«, hatte er gesagt.

Als sie wissen wollte, warum er dann nicht gleich den ganzen Weg bis Svinaberga fahren würde, hatte er gelacht und gemeint, er finde es romantischer, sich am Bahnhof zu treffen, wie in einem Film. »Dann bringe ich dich nach Hause und du zeigst mir den Weg dorthin.«

Vanja kicherte über Leifs verrückten Vorschlag, es war so typisch für ihn, nicht so zu agieren, wie es normale Menschen täten. Ohne Widerspruch hatte sie eingewilligt. Diese Verspieltheit war ungemein attraktiv.

Ganz in der Nähe der Bushaltestelle gab es eine auch sonntags geöffnete Saftbar. Dort hatte man von einem Tresen am Fenster das Bahnhofsgebäude und den gesamten

Platz davor im Blick. Nachdem sich Vanja einen sündhaft teuren Saft aus frischgepressten Äpfeln, Erdbeeren und Ingwer gekauft hatte, setzte sie sich auf einen Barhocker, saugte die dicke Flüssigkeit durch einen breiten Strohhalm und starrte dabei Richtung Bahnhof, während ihr Herz im Takt mit den schweren Rhythmen schlug, die in hoher Lautstärke aus den Lautsprechern schallten.

Ein Mann in schwarzem Mantel ging auf den Eingang des Bahnhofs zu. Da war er. Leif sah sich suchend um. Der Schal um seinen Hals war grau, heute trug er nicht den weinroten.

Vanja schob den halbleeren Saftbecher von sich, schlüpfte schnell in ihre Armyjacke, eilte aus dem Laden und über die Straße. Ihr ganzer Körper pulsierte vor Freude, ihn wiederzusehen.

»Hallo«, sagte sie, aber die Stimme trug nicht, es kam nur eine Art Laut hervor.

Trotzdem hatte er sie wohl gehört, denn er drehte sich zu ihr und lachte sofort los. In seinen Augen lag dieselbe Wärme wie neulich in der Galerie Brinck-Jensen.

Sie fand sich in seinen Armen wieder und nichts daran war seltsam. Er zog sie an den Aufschlag seines schwarzen Mantels und der Schal berührte ihre Wange. Grauer Kaschmir, unfassbar weich. Leif duftete sanft nach Edelholz mit einem leicht herben Beiton, der an Grapefruit erinnerte.

»Bist du mit dem Bus gekommen?«, fragte er.

Sie sah ihm in die Augen und nickte.

»Ich habe ja versprochen, dir den Weg nach Svinaberga zu zeigen.«

Sie lachten beide los, obwohl es eigentlich nicht lustig

war. Dann führte er sie zu seinem großen SUV und öffnete mit einer eleganten Geste die Beifahrertür für sie.

Sie fuhren fast lautlos gleitend durch die schonische Landschaft. Vanja saß neben Leif, leicht über alle anderen Autos erhoben, der Sitz war breit und weich, der Fußraum ausgiebig. Das große Display am Armaturenbrett zeigte an, welches Lied gerade gespielt wurde, und sie hatte zu jedem eine Beziehung. Noch nie zuvor hatte sie Musik derart genossen. Nicht so.

Und doch konzentrierte sie sich nicht auf die Musik, die gab es nur im Hintergrund, während das Auto die Straße entlangbrauste. Es war das Gespräch, das sie wach und aufmerksam fühlen ließ, ja ganz und gar lebendig. Leif hatte die seltene Begabung, eine Konversation fließen zu lassen. Er stellte interessante Fragen und brachte Argumente vor, über die sie nachdenken musste.

»Was hältst du von einem kleinen Umweg?«, fragte sie. »Dann kannst du ein wenig mehr von Österlen sehen.«

Vanja schielte beim Sprechen zu ihm hinüber. Sie zumindest konnte noch unendlich lange hier sitzen.

Josefin

Die Trauben im Gewächshaus waren richtig groß geworden. Josefin pflückte Rispe um Rispe und legte sie in ihren Korb. Man konnte sie gut einfach so essen, aber Harald kochte daraus auch Traubenmost, den er vor dem Abfüllen in Flaschen mit Honig süßte. Manchmal machte er aus dem Saft auch Gelee oder Marmelade.

Sie schaute durch die Glaswand. Harald hatte das Kartoffelfeld verlassen und goss nun in dem anderen Gewächshaus die Tomaten.

Sie arbeiteten gut Hand in Hand, brauchten sich kaum darüber absprechen, was getan werden musste. Obwohl die Zeit in den Sommerwochen in Kopenhagen nur kurz gewesen war, merkte Josefin einen deutlichen Unterschied zu vorher. Die Erfahrungen aus der Arbeit in dem Kleiderladen hatten etwas mit ihr gemacht, auch wenn sie nicht genau sagen konnte, was. Momentan konnte sie fast jedes Problem, das sich auftat, lösen, fand normalerweise immer einen Ausweg. Der Gedanke, mit Harald gemeinsam den Hof zu führen, war nicht mehr belastend und überwältigend wie noch zu Beginn des Sommers.

Mit jedem Tag kamen mehr Kunden in den Vintageladen. Offenbar erzielte das Schild einen Effekt, dann und wann fuhr ein fremdes Auto auf den Hofplatz und jemand stieg aus und fragte nach Qualitätskleidung. Josefin und Harald bemühten sich immer, die Besucher zu begrüßen und so dienstleistungsorientiert zu sein wie nur möglich. Einige Stücke waren über den Tresen gegangen, aber natürlich durfte der Verkauf gerne noch mehr in Schwung kommen.

Josefin brachte den Korb mit Trauben in die Küche. Um die kleine Ernte würde sie sich später kümmern, erst musste sie die Hühner rauslassen. Sie ging zum Hühnerhof, wo die Hühner in ihrer komischen Art herumspazierten, öffnete die Gitterdrahttür und ließ sie ins Freie, während sie mit ihnen redete. Man merkte, wie gerne sie herumliefen und hüpften, mit ganz unterschiedlichen Persönlichkeiten. Manche pickten direkt vor dem Freigehege am Boden, andere stolzierten zum etwas abgelegenen Komposthaufen.

Seit dem Sommer hatte Harald den Hühnerhof noch schöner ausgestaltet, die Hühner hatten nun neue Sandbäder, die aus alten, verschieden farbig gestrichenen und mit Sand gefüllten Autoreifen bestanden. Außerdem hatte er in einer riesigen, sehr niedrigen Kiste Gras gesät und darüber einen feinmaschigen Draht gelegt. Durch die Maschen ragten dünne, grüne Halme, denn Hühner, die grünes Gras fraßen, legten extra gute und besonders gelbe Eier.

Im Hühnerhaus selbst war alles gut gepflegt. Der Boden war mit Stroh ausgelegt und die Pappschachteln, in denen sich die mit Heu bestückten Nester befanden, hatte Harald gegen neue ausgetauscht. Hier und da hatte er auch Lavendelsträußchen aufgehängt, um die Fliegen abzuhalten.

Für den nächsten Frühling plante Harald neue, schönere Nester für die Hühner. Dazu wollte er quadratische Holzkisten bauen und an die Wand setzen, sie um ein Viertel drehen und dann ein Brett quer montieren. »Damit es in jedem Kasten einen kleinen Vorsprung gibt«, hatte er erklärt. »Und dann füllt man sie zur Hälfte mit Sägespänen oder Heu.«

Josefin liebte es, wenn er derart detailverliebt dachte. Dann sprühte er nur so vor Energie.

In der Jackentasche klingelte ihr Telefon, sie holte es raus, es war Cilla.

»Wie geht es?«, fragte sie.

»Ja, gut. Und selbst?«

»Auch gut. Hast du Lust auf einen Kaffee im St. Olof? Die haben da den weltbesten Möhrenkuchen. Ich habe gerade so einen Appetit drauf.«

Josefin war völlig überrumpelt.

»Ja, gern.«

»Supi!« sagte Cilla. »Sagen wir in einer Viertelstunde.«

»Passt perfekt.«

Als Josefin auflegte, war sie völlig geplättet. War sie drauf und dran hier im Ort eine richtige Freundin zu finden? Das wäre jedenfalls mehr, als sie sich erträumt hatte. Offensichtlich spielte der Altersunterschied für Cilla keine Rolle, sie schien jedes Individuum so zu sehen, wie er oder sie war. Ein paar Jahre mehr oder weniger waren bedeutungslos.

Auf solche Menschen sollte man Acht geben. Josefin steckte das Telefon wieder ein und machte einen kleinen Hopser, was vermutlich albern aussah, aber abgesehen von den Hühnern sah es niemand.

Sie bestellten sich Kaffee und Möhrenkuchen und setzten sich an einen Tisch in dem gemütlichen Café. Im Sommer war es ziemlich beliebt und davor fast immer eine Schlange, aber heute herrschte hier dieselbe herbstliche Ruhe wie sonst auch überall. Cillas blonde Haare lagen offen, glatt und hübsch auf dem roten Hemdblusenkleid, das sie mit Turnschuhen und der Lederjacke aus dem Vintageladen kombiniert hatte.

»So eine kleine Pause tut einfach gut!«, sagte sie. »Mein Vormittag war furchtbar stressig. Ich komme gerade von einer Klientin in Vitaby. Eine achtzigjährige Dame, zu der wir zweimal am Tag kommen. Manchmal fahre ich selbst vorbei und schaue nach, ob alles okay ist. Man möchte ja, dass die Kunden zufrieden sind.«

Josefin hörte zu, noch immer etwas verwundert darüber, dass sie nun zu zweit hier saßen.

»Das ist bestimmt besonders wichtig, wenn man ein eigenes Unternehmen hat«, sagte sie. »Ein guter Kontakt zu allen, mit denen man arbeitet?«

Cilla nickte, während sie das Gäbelchen in den Möhrenkuchen steckte.

»Natürlich. An einem so kleinen Ort wie hier kennt man einander sehr gut. Aber auch Leute, mit denen man zusammenarbeitet, wie zum Beispiel dieses Paar in Helsingborg, das Hilfsmittel vermietet. Mittlerweile sind wir gut privat befreundet und sie besorgen für meine Klienten und Klientinnen sogar Rollatoren und so was. Das ist super.«

Josefin probierte den Kuchen. Er war wirklich gut, saftig und aromatisch. Als sie den Blick wieder hob, registrierte sie, dass Cilla nicht so sonnig wirkte wie sonst.

»Natürlich kann der Job nach ein paar Jahren manchmal ein wenig eintönig werden. Wenn man lange in ein- und derselben Branche arbeitet, braucht man neuen Input.«

»Das verstehe ich gut. Man muss das Umfeld wechseln, was anderes ausprobieren, aber die Erfahrungen, die man mit einem eigenen Unternehmen macht, kann man vermutlich auf alles anwenden?«

»Ja, genau. So sieht es aus.«

»Gibt es Träume, die du verwirklichen möchtest?«

»Wie du und Harald? Ja, vielleicht. Aber nichts Konkretes. Eher lose Pläne, Wünsche, die bestimmt alle zu unrealistisch sind.«

»Die braucht man.«

»Ja, finde ich auch. Sonst wird das Leben trostlos.«

Cilla lächelte wieder und diese durchschimmernde Melancholie verschwand aus ihren Augen.

»Wo wir schon darüber sprechen, ihr habt echt einen ziemlich bezaubernden Hof. Wobei auch viel renoviert gehört.«

»Ja, das wussten aber wir von Anfang an. Wir sehen das eher langfristig und reparieren immer was, sobald wir Geld dafür haben.«

Cilla trank nachdenklich Kaffee und aß Möhrenkuchen.

»Ins Holz der Wohnhausfassade scheint mir Feuchtigkeit eingedrungen zu sein. Ich glaube, Lorenz' Tischlereibetrieb könnte die schlimmsten Stellen ausbessern. Ihr bezahlt einfach, wenn es geht. Oder ihr gebt uns Gemüse dafür.«

Josefin sah von ihrem Kuchen hoch. Nichts an Cillas Miene deutete auf einen Scherz hin, sie meinte es ernst. Dann lachte sie.

»Schau nicht so überrascht. Dass man einander hilft, ist doch nicht seltsam! So läuft das hier auf dem Land.«

»Ja, aber …«

Josefin wusste nicht weiter. Sie hatte vorgehabt, Lorenz vielleicht um ein Gesamtangebot für die auf Vallmogården nötigen Arbeiten zu bitten, auf das Harald und sie bei Interesse zurückkommen konnten. Aber das war wohl dumm. Wenn Cilla nun vorschlug, ihr Mann, der Schreiner war, könne der Freundschaft wegen einspringen und ein paar

Kleinigkeiten reparieren, gab es vermutlich keinen Grund das abzulehnen? Das wäre eher unfreundlich.

»Keine Einwände«, sagte Cilla bestimmt. »Ich rede gleich heute Abend mit Lorenz.«

»Danke. Aber ist ein bisschen Gemüse wirklich genug für die Mühe?«

»Absolut. Bestimmt ist es superlecker und wir essen viel Grünzeug. Also, abgemacht.«

Josefin bedankte sich, denn das war wirklich ein großzügiges Angebot. Sie würde ihnen das beste und schönste Gemüse aussuchen, das sie hatten.

»Und wie macht ihr es im Winter?«, fragte Cilla. »So einen großen Hof mit mehreren Gebäuden zu heizen, ist doch sicher teuer?«

»Wir heizen nur das Wohnhaus und die Ställe. In erster Linie mit Holz.«

Cilla schüttelte den Kopf.

»Das klingt unpraktisch. Habt ihr schon mal über Erdwärme nachgedacht?«

»Ja, aber das ist ziemlich teuer, wir müssten dafür einen Kredit aufnehmen. Und man braucht eine Genehmigung der Gemeinde.«

Josefin zuckte mit den Schultern. Sie erklärte weiter.

»Außerdem ist nicht einmal sicher, ob wir einen Kredit bekommen würden. Unser Einkommen ist ziemlich unregelmäßig. Liselott, die beste Freundin meiner Mutter, hat seit Ewigkeiten den Traum, eine Bäckerei und ein Café aufzumachen, und hat bei der Bank nachgefragt. Offenbar ist es grundsätzlich schwer, einen Kredit zu bekommen. Jetzt investiert sie stattdessen in einen Friseursalon im eigenen Haus.«

Cilla wirkte weiter nachdenklich.

»Ja, aber eine Geschäftseröffnung ist was anderes als Erdwärme. Muss das wirklich so kompliziert sein? Ein Bankkredit und die Gemeindegenehmigung, das muss doch hinzukriegen sein.«

Sie nahm noch ein Gäbelchen vom Möhrenkuchen, spielte mit der Serviette herum und schaute dann Josefin an.

»Ihr braucht einen niedrigen Zinssatz. Ich könnte mit meinem Cousin reden. Der arbeitet bei der Sparbanken in Simrishamn, Jörgen Rådström.«

»Den kenn ich sogar ein wenig«, sagte Josefin. »Mit dem hatten wir nach Åkes Tod zu tun.«

»Na dann. Soll ich ihn fragen?«, wollte Cilla wissen.

Josefin schwieg. Wenn Harald und sie tatsächlich schon diesen Winter Erdwärme bekommen könnten! Aufgrund Cillas Beziehungen. Das wäre der reinste Wahnsinn.

Sie sah Cilla in die Augen.

»Wenn du das machen würdest, wären wir natürlich unendlich dankbar.«

»Einen Versuch ist es immer wert. Ich denke, das wird man durchkriegen. Und ich helfe euch gern, wo immer ich kann.«

Cilla entdeckte einen Typen im Blaumann, der gerade an der Kasse einen Kaffee zum Mitnehmen bezahlte.

»Hey, Ronny!«

Der Mann drehte sich um und sein vernarbtes Gesicht mit dem Dreitagebart leuchtete auf.

»Ach, Cilla. So sieht man sich.«

Er kam auf sie zu und begrüßte Josefin. Sie stellten sich vor.

»Ronny lebt in Degeberga«, sagte Cilla. »Er ist Elektriker und hat bei uns die ganzen Elektroinstallationen gemacht.«

Der Mann lächelte und unter seiner Lippe blitzte am Zahnfleisch ein Snuspäckchen hervor.

»Stell dir vor«, sagte Cilla. »Josefin und ich haben gerade über Erdwärme geredet. Sie und ihr Freund haben einen Hof kurz vor Kivik. Sie sind dabei, ihr Heizsystem umzustellen.«

Sie griff Ronny an den Arm.

»Du hast doch bestimmt Kontakte, wenn es um die Installation geht?«

Er nickte gutmütig. Die hatte er. Cilla fragte genauer nach und Ronny erklärte gerne die Vorteile von Erdwärme.

»Das ist eine umweltfreundliche Einrichtung, die den gesamten Wärme- und Warmwasserdarf des Hauses deckt. Das Heizen wird dadurch sehr bequem und im Prinzip wartungsfrei.«

»Und wie funktioniert das eigentlich genau?«, wollte Cilla wissen.

»Man verlegt circa einen Meter tief im Boden Schleifen von Erdwärmekollektoren und die nehmen schlicht die gespeicherte Sonnenwärme auf.«

»Kann man das überall machen? Das hat doch bestimmt mit dem Grundstück zu tun, das man hat.«

»Ja, aber bei einem Hof sollte es kein Problem sein. Am besten ist ein Acker. Das Pflanzenwachstum wird von den Schleifen nicht beeinflusst.«

Josefin kannte sich in der Materie aus. Harald und sie hatten sich bereits für Erdwärme entschieden und nur die Finanzen hatten bisher einen Riegel vorgeschoben. Und die administrativen Sachen, die zu regeln waren, womit sich beide bisher nicht beschäftigt hatten.

»Man braucht eine Genehmigung vom Umweltamt«, sagte sie. »Die Bearbeitungszeit liegt bei bestimmt vier bis sechs Wochen. Wir sind damit noch nicht zu Potte gekommen.«

Ronny verstand.

»Dann gebt einfach Bescheid, wenn ihr so weit seid.«

Er nahm seinen Kaffeebecher und verschwand. Cilla wandte sich wieder an Josefin.

»Ich kann euch mit dem Antrag helfen. Das kann den Prozess beschleunigen, zumindest ein wenig. Das sollte keine Menge unnötiger Bürokratie erfordern. Ich bin es so leid, dass immer alles so langsam gehen muss.«

»Danke, du Liebe«, sagte Josefin. »Aber im Augenblick haben wir kein Geld dafür.«

»Ja, kapiert, aber Erdwärme ist doch auch eine Investition. Das kann nie falsch sein.«

Josefin trank ihren letzten Schluck Kaffee.

»Ich werde darüber nachdenken. Und ich muss mit Harald reden. Trotz allem ist es ein riesiges Vorhaben.«

»Ja, stimmt. Das muss man genau durchdenken.«

Auf dem Weg nach Hause schaute Josefin in Svinaberga vorbei. Sie musste ihrer Großmutter einfach von Cilla erzählen und wie gut seit dem Fahrradfest alles gelaufen war. Diese Sache mit der Nachbarschaftshilfe hier konnte eine Menge bedeuten und vielleicht sogar das Leben auf Vallmogården verändern.

Sie parkte das Auto und klopfte an die Ateliertür, aber obwohl der VW-Bus an seinem üblichen Platz stand, machte niemand auf. Sie ging zu Peter, der in der Apfelplantage stand und von Hand erntete. Achtsam drehte er die Früchte ab und legte sie in Holzkisten. Der Geruch frischer Äpfel und von Erde und Laub stieg ihr in die Nase.

Als Josefin kam, machte er eine Pause.

»Vanja hat den Bus nach Kristianstad genommen«, erklärte er.

»Den Bus? Warum das?«

Peter legte den rot glänzenden Apfel, den er in der Hand hatte, ab.

»Weiß ich nicht. Sie ist einfach zur Bushaltestelle aufgebrochen, um in Kristianstad jemanden zu treffen. Jemanden aus Stockholm, der offenbar eine Weile hier wohnen soll.«

»Wer?«

»Das hat sie nicht gesagt.«

Josefin stocherte mit der Schuhspitze im vom Vorjahr vergilbten Gras herum. Was für Freunde hatte ihre Großmutter denn in Stockholm? Sie hatte nie darüber gesprochen, mit irgendjemandem dort Kontakt zu haben.

»Ich habe gehört, dass Harald und du auf dem Fahrradfest gewesen seid«, sagte Peter. »Wie war es?«

»Voll nett.«

Er zog die Augenbraue leicht hoch, als könnte er ihr kaum glauben. Josefin drehte einen Apfel, bis er sich vom Zweig löste und legte ihn auf die anderen in der Kiste.

»Liselott hat gesagt, dass Ellen und du da auch mal mitgemacht habt.«

Peter nickte.

»Das haben wir. Und nein, das war nicht der spaßigste Abend meines Lebens. Aber vielleicht hatten wir auch Pech mit unseren Tischrunden, ich weiß es nicht. Irgendwas ist mit der Gruppendynamik hier, mit der tue ich mich schwer. Diese Rangordnung und die Hierarchien.«

Josefin pflückte einen weiteren Apfel. Selbst war sie über das Fahrradfest so glücklich gewesen. Es hatte dazu geführt, dass Harald und sie Cilla und Lorenz und die anderen in deren Clique kennengelernt hatten. Und nach und nach würden weitere Freunde hinzukommen.

»Wir hatten jedenfalls Spaß«, sagte sie »Und es ist schön, neue Freunde im Ort zu finden. Cilla und Lorenz Strömberg, Pontus und Anette Furumo und noch ein anderes Paar haben uns sogar gleich danach besucht.«

»Cilla Strömberg? Okay.«

Peter pflückte weiter seine Äpfel, rasch und effektiv.

»Bei ihr solltet ihr etwas vorsichtig sein. Nicht zu viel Kontakt haben. Sie auf Abstand halten.«

»Warum das?«

Josefin sah ihn durchdringend an. Mit den Äpfeln in der Hand zügelte er sich.

»Cilla ist manchmal ziemlich dominant. Wie ein kleiner Mafiaboss, der mit fester Hand die Strippen zieht, wenn du verstehst, was ich meine. Sie kommt aus einer Familie mit Geld und war auf der Handelshochschule in Stockholm. Ihr Vater war ein legendärer Chefchirurg in Lund und ihre Mutter ist adlig. Du kapierst schon.«

»Mafiaboss?«

»So ähnlich.«

Peter neigte eigentlich weder zu Übertreibung noch dazu, etwas zu erfinden, das kam ihr höchst seltsam vor. Josefin verschränkte die Arme.

»Als Person find ich sie eigentlich sehr nett.«

Er schüttelte langsam den Kopf.

»Das könnte man meinen, aber eigentlich ist sie höchst manipulativ, und das merkt man erst im Nachhinein. Wenn es zu spät ist.«

Josefin wollte fragen, wie sich Peter da so sicher sein konnte und welche Erfahrungen er mit Cillas Persönlichkeit gemacht hatte. Aber es war sinnlos, auf irgendwelche alten Geschichten von vor Ewigkeiten einzugehen. Sie hatte ihre eigene Meinung.

»Okay, dann denken wir da eben verschieden«, sagte sie.

Peter nickte. Sie legte ein paar Äpfel in seine Kiste, bat ihn, ihre Großmutter zu grüßen, und fuhr weg. Im Auto versuchte sie das, was er gesagt hatte, recht zu verstehen. Es musste sich um ein Missverständnis handeln. Sie brachte es einfach nicht mit der witzigen Cilla überein, die ihnen auf alle möglichen Arten zu helfen versprochen hatte. Wie es richtige Freunde tun.

Vanja

Vanja liebte es, in diese Richtung zu fahren, nach Süden. Zu sehen, wie sich die Landschaft von Kilometer zu Kilometer veränderte, wie sie flacher wurde, hellere Farben bekam und quasi in geraderen Linien hingepinselt war.

Leif, der aus Stockholm stammte und all seine Verwandten Richtung Norden hatte, war noch nie in diesem Teil des Lands gewesen. Ein Umweg war eine gute Idee. Sie zeigte und erklärte ihm Dinge am Wegrand und er lauschte allem mit echter Neugier.

Als sie an der Kirche von Ravlunda vorbeikamen, erzählte sie, dass auf dem dortigen Friedhof der Schriftsteller Fritjof Nilsson, genannt der Pirat, liege und seinen Grabstein die Inschrift ziere:

»*Hier liegt die Asche eines Mannes, der die Angewohnheit hatte …*«

Leif unterbrach sie.

»*… alles auf morgen zu verschieben.* Oder?«

»Ja. Bravo. Und weißt du auch, wie es weitergeht?«

Den Blick auf die Straße gerichtet, schüttelte er lachend den Kopf. Vanja kramte in ihrem Gedächtnis.

»*Doch besserte er sich auf seine alten Tage und starb wirklich am 31. Januar 1972.*«

Nun war Vanja auf Touren, sie musste an Rörum, einen Nachbarort, denken. Der lag noch weiter im Süden, sieben Kilometer südlich von Kivik, etwas im Landesinneren, und es gab eine spannende Geschichte um den Namen, wenngleich Vanja unterstrich, dass sie vermutlich bloß ein altes Gerücht sei.

»Angeblich war Rörum einst ein Fischerdorf an der Küste, dessen Einwohner immer falsche Leuchtfeuer anzündeten und Schiffe ausräuberten, weshalb die Bucht Rövarvik getauft wurde oder kurz Rövik. Doch eines Tages trieben es die Dorfbewohner mit einer grauenvollen Tat zu weit und wurden mit einem Fluch belegt, demnach ihr Fischerdorf von da an alle sieben Jahre niederbrennen sollte.«

»Uff«, sagte Leif. »Und ist es passiert?«

»Ja. Deshalb waren die Leute zum Umsiedeln gezwungen. Sie ließen sich einen Kilometer im Landesinneren nieder, errichteten dort eine Kirche und änderten den Namen des Dorfs, um dem Fluch zu entkommen.«

Vanja kramte einen Schokoladenriegel aus der Handtasche, brach ein Stück ab und hielt es Leif hin. Er steckte es in den Mund und kaute.

»Was glaubst du?«, fragte er. »Steckt in dieser Sage ein Fünkchen Wahrheit?«

Sie schüttelte den Kopf.

»Kaum. Kein Österlener käme auf die Idee, an jener Bucht, wo Rövarvik angeblich gelegen hat, ein Fischerdorf zu errichten. Das weiß ich von älteren Seeleuten der Gegend. Sie sagen, es bräuchte schon sehr raues Wetter, damit ein Handelsschiff hier vor der Küste auf Grund laufen und auf einer Sandbank steckenbleiben könnte. Außerdem ist es offenbar unmöglich, sich unter solchen Bedingungen ein Boot zu schnappen und rauszufahren. Also hätte dort niemand je ein Schiff entern können.«

»Ich nehme an, Seeleute wissen, worüber sie reden.«

»Genau. Die Menschen, die die Fischerdörfer in Österlen gegründet haben, wussten genau, welche Voraussetzungen notwendig waren, damit man auch unter schweren Witterungsverhältnissen auslaufen oder anlanden konnte. Alle Fischerorte an dieser Küste befinden sich im Schutz einer Landzunge.«

Vanja schwieg nun, sie wollte nicht riskieren, Leif mit alten Geschichten zu langweilen. Er drehte den Kopf und sah sie den Bruchteil einer Sekunde an, bevor er wieder gerade auf die Straße blickte. Sie fragte sich, was er gewollt hatte, und schaute nun ihn an, fragend, aber er lächelte nur.

»Weißt du was? Autofahren mit dir gefällt mir.«

Sie war so verdutzt, dass ihr nicht einmal einfiel zu sagen, das beruhe auf Gegenseitigkeit. Stattdessen brach sie sich ein Stück vom Schokoriegel ab und wartete viel zu lange damit, etwas zu erwidern. Schließlich war es zu spät.

Sie fuhren an Kivik vorbei und näherten sich Svinaberga. Sie dirigierte Leif und er bog Richtung Peters Hof ab, dann aber bremste er abrupt, gerade als aus dem Dunkeln die Lichter aus den Gebäuden wie stillstehende Glühwürmchen auftauchten. Noch bevor Vanja reagieren konnte, war er mitten auf der Schotterstraße zum Stehen gekommen.

»Was ist los?«, fragte sie. »Ist etwas mit dem Auto?«

Leif antwortete nicht, saß einfach da und starrte geradeaus. Dann wandte er sich ihr zu und trotz der Dunkelheit erkannte sie, dass sein Gesichtsausdruck ernst war. Vielleicht sogar ängstlich.

»Nein. Aber es gibt etwas, das ich dir erzählen muss. Was ich schon längst hätte tun sollen.«

Seine Stimme war heiser. Überhaupt nicht stark und sicher wie sonst.

»Dein Bild«, sprach er weiter. »Das große. Das an einen anonymen Käufer verkauft worden ist. *Abendliches Bad.*«

»Ja? Was ist damit?«

»Der anonyme Käufer bin ich.«

Sie starrte ihn an. Seine Worte drangen nicht zu ihr durch.

Sally

Das Wetter an diesem Morgen war schauerlich. Sally schaute im Speiseraum nach, ob der Kachelofen noch brannte. Die vier Stockholmerinnen saßen beim Frühstück. Sie hatten sich reichlich am Buffet bedient. Ihrem entspannten Gespräch nach zu urteilen, waren sie mit ihrer Reise zufrieden. Noch eine Nacht hier in der Pension, dann würden sie morgen wieder nach Hause fahren.

Sally wünschte ihnen einen guten Morgen und die vier erwiderten den Gruß. Sie öffnete die Messingluken des Ofens und legte ein paar Holzscheite nach. Sofort schwoll das Feuer an, sie ließ die Luken halb offenstehen und platzierte den Funkenschutz.

»Was für ein leckeres Brot«, sagte die Frau mit dem sommersprossigen Gesicht und den blonden Locken.

Sie hieß Anja, erinnerte sich Sally.

»Danke. Wir backen es selbst. Der Teig darf über Nacht gehen.«

»Und diese Marmelade, ist die auch selbstgemacht?«

Das fragte die sonnengebräunte mit den dunklen, dicken, bis auf den Rücken fallenden Haaren.

»Ja, und das Apfelmus auch.«

»Das fand ich im Joghurt wirklich köstlich.«

Die kurzhaarige, beinahe unnatürlich bleiche Frau wirkte entzückt. Ihren Namen hatte Sally vergessen. Aber die dunkelhaarige hieß Martina, das hatte sie mehrfach am Telefon gesagt. Es läutete ständig und immer schien es etwas Berufliches zu sein.

»Jenny, hast du es schon probiert? Musst du unbedingt.«

Die Kurzhaarige deutete auf den Klecks Apfelmus in der Mitte ihres Joghurttellers. Jenny, die Unscheinbarste der Clique, nickte nachdrücklich.

»Wirklich superlecker.«

Sie machte kein großes Gewese um sich, aber Sally hatte ihren besonderen Blick bemerkt. Wach und intelligent, was sie trotz ihrer ansonsten eher langweiligen Erscheinung ziemlich süß machte. Zwei Morgen nacheinander war sie in Trainingsklamotten zu einer Laufrunde nach Vitemölle aufgebrochen. Die anderen waren nicht so früh munter, besonders Anja nicht, die anscheinend der größte Morgenmuffel der vier war.

Petra, genau! So hieß die mit den kurzen Haaren. Sally erinnerte sich, wie sie und Peter sich vorgestellt hatten und die beiden über ihre Namensähnlichkeit lachen mussten.

»Was für ein traumhafter Ort«, sagte Martina. »Die Pension wie Kivik an sich. Wir haben hier wirklich herrliche Tage. Skåne ist unser neues Lieblingsreiseziel.«

Die anderen pflichteten ihr bei.

»Wir sind vor ein paar Jahren zum ersten Mal hier in Österlen geradelt«, sagte Jenny. »Und seither sind wir jeden Sommer wiedergekommen.«

»Ihr seid jederzeit herzlich willkommen. Hoffentlich habt ihr einen schönen letzten Tag.«

Sally verließ die vier und ging in die Waschküche. Diese höflichen und doch netten Gespräche mit Gästen würden ihr fehlen, wenn sie nun die Pension den Winter über schloss. Die Waschmaschine brummte, bald konnte sie eine neue Ladung Wäsche einlegen. Der Wäschetrockner war bereits fertig, sie leerte ihn und erblickte im gleichen Moment Liselott durchs Gartentor aufs Haus zukommen.

Mit der trockenen, warmen Wäsche in den Armen schaute Sally aus der Waschküche. Liselott sah anders aus. Sie war geschminkt und die Haare steckten in einem hohen Pferdeschwanz, gar nicht wie sonst.

»Ich wollte nur Bescheid geben, dass ich jetzt die ganze Woche weg bin«, sagte sie. »Mein Friseurkurs in Ystad fängt heute an.«

»Ach ja, genau. Viel Glück!«

»Danke. Das wird sicher super.«

»Kann man denn wirklich innerhalb einer Woche lernen, wie man Haare schneidet?«

Liselott wirkte amüsiert.

»Naja, ein bisschen kann ich es schon. Wenn auch ziemlich autodidaktisch. Erinnerst du dich nicht, wie wir einander den Pony geschnitten haben, als wir klein waren? Mit so ungefähr neun?«

»Ja, aber wenn ich daran denke, wie komisch und schief das geworden ist, solltest du das vielleicht nicht in deinem Lebenslauf anführen. Wenn du dich auf einen Job in London oder New York bewirbst.«

Liselott lachte auf und holte einen vollgekritzelten Zettel aus der Tasche.

»Ich überlege mir schon Namen für meinen Salon. Der wird ja neben der Fußpflege sein, also muss man das auch im Namen irgendwie erkennen. Was hältst du von *Salon Haarschön&Fußfein* oder *Für Zotteln&Zehen* oder *Auf Schnitt&Tritt* oder *Nägel mit Köpfen*?

Sally dachte nach.

»Was hältst du von *Von Kopf bis Fuß*? Das klingt doch einladend?«

Liselott schaute auf ihren Zettel.

»Oder *Kopf und Schulter, Knie und Fuß*? Wie in dem Kinderlied. Das kennt jeder Mensch.«

»Wirst du denn auch noch Chiropraktikerin?«

Sie grinsten. Liselott schaute wieder mit gerunzelten Augenbrauen auf ihre Liste.

»Ich muss wohl noch ein wenig weiterüberlegen.«

Sally fasste den Wäscheberg mit den Armen nach.

»Hab eine schöne Woche! Du wirst mir fehlen.«

»Du mir auch. Jetzt muss ich los. Bis dann!«

Liselott ging nach draußen zu ihrem Auto. Gleich darauf verließen die vier Stockholmerinnen ebenfalls das Haus. Sie waren auf dem Weg zur Mosterei, die sie noch nicht besucht hatten.

Während Sally die Wäsche faltete und die sauberen Handtücher in den Wäscheschrank stapelte, dachte sie an Vanja und diesen Karton mit Dokumenten. Was stand da wohl eigentlich genau drin? Wenn sie mit Vanja über den Inhalt reden wollte, musste sie mehr wissen.

Sally legte das letzte Handtuch in den Schrank und machte ihn zu. Sie ging auf den Dachboden, drückte dort die Klinke der kleinen Tür, die ins Turmzimmer führte, nach unten und stieg die enge, knarrende Treppe hoch.

Vanjas altes Atelier sah aus wie im Frühjahr. Pinsel, Farbtuben und allerhand Künstlermaterial bedeckten fast jeden Zentimeter. Alte Ölbilder, vollgespritzte Möbel, Zeichenkartons und eine wacklige Staffelei. Das meiste war viel verwendet, aber offenbar inmitten eines ergiebigen, kreativen Stroms zurückgelassen worden.

In einer Ecke stand der Umzugskarton. Sally zog ihn hervor und machte ihn auf. Ordner und Hefter, Notizbücher, Stapel von maschinenbeschriebenen Blättern. Teils mit Gummibändern zusammengehalten, teils mit Büroklammern. Das Ganze war ein einziges Durcheinander.

Sie schaute durch eines der drei Fenster aufs Meer. Jetzt schüttete es. Das Wasser floss an den Scheiben herab und verzerrte den Blick. Der Horizont war gerade noch so zu erkennen.

Vanja

Vanja nahm den Bademantel vom Haken und schlüpfte hinein, verließ das Schlafzimmer und ging mit müden Schritten ins Atelier. Der Tag war bisher nicht so besonders. Direkt nach dem Aufwachen war ihr der gestrige Abend wieder eingefallen und was sie erfahren hatte. Leif hatte hinter ihrem Rücken *Abendliches Bad*, ihr erstes Ölgemälde seit achtundvierzig Jahren, gekauft. Sie hatte sicher eine Stunde wach gelegen und überlegt, was das bedeutete, und war zu dem Ergebnis gekommen, dass sie sich überrannt fühlte.

Leif war bereits wach und trank Kaffee vor dem gusseisernen Bollerofen. Er saß gemütlich im Sessel mit dem Blumenmuster und die Füße lagen auf dem Schemel, als hätte er nie etwas anderes getan. Wäre sie nicht so enttäuscht, würde ihr das gefallen, zumal seine Haare schrecklich süß schlafverstrubbelt waren, aber so war es fast eine Provokation, dass er es sich bequem gemacht hatte.

Warum hatte sie diesen Mann mit nach Svinaberga genommen? Wer war er? Sie kannten einander kaum, hatten es nur kurz in einer weit entfernten Zeit getan. Ihr Bedürfnis, die Schuld an Trines Tod mit jemandem teilen zu können, hatte offenbar jeglichen rationalen Gedanken verdrängt. Nur aus reinem Glück hatte sie dieses Geschehnis noch nicht aufgebracht, heute war an eine derartige Vertraulichkeit nicht mehr zu denken.

Leif sagte nichts, als sie den Raum betrat, nicht einmal Hallo. Er stand nur auf und goss sich aus der Kanne auf dem Ateliertisch eine weitere Tasse Kaffee ein. Dann blickte er zu ihr.

»Liebe Vanja. Du hast seit gestern Abend kaum ein Wort gesagt. Können wir nicht darüber reden? Das war ein Schock für dich, das ist mir klar.«

Sie füllte den Kaffeebecher, den er ihr rausgestellt hatte, und setzte sich auf einen Stuhl am Tisch. Nicht zu nah, aber auch nicht zu weit weg, um noch eine Konversation führen zu können. Es war wahr, sie hatte seit gestern kaum etwas gesagt, hatte ihm nur saubere Bettwäsche und ein Handtuch gegeben und ihn in das kleine Gästezimmer im Dachboden gebracht.

»Also, was möchtest du sagen?«

Sie klang unnötig angepisst, das hörte sie selbst. Leif hatte niemanden ermordet. Ihr Ärger verflog bereits und wurde durch Neugier ersetzt. Es gab so viele Fragen.

Er seufzte schwer.

»Als Erstes: Entschuldigung. Ich hätte mich natürlich sofort zu erkennen geben sollen, als ich dein Bild gekauft habe. Aber das habe ich nicht.«

»Wie hast du überhaupt von der Existenz dieses Bildes erfahren?«

»Reiner Zufall. Ich war beim Frisör und habe irgendein Magazin durchgeblättert. Und beim Überfliegen eines Sommerführers mit verschiedenen Unterkünften in Österlen bin ich bei einer *Pension Pomona* hängengeblieben. Dort stand, dass überall im Haus frühe Werke der Künstlerin Vanja Larsson hängen würden, und ich habe mich daran erinnert, dass du früher gezeichnet und gemalt hast.«

Vanja trommelte mit dem Finger auf die Tischplatte. In ihren Erinnerungen kam auf Kuba Malen nicht vor, sondern nur Arbeit in Zuckerplantagen und so was, aber offenbar erinnerte sie sich falsch.

»Da habe ich mir einen Ruck gegeben«, sprach Leif weiter, »und gegoogelt und dabei gesehen, dass du eine Ausstellung in Kopenhagen haben würdest. Auf der Homepage der Galerie habe ich dann die Nummer deines Galeristen gefunden und ihn gebeten, Bilder deiner Werke zu schicken. Tja, und dann war es da. Das große Bild von diesem Jahr. Ich habe mich sofort verliebt.«

Er machte eine Pause.

Vanja wusste nicht, was sie sagen sollte. In ihr mischten sich die Reaktionen.

Leif Dahlin. Ausgerechnet er hatte ihr großes Bild gekauft, das über ein Kind. Die Frage war, warum er das getan hatte. Und warum er sie in Verbindung mit dem Kauf nicht kontaktiert hatte. Sie fühlte sich hintergangen und zugleich geschmeichelt.

»Du hättest dich melden sollen«, sagte sie.

»Ich weiß. Aber ich hatte Angst, dir zu sagen, was aus mir geworden ist.«

Sie schnaubte.

»Angst? Warum das?«

»Versteh doch. Ich arbeite im Finanzsektor. Und ich bin in meinem Leben nie jemandem begegnet, der derart heftige Aversionen gegen wohlhabende Menschen hatte wie du. Die Kapitalisten, wie du sie genannt hast. Zwar hast du sie vielleicht nicht verachtet, aber viel gefehlt hat nicht.«

Vanja saß stumm da. Leif legte den Kopf schief, nun war seine Miene amüsiert.

»Ich nehme mal an, dass sich diese Einstellung in all den Jahren nicht geändert hat?«

Sie stellte den Becher geräuschvoll am Tisch ab, wusste aber noch immer nichts zu sagen.

»Blumenregen, du hast deinen Frust über Leute, die viel Geld verdienen, ziemlich eindeutig zum Ausdruck gebracht«, sprach er weiter. »Was eigentlich eine der Eigenschaften war, die ich paradoxerweise an dir am meisten bewundert habe. Diese Unverrückbarkeit in Bezug auf deine Prinzipien, immer auf der Seite der Schwachen zu stehen.«

Sie erwiderte auch jetzt nichts, ging nur in die Küche und stellte die Tasse ans Spülbecken.

»Möchtest du frühstücken?«, fragte er aus dem Atelier. »Ich kann uns was richten.«

»Nein, danke.«

Als sie zurückkam, räumte er gerade die Kaffeekanne vom Tisch. Ganz selbstverständlich, als wären sie seit dreißig Jahren verheiratet.

»Was machen wir denn mit dem schönen Wetter heute? Willst du mir in dieser Regenpause vielleicht den Hof zeigen?«

Vanja war derart perplex, dass ihr kein Widerspruch einfiel. Eine kurze Runde konnten sie wohl machen.

Sie schlüpfte in Gummistiefel und ging nach draußen. Leif lieh sie ein Paar alte in Größe fünfundvierzig, die sie in einer Abstellkammer fand. Keine Ahnung, wie die da hingekommen waren, jedenfalls passten sie genau. Sagte er zumindest.

Peter arbeitete, wie zu dieser Zeit des Jahres immer, in der Apfelplantage. Vanja stellte die beiden Männer einander vor. Sie bemerkte Peters merkwürdig musternden Blick, ignorierte ihn aber bewusst. Wenn sie einen Gast einlud, war das allein ihre Sache, das Geschlecht spielte keine Rolle.

Irgendwie funkte es zwischen den beiden aber direkt.

Leif und Peter kamen in ein Gespräch, das nur so schnurrte, und von Äpfeln über die Selbständigkeit bis zu Gebäudewartung und Zugvögeln alles beinhaltete. Indessen ging Vanja gedankenverloren zwischen den Apfelbäumen herum. Hier und da kickte sie gegen einen Erdhügel und die regenfeuchte Erde spritzte in alle Richtungen.

Als Leif und Peter fertig waren, führte sie Leif weiter herum. Er war von dem kleinen, in die Landschaft hübsch eingebetteten Vierseithof begeistert, seiner Lage, so umgeben von hügeligen Äckern, Wiesen und Pferdekoppeln, mit hier und da einem kleinen Grüppchen Laubbäumen. Vanja erzählte, dass der Hof 1837 errichtet worden sei und im Laufe der Jahre große Renovierungsmaßnahmen durchlaufen habe. Dabei seien zum Glück alle Besitzer äußerst achtsam vorgegangen und die alten Details bewahrt worden.

»Dieser Hof ist ein Stück schonische Kulturgeschichte«, sagte sie. »Dass ich mich hier einmieten kann, ist perfekt. Ich kann mir keinen besseren Ort zum Leben und Arbeiten vorstellen.«

»Das verstehe ich. Das Ambiente ist einfach inspirierend.«

Vanja deutete auf ihr Seitengebäude.

»Das hier, wo ich meine Wohnung und Atelier habe, war früher der Stall.«

Sie drehte sich in die andere Richtung und zeigte weiter.

»Dort drüben gab es in den Sechzigern Schweine, heute sind sie ein bisschen weiter weg. Im Gebäude daneben befanden sich früher sowohl das Hühnerhaus wie auch die Knechtkammern.«

Sie ging weiter und Leif folgte ihr. Jetzt war sie in Gang

gekommen und eigentlich war es schön, ihn herumzuführen.

»Im Sommer wächst hier alles Mögliche«, erklärte sie. »Es gibt Beerensträucher, einen Gemüsegarten und massenhaft Blumen. Du solltest den Frühling und den Frühsommer sehen, da ist es fantastisch hier. Erst kommen die Magnolien, dann Glyzinien und dann Weintrauben und Feigen. Da drüben an der Pergola. Und Rosen und Stauden. Ich kann gar nicht alles aufzählen.«

Leif sog die Herbstluft ein und schloss einen Augenblick die Augen. Dann lächelte er sie an.

»Ich kann mir vorstellen, wie schön es hier im Sommer ist. Aber das ist es jetzt auch. Herbst ist meine Lieblingsjahreszeit.«

»Meine auch.«

Mitten im Ärger über seine Aktion war sie eigentümlich zufrieden.

»Es ist was mit der Stimmung«, sagte Leif. »Den Farben, Gerüche. Und der Stille.«

Sie gingen weiter in den Schweinestall und schauten die Säue Linda und Timotej an, die Leif entzückend fand. Vanja beendete die Tour, indem sie ihm Peters Haus zeigte, damit er sah, wie gemütlich es im Inneren war. Fast schien sie das Interieur unter Leifs Blick mit neuen Augen zu sehen. Die ganzen, gut erhaltenen, schönen originalen Eigentümlichkeiten: der Flurboden mit den sichtbaren Nagelköpfen, die handgezimmerten Dachbalken und die Sprossenfenster mit den welligen Glasscheiben.

»Möchtest du Peters selbstgemachten Birnenlikör probieren?«, fragte sie. »Er hat bestimmt nichts dagegen, wenn wir uns ein Schlückchen genehmigen.«

Auch wenn es noch früher Vormittag war, hatte Leif Lust auf ein Gläschen. Vanja öffnete den eingebauten Schrank, auch der stammte aus dem Baujahr des Hauses. Hier standen die Likörflaschen. Sie setzten sich aufs Küchensofa und prosteten einander zu, ohne zu präzisieren, worauf sie tranken. Aber ihre Abneigung gegen Leif war fast verraucht. Etwas Unausgesprochenes lag in der Luft.

»Du passt gut aufs Land«, sagte Leif, nachdem er am Likör genippt hat. »Wie lange hast du auf diesem Hof in Dänemark gelebt?«

»Sieben Jahre. In der Zeit habe ich viel gelernt. Vermutlich kriege ich das meiste, was nötig ist, selbst hin.«

»Wie was zum Beispiel?«

Vanja überlege eine Weile. Dann zählte sie an den Fingern auf.

»Gemüse- und Getreideanbau, Tierhaltung, Schreinern und Klempnern. Färben mit Pflanzenfarben und Weben, Nähen und Sticken. Kochen natürlich und zwar inklusive Einwecken und dergleichen, das Selbstversorgerdasein ist ein wenig speziell.«

Leif lachte.

»Ist das alles?«

Er sah sie fast bewundernd an. Vanja stimmte laut in sein Lachen ein. Nicht, weil irgendwas komisch war, eher weil sich ein anderes Gefühl als das von heute Morgen eingestellt hatte. Sie befanden sich in einem Aufsteigen, einem Anschwellen, quasi einer Drehzahlbeschleunigung. Sie waren dabei, einander besser kennenzulernen, und dabei durfte keine Sekunde verschwendet werden.

»Nein, da gäbe es noch Bienenzucht und Töpferei«, sagte sie. »Und dann kann ich natürlich reiten und Traktor fahren, Motoren reparieren und Autoreifen wechseln. Und mit dem Pferdeschlitten rückwärtsfahren. Das hätte ich beinahe vergessen.«

Das reichte nun aber. Sie stießen erneut miteinander an. Leicht verlegen und etwas ängstlich in der Brust wich Vanja mit dem Blick aus. Was sie da gerade trieb, stand überhaupt nicht im Einklang mit dem vor langer Zeit gefassten Beschluss, niemals mehr einen Mann in ihr Leben zu lassen. Schon gar keinen kapitalkräftigen Kunstsammler aus Östermalm.

Josefin

Josefin grub die Anbauflächen um. Das war eine anstrengende Arbeit, und sie musste nach einer kurzen Weile eine Pause zum Durchatmen einlegen. Ihr Blick ging über die lehmigen Furchen. Der Traum von der Anschaffung einiger Schweine, wie sie ihre Großmutter auf dem dänischen Hof gehabt hatte, wurde immer verlockender. Peter hatte zwei Säue und abgesehen davon, dass sie die meisten Lebensmittelabfälle fraßen, waren sie schön anzuschauen. Ihre Großmutter hätte erzählt, wie effektiv Schweine den Boden durchwühlten und zielsicher alles Essbare aufstöberten, was letztendlich im Frühjahr zu perfekt bearbeitetem Humus führte.

Jedes Jahr erneut sich mit dem Spaten beim Lockern der Erde abzurackern, war leidiger und mühsamer, als sich Josefin vor ihrem Leben als Hofbesitzerin jemals hätte vorstellen können. Jetzt im Herbst nach der Ernte war der Boden voll von Pflanzenteilen und Unkraut, insbesondere Quecken mit langen Ausläufern, aber auch Laichkrautgewächsen und Acker-Schachtelhalmen. Beim Untermischen des Mists wirkte der Sandboden schwer und kompakt, obwohl er eigentlich leicht zu bearbeiten und gut entwässert war.

Nächstes Jahr. Da würde es auf diesem Hof zwei Schweine geben. Hoffentlich. Die mit ihren Schnauzen die Erde aufwühlen und lockern konnten.

Harald kam auf sie zu. Sie stützte sich auf den Spaten und machte wieder Pause.

»Weißt du, was mir Peter gerade erzählt hat?«, fragte er.

»Vanja hat Besuch von einem Mann aus Stockholm. Der übernachtet jetzt bei ihr in Svinaberga.«

»Ein Mann?«

Josefin richtete sich derart rasch auf, dass der Spaten umfiel.

Harald lachte.

»Ja, in ihrem Alter. Jemand, den sie offenbar schon lange kennt.«

»Das muss wohl der sein, der aus Stockholm gekommen ist. Sind sie zusammen?«

»Peter glaubt es. Sie bleiben vor allem für sich. Er heißt Leif. Ist wohl richtig nett.«

»Aha.«

Josefin fehlten die Worte. Ihre Großmutter lebte ihr Leben und sollte tun, was ihr gefiel. Sie kam mitunter auf die merkwürdigsten Dinge. Aber auf einen Freund hätte Josefin zuletzt getippt. Nicht nur einmal hatte ihre Großmutter betont, Liebesgeschichten seien in ihrem Leben ein abgeschlossenes Kapitel.

Harald lachte.

»Wir werden sehen, was passiert. Ich hoffe, sie gehen gut miteinander um. Bist du eifersüchtig?«

»Überhaupt nicht. Meine Großmutter kann treffen, wen sie will.«

Josefin beugte sich gekränkt zum Spaten und hob ihn wieder auf. Einen winzigen Anflug Eifersucht gab es vielleicht doch im Inneren. Oder vielleicht war es auch nur, weil der Gedanke an ihre Großmutter als frisch verliebt so ungewohnt war. Und dass sie nichts erzählt hatte.

Bei Peters Namen fiel Josefin wieder ein, was er über Cilla gesagt hatte. Das hatte so unwahrscheinlich und übertrieben geklungen, dass sie Harald nichts hatte sagen wollen. Nicht, dass er noch dachte, Peter sei irgendwie verrückt geworden.

Für heute war Schluss mit der Umgraberei. Sie verräumte den Spaten, ging ins Haus, trank ein großes Glas Wasser, wechselte den Pullover und nahm dann Autoschlüssel und den auf der Flurkommode bereitliegenden Zettel. Cilla hatte um das Apfelkuchenrezept ihrer Mutter gebeten.

Josefin klopfte mit dem Schildkrötenklopfer an die Tür. Es dauerte eine Weile, bis Cilla aufmachte. Lorenz und sie hingen gerade im Schlafzimmer neue Gardinen auf. So lange, schwere, schönfallende, die das gesamte Fenster umrahmten. Die Gardinen schimmerten in Grau und Beige, was perfekt mit den hauchdünnen, eierschalfarbigen Schals, die dazwischen hängen sollten, harmonieren würde. Josefin sah voll Bewunderung zu.

»So, okay«, sagte Cilla, als alles fertig war. »Das ist hübsch geworden.«

Sie kletterte von der Leiter, auf der sie gestanden hatte.

»Richtig schick, muss ich zugeben.«

Lorenz umarmte sie, die beiden wirkten stolz über ihr gemeinsames Werk. Josefin trat ans Fenster und berührte den Samtstoff.

»Superschön.«

So elegant würde es bei Harald und ihr in Vallmogården nie werden, das musste man einfach akzeptieren. Ihre Einrichtung bestand in erster Linie aus Flohmarktfunden und Erbstücken, eigentlich passte nichts zusammen und kam eher, wie es eben kam.

Sie folgte Cilla und Lorenz ins Wohnzimmer und setzte

sich aufs Sofa. Cilla holte aus der Küche drei Flaschen Apfelsaft.

»Haben Harald und du weiter über die Erdwärmegeschichte nachgedacht?«, wollte sie wissen. »Sag einfach, wenn du Hilfe beim Antrag oder mit dem Kredit brauchst.«

»Ja, ein wenig. Aber wir haben uns noch nicht entschieden.«

Cilla gab Josefin eine eiskalte Flasche und wandte sich an Lorenz.

»Apropos Hilfe, du könntest doch bestimmt die Fassadenbretter reparieren? Am Wohnhaus. Da, wo die Feuchtigkeit eingedrungen ist.«

Er nickte Josefin zu.

»Klar, das mach ich gern irgendwann. Zum Freundschaftspreis, quasi, und ohne Scherereien.«

Sie bedankte sich, war sich aber dennoch nicht ganz sicher. Cilla und Lorenz schienen auf Quittungen und dergleichen keinen großen Wert zu legen. Aber Harald war interessiert gewesen, als sie ihm von Cillas Angebot erzählte hatte. Schließlich würden sie trotz allem eine Menge Geld sparen.

»Also, du musst dich dafür echt nicht bedanken«, sagte Cilla. »Lorenz und ich mögen diese Art Gefälligkeitsaustausch zwischen Nachbarn und Freunden. So laufen die Dinge viel einfacher und reibungsloser.«

»Und auch netter«, fügte Lorenz hinzu und leerte seine Flasche.

Cilla erzählte, dass er viele Renovierungsaufträge bei Leuten in Simrishamn ausgeführt habe.

»Ein Teil ist im Gemeinderat, das ist recht praktisch. Nette Menschen.«

Cilla betonte, wie normal sie seien, keinen Deut überspannt oder arrogant, obwohl sie so hohe Funktionen in der Gemeinde hatten.

»Man glaubt oft, diese Anzugstypen wären furchtbar langweilig. Aber das ist nicht so. Mit manchen und ihren Frauen sind wir sogar privat befreundet und verbringen superlustige Abende zusammen. Im Sommer haben wir gemeinsame Grillabende und ein Krocketmatch veranstaltet, das war ein echter Spaß.«

Lorenz brach in schallendes Lachen aus.

»Kannst du dich ans Krebsfest letztes Jahr erinnern? An das schmutzigste Trinklied aller Zeiten? Und an das nächtliche Bad im Pool?«

Josefin malte mit dem Finger auf das beschlagene Glas der Saftflasche.

»Wenn ihr mit ihnen befreundet seid, heißt das dann, ihr macht die Renovierungsarbeiten schwarz?«

Cilla und Lorenz sahen einander an. Dann lächelte Cilla.

»Tja, manchmal vielleicht. Kommt darauf an. Das spielt aber im Großen und Ganzen keine Rolle.«

»Wir könnten sagen, dass ihr es auch unter diesen Prämissen bekommt. Wenn ihr wollt«, sagte Lorenz. »Für mich wäre das okay. Bei so was war ich noch nie besonders penibel.«

Josefin räusperte sich.

»Man sollte vielleicht besser nicht schummeln und Regeln umgehen. Zumindest tun wir das nicht. Also Harald und ich.«

»Um Himmels willen, nein. Schummeln tu ich auch nicht«, sagte Cilla. »Aber es kommt doch alles auf den Blickwinkel an. Wo man die Grenzen setzt. Und wenn es niemandem schadet und es um vergleichsweise kleine

Summen geht, macht es meiner Meinung nach nichts, wenn man ab und zu auf Quittungen verzichtet.«

Lorenz nickte.

»Der menschliche Kontakt ist uns wichtiger als der Papierkram. Egal, ob das nun richtig ist oder falsch, so sind wir eben. Ein bisschen mehr, wie es früher war. Oder?«

Er blickte zu Cilla, die das Gespräch weiterführte.

»Ja, wir sind alle nur Menschen. Und wir helfen uns gegenseitig. Das ist nicht sonderbarer als in einer Steinzeitsiedlung oder der früheren Bauerngesellschaft.«

»Genau.«

»Nur gibt es heute furchtbar viele beflissene Paragraphenreiter«, sprach Cilla weiter. »Der Neomoralismus greift immer mehr um sich, was ziemlich schade ist.«

Sie richtete sich wieder an Josefin.

»Außerdem, apropos Regeln und Papiere und so was. Deine Mutter hat sich wohl einen Überblick über diverse Bestimmungen verschaffen müssen, als sie aus Åke Larssons Haus eine Pension gemacht hat?«

»Ja, damit hatte sie eine Menge zu tun, aber keine Ahnung, mit was genau.«

»Bestimmt hat sie alle nötigen Genehmigungen? Also um ein Geschäft zu führen.«

Josefin dachte nach. Sie wusste nicht, was ihre Mutter im Frühjahr, als sie mit den Planungen zu ihrer *Pension Pomona* gestartet hatte, im Einzelnen beantragen und regeln musste, aber sie schluderte nie, also hatte sie sich gewiss in eine Menge hineingearbeitet.

»Ja. Das hat sie bestimmt.«

»Natürlich ist das für dich schwer zu wissen«, sagte Cilla. »Ich habe mir nur manchmal beim Vorbeilaufen Gedanken gemacht. Wie viele Zimmer gibt es? Und wie viele Gäste hat sie normalerweise? Also maximal.«

Josefin rechnete im Kopf nach.

»Vier Zimmer und maximal acht Gäste.«

»Dann ist sie auf der sicheren Seite. Wenn sie ihren Betrieb auf fünf Zimmer oder mehr oder die Beherbergung einer höheren Anzahl an Gästen erweitern wollte, müsste sie eine Genehmigung bei der Polizei beantragen. Also das gilt für einen Betrieb im häuslichen Umfeld. Und das ist es ja. Nachdem das Haus in all den Jahren Åke gehört hatte.«

Dann wurde Cilla nachdenklich, machte eine lange Pause, während sie die Brille an ihrem Pullover putzte und wieder aufsetzte. Dieses coole Metallgestell passte wirklich gut zu ihr.

»Ich habe da über was nachgedacht. Lorenz und ich bekommen bald Besuch von Freunden aus Helsingborg. Kannst du dich erinnern? Dieses Paar, von dem ich dir erzählt habe, das mit dem Geschäft für Hilfsmittel? Wir sind innerhalb eines Jahres richtig gute Freunde geworden. Die haben zwei Kinder im Vorschulalter und du weißt ja, wie anstrengend es ist, Leute bei sich über Nacht zu haben. Insbesondere mit Kleinkindern. Da dachte ich, vielleicht könnten sie ein paar Nächte in der Pension unterkommen?«

»Keine Ahnung. Da musst du meine Mutter fragen. Kommt sicher auch darauf an, um welche Tage es geht.«

»Unsere Freunde kommen immer ziemlich spontan. Aber da kann man doch vielleicht eine Stornierung vornehmen? Wenn kein Zimmer frei ist.«

Josefin zögerte mit der Antwort. Cilla konnte doch nicht

im Ernst meinen, dass ihre Mutter Gäste, die die Pension schon gebucht hatten, rauswerfen sollte.

»Gerade im Moment ist es jedenfalls voll, das habe ich sie sagen hören. Keine Ahnung, wie es in Zukunft aussieht. Über den Winter schließt sie dann sowieso.«

Cilla hatte ihre Sitzposition geändert. Die Hände waren um das überschlagene Knie geschlungen und sie sah Josefin direkt an. Ihr Lächeln war nun noch breiter.

»Ich glaube, sie meinten, Samstag würde passen. Wenn es also möglich wäre, von Samstag an für ein paar Tage ein Zimmer für umsonst zu organisieren? Das wäre Gold wert.«

Josefin war sich fast sicher, dass das nicht gehen würde. Wenn voll war, war voll. Und umsonst, das klang nicht okay. Ihre Mutter hatte nicht den finanziellen Spielraum, auf so viel Geld zu verzichten.

»Du weißt, wie es auf dem Land läuft«, fügte Cilla hinzu. »Man erweist sich gegenseitig kleine Gefälligkeiten. Ich frage meine Kontakte im Gemeinderat wegen eurer Erdwärme. Du organisiert in der Pension deiner Mutter eine kleine Speziallösung. Gut für alle.«

Josefin wollte widersprechen. Der Vorschlag war alles andere als gut und ihrer Mutter würde er sicher überhaupt nicht gefallen. Zugleich aber war Widerspruch angesichts von Cillas sozialer Stellung im Ort möglicherweise schlecht. Cilla war hier geboren und aufgewachsen, und man mochte sie. Dasselbe galt für Lorenz. Wenn man sich mit ihnen überwarf, war es sicher aussichtslos, Teil der Gemeinschaft zu werden.

Und andererseits ... Ihre Mutter hatte doch auch vor gar nicht so langer Zeit Josefins Großmutter während ihres

Malkurses ausgeholfen. Irgendwie hatte sie Schlafmöglichkeiten für alle Kursteilnehmer organisiert, obwohl es eigentlich für die Pension zu viele waren. Sie hatte es getan, um nett zu ihrer wiedergefundenen Mutter zu sein und deren Problem zu lösen.

»Ich kann sie fragen«, sagte Josefin. »Aber ich kann nichts versprechen.«

Cilla und Lorenz wirkten beide verständnisvoll. Und sie waren hilfsbereit und lieb, genau wie die Björks. Auch wenn Josefin ihre Einstellung zu Regeln und Bestimmungen nicht teilte. Aber auf Vallmogården Erdwärme installieren zu können, wäre der reinste Traum. Natürlich würde sie ihre Mutter fragen und wirklich versuchen, Cilla und Lorenz diese kleine Gegenleistung zu erbringen. Zum Dank. Und um zu zeigen, dass sie eine Freundin und Nachbarin war, auf die man zählen konnte.

Vanja

Leifs Telefon klingelte unaufhörlich. Vanja blieb auf dem Waldweg stehen und wartete, während er dem Anrufer erklärte, er habe eine Weile freigenommen, um Urlaub in Skåne zu machen. Es gab eine Menge Fragen über Firmen, Käufe, Verkäufe, Businesspläne und anderes, die er trotzdem beantworten musste. Sobald er ein Gespräch beendet hatte, holte er sie wieder ein.

»Entschuldige, ich sollte mein Handy abschalten, aber das geht leider nicht. Ich muss für einen Geschäftsführer in einer meiner Gesellschaften ansprechbar sein. Er ist ziemlich neu auf dem Posten und deshalb ist es notwendig, dass er seinen Vorstandsvorsitzenden erreichen kann.«

»Mir macht das nichts.«

Vanja störte es wirklich nicht sonderlich, sie hatte sowieso das Bedürfnis, ihren eigenen Gedanken nachzuhängen. Während Leifs Telefonaten war sie langsam durch die Säulenhalle aus hohen Stämmen geschlendert und hatte sich vom dichten Wald umarmen lassen. Hier herrschte ein Schweigen, das so magisch und ruhig war, dass man darüber beinahe religiös werden konnte. Vögel, Pflanzen und Pilze luden ein in ihre Reiche.

»Worüber denkst du nach?«, fragte Leif.

»Den Buchenwald. Ist er nicht schön?«

»Sagenhaft.«

»Das Meer und die Strandböschungen sind noch schöner. Irgendwann gehen wir nördlich von Vitemölle spazieren. Oder am Stenshuvud. Meinem Lieblingsort.«

Sie verstummte in der plötzlichen Einsicht, dass sie ihn

durch diese Äußerung soeben zum Bleiben eingeladen hatte. Andererseits hatte er sich freigenommen, also war der Beschluss bereits gefasst.

Leif spielte mit seinem Telefon herum.

»Ich kann verstehen, wenn du noch immer erschüttert bist. Wegen deinem Bild. Aber ich hoffe, dass du es doch wagen wirst, mir ein wenig zu vertrauen.«

»Das war eine ziemliche Überraschung. Und ich bin noch dabei, sie zu verdauen.«

»Bist du noch wütend?«

Vanja spürte in sich nach.

»Nein, das nicht. Eigentlich denke ich nicht in erster Linie an das Bild. Eher daran, dass ich, wie du schon gesagt hast, immer meine Probleme mit reichen Menschen gehabt habe. Wegen meiner Herkunft. Meine Pflegefamilie war ziemlich wohlhabend.«

Leif blickte hoch ins spärliche Laub der Bäume. Ein sanfter Wind blies durch den Wald.

»Ich erinnere mich an dein kompromissloses Engagement für eine Gesellschaft der Gleichheit, damals, vor fast fünfzig Jahren. Es war so groß wie meines. Und das Unrecht ist nicht gerade verschwunden. Die Notwendigkeit, es zu beheben, ist heute ebenso dringend.«

Vanja blieb stehen. Sein Gesicht war so voll Leben, besonders die Augen. Sie flackerten noch immer, wenn auch auf etwas andere Weise als damals.

»Erzähl mir von deiner Pflegefamilie«, sagte Leif. »Wie waren sie?«

Sie ging wieder los.

»Da gibt es nicht viel zu erzählen. Die Mutter war tief christlich und eine passive Hausfrau. Der Vater war Möbelfabrikant. Abwesend, ziemlich streng. Es gab drei Kinder, aber zu denen konnte ich keine engere Beziehung aufbauen.«

Blitzartig kam die Erinnerung zurück, wie sie all diese Jahre über in der Schule eine Rolle gespielt hatte. Sie hatte sich im Unterricht zurückgehalten. Hatte sich als Einzelkind ausgegeben.

»Mit siebzehn bis ich ausgezogen. Zu meinem ersten Freund. Und danach hatte ich kaum mehr Kontakt mit ihnen.«

»Also, da erkenne ich mich wieder. Denn obwohl ich in einer ziemlich normalen Kernfamilie aufgewachsen bin, fand ich das als Teenager grauenvoll. Ich wollte nur fort, irgendwohin, egal wo.«

»Ja, so waren die befreiten Sechziger. Alles musste umgestürzt werden.«

Vanja erinnerte sich daran, wie Leif in Kuba war. Ausgelassen und furchtlos, mit starken Ansichten. Wo stand er heute? Sie wartete auf Hinweise.

»Von da an war mein Leben voller Umbrüche«, sprach er weiter. »Heutzutage verstehe ich nicht mehr richtig, was ich an meinen Eltern derart verachtet habe. Ihr Projekt war es, die Familie zusammenzuhalten und dafür zu sorgen, dass es uns gutging. Aber ich glaube, ich bin entstanden, nachdem mein Vater meiner Mutter untreu gewesen war, als eine Art Ehekitt.«

Vanja hörte gespannt zu. Zu dem ganzen Familien- und Verwandtschaftsding hatte sie immer ein ambivalentes Verhältnis gehabt. Als junge Frau und während eines Großteils ihres Lebens hatte sie verwandtschaftliche Beziehungen als die Manifestation von Konvention komplett abgelehnt.

Die Gemeinschaft mit anderen war etwas, das man selbst wählen sollte und nicht etwas, in das man hineingeboren wurde.

Neuerdings hatte sie das enorme Missverständnis eingesehen, das in dieser Auffassung gelegen hatte. Auch abgetrennte Bande nahmen Raum ein und der Leerraum von jemand Nahestehendem konnte ebenso kraftraubend sein.

Beim Gedanken an Sally stach es sie ins Herz. Dieses alte Foto, das sie ihr hatte zeigen wollen. Von Knud auf dem Hof in Søvind. Vanja hatte sie abgespeist, war genaugenommen direkt unverschämt gewesen. Und seither hatten sie keine Gelegenheit mehr gehabt, richtig miteinander zu sprechen. In ihrem Bauch rumorte es, wenn sie daran dachte.

Vanja und Leif gingen weiter durch die dschungelige Natur. Schweigend, ohne dass das seltsam wurde. Dann aus dem Wald und über die weiten Grasheiden. Bald waren sie wieder am Parkplatz, wo Leifs Auto wartete.

Beide sagten kein Wort darüber, was gerade geschah und wie lange es währen sollte. Die Zeit schien nur Minute für Minute gezählt zu werden. Sie steckten in einem konzentrierten Vakuum, in das die äußere Wirklichkeit nicht eindringen konnte.

Das Auto rollte nach Hause. Vanja betrachtete die Landschaft und Orte, die vorbeihuschten. Die durchgehende Skala aus Graubraun-Tönen wurde nur ab und zu von hellen Farben durchbrochen. Ein Busch mit grellroten Blättern, eine gelbe Regenjacke, ein blauer Ballen auf einer noch immer grünen Wiese.

Sie hatten einander noch nicht berührt. Bisher waren sie nur alte Freunde.

Leif hatte eine weitere Nacht im Gästezimmer geschlafen, das war der dritte Tag, den sie miteinander verbrachten. Festzustellen war, sie hatte ihn noch nicht satt. Es war wie ein Tanz, bei dem beide Parteien gleich entgegenkommend und darauf bedacht waren, den anderen auszuloten.

Gestern Abend hatte sie wach gelegen und sich wie durchgepustet gefühlt. Die Seele war ruhiger gewesen als seit langer Zeit. Sie war zum Geräusch von Regen auf dem Fensterblech mit einem Glücksgefühl eingeschlafen und hatte sich nach dem nächsten Sommer gesehnt. Danach, barfuß zu gehen und mit offenem Fenster zu schlafen.

War Leif jemand, dem man vertrauen konnte? Oder wollte er sich nur eine Weile damit amüsieren, ihr den Hof zu machen? In Ermangelung anderer Unterhaltung? Wobei, so was machte man doch mit fast fünfundsiebzig nicht mehr. Oder?

Vanja erkannte sich selbst nicht wieder. Sie, die früher immer genau wusste, wo sie stand und wohin sie ging. Jetzt fehlte ihr alles, was den Namen Intuition verdiente. Die Jahre waren vergangen. Sie war nicht mehr im Spiel, hatte das Spielfeld vor langem verlassen.

Leif schielte vom Fahrersitz herüber.

»Du, Blumenregen?«

Sie lachte auf, dieser Spitzname klang einfach furchtbar albern. Er hatte 1969 in Kuba funktioniert, aber nur da und dort.

»Ich komme direkt zur Sache«, sagte er.

Vanja fragte sich, was wohl jetzt folgte, und wurde ein wenig unruhig.

»Okay?«

»Vertrau mir, wenn du willst, oder lass es. Aber die Wahrheit ist, dass ich dich nie vergessen habe. All die Jahre habe ich gedacht, wie uns das Schicksal doch mitgespielt hat. Dass wir nur eine Nacht miteinander haben durften.«

Sie waren über den Schotterweg bis zum Hof in Svinaberga gefahren. Leif stellte den Motor ab und Vanja bewegte die Beine ein wenig. Sie hatte Hunger. Wollte was zum Abendessen kochen, Musik auflegen und den Bollerofen anzünden.

Dich nie vergessen. Drei lächerlich kleine Worte. Doch mit einer Sprengkraft, mit der sie kaum umzugehen wusste.

»Du kannst noch etwas bleiben«, sagte sie kurz. »Wenn du Lust hast.«

Sally

Sally räumte nach dem täglichen Brotbacken die Küche auf. Liselott war noch immer bei ihrem Friseurkurs in Ystad und das Leben dadurch erheblich leerer, insofern war es schön, dass Josefin anrief.

»Mama, ich möchte dich um einen Gefallen bitten.«

»Um was geht es denn?«

»Erinnerst du dich an Cilla Strömberg? Freunde von ihr aus Helsingborg kommen am Samstag zu Besuch nach Kivik und sie hätte gerne, dass sie bei dir in der Pension bleiben. Umsonst. Geht das?«

»Leider nicht. Ich bin ausgebucht. Und umsonst? Das Übernachten hier kostet was. Ich muss ja schließlich meinen Lebensunterhalt verdienen. Aber nett, dass sie fragt. Grüß sie lieb und bedanke dich für das Interesse.«

Sally spülte das Teigbrett unter fließendem Wasser ab. Josefin räusperte sich am anderen Ende der Leitung.

»Und du kannst nicht … also du kannst nichts stornieren?«

»Stornieren? Nein, das geht nicht. Das ist dir doch klar.«

»Ja, aber ich dachte, vielleicht muss man eben manchmal zu einer Notlüge greifen. Wenn etwas sehr wichtig ist.«

Sally stellte das Teigbrett aufs Abtropfgestell. Das waren ja merkwürdige Fragen, mit denen Josefin heute ankam.

»Wenn ich freie Zimmer gehabt hätte, wäre es vielleicht gegangen. Aber so nicht.«

»Ja gut, ich verstehe. Dann sage ich das Cilla.«

Josefin klang traurig. Sally bat sie nochmal, Cilla zu grüßen, denn auf Nachbarschaftsbeziehungen musste man achten. Zwar war diese Bitte ziemlich frech, aber die Leute waren nun mal verschieden.

Nach dem Gespräch ging sie in den Schuppen. Dort stapelten sich allmählich die Plastiksäcke mit dem Recyclingmüll und nahmen eine Menge Platz ein. Sally ging zwischen Auto und Schuppen hin und her und packte alles auf den Rücksitz, während Märta sie mit ihren dunklen, blanken Augen dabei beobachtete.

»Ja, du darfst mitkommen. Das dauert nicht lange.«

Sally tätschelte Märtas Kopf und sofort leckte ihr die Hündin ergeben über die Hand und hüpfte dann ins Auto. Sie durfte mit zu den Recyclingcontainern kommen, würde aber im Kofferraum bleiben müssen, weil der Boden dort voller Glassplitter war.

»Danach machen wir zwei einen langen Spaziergang.«

Sie fuhr den Hügel hoch, bog auf die große Straße und folgte ihr bis zur Wertstoffstation, wo sie Glas, Papierverpackungen und Plastikmüll in die verschiedenen Container warf. Den Müll loszuwerden und anschließend zu einem leeren, sauberen Schuppen zurückzufahren, war ein höchst erleichterndes Gefühl. Märta lag mit dem Kopf zwischen den Pfoten und schien geschlafen zu haben.

Sally stieg wieder ins Auto. Sie legte die Hände aufs Lenkrad, um nach Hause aufzubrechen, blieb aber eine Weile so sitzen. Dachte darüber nach, was Peter ihr erzählt hatte. Dass Vanja einen Mann aus Stockholm nach Svinaberga mitgebracht hatte. Einen Leif, der im selben Alter war wie sie. Wer war das? Vanja würde doch niemanden bei sich wohnen lassen, wenn es nicht um eine Romanze ginge?

Nun war sie schon auf halbem Weg dorthin, also würde

es doch gut passen, mal vorbeizuschauen. Dem Neuankömmling Hallo zu sagen und sich vorzustellen. Außerdem hatte sie entschieden, Vanja alles zu erzählen, von Angesicht zu Angesicht. Dass es in einem Karton im Turmzimmer einen Berg Dokumente über die Vorgänge in ihrer Kindheit gab. Dass Vanjas leibliche Mutter Elin nicht wie behauptet psychisch krank gewesen war. Die Akten bewiesen, dass von Behördenseite ein Fehler gemacht worden war, der in eine Katastrophe geführt hatte.

Früher oder später musste Vanja die Wahrheit erfahren. Das war absolut notwendig. Warum also nicht gleich? Vielleicht würde sie verärgert sein, vielleicht sogar wütend, aber dieses Risiko ging Sally bereitwillig ein. Lieber das, als weiter ein so großes Geheimnis mit sich herumzutragen. Sie hatte kein Verbrechen begangen, sondern nur nach ihrem Ursprung gesucht. Nachdem Vanja ihr nichts erzählen wollte.

Die Fenster des gelben Längsgebäudes waren erhellt. Vanja war offenbar zu Hause. Sally fuhr auf den Hofplatz und stieg aus dem Auto. Ihr Herzschlag hatte sich mehr und mehr beschleunigt, je näher sie Svinaberga gekommen war. Nicht aus Angst, sondern aus Nervosität.

Auch im Haupthaus brannte Licht, in der Küche und im Esszimmer, aber niemand war zu finden. Sally ging um das Wohnhaus herum und da stand Peter im Arbeitsoverall. Mit einem Eisenstab in der Hand steckte er inmitten der Bodenarbeit, und neben ihm war ein älterer Mann mit stattlicher Haltung, der Stiefel und eine alte Jacke trug, die Sally als Peters erkannte.

Sie ging zu den beiden.

Der ältere Mann zog den Arbeitshandschuh aus. Sein Lächeln war sympathisch und man konnte sehen, dass er in jüngeren Jahren unglaublich attraktiv gewesen war. Die Wangen zierte ein Dreitagebart.

»Das ist Sally«, sagte Peter zu dem Mann. »Vanjas Tochter. Wir haben uns quasi durch Vanja kennengelernt.«

Der Mann streckte die Hand aus.

»Angenehm. Ich bin Leif. Ein guter alter Freund deiner Mutter. Mit der Betonung auf alt.«

Er lachte. Dann sagte auch Sally ihren Namen nochmals, obwohl das nicht mehr nötig war.

»Eigentlich suche ich Vanja.«

»Die ist im Atelier«, sagte Peter.

»Dann störe ich lieber nicht.«

Leif lächelte sanft.

»Das macht bestimmt nichts. Zu mir hat sie gesagt, ich könne jederzeit reinkommen, sie will nur Materialien sortieren und dabei Radio hören.«

»Okay, dann versuche ich mein Glück. Bis später.«

Sally ging wieder ums Wohnhaus herum und überquerte den Hofplatz. Auf zittrigen Beinen stieg sie die kleine Treppe des Seitengebäudes hoch und klopfte an die Tür. Drinnen näherten sich Schritte, dann machte Vanja auf. Sie wirkte überrascht, Sally zu erblicken.

»Ach, du bis es?«

»Ich wollte mit dir über etwas reden. Und weil ich schon bei den Recyclingcontainern war, habe ich gedacht, ich schau einfach mal, ob du da bist.«

Sally verstummte, als sie Vanjas fragende Miene sah.

Vielleicht war das keine gute Idee gewesen. An diese Angewohnheit auf dem Land, jemanden ohne vorherigen

Anruf oder SMS einfach zu besuchen, hatte sie sich selbst nur schwer gewöhnen können. Für die älteren Ortsbewohner war es ganz normal, sie schienen es viel netter zu finden, spontan beieinander reinzuschneien, als sich vorher zu melden. Sally und Peter hatten darüber geredet, wie unverständlich ihnen das war. Diese Menschen mussten ein Leben führen, in dem man nie aufs Klo ging, unter der Dusche stand, Sex hatte oder ganz allgemein ungestört sein wollte.

Sally schluckte. Natürlich platzte man bei Vanja mit ihrer felsenfesten Integrität nicht einfach rein. Sie waren zwei erwachsene Frauen, die das Leben der anderen respektieren sollten. Aber nun war es zu spät.

Sie nahm ihren Mut zusammen.

»Ich weiß, ich hätte anrufen sollen. Hab ich aber nicht. Jedenfalls muss ich dir etwas erzählen. Kann ich reinkommen?«

Vanja trat einen Schritt zurück und ließ sie ins Haus.

»Ist was passiert?«

»Gewissermaßen, ja. Aber nichts Schlimmes.«

Aus der Küche roch es gut nach Knoblauch und Wein. Vermutlich kochte Vanja gerade, während sie zugleich in ihrem Atelier herumwerkelte. Vielleicht ein romantisches Abendessen für zwei.

»Ich habe bei mir zu Hause einen Umzugskarton stehen«, begann Sally. »Mit einer Menge Unterlagen. Die habe ich von einer Paula Sjölander, die etwas außerhalb von Karlskrona lebt. Ich war vor ein paar Tagen bei ihr. Wir sind quasi durch Zufall in Kontakt gekommen. Zumindest beinahe.«

»Aha?«

Vanja sah aus, als verstünde sie nichts. Sally sammelte

sich. Dieses Gerede über Zufall war vielleicht etwas kryptisch gewesen, aber wenn Vanja mehr wissen wollte, sollte sie danach fragen. Das Wichtigste im Augenblick war, was in den Dokumenten stand.

»Paula hat erzählt, dass sie die Tochter der Sachbearbeiterin ist, die 1951 die Verantwortung für die Belange deiner Mutter bei den Sozialbehörden hatte. Die die Krankenakten geschrieben hat und so.«

Vanja stand vor ihr wie eine Statue. Ihr Gesicht war wie erstarrt, darauf war keinerlei Reaktion zu entdecken.

»Die Sachbearbeiterin hieß Sonja Naderot«, sprach Sally weiter. »Oder besser gesagt, heißt. Sie ist neunundneunzig Jahre und dement, hat aber all die Jahre über bereut, was sie deiner Mutter, dir und deinem Bruder angetan hat. Im Nachhinein ist herausgekommen, dass deine Mutter überhaupt nicht psychisch krank gewesen ist.«

Sie schwieg. Vanja sagte weiterhin nichts. Bewegte sich nur langsam rückwärts, bis sie gegen einen Hocker stieß, auf dem sie niedersank. Dann legte sie die Hände an die Stirn und lehnte sich vor über die Knie, als würde ihr schwarz vor Augen werden.

»Entschuldige. Ich dachte, du solltest das wissen.«

Sally berührte Vanja an der Schulter. Vanja zuckte zusammen und hob den Kopf.

»Keine Sorge. Danke, dass du so gedacht hast.«

Sally wartete eine Weile, bis sie sich weiterzusprechen traute.

»Ich habe bisher nur einen kurzen Blick in diesen Karton werfen können. Aber soweit ich es jedenfalls verstanden habe, hast du dich einer sogenannten Zwangsuntersuchung unterziehen müssen, und die Entscheidung zur

Unterbringung bei Pflegeeltern ist direkt im Anschluss vollstreckt worden. Bis dahin bist du aber im Kinderheim gelandet. Und dein Bruder vermutlich auch. Bosse. Über ihn steht fast nichts in den Akten, außer dass er zu einer Pflegefamilie in Värmland gekommen ist.«

Jetzt stand Vanja auf. Sie stützte sich dabei mit einer Hand an den Wandpaneelen ab.

»Du hast nichts falsch gemacht. Aber du musst mich entschuldigen. Ich weiß nicht, ob ich das ertrage.«

Sally blieb stehen. Sie wollte nur das sagen, weswegen sie gekommen war. Wollte ausreden.

»Ich hatte auch eigentlich nur mehr über meinen Onkel erfahren wollen, da ich ihm bisher nie begegnet bin. Er ist ja ein enger Verwandter von mir und auch von Josefin.«

Vanja nickte. Ihre Augen waren sanft, aber zugleich unglücklich.

»Ich verstehe, dass du Nachforschungen anstellen wolltest. Aber ich kann dir da nicht weiterhelfen. Noch nicht. Leider.«

Sally wollte etwas erwidern, aber bevor sie dazu kam, sprach Vanja weiter.

»Das sind schlimme Dinge, denen ich mich viele Jahre lang nicht habe nähern können. Ich muss das in meinem Tempo angehen. Verstehst du? Ehrlich gesagt, kennen wir uns noch immer nicht so gut. Wobei ich natürlich glaube, dass das im Laufe der Zeit Stück für Stück geschehen wird.«

Das Blut wich aus Sallys Kopf, sie wandte sich ab, konnte Vanja nicht länger in die Augen sehen.

»Natürlich verstehe ich. Ich wollte dich nicht drängen. Überhaupt nicht. Wir warten ab und schauen.«

»Danke für dein Verständnis. Und deine Rücksicht.«

Die Tür ging zu. Etwas wacklig ging Sally über die Treppe hinunter zu ihrem Auto. Tränen flossen ihr über die Wangen, sie schniefte, während sie den Motor anließ und verschwand.

Der Schotterweg war länger und holpriger als auf dem Hinweg. Mit jedem Meter schien sie innerlich erschüttert zu schrumpfen. Sie hätte niemals herkommen sollen.

Vanja

Vanja und Leif spazierten langsam am Kai von Kiviks Hafen entlang. Hier war es unübersehbar, dass Herbst war. Nach dem Ende des Apfelmarkts und dem Abbau des riesigen Apfelschilds war dieser Ort hier verlassen. Ein paar Boote lagen noch im Wasser, aber die meisten waren für den Winter bereits herausgeholt worden. Der Unterschied zur Hochsaison, wenn es hier von Menschen wimmelte und sich vor den Eiskiosken Schlangen bildeten, war immens.

Vanja schaute in Richtung Hafeneinfahrt und Horizontlinie. Sie brauchte das Meer, vor allem, wenn Sorgen sie belasteten. Doch heute hatte es nicht den üblichen Effekt. Seit Sallys Besuch am Tag zuvor hatte sie Kopfschmerzen, sie strahlte wie ein Helm vom Nacken aus über den ganzen Kopf. Schmerztabletten halfen nichts.

Der gestrige Besuch hatte zu einer Nacht voll unruhigem Schlaf geführt. Vanja hatte lange wach gelegen und an die Decke gestarrt, wenn sie sich nicht gerade hin- und hergewälzt hatte. Bis heute Morgen hatte sie Leif nichts gesagt. Doch da hatte er sie gebeten, zu erzählen, wie es gelaufen sei, und sie hatte resigniert und berichtet, womit Sally, die er davor kurz kennengelernt hatte, in letzter Zeit beschäftigt gewesen war. Zwar hatte ihre Tochter jedes Recht, sich zu verhalten, wie sie wollte, aber das änderte nichts.

Was sie zu Sally gesagt hatte, war wahr. Sie kannten einander gerade einmal kurze Zeit, was nicht bedeutete, dass sie Fremde oder Feindinnen waren. Bestimmt nicht. Aber mit jemandem, den sie gerade erst kennengelernt hatte,

Tochter hin oder her, über derart intime und gefühlsgeladene Dinge zu sprechen, war unmöglich.

Jetzt ruhte eine Last auf ihren Schultern. Sie hatte den Eindruck, beschmutzt worden zu sein, ohne genau beschreiben zu können, wie und warum. Natürlich lag dem Ganzen das Gefühl von Schuld zugrunde. Es war von Anfang an restlos ihr Fehler.

»Ich verstehe, dass es dir leidtut« sagte Leif. »Aber du musst versuchen, das Ganze auch aus der Perspektive deiner Tochter zu sehen. Sally schien mir ein guter Mensch zu sein.«

»Das ist sie. Und sie hat eine bessere Mutter verdient als mich.«

»Sag so was nicht.«

Vanja griff nach seiner Hand, deren Stärke ihr leichten Trost spendete. Mit Leif war die Sache völlig anders als mit Sally. Sie fühlte sich seit Kuba mit ihm zusammengeschweißt, das hatte weniger mit Zeit zu tun als mit den Umständen.

Es war Freitag, jetzt war er schon seit Sonntag da. Bald eine Woche. Leif hatte sich gut zurechtgefunden, manchmal kam es ihr vor, als würde er seit Jahren auf dem Hof leben. Mit Peter verstand er sich ausgezeichnet, kein Tag war vergangen, an dem Vanja die beiden nicht lachend und redend irgendwas arbeiten gesehen hatte.

Selbst war sie die ganze Zeit sonderbar ruhig gewesen. Vielleicht war es ihr noch nie so gutgegangen. Bis gestern Abend.

Vanja knöpfte ihre Armyjacke einen weiteren Knopf zu. Der Wind hatte zugenommen, allmählich wurde es zu kalt für Spaziergänge.

»Vielleicht warst du etwas unfair gegenüber Sally«, sagte Leif. »Sie wollte dir eine bedeutsame Nachricht überbringen. Auch wenn es schwierig war, hast du etwas erfahren, das du vorher nicht gewusst hast. Oder?«

»Ja, ja.«

»Anders hättest du nie erfahren, dass deine Mutter vermutlich nicht psychisch krank war. Denn mit diesem Bild bist du doch aufgewachsen, oder? Auch wenn du geahnt hast, dass es nicht gestimmt hat.«

Vanja blickte zu den aufgebockten Booten.

»Sicher war das eine Erleichterung«, sagte sie leise. »Nach all den Jahren.«

Sie schwenkte den Blick. Sallys Freunde Flynn und Britta arbeiteten hier nun wieder oft an ihrem alten, auf Holzböcken ruhenden Fischerboot. Das Paar aus Malmö, das sich dauerhaft in Kivik niedergelassen hatte, war heute aber nicht am Hafen und das war gut so. Vanja wollte niemandem begegnen und auf die erwartet fröhliche Art über ihre Tochter reden müssen.

Manchmal konnte einen das ganze soziale Drumherum ersticken. Vielleicht war es Zeit, Österlen für immer zu verlassen. So wie sie immer wieder auch andere Orte verlassen hatte, ihr ganzes Leben lang. Nur hatte sie sich dort nicht zuhause gefühlt, das war der Unterschied.

»Wenn wir Sally mal eine Weile außen vor lassen«, sagte Leif, »erinnerst du dich an irgendwas aus dem Kinderheim?«

Er stellte die Frage, als wäre sie ganz natürlich. Vanja dehnte den Nacken und begegnete seinem Blick. Er war warm wie immer. Leif war neugierig, aber sie konnte ihm nicht böse sein, das ging einfach nicht.

»Ich erinnere mich an die Sonntage«, sagte sie zögerlich. »Jeden Sonntag hieß es Aufstellen im Hof. Alle Mädchen mussten mit ihren Gesundheitsbescheinigungen in den Händen in einer Reihe stehen. Jede von uns wollte da weg, wir hofften inniglich, geholt zu werden. Aber die Sonntagsbesucher wollten nur Arbeitskräfte umsonst. Kein Kind zum Lieben.«

»Es muss doch auch andere gegeben haben, die sich danach gesehnt haben, Eltern zu werden?«

»Ja. Die kamen zu individuellen Besuchen. An Werktagen.«

»Und deine Pflegeeltern, wann sind die aufgetaucht?«

»An einem Dienstag. Dem neunzehnten Mai 1953.«

Leif fasste ihre Hand fester.

»Wie war es, als Kind nach Stockholm zu kommen? Mit einer neuen Familie zu leben? Das klingt für mich einsam.«

Vanja überlegte.

»Ich erinnere mich nicht an viel. Vor allem daran, wie sauber und aufgeräumt ihr Haus war, dass ich mich kaum getraut habe, mich zu bewegen.«

An den aufgebockten Booten vorbei gingen sie zurück zum Kai und setzten sich auf eine Bank. Ein Mann mit Hündchen kam vorbei, dann ein uraltes Paar mit Rollatoren. Dann war es menschenleer, mit Ausnahme von ein paar Handwerkern, die an einem Haus auf der anderen Straßenseite arbeiteten. Nach ein paar Minuten wollte Vanja zurück zum Parkplatz, sie fror.

Im Auto war es gemütlich und warm. Leif fuhr am Meer entlang, er wollte so viel wie möglich sehen. Vanja saß neben ihm und hoffte, niemandem zu begegnen, der vielleicht auf dem Rückweg von einem Spaziergang nach Vitemölle war und den sie kannte. Normalerweise hatte sie nichts gegen einen kurzen Plausch mit Bekannten, aber nicht jetzt.

»Wir fahren nach Hause«, bestimmte sie.

Leif widersprach nicht, wendete nur das Auto und fuhr zurück Richtung Svinaberga.

Als sie gerade von der Landstraße abbogen, läutete sein Telefon und er betätigte die Freisprechanlage seines Wagens. Vanja blickte über die Felder und lauschte dabei seinem Gespräch. Eine schnelle Männerstimme rief aus einer Bank an und offerierte ihm eine erheblich preiswertere finanzielle Lösung, die sich nur an eine geringe Zahl ausgewählter Klienten richtete.

Eine Weile hörte sich Leif die Standardverkäuferphrasen an, dann unterbrach er den Mann mit einem derart scharfen Ton, dass Vanja sich augenblicklich ihm zuwendete. So hatte sie Leif noch nie gehört. Sein Gesicht hatte sich verdunkelt und die Augenbrauen waren zusammengezogen.

»Jetzt hören Sie mir zu«, sagte er. »Ich habe null Komma null Interesse an diesem Unsinn.«

Der Mann am anderen Ende der Leitung versuchte es mit einer anderen Formulierung. Nun redete er davon, wie groß sein Renommee im Bereich des *private banking* sei und dass es sich für Leif garantiert lohnen würde, einen Termin zu vereinbaren, wo sie die Details besprechen könnten.

Vanja konnte zusehen, wie die Adern an Leifs Schläfen anschwollen. Offensichtlich versuchte er sich zu beherrschen, aber die Worte brachen gespickt mit Beschimpfungen in einem Schwall hervor.

»Das ist nicht das erste Mal, dass ihr bei mir anruft. Wie

kann es Ihr Job sein, bei Menschen wie mir anzurufen, um uns dabei zu helfen, Steuerzahlungen zu entgehen? Schämen Sie sich nicht? Ich will diese Scheißsteuern aber bezahlen! Im Gegensatz zu einer Menge anderer Leute hatte ich scheißverdammtes Glück im Leben. Warum also sollte ich mich drücken wollen und nicht das Richtige für diese Gesellschaft tun? Mich auf Kosten von anderen zu bereichern! Nein, verdammt nochmal, streicht mich ein für alle Mal von euren Listen. Wie oft muss ich das noch sagen?! Mit besten Grüßen an Ihre Chefs!«

Mit einem wütenden Fingerdrücken beendete Leif das Gespräch. Sein Atem ging pumpend, als wäre er die gesamte Wegstrecke vom Meer hierher gerannt. Dann wandte er sich an Vanja, etwas ruhiger.

»Du musst entschuldigen. Nichts macht mich wahnsinniger als diese Verkaufstypen, die mit ihren idiotischen Angeboten anrufen. Verdammte Scheiße.«

Sie schwieg und starrte ihn an, während er auf dem Hofplatz direkt neben ihrem Seitengebäude zum Stehen kam.

»Ich habe eine Menge alter Freunde, die ihren früheren Idealen den Rücken gekehrt haben«, sagte er. »Immer wieder die alte Leier. Einige der fähigsten Führungspersönlichkeiten wurden von der Sozialdemokratie aufgesogen, haben glänzende Karrieren gemacht und sind dann in die freie Wirtschaft gegangen. Die Leute können es nicht lassen, sich selbst zu verraten.«

Leif wollte gerade die Autotür öffnen, da berührte ihn Vanja am Arm. Er sah sie verwundert an, während sie sich vorbeugte und beide Hände an sein Gesicht legte. Dann drückte sie sanft und ruhig ihre Lippen auf seine.

Ein kurzes Küsschen, nicht mehr. Kein eigentlicher Kuss.

Vanja ließ ihn los, stieg aus dem Auto, ging zum Haus und schloss die Haustür auf. Als sie sich umdrehte, saß Leif immer noch im Wagen und sah ihr schweigend nach.

»Ich glaube, wir brauchen einen Drink«, sagte sie. »Aber ich habe nur Apfelmost mit Zimt und Ingwer. Heiß und mit etwas Vanillezucker und Rum on top. Okay?«

Er nickte, noch immer ohne einen Pieps von sich zu geben.

Nachdem sie sich mit dem herbstlichen Aperitif aufgewärmt hatten, bereitete Vanja eine einfache Fischsuppe zu. Leif war im Atelier und die Türen zu den Feldern standen halb offen. Als sie von der Küche zu ihm hinüberschaute, sah sie ihn vor einem ihrer Bilder stehen. In einer seltsamen Pose. In abgewetzten Jeans, T-Shirt und aufgeknöpftem, knittrigem Hemd stand er auf einem Bein und streckte das andere nach hinten, während er zugleich den Arm ausstreckte und das Gesicht verzog. Offenbar im Versuch, die Fantasiefigur auf dem Bild nachzustellen.

Vanja nahm die Schürze ab und ging ins Atelier, was ihn aus dem Konzept brachte. Lachend setzten sie sich auf das schmale Treppchen in der Tür, eng aneinander.

»Ich konnte nicht anders«, sagte Leif.

»Schien so.«

Vanja legte den Kopf auf seine Schulter. Sie konnte an der ganzen Seite seine Körperwärme spüren, konnte sich in seine Verliebtheit hüllen, die er sowohl gezeigt wie auch formuliert hatte, ohne darauf eine Antwort zu erhalten.

Aber genau diese Geborgenheit und Harmonie versetzte sie in Panik. Sie konnte sich kaum eine erschreckendere Situation vorstellen. Sollte sie sich jetzt auf eine Liebesbeziehung einlassen, so spät im Leben? Nach all den Jahren Freiheit, Selbständigkeit und Unabhängigkeit. Sich ausliefern, sich ganz und gar selbst verlieren? Denn sie war nicht der Typ für halbe Sachen.

»Weißt du was?«, sagte Leif. »So möchte ich für den Rest meines Lebens sitzen. Auch wenn mein Po ein Holzaroma bekommt.«

Die Unruhe übernahm die Kontrolle über Vanja. Zweisamkeit war an sich nichts Erstrebenswertes, war alles andere als ein Idealzustand, sondern vielmehr etwas äußerst Zerbrechliches und Kurzlebiges.

Sie antwortete ihm nicht, stand nur auf und ging wieder hinein.

»Blumenregen? Geh nicht.«

Leif folgte ihr in die Küche. Vanja stellte sich an den Herd und rührte in dem Emailletopf. Safranduft stieg auf, und der Geruch von Thymian, Fenchelsamen und Sellerie.

»Wir können doch aber wenigstens reden«, sagte Leif. »Wir mögen uns doch beide. Habe ich Recht?«

Vanja drehte sich mit dem Kochlöffel in der Hand um.

»Ach, Leif. Du verstehst das nicht. Es gibt so vieles, was du nicht weißt.«

»Was scheren uns Dinge, die in der Vergangenheit geschehen sind? Wir können doch von null anfangen. Hier und jetzt. Einen Neustart machen. Die Päckchen, die jeder von uns im Leben gesammelt hat, haben nichts mit uns zu tun.«

»Doch. Vielleicht schon.«

Er sah sie verständnislos an und sie wusste, sie konnte nicht entkommen, diesmal nicht. Dass Leif sie schweigen oder kryptisch sein lassen würde, war keine Alternative.

»Raus jetzt mit der Sprache«, sagte er. »Sag, was du denkst.«

Vanja schluckte schwer, während sie sich sammelte.

»Ich hatte eine illegale Abtreibung. Ein paar Monate nach meiner Rückkehr aus Kuba.«

»Oh mein Gott. War es von mir?«

»Ja.«

Er fasste sie an den Oberarmen und sah ihr in die Augen.

»Kannst du darüber sprechen, wie es für dich war?«

Sie holte wieder tief Luft.

»Grauenvoll. Aber ich hatte noch Glück und wurde nur ausgeschabt. Andere Frauen waren schon weiter. Die brauchten langwierige Eingriffe, mit Kochsalzlösung. Sie schrien. Brüllten, dass sie nur sterben wollen.«

»Wie grauenhaft.«

Vanja löste sich aus seinem Griff, erwiderte seinen Blick nun offensiver.

»Ich habe unser gemeinsames Kind weggemacht. In vollem Bewusstsein. Und ich kann verstehen, wenn du jetzt nicht mehr hierbleiben willst.«

Er schüttelte entschieden den Kopf.

»Warum sollte ich das wollen? Was ich gewollt hätte, wäre da zu sein und mich um dich zu kümmern. Wir waren dafür beide verantwortlich. Natürlich.«

Kurz geschah nichts, dann richtete er sich leicht auf und etwas anderes tauchte in seinem Blick auf.

»Du erwähnst jetzt aber die Abtreibung nicht als Begründung, warum du mich zurückweist? Das kaufe ich dir nämlich nicht ab.«

Vanja rührte weiter im Topf. Die Suppe simmerte und blubberte, sie stellte die Temperatur herunter. Bald konnte sie auch schon den Fisch würfeln und die geschälten Krabben aus dem Kühlschrank holen.

»Sag einfach, was ist«, sprach er weiter. »Möchtest du, dass ich verschwinde? Dann tue ich das. Ich steige ins Auto und fahre. Du musst mich nie mehr sehen.«

Sie drehte sich um. Sein Gesicht war unaussprechlich traurig. Auf einmal konnte sie nicht anders, als an sein Hemd zu greifen und ihn an sich zu ziehen. Ihn dann zu küssen. Lange und inniglich. Genau wie an jenem Abend in der Bar, vor fast fünfzig Jahren.

Josefin

Josefin unterbrach das Graben. Sie stand mitten in den Anbauflächen und schaute auf ihr Telefon. Cillas Nachricht war nicht lang, aber sie musste sie mehrmals lesen.

Meine Freunde aus Helsingborg sind gerade angekommen. Ich habe ihnen den Weg zur Pension gezeigt, falls in letzter Sekunde zwei Zimmer frei geworden sind. Drücke die Daumen, dass irgendwer storniert hat! So was kommt vor.

Und zum Abschluss ein Smiley mit Herzaugen.

Nachdem Josefin am Donnerstag mit ihrer Mutter gesprochen und erfahren hatte, dass die Pension am Wochenende ausgebucht war, hatte sie Cilla angerufen. Die hatte etwas säuerlich geklungen, aber nicht mehr gesagt, als dass es schade sei. Offensichtlich hatte sie jedoch trotzdem die Hoffnung nicht aufgegeben, Josefin drückte in der Kontaktliste auf Cillas Namen und rief sie an. Es tutete mehrmals, niemand hob ab. Da legte sie auf, denn sie wollte nicht auf die Mailbox sprechen. Nun blieb ihr also nichts anderes übrig, als in die Pension zu fahren und die Situation zu regeln. Sonst glaubte ihre Mutter noch, sie sei komplett durchgedreht.

Mit großen Stiefelschritten ging Josefin zum Wohnhaus.

»Ich schaue kurz bei Mama vorbei«, sagte sie zu Harald, der am Computer über seinen Tabellen ihres Budgets saß und nur abwesend nickte. Josefin schälte sich aus dem schmutzigen Arbeitsoverall, eilte ins Auto und preschte den Schotterweg entlang, dass die Steinchen unter den Rädern aufspritzten. Warum sie sich so abhetzte, war ihr nicht klar, denn eigentlich hatte sich doch Cilla merkwürdig verhalten. Nichtsdestotrotz war es irgendwie Josefins Verantwortung, dafür zu sorgen, dass ihre neue Freundin ihrer Mutter keinen Ärger bereitete.

Vor der Pension war niemand, kein Mensch zu sehen. Josefin öffnete die Haustür und ging hinein. Das Haus duftete noch nach dem frischgebackenen Brot vom Morgen.

Cillas Gäste aus Helsingborg standen mit ihrem Gepäck schon in der Diele. Eine vierköpfige Familie, mit einem ungefähr fünfjährigen Jungen und einem vielleicht dreijährigen Mädchen. Die Eltern waren beinahe gleich gekleidet, schwarze Jeans und Lammwollpullover, darüber Steppjacken mit einem diskreten Designerlabel an einer Seite. Der Vater rief ins Haus.

»Hallo! Jemand hier?«

»Hallo«, sagte Josefin.

Die vier drehten sich um. Die Miene des Manns war genervt. Mit einer hitzigen Geste strich er sich die blonden Haare zurück.

»Arbeiten Sie hier?«

»Nein, aber die Pension gehört meiner Mutter.«

Josefins Herz raste, seit Cillas Nachricht war ihr angst und bange. Zwischen den Zeilen war eine nicht genauer greifbare Forderung zu lesen gewesen.

»Und ich kenne Cilla«, fügte sie hinzu.

Da kam ihre Mutter die Treppe herunter. Sie wirkte überrascht, als sie Josefin und die vier anderen erblickte.

»Ach! Entschuldigen Sie, ich war beim Wäscheaufhängen auf dem Dachboden.«

Sie strich über die Vorderseite ihres Pullovers, stellte sich dann neben das kleine Tischchen und lächelte freundlich.

»Wie kann ich Ihnen helfen?«

Josefin kam nicht dazu, zu antworten, da hatte der blonde Mann ihrer Mutter schon die Hand hingestreckt.

»Hey, wir sind gute Freunde von Cilla Strömberg, ihrer Nachbarin. Wie schaut es aus, haben Sie zwei freie Zimmer?«

Ihre Mutter schaute verdutzt. Josefin sprang ein.

»Da muss ein Missverständnis vorliegen. Ich habe Cilla bereits am Donnerstag gesagt, dass leider nichts frei ist. Aber sie muss wohl angenommen haben, dass sich etwas getan hat.«

Ihre Mutter machte eine bedauernde Miene.

»Hier ist schon seit langem alles ausgebucht. Ich erwarte am Nachmittag neue Gäste.«

Der Mann wechselte einen Blick mit seiner Frau.

»Laut Cilla kann man das lösen. Ohne Kosten für uns.«

»Das müssen Sie mit ihr besprechen«, sagte ihre Mutter. »Ich habe schlicht kein freies Zimmer.«

Der Mann biss die Kiefer aufeinander, sodass sich die Halsmuskeln anspannten.

»Sind Sie gut mit Cilla befreundet?«

Ihre Mutter schüttelte den Kopf.

»Das könnte ich nicht sagen. Ich habe sie erst einmal getroffen. Ganz kurz. Sie wirkt nett.«

Der Gesichtsausdruck des Manns wurde höhnisch.

»Und das war es? Offenbar herrscht hier keine gute Nachbarschaft. Wo wir in Helsingborg leben, versuchen wir uns gegenseitig zu helfen.«

Ohne Josefin eines Blicks zu würdigen, hob seine Frau ihre Tasche an, nahm ihre Kinder, verließ die Diele und der Mann folgte ihnen. Josefin sah die Familie durchs Gartentor gehen und auf der Straße in Richtung von Cilla und Lorenz' Haus verschwinden.

»Ich verstehe nur Bahnhof«, sagte ihre Mutter. »Du?«

Nein, mehr verstand auch Josefin nicht. Sie kapierte nicht, warum Cilla ihre Freunde hatte glauben lassen, sie könnten in der Pension übernachten. Das musste ein Missverständnis sein.

Zurück auf Vallmogården, ging Josefin in die Küche, wo Harald sich um die Gemüseernte kümmerte. Blumenkohl, Gurken, Saubohnen, Stangensellerie, außerdem noch Pilze und Kräuter und eine Menge anderes Zeug, das alles teilweise im kleinen Hofladen verkauft und teils eingelagert werden sollte. Das Wurzelgemüse war wie immer im Herbst bereits im Gewächshaus in Sand vergraben. Sie erzählte ihm, was eben passiert war. Harald wunderte sich über Cillas Schlussfolgerung wie sie.

»Sie können doch aber nicht deshalb ihr Versprechen zurückziehen?«, sagte er und wirkte beunruhigt. »Wir müssen die Erdwärme ja installieren, bevor der Winter kommt. Und wenn wir die Fassade bald repariert hätten, wäre das auch gut.«

Josefin setzte sich an den Küchentisch.

»Ich habe keine Ahnung, wie Cilla denkt. Aber Peter scheint sie nicht zu mögen. Er hat gesagt, sie könne sehr dominant und bestimmerisch sein. Vielleicht ist da was dran.«

Beide waren nachdenklich. Josefin sah Harald dabei zu, wie er Brokkoli wusch. Der Teil des Gemüses, der nicht für den Verkauf bestimmt war, wurde nun eingelegt, getrocknet, eingefroren oder eingesalzen und in den kalten, grauen Monaten konnte daraus eine Menge Suppen und Eintöpfe werden.

»Übrigens, mein Vater war vorhin da«, sagte Harald. »Er wollte den Natursteinwall sehen.«

»Warum das?«

Josefin lächelte vorsichtig. Was war in Göran gefahren? Er hatte doch immer eine eindeutige Haltung zu ihrer Entscheidung für ein Leben auf Vallmogården gehabt. Hatte kaum zugehört, wenn Harald seine Ideen zur Veränderung oder Verbesserung erzählt hatte, und nur gefragt, wie viel das kosten werde, und die Kalkulation in Frage gestellt. Eigentlich hatte er alles mit dem Argument abgeschmettert, Harald und Josefin hätten keine Ahnung vom Wirtschaften und kämen außerdem ihrer Verantwortung als Bürger dieser Gesellschaft nicht nach. Denn das hieße, laut Göran, etwas zu lernen und sich einen ehrlichen Job zu suchen.

Harald nahm einen Blumenkohlkopf, betrachtete ihn und bürstete ihn ab.

»Ich weiß nicht recht, aber er scheint seine Einstellung zu ändern. Er hat gesagt, er wäre froh, dass wir fürs Fahrradfest in ihrem Haus sein wollten. Und dass wir es uns gerne wieder leihen können, falls nötig.«

»Das ist doch nett! Wie fand er denn deinen Wall?«

»Super. Genaugenommen war er beeindruckt.«

Harald legte den Blumenkohl wieder ab und schaute in die Luft, er hatte merklich viel zum Nachdenken.

»Gratuliere«, sagte Josefin. »Den Großteil daran hast ja du gemacht, auch wenn du etwas Hilfe von Oma und Peter bekommen hast. Hoffentlich hat er das erkannt?«

Harald nickte.

»Glaube schon. Aber ich kapiere noch immer nicht, warum er jetzt so anders ist.«

Josefin wusste es auch nicht. Aber sie hatte eine Vermutung.

»Vielleicht hat es ihm leidgetan, dass ihr gestritten habt, aber er hat nicht gewusst, wie er da rauskommen sollte. Und als wir uns das Haus fürs Fahrradfest geliehen haben, hat er die Chance für einen Neuanfang gesehen.«

»Ja. Vielleicht ist es so einfach.«

Josefin schlüpfte in die Stiefel und ging nach draußen. Vor dem Winter war noch viel zu tun, die Liste mit Vorbereitungen war unendlich. Sie sah, dass das Schild für den Vintageladen schräg stand, und rückte es gerade. Hier durften sich die Leute, wenn sie Lust hatten, gern das ganze Jahr über umschauen. Aber viel Kleidung war nicht mehr übrig, sie hatten eine Menge verkauft. Zum nächsten Frühjahr und Sommer musste das Lager aufgefüllt werden.

Drüben am Erdbeerfeld lag der Gartenschlauch schlampig aufgerollt herum. Josefin leerte die letzten Wassertropfen aus und schleppte ihn dann zum Werkzeugschuppen, damit der Frost keinen Schaden anrichten konnte. Nachdem sie den gröbsten Dreck abgewischt hatte, hängte sie ihn sauber gewickelt auf den starken Haken an der Wand, seinem Winterplatz.

Ein Auto brauste heran. Josefin sah aus dem Schuppen. Jemand kam in hohem Tempo die Schotterstraße entlang. Ein Range Rover machte auf dem Hofplatz eine Vollbremsung, bei der sich die Reifen in den Kies gruben. Die Fahrertür klappte auf und Cilla stieg aus. Mit raschen Schritten und aufrechter Haltung kam sie auf Josefin zu. Die Augen hinter der fast unsichtbaren Metallgestellbrille loderten.

»So revanchiert ihr euch also? Großzügig annehmen und dann sich weigern, etwas zurückzugeben!«

Josefin stand wie angewurzelt da. Sie versuchte, die Atmung zu beruhigen und den Puls zu verlangsamen.

»Wie ich es dir schon gesagt habe ... am Telefon. Meine Mutter hatte schon andere Buchungen. Die Gäste kommen heute Nachmittag.«

Cilla erhob die Stimme.

»Ja, das hatte ich gehört. Aber wenn man will, lässt sich alles lösen! Und jetzt sind meine Freunde sauer. Dabei hatten sie sich so auf ihren Besuch in Kivik gefreut. Und für mich und Lorenz wird es nun ziemlich anstrengend. Mit einer Familie mit kleinen Kindern unter einem Dach zu leben, kann einen wirklich in den Wahnsinn treiben. Und darüber hinaus arbeiten wir mit ihnen zusammen, wenn es um Hilfsmittel für unsere Klienten geht. Sie sind also wichtige Kontakte für uns.«

»Können sie denn nicht im Hotel wohnen?«

Cilla verdrehte die Augen und seufzte.

»Hotel. Es gibt genau eines, das zu dieser Zeit des Jahres offen hat, und das ist sauteuer. Soll ich meine Gäste dazu zwingen, für ein paar Nächte Schlaf ihr letztes Hemd zu geben? Nur weil du und deine Mutter nicht kooperativ seid. Unter Nachbarn. Meinst du das ernst?«

Josefin war sprachlos. Cilla verschränkte die Arme vor der Brust. Sie hatte sich eine Spur beruhigt, nun wirkte sie eher nachtragend verärgert.

»Apropos, die Pension deiner Mutter. Wie sieht es da mit dem Brandschutz aus, ist der abgenommen worden? Bevor sie aufgemacht hat?«

»Davon gehe ich aus.«

»Ja, du gehst davon aus, aber du weißt es nicht, oder?«

Josefin schwieg. Sie hatte keine Ahnung.

»Ist vielleicht nur gut, dass meine Freunde keinen Fuß in eines der Zimmer gesetzt haben«, sprach Cilla weiter. »Soweit ich verstehe, existieren seriöse Lücken im Brandschutz der Pension. Wenn die Behörden davon erfahren, kann deine Mutter mit einer sofortigen Schließung rechnen. Und ich garantiere dir, mit einer Wiedereröffnung zum Frühling wird das nichts.«

Sie wandte Josefin den Rücken zu, ging zurück zum Auto, blieb aber nochmal stehen.

»Richte deine Mutter das aus. Dann werden wir sehen, ob sie im Ort wohnen bleiben kann oder ob es das Beste für sie ist, nach Stockholm zurückzugehen.«

Ein paar Sekunden später war Cilla weg, mit einem aufheulenden Motor als Abschiedsgruß. Josefin stand da und strich sich über die Arme, ihr war zum Heulen zumute. Sie versuchte, das eben Geschehene zu verarbeiten.

Harald trat auf die Vortreppe.

»Ich habe alles gehört.«

Er nickte zum halb offen stehenden Küchenfenster.

»Also auf mich wirkt sie nicht ganz dicht.«

Josefin ging zu ihm hoch und schmiegte sich an ihn.

»Was sollen wir tun?«, fragte sie. »Was, wenn es stimmt? Wenn Mama vergessen hat, den Brandschutz gemäß allen Bestimmungen zu regeln?«

»Wir müssen wohl hoffen, dass Cilla falschliegt. Oder dass Sally es schafft, das Notwendige zu ordnen, bevor diese Verrückte den Mund noch weiter aufreißt. Sie wirkt komplett durchgeknallt.«

Josefin schwieg. Sie wollte sich nicht festlegen müssen.

Vielleicht handelte es sich trotz allem um ein Missverständnis. Irgendwann würde sie versuchen, das Ganze mit Cilla zu klären.

Andererseits war da natürlich das, was Peter gesagt hatte.

»Ich rufe meine Mutter direkt an«, sage Josefin. »Nur für den Fall. Damit sie darauf vorbereitet ist, über diese Brandschutzsache Rechenschaft abzulegen. Bestimmt hat sie sich im Frühjahr bei den Vorbereitungen über alles schlau gemacht. Aber trotzdem.«

»Sicher hat sie das. Richte Sally aus, dass wir es nicht kapieren. Das ist einfach nur verrückt.«

Harald ging zurück in die Küche. Josefin stand weiter nur da und starrte auf die schwarzen Reifenabdrücke. Sie sahen aus wie unheimliche Kratzspuren.

Vanja

Im Schlafzimmer war es dunkel. Die Herbstmorgen ähnelten tiefen Nächten, man wusste nie, wie spät es war. Vanja gähnte und streckte sich vorsichtig im Bett. Ihr Unterarm berührte etwas, ganz nah an ihr, und sie wusste, es war eine Schulter. Von einem anderen Menschen. Und nicht irgendeinem, sondern Leifs.

Er schlief fest, lag mit weggedrehtem Gesicht auf dem Rücken. Sie hievte sich auf den Ellenbogen hoch und streckte sich über seinen Brustkorb hinweg nach ihrem Handy auf dem Nachttisch. Das Display zeigte acht Uhr dreiundzwanzig an. Höchste Zeit zum Aufstehen.

Leif durfte schlafen, solange er wollte. Aber Vanja selbst musste in den Tag starten. Sie ließ die Stunden nicht gern verstreichen, ohne irgendwas Richtiges getan zu haben. Heute wollte sie mal wieder im Atelier arbeiten. In letzter Zeit war sie nicht sonderlich produktiv gewesen. Seit Leif in ihr Leben getreten war, war die Kreativität zum Stillstand gekommen.

Sie studierte sein Gesicht im Schlaf. Leises Rascheln drang aus den Nasenlöchern, kein Schnarchen, bisher jedenfalls nicht. Gott sei Dank. Ja, Leif war noch genauso attraktiv. Fünfzig Jahre später hatte er denselben sanft geformten Mund und eine gerade Nase und dasselbe schöne Kinn. Natürlich waren Falten dazugekommen, aber seltsamerweise machten die ihn nur schöner. Wie auch die grauen Haare. So war das wohl, wenn man parallel älter wurde, die Toleranz nahm mit den Jahren zu und der Geschmack veränderte sich. Praktischerweise.

Seit dem frühen gestrigen Abend waren sie gemeinsam im Bett. Nackt, warm, zusammen. So nah, wie zwei Menschen einander kommen konnten. Nichts war merkwürdig gewesen, nicht, nachdem sie den ersten Kuss hinter sich gebracht hatten und er sich vertraut angefühlt hatte. Sie hatten einander berührt, wie sie das als junge Menschen getan hatten, vielleicht mit größerer Ruhe und mehr Humor, aber das war der einzige Unterschied. Er hatte seither andere Frauen gehabt, sie andere Männer. Für beide war ein Körper ein Körper. Nichts, für das man sich schämen musste und allein dazu da, ihn zu genießen. Möglichst ausgiebig, bevor er auseinanderfiel. Sie hatten nur dieses eine Leben.

Leif bewegte sich, seufzte, drehte das Gesicht zu ihr und öffnete die Augen. Vanja strich ihm eine Strähne aus der Stirn.

»Guten Morgen«, sagte sie.

»Blumenregen. Bist du da?«

Sie machte die Nachttischlichtlampe an und küsste ihn in dem sanften Licht.

»Bleib liegen, so lange du willst. Ich gehe ins Atelier. Es ist halb neun.«

Er legte ihr die Hand in den Nacken und zog sie lachend zu sich.

»Du fehlst mir jetzt schon.«

Vanja wühlte sich aus dem Bett, das Laken hatte sich von der Matratze gelöst und verwickelt, fast wäre sie darin hängengeblieben und mit der Nase auf den Boden geknallt. Was hatten sie da gestern getrieben? Rumgeknutscht wie Siebzehnjährige. Sich kurz zusammengerissen, Fischsuppe gegessen und kühlen Weißwein getrunken, anschließend ins Schlafzimmer gestolpert und aufs Bett gefallen. Ganz grundlos war sie noch immer aufgekratzt.

Als sie sich angezogen hatte und gerade rausgehen wollte, hob Leif den Kopf.

»Hast du in den Zeiten ohne sie die Liebe nicht vermisst?«

Sie war von der plötzlichen Frage überrumpelt. Bückte sich nach seinen Socken, um mehr Bedenkzeit zu haben.

»Ich frage mich nur, ob du wütend darüber gewesen bist«, fügte er hinzu. »Oder traurig. Auch wenn du dich bewusst gegen Beziehungen entschieden hast.«

Vanja warf die Strümpfe in den in Bangladesch aus Palmblättern geflochtenen Wäschekorb.

»Nein«, sagte sie. »Ich war weder wütend noch traurig darüber. So ticke ich nicht.«

»Wie meinst du das?«

Sie zuckte mit den Schultern.

»Ich habe früh lernen müssen, auf mich allein gestellt zu sein. Enttäuschungen nicht zu zeigen und so was, nicht einmal vor mir selbst. Ich hatte, glaube ich, immer eine Art Stärke. Und außerdem hatte ich keine Zeit für Beziehungen.«

Leif sagte nichts. Sah sie nur an, lange, bis sie ging.

Im Atelier begann sie damit, die Sachen wegzuräumen, die noch vom Kurs herumlagen. Ihre Gedanken wanderten zu dieser Idee von einer Ausstellung mit Werken von Künstlerinnen, die sie noch nicht weiter hatte erforschen können. Vielleicht würden sich die Dinge klären, wenn sie das Projekt mit Vibeke besprach? Es fiel ihr so schwer, mit etwas Konstruktivem in Gang zu kommen, außerdem hatte sie Hunger. Gut, dann eben erst Frühstück.

Als sie in die Küche kam, stand da Leif, frisch geduscht und angezogen. Das Geschirr vom Vortag war im Geschirrspüler verschwunden, der nun ruhig rauschte, auf dem Küchentisch stand das Frühstück und es duftete wunderbar nach frischem Kaffee. Er hatte sogar ein paar Kerzen angezündet.

Vanja musste kurz in der Tür stehen bleiben und schauen. Wann hatte zuletzt jemand für sie etwas so Schönes hergerichtet? Sie konnte sich nicht erinnern.

»Bitte, setz dich«, sagte Leif und gab ihr ein Küsschen, bevor er sie auf ihren Stuhl zog.

Sie frühstückten miteinander, nahmen sich viel Zeit dafür, dann ermunterte Leif sie, in ihr Atelier zu gehen.

»Du musst wohl mal eine Weile ganz in Ruhe arbeiten. Ich mache in der Zwischenzeit einen Spaziergang und erledige ein paar Telefonate. Was hältst du davon?«

Vanja fand die Idee gut. Nachdem das Geschirr abgeräumt war, schlüpfte sie in ihren Malkittel. Durch die großen Fenster konnte sie Leif auf einem der kleinen Wege durch die Felder spazieren sehen. Sogar seine Art zu gehen war sinnlich.

Auf einmal wollte sie nur noch arbeiten und holte alles heraus, was sie brauchte. Bald war sie mitten in einem neuen Bild. Als Erstes hatte sie auf der rechten Seite der Leinwand einen Mann im Dreiviertelprofil gezeichnet, dessen Kopf von einem hummerfarbigen, blumenähnlichen Gegenstand ersetzt war, der sich zum Himmel hin öffnete.

Vanja trat ein paar Schritte zurück. Das hatte etwas Erotisches, so viel konnte sie sehen. Aber sie wollte lieber nichts interpretieren oder sich bewusstmachen, wollte die Kreativität nur weiter fließen lassen. Sie nahm weitere

Farben, helle und strahlende, so grell, dass es fast in den Augen weh tat. Grün und rot, orange und lila. Im unteren Teil entstand eine bärenartige Gestalt, in enger Verbindung mit etwas, das wie ein flatterndes, kleines Wesen aussah. Langes, gewundenes Spaghettigewirr floss von oben nach unten über das Bild.

Während sie arbeitete, kamen und gingen die Gedanken. Mit dem Pinsel formte sie konzentrierte Zustände, kleine, subtile Momente, die sich durch die Zeit bewegten. Sie rief eine andere Welt hervor oder vielleicht eine Vision des Unterbewussten. Vielleicht ging es um weibliche Verletzlichkeit, eine Vereinigung, oder sie versuchte nur, einen Rhythmus einzufangen. Vanja wollte nichts wissen, nur immer weiter malen, atemlos und vibrierend.

Dann machte sie eine Pause, um ihr Werk zu betrachten. Sie ahnte eine Grenzüberschreitung, irgendwie tendierte das Werk zum abstrakten Expressionismus. Ging es dabei um die vergangene Nacht? Eine Nacht ganz ähnlich der, die Leif und sie auf Kuba verbracht hatten.

Vanja wollte gerade die grüne Farbe im unteren Eck auffrischen, da hielt sie inne. Die Assoziationen an jene kubanische Nacht führten gegen ihren Willen weiter. Zu dem anderen, was in jener Nacht vorgefallen war.

Trines Tod. Dieses Thema hatte sie mit Leif noch nicht berührt.

Trine, die dralle und laute Verrückte, die derart lustige Sätze raushauen konnte, dass ausnahmslos jeder um sie herum darüber lachen musste. Die großgemusterte Kleidung getragen und oft vorm Spiegel gestanden hatte, um ihre dicken, goldblonden Haare zu Zöpfen zu flechten.

Vanja legte den Pinsel weg.

Als Leif von seinem Spaziergang zurückkam, schaute er ins Atelier herein. Sie saß zusammengesunken im Lesesessel und starrte leer in die Luft, registrierte beinahe nicht, dass er sich über sie beugte.

»Ist etwas passiert?«

Vanja sah zu ihm auf. Ihr war egal, wenn man sehen konnte, dass sie geweint hatte. Leif zog sie aus dem Sessel hoch und legte die Arme um sie.

»Sag. Was ist los?«

Sie schnappte nach Luft.

»Ich habe nur ... gemalt und dann ... dann musste ich an Trine denken.«

»Trine?«

»Ja. Du hast sie doch nicht vergessen? Trine? Meine Freundin auf Kuba.«

Leif löste die Umarmung. Er legte Vanja die Hände auf die Schultern und sah sie ernsthaft an.

»Glaubst du wirklich, ich könnte Trine vergessen? Ich habe unglaublich viel an sie gedacht in all den Jahren. Natürlich. Schließlich habe ich ja an dich gedacht. Aber ich wusste nicht, ob du über sie sprechen willst oder nicht.«

Vanja schloss für eine Sekunde die Augen. Diese Gewissheit endlich tat gut. Leif war dabei gewesen, hatte dasselbe erlebt wie sie. Hatte es nicht vergessen.

»Hast du dich auch schuldig gefühlt«, brachte sie hervor.

»Ja, sehr. Und traurig und wütend. Alles auf einmal. Aber mit der Zeit bin ich wohl zu der Einsicht gelangt, dass das nichts bringt. Man kann sich in diesen Gefühlen so leicht verlieren, ohne dass das irgendwo hinführt.«

Schweigen. Vanja atmete langsam. Über Trine zu sprechen, war ungewohnt, vor allem mit einem Menschen, der sie auch gekannt hatte.

»Und außerdem habe ich gedacht, dass es wohl zum Leben gehört«, fuhr Leif fort. »So unglücklich verliebt zu sein, wie Trine in dich. Selbstverständlich hat es sie traurig gemacht und gequält, als sie uns in dieser Nacht miteinander gesehen hat.«

Vanja zuckte zusammen und starrte ihn an.

»Was hast du gesagt? Unglücklich verliebt in *mich?*«

Er nickte.

»Ja. Hast du das nicht gewusst?«

Sie schüttelte den Kopf. Er war komplett auf dem Holzweg.

»Du irrst dich. Sie war in dich verliebt und ist wütend auf mich geworden, weil ich dich ihr vor ihren Augen weggeschnappt habe.«

Leif lächelte schief.

»Nein, nein. Sie stand auf Frauen. Als du auf der Toilette warst, ist sie zu mir gekommen, um mit mir zu sprechen. Sie wollte eine Romanze zwischen uns beiden verhindern. Aber ich habe nicht zugehört. Teils, weil ich getrunken hatte, und teils, weil ich an jenem Abend nur eines wollte. Mit dir zusammen sein.«

Vanja war wie gelähmt. Sagte er die Wahrheit? Meinte er das, was er sagte, wirklich ernst? Dass Trine für sie etwas anderes empfunden hatte als Freundschaft?

»Ich glaube, sie litt an Depressionen«, sagte Leif. »Auch wenn sie gut darin war, das niemandem zu zeigen. Wie auch keine anderen Gefühle. Aber als du mich dann geküsst hast, wurde das für sie zu viel und sie hat sich volllaufen lassen, ein Auto gemietet und ist in die dunkle Nacht gerauscht. Sie ist viel zu schnell gefahren und schließlich mit vollem Karacho in die Felswand gekracht. Ob vielleicht auch mit Absicht, werden wir nie erfahren.«

Vanja ging auf und ab. Sie musste diese neue Information verarbeiten. Fast fünfzig Jahre hatte sie mit ihrer eigenen eindeutigen Version des Ablaufs der Ereignisse gelebt und nun stand da plötzlich Leif und behauptete etwas ganz anderes. Trine und sie seien überhaupt keine Rivalinnen um ihn gewesen. Die so sonnige und unterstützende Trine selbst depressiv.

Was er sagte, konnte einfach nicht wahr sein. Es war völlig unmöglich.

Vanja legte die Hände auf die Rückenlehne eines der um den großen Arbeitstisch stehenden Stühle. Vor ihrem Inneren stiegen die Abende bei dem wöchentlichen Zeichenkurs auf. Bei dem sie Trine kennengelernt hatte und sie gute Freundinnen geworden waren. Vanjas Stimmung war damals schon eine ganze Weile im Keller und Trine hatte quasi sofort bemerkt, was los war. Vanja selbst hatte gedacht, sie bilde sich das vielleicht nur ein und alles würde besser werden, wenn sie nur ein paar Nächte Schlaf bekäme. Wenn sie nur am Wochenende mit Georg und Sally etwas Schönes unternehmen würde, dann würde es ihr wieder gutgehen.

Dabei hatte sie im tiefsten Inneren wohl gewusst, dass die Sache ernst war. Dass es um mehr als Traurigkeit und Müdigkeit nach einer Geburt und durch die Plackerei mit einem Kleinkind ging. Es hatte sich gut angefühlt, mit Trine zu reden, wirkliche Gespräche zu führen.

In den folgenden Monaten war Trine für Vanja lebensnotwendig geworfen. Sie hatte Essen gekocht, sie zu Spaziergängen getrieben, ihr Platten mit entspannter Musik gekauft. Wenn Vanja weinte, hatte Trine sie im Arm gehalten und gewartet, bis sich der Gefühlssturm verzogen hatte. Das durfte dauern, so lange es brauchte.

Und eines Tages hatte Trine vorgeschlagen, sich der Gruppenreise nach Kuba anzuschließen. Da sich Vanja Trine zufolge in der Normalität anderer verankern musste. Was das bedeutete, hatte Vanja erst verstanden, als sie mit den anderen der Gruppe schon eine Weile auf Kuba lebte. Tag für Tag klang ihre Schwermut mehr ab. Fast wie ein Wunder. Dank Trine.

Vanja ließ den Stuhl los.

»Behaupte nichts, von dem du nichts weißt.«

Leifs Augen schauten betrübt.

»Aber das tu ich, Vanja. Das ist die Wahrheit.«

»Ich habe Trine gekannt. Besser als du. Wir waren gute Freundinnen, sonst nichts.«

»Von deiner Seite her, ja.«

Vanja räumte die auf dem Tisch um den Farbkasten herumliegenden Ölfarbentuben auf, eine nach der anderen pfefferte sie sie in ihr jeweiliges Holzfach.

»In dieser Frage sind wir offensichtlich unterschiedlicher Auffassung«, sagte Leif.

Sie knallte den Deckel der Kiste zu. Dann sah sie ihn wieder an.

»Glaub nicht, du kannst nach all den Jahren ankommen und dir sicher sein, dass du die Wahrheit gepachtet hast. Du hast sie nicht gekannt. Außerdem kennst du auch mich nicht.«

Er schaute sie ruhig an.

»Ich weiß, dass wir uns sehr viele Jahre nicht gesehen

haben, aber wir haben eine starke gemeinsame Geschichte. Und ich muss sagen, ich finde, wir haben einander ziemlich gut kennengelernt. Für die kurze Zeit.«

»Du hast keine Ahnung, wer ich bin und was ich durchgemacht habe.«

»Doch, ich glaube, ich habe eine ganz gute Vorstellung von dir. Vielleicht eine bessere als du von dir selbst.«

»Aha, und auf was basiert das?«

Leif kratzte sich am Bart.

»Meiner Erinnerung nach warst du auf Kriegsfuß mit deiner Pflegemutter. Du hast dir eingebildet, sie durchschaut zu haben. Ich hatte gedacht, dass du nach fünfzig Jahren stattdessen dich durchschaut und dadurch begriffen hast, wie viel Frauenhass in diesem Mutterhass steckte. Aber in Bezug darauf scheinst du dich nicht sehr weiterentwickelt zu haben. Offenbar ist deine Einstellung zur Mutterrolle noch immer kompliziert. Also, das ist zumindest meine Interpretation, nachdem du dich gegenüber deiner Tochter so abweisend verhältst.«

Vanja traute ihren Ohren nicht. Was für eine unfassbare Frechheit!

»Meine Familie geht dich überhaupt nichts an. Das wirst du nie verstehen! Du hast keine Kinder! Ich hatte keine Möglichkeit, mich um Sally zu kümmern, als sie klein war. Und ja, das hat seine Spuren hinterlassen. Natürlich. Aber wir sind auf einem guten Weg.«

Er sah ihr direkt in die Augen.

»Und warum redest du dann nicht mit ihr? Über das, was sie will?«

Sein Blick war bohrend. Vanja musste sich bei ihrer Antwort wirklich beherrschen.

»Misch dich nicht in Sachen ein, von denen du keine Ahnung hast. Nur weil wir beide etwas Zeit miteinander verbracht haben, heißt das nicht, dass du Einblick in mein Leben hast. Ich möchte, dass du fährst.«

Das Schweigen lag zementdick im Raum. Sie sahen einander an. Dann verschränkt Leif die Arme vor der Brust.

»Okay. Wenn es das ist, was du willst. Es ist dein Zuhause, du bestimmst.«

Vanja war nicht in der Lage, noch mehr zu sagen, sie konnte nur wie angewurzelt am selben Fleck stehen bleiben und zusehen, wie er auf den Dachboden ging und nach einer Weile mit seiner Tasche wieder herunterkam.

»Dann fahre ich jetzt. Wenn du dir sicher bist, dass du mich nicht hier haben möchtest. Danke für diese Tage.«

Sie erwiderte nichts. Eine Sekunde sah Leif sie noch an, dann ging er mit seiner Tasche nach draußen.

Vanja machte die Haustür hinter ihm zu und verschwand in ihr Schlafzimmer. Sie presste die Augen fest zu, sah nicht, wie er ins Auto stieg und wegfuhr. Hörte nur auf dem Bett zusammengerollt und mit um die Knie geschlungenen Armen das Motorengeräusch. Bis es verklungen war.

Sally

Sally räumte das kleine Tischchen in der Diele auf, das sie als Rezeption verwendete. Durch die offene Haustür sah sie, dass die letzten Gäste dieser Saison das Gepäck vors Flügelgebäude gestellt hatten. Liselott plauderte auf ihre charmante Art mit ihnen. Mit der gestreiften Schürze und den zu einem Knoten hochgebundenen Haaren wirkte und verhielt sie sich wie die Traumwirtin einer Pension. Wie schön, sie nach dem Friseurkurs in Ystad wiederzuhaben.

Vom Kurs selbst hatte sie nicht groß erzählen wollen. Jedes Mal, wenn Sally danach gefragt hatte, war Liselotts Antwort ausweichend gewesen und sie auf einmal mit irgendwas schwer beschäftigt. Wie jetzt mit den Gästen.

»Uns hat es in Kivik wirklich gefallen«, sagte die etwas über fünfzigjährige Frau mit blauem Lidschatten. »Es ist ein ruhiger Fischerort und trotzdem wahnsinnig lebendig. Was für ein Angebot an Geschäften und Restaurants es hier gibt. Sogar ein Kino.«

Liselott nickte und lächelte ihr breitestes Lächeln.

»Wir haben auch ein Heimatmuseum, das älteste in Österlen. Es besteht seit den 1890er Jahren. Darin erfährt man etwas über Kiviks Geschichte von der Steinzeit bis heute.«

»Ach, schade, das haben wir verpasst.«

Die Frau sah ihren Mann, einen mageren Kerl mit langer Nase, bedauernd an. Er zog den Reißverschluss seiner Sporttasche zu.

»Trotzdem ist wohl die Natur das Beste an dieser Gegend«, sagte er. »Das Marktfeld zum Beispiel. Ich habe gelesen, dass es zu einem Netzwerk geschützter Gegenden in ganz Europa gehört. Vor allem wegen dem hohen Naturwert der Sandböden.«

»Das wusste ich nicht«, sagte Liselott. »Aber es ist wahnsinnig schön dort. Kommen Sie einfach nächstes Jahr wieder, Sie sind herzlich willkommen.«

Sally sah das Paar einen Blick wechseln. Vom Wiederkommen wurde nicht gesprochen.

Sie klappte den Buchungskalender zu und legte ihn in ein Regal. Zum letzten Mal für dieses Jahr hatte sie sich von Gästen verabschiedet, gehört, wie sie sich für die Gastfreundschaft bedankten und ihre gemütliche Pension lobten. Und trotzdem schienen sie nicht wiederkommen zu wollen.

Die letzten Tage waren beunruhigend gewesen. Gestern war die Frau mit dem blauen Lidschatten aufgelöst in die Küche gestürmt und hatte erzählt, eine böse Nachbarin habe sie ausgeschimpft, als sie knapp fünfzig Meter weiter den Durchgang zwischen den Häusern nehmen wollte. Die Nachbarin hatte sich als Cilla entpuppt, die behauptete, der schmale Fußweg zwischen den Häusern liege eigentlich auf ihrem Grundstück. Sally hatte versucht, ihr zu sagen, dass der Weg schon immer als natürlicher Durchgang verwendet worden sei, aber Cilla hatte sich geweigert einzulenken und stattdessen wiederholt, dass begangenes Unrecht nun korrigiert werden würde.

Später waren zwei andere Pensionsgäste gekommen und hatten ebenfalls berichtet, Sallys Nachbarin habe sie wütend angeschrien, als sie den Fußweg hinunter zum Meer genommen hätten. Sie fühlten sich deshalb im Ort nicht willkommen und ein Gast hatte sogar früher ausgecheckt, weil er die Atmosphäre als garstig empfunden hatte.

Als Sally gestern zu Cilla und Lorenz gegangen war, um die Situation ein für alle Mal zu klären, empfingen sie ein paar grobe, über den Fußweg montierte Bretter. Eine große Hartfaserplatte war aufgestellt worden, auf der stand: *PRIVAT*. Was bedeutete, dass man fortan nur mit einem großen Umweg zum Meer und Strand gelangen konnte.

Aus einem Gespräch war nichts geworden.

Das Gästepaar draußen machte sich zur Abreise bereit. Liselott wünschte ihnen eine gute Heimreise. Der Mann schlüpfte in seine Jacke und holte den Autoschlüssel hervor. Sally sah, wie seine Frau in ihrem Rucksack wühlte und ein Buch herauszog. Genau, ja. *Inlandsbanan* von Erik Beckman. Sie hatte den Roman in einem von Åkes Bücherregalen entdeckt und gebeten, ihn leihen zu dürfen.

Sally ging ihr entgegen, um das Buch zurückzunehmen.

»Das hätte ich beinahe vergessen«, sagte die Frau. »Danke fürs Leihen. Was für ein Leseerlebnis. So experimentell und zugleich komisch und ergreifend. Das ist eines der wichtigsten Werke des schwedischen Modernismus. Ist das hier gar eine Originalausgabe?«

Sally betrachtete den abgegriffenen Band. Sie wusste es nicht. Hatte es selbst nicht gelesen, nur Ja gesagt, als die Frau darum gebeten hatte. Åke hätte es sicher gefallen, wenn seine Büchersammlung genutzt wurde.

»Ich habe gesehen, dass es da drinnen eine Menge Literatur aus den Sechzigern und Siebzigern gibt«, sprach die Frau mit einem Nicken in Richtung Speiseraum weiter. »Ich liebe diese Zeit. Ach, Sie Glückliche, Sie können sich da jederzeit reinstürzen!«

Sally rang sich ein Lächeln ab. Ihr Gefühl gegenüber diesen beiden Jahrzehnten war nicht unbedingt dasselbe. Zu sehr erinnerten sie diese Jahre an Vanjas Abwesenheit und alles, was deshalb schiefgegangen und darin kulminiert war, dass Vanja vergangenen Donnerstag in Svinaberga ihr nicht hatte entgegenkommen können. Schluss jetzt mit dem Eintauchen in Vanjas Geschichte. Das war völlig sinnlos, wenn sie selbst nicht darüber sprechen wollte.

Der Lesekreis fand heute nur ein paar Häuser weiter bei Anita statt. Drei Minuten vor der vereinbarten Zeit betrat Sally mit dem Buch des Abends, Thorsten Jonssons Erzählungsband *Flucht ins Wasser und Morgen*, das Wohnzimmer. Noch ein Werk, das Åke in seinen Regalen gehabt hatte. Der Vorschlag war von Flynn gekommen, es war eines seiner Lieblingsbücher. Die anderen im Lesekreis hatten es als E-Book heruntergeladen, außer Anita, die es noch in einem Antiquariat auftreiben hatte können. Sally hatte die Geschichten in einigen Abenden durchgelesen.

Anitas Haus war sichtlich lange bewohnt und leicht übermöbliert. Die Sitzgruppe aus dunkelrotem Leder war groß und rundlich geformt, das kleine Tischchen hatte eine rot gefärbte Glasplatte und darüber hing eine Lampe aus gebeiztem Holz. Vermutlich sah das Zimmer schon seit den Achtzigern genau so aus, wenn nicht noch länger.

Yvonne und Liselott saßen bereits in zwei Sesseln und Anita brachte Weingläser und Tellerchen. Jetzt fehlte nur noch Flynn. Sally ließ sich auf dem Sofa nieder.

»Wie fühlt es sich an, für dieses Jahr die Pension zu schließen?«, fragte Yvonne.

»Ein bisschen schade. Ich hatte so viel Spaß diesen Sommer. Das Haus wird sich jetzt ziemlich leer und still anfühlen.«

»Aber sicher wird es gut für dich, ein wenig mehr Freizeit zu haben.«

Liselott sagte nichts. Sie verstand Sallys Unruhe, nachdem sie ebenfalls die Klagen der Gäste über die unangenehme Nachbarin gehört hatte. Offenbar gedachte Cilla, alles dafür zu tun, dass die Pension im Frühjahr nicht wieder geöffnet wurde. Warum, war nicht klar. Konnte es wirklich daran liegen, dass sie ihre Freunde nicht hatte gratis übernachten lassen? Sally und Liselott kapierten nur Bahnhof. Dass das Ehepaar Strömberg außerdem den Durchgang neben ihrem Haus verbarrikadiert hatte, war schier unfassbar. Sally wollte die Sache später mit den anderen im Lesekreis besprechen.

Es klopfte an der Tür und Flynn kam rein, ungewöhnlicherweise ohne seinen Hund. Zugleich brachte Anita ein Tablett mit Löjromschnittchen aus der Küche.

»Herzlich willkommen! Setz dich, wohin du willst. Wie schön, dass es alle geschafft haben.«

Flynn nahm neben Sally auf dem Sofa Platz und Anita goss allen Wein ein. Als sie gerade mit der Buchdiskussion beginnen wollten, erklangen stampfende Schritte die Vortreppe hoch. Es klingelte kurz, dann flog die Tür auf und Cilla stand im Wohnzimmer. Sie war außer Atem, als hätte sie es eilig gehabt. Anita wirkte überrascht und stand auf.

»Hallo Cilla, ist was passiert?«

»Ich bin nur gerade vorbeigekommen und habe euch hier drinnen zusammen gesehen«, sagte sie. »Ist das so was wie eine Nachbarschaftsversammlung?«

Sie schaute in die Runde. Anita machte eine Geste zu den Löjromschnittchen.

»Wir haben unser Lesekreistreffen. Willst du vielleicht

mitmachen? Ich habe dich ja schon vor ein paar Jahren gefragt. Aber da wolltest du nicht.«

»Nein, danke. Für so was habe ich keine Zeit. Worüber ich euch aber sowieso informieren wollte, ist, dass wir, die wir hier wohnen, uns nicht mehr sicher fühlen können. Es kann hier jederzeit zu brennen anfangen. Wenn man bedenkt, wie eng die Häuser in diesem alten Teil des Orts stehen, ist das Risiko groß, dass das Feuer bei einem Brand schnell überspringt.«

»Wovon sprichst du?«, fragte Flynn. »Warum sollte es brennen?«

Cilla sah nun Sally an.

»Weil der Brandschutz in der Pension unzureichend ist. Und das ist keine kleine Sache. Das geht uns alle an. Ich habe herausgefunden, dass es in Schweden circa hundert Mal pro Jahr in Hotels und Pensionen brennt. Das bedeutet, jeden vierten Tag ein Brand. Versteht ihr jetzt, wovon ich spreche?«

Flynn, Yvonne, Anita und Liselott sahen erst einander fragend an und dann zu Sally, die den Kopf schüttelte.

»Keine Angst, ich habe alle notwendigen Vorkehrungen getroffen. Darum habe ich mich gekümmert, bevor ich eröffnet habe. Insofern braucht sich also niemand Sorgen machen.«

»Hast du eine Bescheinigung?«, fragte Cilla. »Ich glaube, die ganze Nachbarschaft würde sich sicherer fühlen, wenn du uns die zeigen würdest.«

»Nein, aber alles ist in Ordnung. Das weiß ich.«

»Keine Bescheinigung? Ich fürchte, dann musst du dich darauf einstellen, dass du die Pension im Frühling nicht wieder aufmachen kannst. Ein Sommer, das war's. Du musst dir wohl etwas anderes suchen, womit du deinen Lebensunterhalt verdienst.«

»Jetzt warte aber mal«, sagte Yvonne. »So groß ist das Risiko wohl nicht, dass Sallys Haus Feuer fängt? Nur weil sie eine Pension eröffnet hat. Entspann dich.«

Cilla steckte die Daumen in die Taschen ihrer Jeans. Ihr Ton wurde härter.

»Habt ihr eine Ahnung, wie leicht es in einer Pension oder einem Hotel zu brennen anfängt? Gäste verursachen Brände. Sie rauchen im Bett, vergessen brennende Kerzen. Oder sie sind betrunken und spielen mit Streichhölzern rum. Oder mit etwas Brennbarem in der Nähe einer Kerzenflamme.«

»In meinen Gästezimmern gibt es keine Kerzen«, sagte Sally. »Und es herrscht Rauchverbot.«

Cillas Blick hinter ihrer Metallgestellbrille wurde durchdringend.

»Und woher weißt du, dass sich die Gäste an deine Regeln halten? Durchwühlst du vielleicht ihre Taschen?«

Sie rauschte in die Diele ab.

»Danke, das war's. Jetzt wisst ihr jedenfalls Bescheid. Lorenz und ich werden unsere Bemühungen für eine sicherere Nachbarschaft fortsetzen. Wir werden alles tun, damit wir alle hier nachts ruhig schlafen können, jetzt und in Zukunft.«

Cilla ging und knallte die Tür hinter sich zu. Dann hörte man das Gartentür quietschen, wie ein ausgedehntes Wimmern. Sally und Liselott sahen einander wortlos an.

»Ich finde, wir sollten jetzt mit dem Buch loslegen«, sagte Yvonne. »Kümmern wir uns nicht um Cilla. Die reagiert nur über. So ist das manchmal.«

Zwei Stunden später war Sally wieder zuhause. Diesmal war es ihr schwergefallen, sich auf die Buchdiskussion zu konzentrieren. Die anderen hatten über Thorsten Jonssons brillante Sammlung sogenannter Verbrecherporträts geredet, insbesondere Flynn war von der Kunst der Andeutung und der objektiven Erzählweise fasziniert. Selbst hatte sie vor allem geschwiegen und über Cilla nachgedacht. Die anderen schien diese Brandrisikogeschichte nicht besonders in Angst versetzen, nicht einmal Liselott. Alle hatten sich aus Cillas merkwürdigem Erscheinen nichts gemacht. Über ihre Aktion mit dem Durchgang hingegen regten sie sich auf und Flynn wollte mal mit Lorenz darüber reden.

Sally stellte *Flucht ins Wasser und Morgen* zurück an seinen Platz im Bücherregal. Mit dem Finger strich sie über die Buchrücken, die gehörten nun alle ihr. Sie hatte sich in Kivik eine eigene Welt aufgebaut? Warum wollte Cilla die attackieren? Sally ging es hier so gut. Mit Åkes alten Habseligkeiten und Möbeln. Dem Garten und den netten Nachbarn rundherum und mit Liselott nur ein paar Schritte entfernt. Außerdem noch Josefin und Harald. Und natürlich Peter.

Das Handy auf dem Tisch piepte. Als sie es nahm, sah sie, dass eine SMS gekommen war, die sie zusammenzucken ließ.

Wie gesagt. Ich werde dafür sorgen, dass die Nachbarschaft weiterhin sicher und geschützt bleibt. Nur, dass du es weißt. Cilla Strömberg

Sally ging in die Küche, aus der ein ausgiebiges Schnarchen drang. Märta hatte sich breit mit dem Rücken aufs Küchensofa gelegt. Auch dieses zottelige Wesen war Teil des neuen Lebens. Sally riss ein Stück Haushaltspapier von der Rolle und presste es ans Auge. Natürlich nützte Heulen nichts. Trotzdem konnte sie nicht anders, es überwältigte sie einfach. Was hatte Cilla vor?

»Sally?«

Sie hob den Blick. Ohne dass sie es bemerkt hatte, war Peter in die Küche gekommen.

»Was ist los?«

Sie drückte ihr Gesicht in seinen Fleecepullover. Er strich ihr über den Rücken.

»Sag, warum bist du traurig?«

Sally putzte sich die Nase und erzählte ihm dann von Cilla. Wie sie zum Lesekreis gekommen war und von Brandrisiken gefaselt hatte, wie sie außerdem mit ihrem Geschimpfe, man dürfe den Durchgang neben ihrem Haus nicht benutzen, Pensionsgäste verscheucht hatte. Dass sie den mittlerweile abgesperrt habe, weil sie diesen Flecken Erde als ihr und Lorenz' Eigentum betrachtete.

Sally zeigte Peter die SMS.

»Du lieber Himmel«, sagte er. »Die ist nicht ganz sauber.«

»Wenn sie so weitermacht, muss ich vielleicht schließen. Ich brauche doch Gäste, und du weißt, wie schnell sich Gerüchte verbreiten. Ich habe kein Geld, umsonst hier zu leben, was also mache ich, wenn keiner kommt? Dann muss ich wegziehen und mir einen anderen Job suchen.«

Sie schniefte, schnäuzte sich wieder.

»Cilla. Die war doch so nett zu Josefin und Harald. Hat sie zum Fahrradfest eingeladen und war unendlich freundlich. Aber mittlerweile verhält sie sich immer merkwürdiger. Die reinste Schikane. Sie scheint mich hier weghaben zu wollen.«

Peter seufzte.

»Das ist wohl meine Schuld.«

Sie starrte ich an.

»Deine Schuld?«

»Ja. Ich habe nichts davon erzählt, weil es mir irgendwie peinlich ist. Cilla hat vor ein paar Jahren versucht, mein Interesse für sich wecken. Nach Ellens Tod.«

»Sie war doch auch damals schon mit Lorenz verheiratet, oder?«

Peter verzog den Mund.

»Ja. Aber trotzdem war es so. Und als ich nicht darauf angesprungen bin, ist sie richtig sauer geworden. Danach hat sie mich nicht mal mehr angeschaut.«

Er zuckte mit den Schultern.

»Stattdessen attackiert sie offenbar nun dich. Und versucht dein Geschäft zu sabotieren. Das sähe ihr übrigens ähnlich. Solche Geschichten habe ich auch schon von anderen gehört.«

»Warum hast du nicht früher was gesagt?«

»Es ist mir dumm und unnötig vorgekommen. Das Ganze ist fünf Jahre her. Ich habe seither nicht eine Sekunde über sie nachgedacht. Dass sie derart tief sinken könnte und es an dir auslassen, habe ich wirklich nicht geglaubt. Falls es das ist.«

Sally schwieg und ließ seine Worte sacken. Peter drehte sie zu sich.

»Dir ist doch klar, dass du nicht eifersüchtig sein brauchst.«

»Ja. Das ist es nicht.«

Peter umarmte sie fest.

»Ich werde nicht zulassen, dass Cilla dich zerstört. Das

kann sie vergessen. Die *Pension Pomona* wird wieder aufmachen, und zwar genau an Ostern zur Kunstrunde.«

Ja, er hatte so Recht. Sally küsste ihn. Sie würde um ihre Pension kämpfen. Kivik war ihre neue Heimat und hier wollte sie bleiben.

Nun galt es also nur, Cillas idiotische Kapriolen zu stoppen. Wegen des Durchgangs musste Sally jemanden fragen, der sich mit Gesetzen auskannte und wusste, was in dem Fall wirklich galt. Caroline fiel ihr ein, die Anwältin, die sie vor einer Weile in der Sauna kennengelernt hatte. Vielleicht wusste sie was? Liselott konnte ihr sicher die Telefonnummer besorgen.

Märta war aufgewacht, in die Diele getrottet, stand jetzt mit der Schnauzenspitze an der Haustür und wartete darauf, dass jemand mit ihr Gassi ging. Sally ließ sie in den Garten hinaus. Dann blieb sie auf der Vortreppe stehen und schaute über ihr Grundstück. Der Blick fiel auf die kräftige Distel, die friedlich neben der Treppe hatte wachsen dürfen, offenbar für eine lange Zeit.

Mit raschen Schritten ging Sally zum Schuppen, um Gartenhandschuhe und den Unkrautstecher zu holen. Sie schlüpfte in die Handschuhe und riss die Distel aus, aber der Stiel brach ab und die Wurzel blieb in der Erde stecken. Erst als sie den Unkrautstecher tief in die Erde gesteckt hatte und mit aller Kraft zog, bekam sie sie raus. Sie setzte mit den anderen Disteln in Richtung Hausmauer fort. Wenn sie sich mal entschieden hatte, konnte niemand sie aufhalten.

Vanja

Vanja betrachtete die Serie großformatiger Kohlezeichnungen, an der sie im Gedanken, dass sie in das größere Frauenprojekt eingehen könnte, eine Weile gearbeitet hatte. Von Anfang an war es ihr vorgekommen, als wäre sie an etwas Neuem, Fruchtbarem dran in ihrem Schaffen. Die Form an sich wirkte, weswegen darin alles pures Gefühl sein konnte. Aber als sie das Projekt nun fortsetzen sollte, war all das wie erloschen. Die einstmals auf sie so befreiend wirkenden Motive waren nur platt und sentimental.

Sie legte lieber Musik auf. *People Are Strange* von The Doors. Die Töne drangen in sie und wanderten die Wirbelsäule hinab. Immer war sie die Starke gewesen. Die auf sich allein gestellt war. Aber jetzt bewegte sie sich steif und schwer, als wäre sie ständig in Atemnot.

Ein Tag war vergangen. Leif war gestern verschwunden und hatte eine dröhnende Leere hinterlassen. Eine schier unüberwindbare Ewigkeit.

Vanja raffte schludrig und nachlässig die Kohlezeichnung zu einem Stapel zusammen. Dann schlüpfte sie in die Holzpantoffeln und ging nach draußen, die kleine Treppe hinunter und zu der rostigen Eisentonne, die Peter zum Verbrennen nutzte. Sie warf jede Zeichnung einzeln und zusammengeknüllt hinein und stopfte sie so weit wie möglich nach unten.

Dann schaute sie über die Felder, fühlte sich in all das Grau eingehüllt. Sie zitterte in der Herbstkälte. Für eine Jacke war keine Zeit gewesen.

Was hatte sie eigentlich getan? Leif einzig und allein

aus dem Grund abgewiesen, dass sie ihn liebte. Weil Liebe in der Verlängerung ihren Erfahrungen nach zu eiskalten Schmerzen führte. Das war eine Tatsache. Doch im Alter von dreiundsiebzig hätte sie eigentlich schon gelernt haben sollen, wie wichtig es war, das Gehirn auf null zu stellen und nicht die Reflexe, die Kontrolle übernehmen zu lassen.

Die Einsamkeit, die sie durchs Leben begleitet hatte, war die Kehrseite ihrer Stärke. Die Wahl eines künstlerischen Berufs war ein Puzzleteil im Gesamtbild, ein anderes ihr Hang, immer den falschen Männern zu begegnen. Jedes Mal, wenn sie sich an jemanden gebunden hatte, hatte sie gewusst, dass es doch bald enden würde.

Die Sehnsucht nach Leif würde schwer werden, vielleicht schwerer als jetzt. Ein schwierigerer Balanceakt wartete auf sie. Sie würde alles für einen kalten Entzug ihres Belohnungssystems tun müssen, ohne dabei den Schmerz zu sehr zu verdrängen. Sie dufte ihn nicht ganz ignorieren, dann käme er nur noch stärker wieder zurück. Ihr ganzes Leben lang hatte sie geübt, sich zusammenzuhalten und Verluste unterschiedlichster Art zu ertragen. Insbesondere solche, bei denen ein Mensch, an den man sich gebunden hatte, verschwand.

Sie dachte an Leif, der sie geradewegs durchschaut hatte. Erinnerte sich an seine Aussage über ihre Aversion gegen ihre Pflegemutter. Mutterhass hatte er sie genannt. Und dass sie sich nicht weiterentwickelt habe. Leif hatte ihre Jugendrevolten als kindisch dargestellt, so brutal war nie zuvor jemand gewesen.

Natürlich hatte sie den Zeitgeist der Sechziger und Siebziger als Teil ihrer Persönlichkeit einverleibt, davon kam sie nicht los. In ihren Kreisen hatte man seine Mutter hassen und beschuldigen müssen. Und Leifs Argumentation nach hatten diese Frauen nicht nur eine untergeordnete Stellung in der Gesellschaft inne, sie waren darüber hinaus erneut bestraft worden, als sich ihre Töchter gegen sie wandten.

Hatte er das gemeint? Es habe sich um eine automatische, der Kultur selbst immanenten Mutterverachtung gedreht.

Das waren doch aber die Forderungen der Zeit gewesen. Man sollte alles, was als bürgerlich angesehen wurde, ablehnen. Rituale und Traditionen. Die Kernfamilie. Und die Mutterrolle. Kinder wurden dabei als Hindernis verstanden, waren im Weg, wenn frau sich selbst verwirklichen wollte.

Ich möchte nicht werden wie meine Mutter. Quasi alle Frauen um sie herum hatten dieses Mantra wieder und wieder wiederholt. Und Vanja selbst hatte einen brutalen Aufstand gegen ihre Pflegemutter geführt. Das Ziel all ihrer Handlungen war im Prinzip Provokation gewesen.

Ja, Leif hatte Recht gehabt. Und was er da über Trine gesagt hatte? Sie sei in Vanja verliebt gewesen und nicht in ihn. Diese Behauptung hatte Vanjas Welt auf den Kopf gestellt. Sie hatte daran seither nicht denken wollen. Aber als sie sich dem Gedanken jetzt sachte und vorsichtig näherte, war es gar nicht so schlimm. Eigentlich veränderte es nichts, jetzt so im Nachhinein.

Vanja ging auf einem Weg Richtung Garten. Alles war graubraun, ein dünner Sprühregen lag in der Luft. Gerda war ihre Mutter Nummer zwei gewesen. Die erste war im Erinnerungsdunkel begraben. Nun durfte sie Stück für Stück hervorkommen.

Vor ihrem Inneren konnte Vanja die kleine Zweizimmerwohnung in Vänersborg sehen. Sie erinnerte sich an die einfache, ärmliche Einrichtung. Im Schlafzimmer hatte es an zwei gegenüberliegenden Wänden mit dem Fenster dazwischen je ein Bett gegeben, das war Vanja und Bosses Zimmer. Ihre Mutter hatte im Wohnzimmer in einem Bett mit Tagesdecke geschlafen. Dort hatte auch die Anrichte gestanden, und darauf die chinesische Vase. Ein billiges Ding ohne großen finanziellen Wert, aber mit ihrem verschlungenen Goldmuster war sie trotzdem der schönste Gegenstand des Hauses.

Dann jedoch war dieser Abend gewesen, an dem ihr Vater hereinpolterte und sie zurückverlangte, es sei nämlich seine und Vanjas Mutter habe sie nach der Scheidung nur behalten, um ihm eins auszuwischen. Ein riesiger Streit war entbrannt, an dessen Ende Vanjas Mutter die Vase von der Anrichte genommen und sie ihm gegeben hatte, denn sonst wäre er nicht zum Gehen zu bewegen gewesen.

Und danach hatte wohl alles begonnen. Vielleicht hatten einige Nachbarn die wütenden Stimmen gehört oder wie ihr Vater die Wohnungstür zugeknallt hatte. Jedenfalls hatte eines Tages die Kinderschutzbehörde in Gestalt einer Frau in kariertem Kleid dagestanden. Mit gezücktem Stift und Notizblock, bereit, die Familie bis auf ihr Innerstes zu durchforsten, aufmerksam für jedes winzige Detail, das darauf hindeuten konnte, dass Vanjas Mutter nicht erziehungsfähig war.

Die Kirche von Vitaby war schön und hochgelegen. Vanja schloss den VW-Bus ab und ging die lange Treppe hoch. Oben angekommen, keuchte sie, doch schon als sie auf die Kirchentüren zutrat, hatte sich ihr Atem wieder beruhigt.

Da stand der Priester und hieß Besucher willkommen, sie grüßte ihn mit einem kleinen Nicken. Wenn sie es brauchte, ließ er sie stets in Ruhe.

Sie trat in die Stille des Kirchenraums und setzte sich in eine Bank und senkte das Haupt.

Lieber Gott. Hilf mir. Ich bin allein und brauche Stärke.

Wieder glitten die Gedanken zu ihrer Pflegemutter Gerda, zu ihrem tiefen, inniglichen Gottesglauben. Der hatte zu den Eigenschaften gehört, die Vanja an ihr am meisten verabscheut hatte. Und wie war das denn mit Elin? Ihrer richtigen Mutter. Die hatte nur an ihren eigenen Willen und die ihr innewohnende Kraft geglaubt, nie an irgendeinen Gott. Und hatte alles verloren.

Es war kompliziert.

Als Vanja eine Weile später aus der Kirche kam, stand der Priester wieder da. Sie blieb vor ihm stehen.

»Vielen Dank. Dass Sie sich so um Ihre Schäfchen kümmern. Sie zeigen großen Einsatz.«

Er lächelte mild.

»Danke, Vanja.«

Sie blieb stehen, wollte das Gespräch gerne fortsetzen, wusste aber nicht wie. Nach Hause in das leere Atelier zu fahren, kam ihr trostlos vor. Zu ihrer Erleichterung sprach der Priester weiter.

»Ich weiß nicht, worüber Sie grübeln«, sagte er mit gesenkter Stimme. »Aber ich kann Ihnen eines sagen. Meiner Ansicht nach wird in unserer Gesellschaft viel zu oft die Frage gestellt: ›Was stimmt nicht mit dir?‹, anstatt dass man fragt: ›Was hast du erlebt‹?«

Vanja schwieg. Vielleicht konnte man ihr ansehen, dass sie mehr hören musste.

»Wissen Sie, was ich glaube?«, sprach er weiter. »Wer das Dunkel in sich nicht erkennt und erleuchtet, neigt dazu, seine Dunkelheiten auf andere zu projizieren.«

Sie begegnete seinem warmen ruhigen Blick, er war ein guter Mensch

»Danke«, flüsterte sie.

Dann ging sie über die Treppe zu ihrem Auto hinunter. Ein älterer Mann öffnete die Fahrertür des daneben parkenden Volvos. Bei ihrem Anblick hielt er inne und hob eine Hand zum Gruß.

»Vanja! Hallo. Schön, dich wiederzusehen.«

Sie musste ihn wie einen Geist angesehen haben, denn er lächelte breit.

»Wir sind uns im Frühling auf Åkes Beerdigung begegnet. Sune, ich bin Fischer.«

»Ja, genau. Hallo«

Jetzt erkannte sie ihn wieder. Das war der Fischer mit der glänzenden Glatze und dem rötlich schimmernden Kopf, der genau dann aus der Toilette gekommen war, als sie in der Garderobe auf Sally gestoßen war. Zum ersten Mal nach achtundvierzig Jahren.

Da und dort hatte sie ihr Kind wiederbekommen.

Nach einem kurzen Wortwechsel mit Sune über das Wetter stieg Vanja in den VW-Bus und fuhr nach Hause.

Der Besuch in der Kirche hatte gutgetan. Leif nahm nun nicht mehr denselben prominenten Platz in ihrem Herzen ein wie vorher. Ihr übliches Handlungsvermögen kehrte langsam zurück und das Treffen mit dem Fischer hatte ihr statt seiner Sally ins Gedächtnis gerufen. Die Tochter, die wieder weggerückt war. Und das war erneut Vanjas Schuld. Offensichtlich war das ihre Spezialität.

Wie verhielt man sich, damit Beziehungen von Dauer waren?

Wenn sie doch Trine nur hätte. Die lebenslustige, lösungsorientierte Trine.

Wenn es Vanja am dreckigsten gegangen war, hatte sie Trine dazu aufgefordert, nach Hinweisen zu suchen. Was musste sie gerade einsehen? Welche Trauer hatte sie verdrängt? Diese Antworten musste sie selbst finden. Das sei eine Arbeit, die gemacht werden müsse, hatte Trine gesagt.

Regentropfen prasselten aus dem eternitgrauen Himmel und landeten wie Tränen auf der Windschutzscheibe. Vanja schaltete die Scheibenwischer an und während diese hastig hin und her schrubbten, musste sie wieder an die Pflegefamilie denken. Bernhard, der Sohn der Familie, war nett zu ihr gewesen. Falls er noch lebte, musste er heute um die achtzig sein. Sie stellte sich ihn als jovialen Oberklassenherrn vor.

Sobald Vanja zuhause war, schnappte sie sich ihren Laptop und googelte. Da war er. Ja, das musste er sein. Bernhard Hallqvist, siebenundsiebzig Jahre. Er wohnte noch immer in Östermalm, wo er geboren und aufgewachsen war.

Mit dem Zeigefinger tippte sie die Nummer in ihr Handy und wartete, dass jemand ranging. Es tutete und tutete, dann hörte sie eine herrische Stimme Hallo sagen.

»Ist da Bernhard? Ich bin Vanja. Ich war in den Fünfzigern das Pflegekind in deiner Familie.«

Für mehrere Sekunden herrschte völliges Schweigen. Sie glaubte schon fast, der ältere Herr habe vielleicht einen Herzinfarkt bekommen, da räusperte er sich.

»Vanja Larsson?«

»Ja. Erinnerst du dich an mich?«

»Natürlich. Ich habe von dir gelesen, von deinem Schaffen als Künstlerin. Sehr beeindruckend.«

Er klang exakt so gemütlich wie vorhergeahnt. Vanjas Augen brannten.

»Ja, das ist gut gelaufen für mich. Und ich bin bisher gesund. Dafür bin ich sehr dankbar. Und du? Wie geht es dir?«

»Danke, alles gut. Ein bisschen zwackt es im Rücken, aber das war es schon.«

»Aha.«

Sie wusste nicht, was sie sonst noch sagen sollte. Aber Bernhard war redselig.

»Wie schön, von dir zu hören, Vanja. Ich habe oft darüber nachgedacht, dir einen Brief zu schreiben oder so was. Wenn man sein Leben resümiert, denkt man über verschiedene Menschen nach.«

»Ja. Ich musste in letzter Zeit viel über meine Kindheit nachdenken.«

»Das verstehe ich.«

Vanja machte eine Pause. Eigentlich war es zu früh für persönliche, gefühlsgeladene Dinge, aber Bernhard klang so einfach und natürlich. Und sie war furchtbar schlecht in Smalltalk.

»Ich habe ziemlich viel über meinen leiblichen Bruder nachgedacht«, sagte sie. »Am Anfang gab es nur ihn und mich, und natürlich Mama.«

»Habt ihr Kontakt?«

»Nein, leider nicht. Ich weiß nicht, wo er ist oder ob er noch lebt.«

Seit diesem einen Mal, als er in die Kopenhagener Wohnkommune zum Abendessen gekommen war, hatte sie ihn nicht mehr gesehen. Damals hatte sie gespürt, dass sie sich in verschiedene Richtungen entwickelt hatten. Das Treffen war anstrengend gewesen und deshalb hatte sie danach keine Lust mehr gehabt, ihn wiederzusehen.

»Du könntest eine Suchanzeige auf Facebook stellen«, sagte Bernhard. »Das hat ein Bekannter von mir gemacht. Er hat seine Cousine gefunden. Was hast du zu verlieren?«

Vanja schloss den Mund, der halb offen gestanden hatte. Die Zunge fühlte sich wie Pappe an. Mit dem Handy am Ohr ging sie in die Küche, machte den Kühlschrank auf und nahm ein Bier heraus.

»Bist du bei Facebook?«, fragte Bernhard.

»Nein«.

Soziale Medien hatten sie nie sonderlich interessiert. Man hatte mit dem realen Leben schon genug zu meistern. Insofern wechselte sie besser das Thema.

»Und wie sieht dein Leben sonst aus? Wie gesagt, ich bin Künstlerin und lebe in Skåne. Nicht verheiratet. So weit die Kurzfassung.«

Bernhard lachte auf.

»Ich wohne noch im selben Viertel, in dem ich aufgewachsen bin. Es ist ein wenig einsam, seit Inez tot ist. Meine große Schwester. Ich war lange verheiratet, aber meine Frau ist vor acht Jahren verstorben. Und die Kinder leben im Ausland.«

»Und Lilian, deine andere Schwester?«

»Tja. Man könnte sagen, unser Kontakt ist sporadisch. Nach dem Tod unserer Eltern hatten wir Erbstreitigkeiten. Danach blieben nur Inez und ich. Wir beide hielten zusammen.«

Wir beide. Vanja stellte die Bierflasche auf die Arbeitsfläche der Küche. Sie blickte ins Spülbecken, geradewegs in das schwarze Abflussloch.

Bosse. Der kleine Junge, dem sie auf dem Sofa in Vänersborg so viele Märchen vorgelesen hatte. Den sie in dem weißgestrichenen, ausziehbaren Bett schlafen gelegt hatte und jeden Morgen geweckt. Dem sie versucht hatte beizubringen, wie man den Brummkreisel in Gang setzt. Wie man den Holzknauf weder zu fest noch zu leicht herauszog, damit sich die Mechanik nicht verklemmte.

Ihr kleiner Bruder hatte die ganze Zeit irgendwo existiert. All die Jahre waren sie beide auf derselben Erde herumspaziert. Bewacht vom selben Sternenhimmel. Und nun?

Josefin

Zwei Kunden gingen durch den Ladenteil der Scheune und durchsuchten die Vintagekleidung, während Josefin sich etwas abseits hielt, um wenn nötig zu helfen. Sie versuchte, zugleich interessiert und abwartend zu wirken.

Es war ein Paar um die dreißig aus Stockholm, das sehr stilbewusst wirkte. Die Frau hatte dunkle, kurzgeschnittene Haare und trug ein Hemd in bunten Farben. Ihr Freund war groß und komplett schwarz gekleidet. Sein gut gepflegter Bart glitzerte ölig. Sie waren vor einer Weile auf den Hofplatz gebogen und hatten erzählt, sie seien in Österlen, um seine Eltern in Skillinge zu besuchen, und hatten die Gelegenheit genutzt, rumzufahren und die Gegend auszukundschaften. Sie waren große Fans kleiner, seltsamer Hofläden, egal ob Trödelläden oder Scheunen mit antikem Zubehör zur Denkmalpflege. Am liebsten mochten sie aber solch obskure Vintageläden wie diesen hier.

Josefin sah dem Paar dabei zu, wie es Hemden und Jeans in Augenschein nahm. Im Hinterkopf rumorte die Unruhe wegen der Pension ihrer Mutter. Sie hatte berichtet, was für eine leidige Situation Cilla verursacht hatte. Offenbar konnte sie die Kränkung, der sie sich ausgesetzt gefühlt hatte, nicht verwinden.

»Was ist das für eine Jacke?« Der Typ hielt ein blassgrünes Kleidungsstück aus kräftigem Baumwollstoff hoch.

Josefin ging zu ihm.

»Eine Arbeitsjacke aus den Fünfzigern. Wir glauben, dass man solche auf den Obstplantagen hier in der Gegend getragen hat.«

Der Typ betrachtete die Jacke von allen Seiten. Der Blick seiner Freundin drückte Gefallen aus.

»Perfekt.«

Josefin zeigte auf die Ärmel.

»Hier am Ellbogen sieht man, dass da einmal Löcher waren. Und dass sie gestopft worden sind.«

»Gestopft?«

»Ja, also irgendwer hat das kaputte Loch mit Garn quasi zugewebt, damit es schön aussieht. Das ist was ganz anderes, als wenn man nur einen Stofffetzen darüber näht. Man kann sehen, dass es dem- oder derjenigen, die diese Reparatur vorgenommen hat, wirklich wichtig war, dass es anschließend hübsch aussieht und lang hält. Vermutlich die Frau eines Arbeiters. Sie muss sehr sorgfältig gewesen sein.«

Das Paar strich über die gestopften Ellbogen der Jacke. Beinahe andächtig. Dann schlüpfte er in die Jacke und betrachtete sich von vorne und hinten im Spiegel.

»Die nehme ich«, sagte er, ohne nach dem Preis zu fragen.

Josefin bekam das Geld für die Jacke und der Typ ließ sie gleich an. Die Frau probierte einen Berg Kleidung und entschied sich am Ende für eine Jeans und ein Hemd.

»Hier schauen wir mit Sicherheit wieder vorbei«, sagte sie. »Ihr habt doch an Ostern offen?«

»Natürlich«, antwortete Josefin.

Nachdem die beiden ihres Weges gefahren waren, drehte Josefin eine Runde durch die Ladenecke und richtete alle Bügel und Kleidungsstapel, damit alles wieder wie unberührt wirkte. Der Magen knurrte. Was gab es Schöneres, als ein Klamottengeschäft zu haben, besonders auf so unkonventionelle Weise.

Dann ging sie nach draußen, blieb eine Weile stehen

und atmete die Herbstluft ein. Sie war allein auf dem Hof und die ländliche Stille war spürbarer als sonst. Harald war zu seiner Großmutter gefahren, um ihr bei ein paar notwendigen, praktischen Dingen zu helfen.

Neben den Frühbeeten steckte ein großer Spaten in der Erde. Auch eine Harke und eine Mistgabel mit einem verbogenen Zinken lagen dort herum. Josefin sammelte alles ein und brachte es zusammen mit einem Laubrechen, der an der Schubkarre bei der Hausecke lehnte, in den Werkzeugschuppen. Die Sachen waren voll getrockneter Erde, Mist und alten Laubresten, jetzt bevor der Winter kam, waren sie viel im Einsatz. Ihre Großmutter betonte immer, man müsse damit sorgfältig umgehen. In ihrem dänischen Kollektiv habe man die Werkzeuge jeden Herbst gewartet.

Josefin war auf dem Weg zurück zum Gewächshaus, als ihre Mutter anrief. Zu dritten Mal heute. Sie klang noch immer verängstigt, doch zugleich auch stärker, stabiler.

»Ich habe jetzt den Brandschutz angeschaut. Wie ich gedacht habe, ist er absolut ausreichend. Man braucht keine Bescheinigung. Die ist bei kleinen Pensionen nur eine allgemeine Empfehlung, aber keine Bedingung. Ich habe Fluchtwege, Feuermelder und Löschanlagen. Das sollte reichen. Trotzdem denke ich darüber nach, bis zum Frühjahr ein zusätzliches Alarmsystem anzuschaffen. Einfach zur Sicherheit.«

»Mach das«, sagte Josefin. »Dann kann sich Cilla jedenfalls nicht mehr darüber beschweren.«

»Nein. Hoffen wir, sie hört damit auf.«

»Du, Mama. Entschuldige. Harald und ich hätten nie beim Fahrradfest mitmachen sollen.«

»Sag so was nicht. Ihr wolltet nur mehr in die Ortsgemeinschaft reinkommen. Das ist ganz normal. Und ihr solltet auch weiterhin die Fühler nach neuen Freunden ausstrecken. Die braucht ihr. Sonst erstickt ihr euch auf Dauer.«

»Nein, nach dieser Geschichte nach dem Fahrradfest ist uns die Lust auf neue Dorfbewohner vergangen. Von jetzt an kümmern wir uns um uns selbst.«

Sie verabschiedeten sich. Josefin suchte einen Lappen, machte ihn in der Regentonne nass und wischte sorgfältig Holzgriffe und Metallteile der Werkzeuge ab. Man musste das Holz mit Leinöl einreiben, bis es damit vollgesaugt war. So verhinderte man ein Austrocknen der Holzfasern und die Sachen hielten deutlich länger. Und eigentlich sollten auch die Kanten aller Spaten, Schaufeln und Gartenscheren und auch die Messerblätter des Rasenmähers geschliffen werden, aber das musste warten.

Josefin hängte den feuchten Lappen an die Wäscheleine bei der Laube und befestigte ihn mit einer Wäscheklammer. Dann ging sie in die Küche und bereitete sich eine Tasse Tee zu. Die Wachstuchtischdecke auf dem Tisch hatte Åke gehört, ihre Mutter wollte sie im Zuge der Umbauarbeiten zur Pension im Frühjahr wegwerfen, aber Josefin hatte sie davon abgehalten. Auf dieser Tischdecke hatte Åke immer kaffeetrinkend seine Patience gelegt. Das bleiche Blumenmuster war noch schön.

Sie stellte die leere Teetasse zum Spülbecken. Wenn sie nicht weiter in eine Integration in den Ort investieren würde, versuchte sie vielleicht besser, eine Teilzeitstelle in der Bibliothek in Simrishamn zu bekommen. Dort hatte sie sich wohlgefühlt, hatte sowohl die Kolleginnen wirklich gemocht wie auch die Arbeitsaufgaben. Das Katalogisieren und Empfehlen von Büchern und die Organisation von Vorlesestunden für Kinder hatten ihr Spaß gemacht.

Wenn sie eine Aushilfsstelle in Teilzeit bekommen könnte, würden sie ein wenig rauskommen und bräuchten doch mit niemandem im Ort Kontakt haben. Cilla und ihre Clique konnten miteinander kungeln, so viel sie wollten. Wenn Freundschaft mit ihnen so aussah, hatte Josefin lieber keine.

Eine Serie von Huptönen ließ sie durchs Fenster schauen. Ein Auto war auf den Hof gefahren und hatte vorm Haus gehalten. Diesmal waren es keine Kunden, sondern Haralds Eltern, die in dem Moment ausstiegen, als Josefin auf die Vortreppe trat.

»Harald ist nicht zuhause. Er ist runter zu Erna gefahren.«

»Vielleicht hätten wir besser vorher anrufen sollen«, sagte Göran.

Inger lachte auf.

»Daran haben wir gar nicht gedacht. Wir hatten es eilig.«

»Um was geht es?«, fragte Josefin.

Sie sahen erst einander an und dann sie. Irgendwie wirkten sie angespannt.

»Es geht um Cilla Strömberg«, sagte Göran. »Die aus dem Fahrradfestkomitee. Und ihren Mann Lorenz.«

Josefin seufzte.

»Hört mir mit dem Fahrradfest auf. Ich bereue schrecklich, dass ich da mitmachen wollte. Und Harald mit hineingezogen habe. Danach hat Cilla damit angefangen, sich schlecht gegenüber meiner Mutter aufzuführen. Und ich begreife nicht, warum. Ich hatte mich doch mit ihr gut angefreundet.«

Inger kam zur Treppe.

»Das alles ist nicht deine Schuld. Du und Harald, ihr

habt alles richtig gemacht. Die meisten hier in Kivik sind die nettesten Menschen auf der Welt. Cilla ist eine Ausnahme. Ja, wir haben von Liselott bei ICA gehört, dass Sally aus irgendeinem Grund jetzt Probleme mit ihr hat.«

»Können wir kurz reden?«, fragte Göran. »Auch wenn Harald nicht da ist. Inger und ich sind ziemlich besorgt über Cilla Strömbergs Treiben. Und wir haben etwas zu berichten.«

»Sicher. Kommt rein.«

Josefin machte die Tür auf und ging voraus in die Küche. Göran und Inger schienen nicht einmal Zeit zum Hinsetzen zu haben. Göran holte einen Notizblock hervor.

»Einer meiner Kontakte im Gemeinderat ist auch ein enger Freund, also habe ich den gestern Abend mal angerufen. Ich hatte nach ein wenig Nachforschen das Gefühl, dass sich Cilla und Lorenz Vorteile zu verschaffen versucht haben, indem sie normale Entscheidungswege umgehen. Man kann wohl von Unregelmäßigkeiten sprechen.«

Er hielt seinen Notizblock vor, auf den er eine Anzahl unleserlicher Zeilen gekrakelt hatte. Völlig unleserlich.

»Es deutet vieles darauf hin, dass in den Geschäften des Ehepaars Strömberg einiges an Schiebung vor sich gegangen ist. Das gilt sowohl für Cillas Heimpflegedienst wie auch für Lorenz' Schreinerei. Aber ich musste alles ein wenig überprüfen, um sicher zu sein.«

Josefin war verstummt.

»Das ist noch nicht alles«, sagte Inger. »Ich meinerseits habe heute mit der Verwaltungschefin geredet, die mir von nach und nach eintrudelnden Klagen der Nachbarn erzählte. Offenbar haben sich Cilla und Lorenz die Freiheit genommen, den Durchgang neben ihrem Haus zu annektieren. Indem sie ein Schild aufgestellt und sogar den Weg blockiert haben.«

»Sie sagen, der gehört ihnen.«

Inger schüttelte den Kopf.

»Nein, nein. Sie haben keinerlei Recht, die Gemeindeallmende als kostenfreie Erweiterung ihres Grundstücks zu nutzen.«

»Dabei handelt es sich um Hausfriedensbruch«, sagte Göran. »Die Durchgänge sollen öffentlich und für alle zugänglich sein.«

Josefin zwirbelte eine Haarsträhne. Reichte das vielleicht, um Cilla dazu zu bewegen, mit dem Krieg gegen ihre Mutter aufzuhören? Das wäre ja fantastisch.

»Danke, ihr Lieben«, sagte sie. »Ich weiß, dass sich Harald freuen wird, dass ihr uns helfen wollt.«

Inger lächelte unsicher.

»Hoffen wir es. Und auch, dass Sally keine großen Probleme bekommt, wegen derer sie die Pension schließen müsste. Wir haben von so vielen Seiten gehört, auf welch unglaubliche Weise sie die den ganzen Sommer über und sogar noch jetzt im Herbst betrieben hat. Das hat dem Ort seinen Stempel aufgedrückt.«

Die beiden gingen wieder zum Auto. Josefin begleitete sie.

»Grüß Harald schön«, sagte Göran.

Sie schienen es wirklich ernst zu meinen. Josefin sah verwundert dem Auto hinterher, als es über den Schotterweg wegfuhr. Wie goldig sie waren. Fast wollte sie weinen.

Vanja

Vierzehn Uhr achtunddreißig. Zu früh zum Aufstehen, der Mittagsschlaf durfte ruhig noch etwas andauern. Vanja legte das Handy wieder auf das Nachttischchen und drehte sich auf die Seite. Sie presste die Lider zu, wollte wieder einschlafen, wusste aber zugleich, daraus würde nichts werden. Kalter Schweiß klebte am Rücken und das Gehirn war im Universum ihres Traums gefangen. Sinnlos, auf mehr Schlaf zu hoffen!

Diesen Albtraum hatte sie seit Jahren nicht gehabt. Letzte Nacht hatte er sie wieder heimgesucht, und jetzt am Nachmittag mit fast derselben Kraft wie in Kindertagen. Die Szenen spielten sich in einem Wechsel aus Halbdunkel und Streiflicht ab. Starke Arme hielten sie fest, unendlich viele, denn die Abholer waren in der Überzahl. Es gab keine Chance, zu entkommen oder zu fliehen, sie führten sie einfach weg. Aus dem Augenwinkel sah sie ihren kleinen Bruder zusammengekauert hinterm Sofa, völlig verängstigt. Sie wollte schreien, schlug um sich, um sich zu befreien und ihn zu beschützen.

Dann war sie aufgewacht. Mit feuchter Stirn und vor Kälte bibbernd.

Weiter liegen zu bleiben, war weggeworfene Zeit. Vanja schlug die Decke beiseite, stand auf und schlüpfte in die Schaffellpantoffel, da der alte Boden zu dieser Zeit des Jahres kalt war. Nach einem kurzen Aufenthalt im Bad setzte sie sich an den großen Tisch im Atelier und klappte den Laptop erneut auf. Sie musste Bernhards Mail nochmal lesen.

Eine Weile nach dem Telefonat am Tag zuvor hatte ihr

Pflegebruder etwas geschickt, das man offenbar als Screenshot bezeichnete, worauf die Suchanzeige seines Bekannten auf Facebook zu sehen war. *Willst du mir helfen, meine Cousine Ulla (*11. April 1946) zu finden?* Darauf folgte ein Bericht über einen Onkel, der auf dem Totenbett seine Untreue und eine außereheliche Tochter gebeichtet hatte, weswegen es nun zwei ältere Menschen gab, die Cousin und Cousine waren, sich aber noch nie gesehen hatten. Offenbar hatte diese Nachforschung ein glückliches Ende gefunden.

Vanja hatte eine ganze Weile gegrübelt, aber es letztendlich nicht lassen können. Bernhards Erzählung war inspirierend. Sie hatte sofort gewusst, wen sie um Hilfe bitten konnte: Liselott. Die kannte sich mit Computern aus und hatte Sally bei der Homepage der Pension unterstützt. Außerdem schien sie jeden zu kennen, was für ein gutes Netzwerk auf sozialen Medien sprach, und auch wenn Liselott und Bosse sowohl geografisch wie altersmäßig weit auseinander lagen, existierte doch eine reelle Chance auf Erfolg, wenn eine große Anzahl Leute die Nachforschung teilte.

Der halbe Abend war für dieses kühne Unternehmen draufgegangen. Vanja hatte Liselott angerufen, ihr die Situation erklärt und gefragt, ob sie eine Suchanzeige auf Facebook stellen würde, selbstverständlich anonym von Vanjas Seite. Sie wollte nur als Bekannte bezeichnet werden. Ganz aufgeregt hatte sich Liselott sofort aufgeschrieben, was Vanja diktierte, dann den Beitrag auf Facebook publiziert, wo sie an die siebenhundert Freunde hatte, und dazugeschrieben: *BITTE TEILEN!* Und der Beitrag war geteilt worden, richtig oft. Menschen waren einfach hilfsbereit.

Während des gestrigen Abends und heute waren einige Antworten im Kommentarfeld eingegangen, die Liselott mittels weiterer Screenshots per Mail an Vanja weitergeleitet hatte. Meist waren es nur fröhliche Ermunterungen, nicht aufzugeben, aber eine stach aus der Menge heraus, von einer Krille, die wortreich ihre Vermutung ausdrückte, eine Schulkameradin von Bosse gewesen zu sein, sich aber nicht ganz sicher war.

Vanja las gerade diese Nachricht, da ging eine neue Mail von Liselott ein. Sie öffnete und überflog sie. Eine Frau namens Olga Hedlund berichtete, dass Name, Alter und Hintergrundinformationen mit einem Mann übereinstimmten, der über zwanzig Jahre ihr Nachbar gewesen war.

Er war ziemlich schweigsam, aber immer freundlich. Wir hatten ein gutes Verhältnis und waren gute Freunde. Einmal erzählte er von seiner Kindheit. Wenn ich mich recht erinnere, hatte er in Vänersborg gelebt und war als Vierjähriger aus seiner Familie genommen worden.

Vanja sank mit dem Rücken an den Sprossenstuhl. Hier war möglicherweise ein Weg. Sollte sie Olga Hedlund eine Nachricht schicken und um die Kontaktdaten ihres früheren Nachbarn bitten? Vanjas Kopf war leer.

Entschieden machte Vanja die Mail zu und öffnete eine andere, die gerade eingetroffen war. Sie war von dem großen, dänischen Verlag, an den sie Vibekes Manuskript geschickt hatte.

Fieberhaft las sie die knapp gehaltene Nachricht. Das Buch war angenommen. Der Verleger, der die Nachricht unterzeichnet hatte, drückte sich kurz, aber enthusiastisch aus. Die Erzählung sei roh und brauche mehr Struktur, sie müsse klarer umrissen, geputzt und gestrafft werden. Das sei kein Problem. Dabei würde der Verlag helfen. Wichtiger sei, dass das Manuskript eindringlich und nackt eine

Epoche und ein Milieu schildere. Es sei ein Zeitdokument mit hoher Dringlichkeit für eine breite Zielgruppe. Und noch dazu mit ansteckender Erzählfreude präsentiert.

Vanja schluchzte auf, presste die Hände an die Augenlider, sie bekam einen Kloß im Hals. Aus dem Berg Papier würde ein Buch werden. Ein professioneller Leser bestätigte, was sie Vibeke gegenüber beteuert hatte. Ihre Überredung hatte zu Erfolg geführt.

Die Nase lief, sie wischte ein dünnes Tröpfchen mit den Fingern weg. Eigentlich gab es nun nur eines zu tun: Vibeke anzurufen und Hurra zu jubeln.

Aber das schaffte Vanja im Augenblick nicht. Jede Sekunde tat zu sehr weh, die Leere, die Leif hinterlassen hatte, lag wie ein düsteres Häutchen über dem Dasein. Sie würden Vibeke trotzdem feiern! Sobald sich das schmerzhafte Vermissen ein wenig gelegt hatte.

Sie schickte Vibeke die Mail weiter und schrieb dazu: *Gratuliere, meine Liebe!* Dann stand sie auf und verließ das Atelier, um etwas zu essen zu suchen. Sie hatte keinen Appetit, aber es wäre dämlich, sich zu Tode zu hungern.

Zwei Bissen Käsebrot, mehr brachte Vanja nicht hinunter. Die Küche war sauerstoffarm wie eine Isolationszelle. Sie musste mit jemandem sprechen. Einem Menschen, der sich mit Trauer und Vermissen auskannte. Da kam nur eine in Frage.

Beinahe dämmerte es schon, doch der Hügel hinab nach Kivik erlaubte noch den weiten Ausblick über den Ort und das Meer mit Havängs Stränden im Hintergrund. Vanja beschleunigte und kurbelte das Autofenster halb herunter, damit ihr der Fahrtwind ins Gesicht wehte. Auf dem Weg zu Ernas gemütlichem Reihenhaus war ihre Stimmung gleich besser.

Als sie in die Küche der Freundin kam, saß da Harald und aß ein mit Omas Köttbullar belegtes Brot. Erna stellte ihm gerade eine Tasse heiße Schokolade hin. Sie hatte schon am Telefon gesagt, dass Harald zu Besuch sei, um ihr eine Glühbirne zu wechseln und die Dachrinnen zu reinigen. Wie lieb von ihm, ihr da und dort zu helfen. Vanja setzte sich an den Küchentisch und klaute sich einen kalten Köttbulle aus der Porzellanschale.

Haralds Telefon läutete und wie man hören konnte, war es Josefin. Harald lauschte konzentriert. Seinen Fragen nach zu urteilen waren Göran und Inger gerade auf Vallmogården gewesen und jetzt wieder weg. Josefin wollte, dass er so schnell wie möglich kam.

Erna warf Vanja vom Spülbecken aus einen bedeutungsschwangeren Blick zu. Sie lächelten einander an. Offenbar hatten sich Harald und seine Eltern endlich versöhnt.

Als Harald gegangen war, saßen sie mit einer Tasse Kaffee auf dem Sofa. Vanja hatte die Hände ausgestreckt, sodass Erna davon ein Wollknäuel aufwickeln konnte, und dieses gemeinsame Werkeln verschaffte ihr etwas Seelenfrieden. Trotzdem war sie noch traurig, und als sie von Leif erzählte, brach ihre Stimme.

»Ach Vanja, Liebe«, sagte Erna. »Was hast du da angestellt?«

Vanja schlug den Blick nieder. Jetzt in diesem Moment wusste sie das nicht. Richtig oder falsch war in ihrem Kopf ein einziger Mischmasch. Erna ließ das Wollknäuel sinken.

»Warum hast du ihn fahren lassen?«

»Weil es nicht funktioniert hat. Wir sind zu verschieden.

Er lebt ein ganz anderes Leben. In der Großstadt. Viel extravaganter.«

»Das ist doch Blödsinn. Du bist klüger als das.«

Erna wickelte das letzte Ende Wolle auf, legte das Knäuel in den Korb neben dem Sofa und sah Vanja an.

»Du musst dich jetzt zusammenreißen. Wie lange willst du dich denn noch als Erwachsene von dem Elend, das du in deiner Kindheit erlebt hast, behindern lassen? Dir geradezu Knüppel zwischen die Beine werfen.«

»So einfach ist das nicht. Auch wenn frühe Trennungen natürlich schaden können.«

»Das kann man wohl sagen. Glaubst du, ich habe nicht gemerkt, wie es für dich ist? Dass du Liebe mit Schmerz und Abweisung verknüpfst. Und dann musst du es dir selbst verderben.«

Vanja drehte ihre Silberringe. Mit Leif war es eigentlich nicht so gelaufen, zumindest nicht am Anfang. Mit ihm war sie vollkommen ruhig gewesen.

Erna sah sie eindringlich an.

»Du hast Schwieriges durchgemacht, das weiß ich. Aber du hast auch ein unglaubliches Vermögen zur Genesung. Wieder und wieder bist du aufgestanden und im Leben weitergegangen. Du wirst auch das hier schaffen. Ruf diesen Mann an. Noch heute.«

Vanja schwieg, da sie nicht wusste, was sie erwidern sollte. Die Begegnung mit Leif war einmalig gewesen. Und genau deshalb beängstigend.

Erna sortierte nun ihr Nähkästchen. Garnrollen, Fingerhüte und Nadelbriefchen. Sie wirkte nachdenklich.

»Du hast nie besonders viel davon erzählt, wie deine Kindheit war, nachdem man dich in Obhut genommen hat.«

»Ich erinnere mich nicht an viel.«

»An etwas wirst du dich doch erinnern, oder? Du musst als Achtjährige deine Mutter vermisst haben.«

Vanja schaute auf ihre Hände, wie erleichternd es wäre, noch weiter mit der Wolle arbeiten zu können, aber damit waren sie fertig. Sie hob den Blick wieder.

»Ich hatte große Sehnsucht. Erst im Kinderheim und dann in der Pflegefamilie. Und ich habe mir ständig Sorgen um meine Mutter und meinen kleinen Bruder gemacht. Ich habe mich gefragt, wie es ihnen ging, und geglaubt, ich hätte sie verraten. Das hat es mir schwergemacht, mich in der Schule zurechtzufinden. Eigentlich überall.«

Ernas Gesicht war ernst.

»Durftest du sie überhaupt nicht sehen?«

»Nein. Das stand in den amtlichen Papieren. Ich durfte nicht einmal nach Hause, um mich von meiner Mutter zu verabschieden, nachdem ich einer Zwangsuntersuchung unterzogen worden war.«

»Was war das für eine Zwangsuntersuchung?«

»Ich wurde für einen Monat in einem Heim untergebracht, während untersucht wurde, ob meine Mutter erziehungsfähig war. Danach wurde ich in ein Kinderheim an einem geheimen Ort überführt und sie bekam offenbar ein Besuchs- und Umgangsverbot. Wir haben uns nie wieder gesehen.«

»Hast du irgendwann nach ihr gesucht? Als du erwachsen warst.«

Vanja schüttelte den Kopf.

»Mit achtzehn habe ich ihr einen Brief geschrieben. Ich habe ein Porträtfoto mitgeschickt und erzählt, dass es mir gutgeht und wo ich lebe. Ich habe ihr auch geschrieben, dass ich dankbar bin, dass sie mich geboren hat. Sie sollte sich nicht schuldig fühlen.«

Erna nestelte an einem Bund Gummibändern herum.

»Aha? Und was ist passiert?«

»Der Brief kam zurück. Meine Mutter war mehrere Jahre zuvor an Krebs gestorben.«

Ein langes Schweigen breitete sich im Raum aus. Dann stand Erna auf und nahm ihren Stock.

»Entschuldigst du mich ein paar Minuten? Deine Geschichte berührt mich sehr. Ich muss Göran anrufen und fragen, wie das, weswegen Josefin angerufen hat, gelaufen ist. Ob es dabei um Versöhnung ging oder um was sonst.«

Erna verschwand in den Flur, wo sich auf einer Kommode das Festnetztelefon befand. Ein Handy benutzte sie nicht.

Vanja blieb auf dem Sofa sitzen. Sie nahm ihr eigenes Mobilgerät und öffnete die Anrufliste. Leifs Name leuchtete ihr entgegen.

»Vanja!«

Erna rief aus dem Flur. Vanja stand schnell auf und eilte mit galoppierendem Puls zu ihr. War ein Unfall geschehen? Doch Erna hielt den Telefonhörer in der Hand und wirkte ganz zufrieden.

»Wir müssen nach Vallmogården hoch! Alle sollen sich dort versammeln. Du und ich, Sally, Peter, alle miteinander. Auch Göran und Inger. Wir müssen eine Strategie entwickeln. Gemeinsam.«

»Eine Strategie?«

Vanja verstand nichts. Es war ihr unangenehm, Sally in einem solchen Kontext wiederzusehen. Bevor sie über ihre letzte Begegnung, die so unangenehm geendet hatte, reden hatten können.

Erna legte den Hörer auf die Gabel.

»Sally ist anscheinend in Gefahr, Haus und Geschäft zu verlieren. Wegen einer Cilla Strömberg. Göran sagt, wir müssen uns jetzt zusammentun. Die ganze Familie. Und die Pension retten.«

Vanja stand verblüfft in der Tür. Cilla Strömberg. Den Namen hatte sie noch nie gehört. Doch Sally war ihre Tochter und wenn sie Hilfe brauchte, sollte sie die bekommen.

Vanja ging in die Diele und zog Jacke und Schuhe an. Als sie sich den Schal um den Hals wickelte, vernahm sie einen leichten Hauch von Edelholz, vielleicht auch Grapefruit. Leif. Wie lange würde er bleiben und sich auf unterschiedliche Weise in Erinnerung rufen?

Und warum konnte sie Sally nicht ganz in ihr Inneres einlassen, ihr all die Antworten geben, die sie brauchte? Vielleicht weil die Jahrzehnte zwischen ihnen zu viele und lange waren. Die Schuld zu schmerzhaft, die Selbstverachtung zu tief. Das war eine Spirale, die sich nur weiter und weiter nach unten schraubte.

Aber Ernas Worte über die Knüppel hingen ihr nach. Sie sollte wohl netter zu sich sein. Was sie vor fünfzig Jahren getan hatte, war ein Überlebensakt gewesen. Niemand sollte Schuld für das empfinden, was er tun musste, um sich am Leben zu halten.

Vanja sah sich im Spiegel an. Sie musste Leif zeigen, wer sie war. Wollte sie ihn zurückbekommen, brauchte es den deutlichen Willen, sich der Vergangenheit zu stellen. Sie nicht fortzuschieben. Das verstand sie nun.

»Kommst du?«

Erna war schon auf der Treppe draußen. Vanja ging ihr schnell hinterher.

Sally

Zwei kurze Brummlaute vom Telefon auf dem Schreibtisch. Sally öffnete die Nachrichten. Mit hämmerndem Herzen starrte sie aufs Display.

Nimm es als guten Rat. Du solltest Verantwortung übernehmen und zumachen.

Schnell hatte sie eine möglichst kurze Antwort getippt.

Ich habe den nötigen Brandschutz. Ich weiß nicht, was du willst.

Die Nachricht ging raus und sofort kam eine neue zurück.

Versuch gar nicht erst, dich rauszuwinden. Wir Nachbarn wollen deinen Betrieb hier nicht.

Sally steckte das Telefon wieder in die Tasche. Die Sache war ziemlich unangenehm. Dass ein erwachsener Mensch so etwas tun konnte. Cilla war fast vierzig Jahre. Liselott hatte erzählt, dass sie bald eine große Geburtstagsparty im Badhotell in Vitemölle veranstalten würde.

Im Erdgeschoss schaute Sally ins Fernsehzimmer. Märtas Schnarchen war bis in die Diele zu hören. Sie hatte sich auf die Sofalehne gelegt und schlief. Eigentlich war sie viel zu groß und sperrig für die kleine Fläche, aber das war ihr nicht bewusst.

Sally pfiff leise.

»Komm, Märta! Wir fahren zu Josefin.«

Die Hündin wachte auf und gehorchte, plumpste auf den Boden und trottete an ihr vorbei. Gemeinsam gingen sie zum Auto, Sally ließ Märta in den Kofferraum und sie fuhren los.

Josefin hatte angerufen und gesagt, sie würden sich alle

auf Vallmogården treffen, um darüber zu reden, wie man Cilla beikommen könne. Nach einem Gespräch mit Göran und Inger hatte sie irgendeinen Lösungsansatz. Sally wusste nicht, was sie denken sollte. Cilla kannte so viele Leute in der Gegend. Sie schien eine Art Schlüsselfigur zu sein, also wie sollten sie sich ihr entgegenstellen?

Zwar hatte Caroline am Telefon gesagt, es sei verboten, den Durchgang abzusperren, aber es war ja auch so viel anderes Merkwürdiges geschehen.

Die Autofahrt nach Vallmogården war kurz. Bald schon tauchte der Schotterweg auf und Sally bog ab und fuhr langsamer weiter.

Nachdem sie auf dem Hofplatz geparkt und Märta aus dem Wagen gelassen hatte, ging sie zu dem Feuerplatz, an dem sich das Grüppchen versammelt hatte. Harald, Josefin und Göran warfen gemeinsam verwelkte Gartenabfälle und trockenes Reisig aufs Feuer, das in einem Steinring brannte. Rundherum saßen Inger, Peter, Vanja und Erna auf den Baumstümpfen. Sie tranken aus Bechern und schauten in die Flammen, die sich zum Himmel reckten. Was war das für eine seltsame Zusammenkunft?

»Mama. Jetzt wirst du was hören!«

Josefin ging Sally entgegen. Ihre Wangen waren rosig. Märta kläffte glücklich und wedelte mit dem Schwanz, Josefin tätschelte sie.

»Inger und Göran haben etwas zu berichten.«

Es roch gut nach Rauch, Herbstlaub und Kaffee. Sally grüßte in die Runde. Peter nahm sie in die Arme und zeigte auf einen Stumpf mit Sitzpolster, auf den sie sich setzen konnte. Vanja nickte Sally nur schweigend zu, nicht mehr. Aber sie sah nicht wütend aus. Eher schuldbewusst.

»Herrlich, so richtig anzupacken und ein ordentliches Feuer machen zu können«, sagte Göran. »Nicht nur ein wenig in den Beeten in unserem Garten rumbuddeln.«

Er genoss es sichtlich, Brenngut aufs Feuer zu werfen. Er kippte großes Buschwerk und morsche Bretter drauf, dass die Funken stoben. Schade, dass er nicht öfter nach Vallmogården kam, denn offensichtlich mochte er körperliche Arbeit.

»Kaffee?«, fragte Inger und hielt eine Thermoskanne in modernem Design in die Höhe.

»Ja, gerne.«

Sally nahm die Tasse entgegen. Erna bot ihr aus der mitgebrachten Blechdose Kokoskekse an. Dann putzte Göran etwas Holzspäne von seiner Freizeitjacke, zog die Arbeitshandschuhe aus und legte sie ordentlich auf einen Stumpf.

»Keiner von uns weiß, was tun. Wir haben jedenfalls Cilla Strömberg mit Hilfe unserer Kontakte im Gemeinderat überprüft. Und es sieht folgendermaßen aus.«

Er erzählte, was sie herausgefunden hatten. Inger ergänzte hier und da etwas, übernahm manchmal kurz das Wort, um es dann Göran wieder zu überlassen.

Sally war gerührt. Sie hatten sich wirklich für sie bemüht.

»Kurz gesagt«, endete Göran, »sieht es so aus, dass in Cilla und Lorenz Strömbergs Betrieben Unregelmäßigkeiten zu finden sind und sie sich durch ihr Netzwerk Vorteile verschafft haben. Darüber hinaus haben sie ohne jegliches Recht den Durchgang okkupiert.«

»Das habe ich auch herausgefunden«, sagte Sally. »Durch eine Bekannte, die Juristin ist.«

Josefin wirkte verzweifelt.

»Sie scheint, gegen vermeintliche Feinde alles unternehmen zu können. Und ich weiß, dass viele auf ihrer Seite stehen. Es spielt außerdem keine Rolle, ob sie rein juristisch Recht hat oder nicht.«

Peters Blick flackerte. Sally legte den Kopf auf seine Schulter.

»Alles wird gut.«

Er seufzte müde.

»Mit der Mafiachefin der Gegend spielt man nicht.«

»Naja, lebensgefährlich kann sie wohl nicht sein?«

»Nein, aber sie kann eine Menge Unheil anrichten.«

»Wir müssen einen Weg finden, uns zu wehren«, sagte Harald. »Cilla wird noch bereuen, dass sie auf Sally losgegangen ist.«

Vanja stand auf und streckte die Beine. Dann zog sie ihren knielangen Afghanenmantel enger um sich.

»Also, ich kann nicht mehr stillsitzen. Besprecht ihr die Taktik, ich bewege mich ein bisschen.«

Sie wandte sich an Sally.

»Ich dachte, ich schaue mir mal den Secondhand-Laden der Kinder an. Kommst du mit?«

Sally stand überrascht auf und folgte ihr Richtung Scheune. Vielleicht tat es ganz gut, diese Informationen über Cilla zu verdauen. Was für eine unerwartete Initiative hatten Haralds Eltern da ergriffen. Was auch geschah, sie würde ihnen nie vergessen, dass sie sich für sie eingesetzt hatten, und auch nicht, dass alle zu ihrer Unterstützung zusammengekommen waren.

Im Schuppen ging Vanja zu dem kleinen Vintageladen und knipste eine Wandlampe an. Sie erhellte nicht wahnsinnig viel, aber das sanfte Licht ließ den Raum schön wirken. An der Wand entlang hingen Reihen von Jacken und

Hemden. Auf Regalen lagen in Stapeln Hosen und dazwischen Schuhe. Ein großer, alter Schrank mit geöffneten Türen enthielt mehrere Stapel anderer Kleidung.

»Wie tüchtig sie sind«, sagte Sally. »Ich habe den Laden noch gar nicht gesehen, seit er fertig ist.«

Vanja sah Sally in die Augen.

»Ich möchte mich für mein Verhalten dir gegenüber beim letzten Mal entschuldigen.«

Sally blickte auf den Ziegelboden hinab.

»Ist schon okay.«

»Nein, ist es nicht. Ich muss lernen, über meine Geschichte zu sprechen. Mich öffnen und reden.«

»Ich wollte nicht reinplatzen und lästig sein«, sagte Sally. »Das war nicht meine Absicht. Eigentlich bin ich nur gekommen, um dir zu erzählen, dass deine Mutter nicht krank oder süchtig gewesen ist.«

»Ich weiß.«

Vanjas Stimme war so tief und innerlich, wie sie Sally von ihrer ersten Begegnung im Badhotell erinnerte. Aber jetzt klang sie darüber hinaus noch voller Zuneigung. Vielleicht konnte sie einen erneuten Versuch wagen. Sie hob den Blick.

»Willst du wissen, was ich dir sagen wollte?«

»Sehr gerne.«

»Gut, also. Die Akten und all das andere, worüber ich geredet habe, sind in einem Umzugskarton, den ich von Paula Sjölander, der Tochter der Sachbearbeiterin deines Falls, erhalten habe. Die hatte wahnsinnige Schuldgefühle wegen der Art, wie sie deine Mutter behandelt hat. Und der Karton steht jetzt in meinem Haus, im Turmzimmer. Deinem alten Atelier.«

Vanja verzog keine Miene. Ihr markanten Gesichtszüge schienen im Halbdunkel aufzulösen.

»Hast du sonst noch jemanden kontaktiert?«

»Nur deine eine Pflegeschwester. Lilian.«

»Lilian? Aha. Sie muss um die achtzig sein. Was hat sie gesagt?«

»Sie war es, die mir den Namen der Sachbearbeiterin gegeben hat. Sonja Naderot hieß die.«

»Und was willst du wissen?«, fragte Vanja. »Über mich. Und meine Herkunft.«

Sally sammelte sich. Das Herz schlug fest. Am besten sie ergriff die Chance.

»Ich wollte gerne mehr über deine leibliche Familie hören. Meine Großmutter und meinen Großvater. Und meinen Onkel.«

Vanja stand reglos neben dem großen Schrank.

»Mein Elternhaus war eine Zweizimmerwohnung in Vänersborg. Meine Eltern stritten oft, mein Vater trank und war gewalttätig. Ich kann mich daran erinnern, wie Mama einmal auf einer Trage in einen Rettungswagen gebracht wurde.«

Sie atmete schwer, als wäre Sprechen schwere Arbeit.

»Ich weiß, dass meine Mutter weder Alkoholikerin noch psychisch krank war, wie von den Behörden behauptet wurde. Sie hat um meinen kleinen Bruder und mich gekämpft. Aber es hieß, sie wäre nicht erziehungsfähig. Und so landeten wir beide in zwei Kinderheimen.«

»Ja, das hat Paula erzählt.«

Schweigen breitete sich aus. Vielleicht wollte Vanja lieber über spätere, hellere Zeiten reden. Aber es kam nicht mehr. Überhaupt nichts.

Vanja spazierte an der Reihe hängender Kleidung entlang. Dann blieb sie stehen.

»Weißt du was? Ich habe Secondhand nie gemocht. Das ist vielleicht schwer zu glauben. Aber im Kinderheim wurden allen Kindern bei der Ankunft ihre Sachen weggenommen und dann mussten wir stattdessen in alten Fetzen rumlaufen. Die unmodern waren und die falsche Größe hatten. Ich wollte nie Kleidung tragen, die jemand anderem gehört hatte.«

Sally hörte aufmerksam zu.

»Josefin als Kind auch nicht. Sie hat es gehasst, wenn ich eine Kiste abgetragener Kinderkleidung mitgebracht habe, die mir eine Kollegin geschenkt hatte. Hat sich geweigert, irgendwas davon in die Schule anzuziehen.«

Vanja wandte sich ab. Sie vergrub das Gesicht in den Händen. Das Schlingmuster auf dem Rücken ihres Afghanenmantels bewegte sich leicht, in minimalem Beben.

»Vanja?«

Sally war bestürzt. Vanja riss sich zusammen, wischte die Tränen ab.

»Alles gut.«

Sie kam aus der Vintageecke, zog ein Papiertaschentuch aus der Manteltasche und wischte sich über die Lider.

»Meine Kindheit hat es mir schwergemacht, Leuten zu trauen. Aber dann habe ich nach vielen Jahren Leif wiedergetroffen. Ich habe nie etwas Vergleichbares erlebt.«

Sally lächelte schwach.

»Ich weiß nicht, ob er dir davon erzählt hat. Ich bin ihm in Svinaberga begegnet. Er wirkt nett. Gratuliere dir.«

Vanjas Augen glänzten.

»Aber jetzt ist er wieder weg. Und es ist meine Schuld.«

Sie schnäuzte sich. Im selben Augenblick schaute Josefin durch die angelehnte Scheunentür.

»Hallo? Wir haben jetzt einen Plan. Kommt!«

Zu dritt gingen sie hinaus. Vanja putzte noch einmal die Nase und wischte sich über die Augenlider. Josefin kommentierte es nicht und Sally beschloss, Vanja in Ruhe zu lassen. Sie brauchte sich wirklich nicht für die Rettung der Pension zu engagieren, das hatte sie schon im Sommer ausreichend getan. Und offenbar hatte sie genug zu tun mir ihrer Sehnsucht nach Leif.

Das Herbstfeuer bei den Sitzstümpfen brannte noch, wenn auch etwas schwächer als vorher. Allmählich wurde es dunkel und um den glühenden Feuerschein zeichneten sich schattenähnliche Gestalten ab. Aus der Entfernung wirkte es wie ein Bild. Sally ging langsam zwischen ihrer Tochter und ihrer Mutter. Hinüber zu dem Feuer, wo der Rest ihrer Familie war, der für sie kämpfen wollte.

Vanja

Vanja stand am Holzgatter im Schweinestall und sah Peter beim Füttern von Linda und Timotej zu. Das heiterte sie immer auf. In ihrem Schmatzen und Kauen wirkten die beiden Säue völlig eins mit ihrem Dasein. Tiere machten ihr prinzipiell gute Laune und diese Geschöpfe brachten sie darüber hinaus noch zum Lachen. Sie spürte richtig, wie die Spannung von ihr abfiel. Besonders jetzt, da sie über so schwierige Dinge nachdenken musste.

»So! Jetzt habt ihr für eine Weile genug.«

Peter kippte den letzten Eimer vor die Säue, die begeistert mit den Schnauzen in dem Berg Gemüseabfall herumwühlten.

»Guten Appetit.«

Er öffnete das Gatter, verließ zusammen mit Vanja den Schweinestall und ging weiter in den Schuppen. Vanja blieb zurück und lehnte sich an die Scheunenwand. Was für ein schöner Herbsttag! Windstill, mit ein wenig Sonne.

Das Gespräch mit Sally am Tag zuvor steckte ihr noch in seiner Unfassbarkeit in den Knochen. Dass Sally tatsächlich mit der fast achtzigjährigen Lilian telefoniert hatte. Vanjas Pflegeschwester, die in ihren Teeangerjahren ein absoluter Jazzfan gewesen war und ständig über neue Jungs gemeckert hatte, in die sie verliebt war. Aber das waren auch quasi schon Vanjas einzige Erinnerungen an sie. Sie waren beide sehr auf das Wahren eines distanzierten Verhältnisses bedacht gewesen. Vanja hatte irgendwie an der Seitenlinie gelebt und Lilian war wohl nicht besonders froh darüber, dass ihre Eltern ein Pflegekind aufgenommen hatten.

Und dann war da noch Sally an sich. Der Eindruck von ihr als Person hatte sich insgesamt verstärkt. Ihre Ausdauer und das Vermögen, die Zähne zusammenzubeißen, waren wirklich bewundernswert. Und sie schien sich in ihrem Leben stetig weiterentwickelt zu haben.

Vanja blinzelte ins Sonnenlicht. Sie musste sich wohl auch selbst verbessern und teils eine andere werden. Ihre Vorurteile gegenüber reichen Menschen ließen sich von der Familie Hallqvist in Östermalm ableiten, dort hatte sie sich nie zuhause gefühlt. Aber mit Leif schon. Zusammengehörigkeit hatte mit etwas anderem zu tun als mit Geld.

Leif hatte gewollt, dass Vanja Sally von ihrer Kindheit erzählt. Damit hatte sie zumindest begonnen. Das hätte ihn sicher gefreut. Wenn er doch nur hier wäre.

Langsam spazierte sie zu ihrem gelben Längsgebäude und dachte an alles, was sie Sally in der Zeit seit ihrer ersten Begegnung im Frühling gesagt hatte, all die Erklärungen, die sie für ihren tiefen Verrat vorgebracht hatte. Beispielsweise, dass es Frauen in den Sechzigern nicht leicht gehabt hätten, insbesondere nicht, wenn sie versuchten, sich selbst zu verwirklichen. Solche Frauen seien im Unterschied zu Männern hart verurteilt worden. Das war gewiss wahr, aber es gab noch mehr Gründe.

Vanja ging in den Flur und hängte den grob gestrickten Mantel an einen Bügel. Den hatte sie vor knapp zwanzig Jahren in Kopenhagen in einem kleinen, engen Secondhandshop gekauft. Was sie Sally gestern über ihre Abneigung gegen gebrauchte Kleidung gesagt hatte, stimmte schon, aber es galt nur für ihre Kindheit und Teenagerzeit. Doch seit Anfang der Siebziger mochte sie Secondhand-Kleidung so sehr wie alle anderen. Sie und ihre Freunde waren erfinderisch gewesen und hatten die billigen Sachen repariert, in erster Linie, um sich selbst zu einzigartigen Individuen zu machen. Die Kleidung war fantasievoll und originell gewesen, und zugleich ein Protest gegen den Kommerz.

Sie erinnerte sich, dass Leif eine grüne Armyjacke gehabt hatte, nicht unähnlich ihrer eigenen. Sie war mit gestickten Blumen, aufgenähten Peacezeichen und Häkeldeko verziert gewesen. Anpassung war nie zur Debatte gestanden, er hatte immer alles auf seine Art gemacht. Genau wie sie.

Vanja sank in den Sessel.

Warum konnte sie Leif nicht vergessen, nicht einmal für einen Augenblick?

Ihr Hirn ackerte. Zum Glück wurde sie vom Telefonklingeln unterbrochen. Vibekes Name stand auf dem Display. Bestimmt hatte sie die Mail vom Verlag gelesen.

»*Schatz!*«, erklang die Stimme der Freundin, als Vanja ranging. »Vielen Dank! Ich kann es nicht fassen, dass diese alten Aufzeichnungen für irgendjemanden interessant sein sollen.«

Vanja lächelte und legte die Füße auf den Schemel.

»Ich hatte das im Gefühl. Und danke nicht mir, das hast du selbst alles geschrieben.«

»Ja, aber nur wegen euch wird etwas daraus. Wegen Josefin und ihrer Initiative. Und wegen Gorm, der eine Kopie davon aufgehoben hat. Und dann wegen dir, weil du den Kram eingeschickt hast.«

Vanja lehnte sich zurück. In der Magengegend vernahm sie ein leichtes Nagen. Als sie den Stapel Papier gemeinsam mit einem Begleitbrief in ein wattiertes Kuvert gesteckt, ihn sorgfältig verschlossen und dann die Adresse des dänischen Verlags darauf geschrieben hatte, war sie voller

Begeisterung gewesen. Mit einem erhabenen, feierlichen Gefühl hatte sie das Paket frankiert. Und natürlich hatte sie auf Erfolg gehofft. Aber nun, da eine positive Rückmeldung aus dem Verlag da war, wurde sie unruhig.

Was hatte darin eigentlich gestanden? Sie konnte sich nicht recht erinnern. Ein Haufen Zeug über das Leben in der Wohnkommune, so viel wusste sie noch, über das ganze Hin und Her zwischen Mikkel und Ditte und Karla. Und natürlich viel über die Lebensbedingungen von Künstlerinnen generell. Hatte sie Grund zu zittern, jetzt, da der Text veröffentlicht werden sollte?

Sie beschloss, kein Problem daraus zu machen. Bis zur Erscheinung des Buchs war noch Zeit. Sie konnte darum bitten, die finale Version vor Drucklegung zu lesen.

Während Vibeke von Grethes Freude über die Mail berichtete, schweiften Vanjas Gedanken ab. Zurück zum gestrigen Tag und Sally.

Letzten Endes war es nicht so schlimm, über die Vergangenheit zu sprechen. Nicht, wenn man die Teile selbst auswählen und den Rest streichen konnte. Und sie musste zugeben, doch ein wenig neugierig auf das zu sein, was Sally gefunden hatte. Diesen Umzugskarton.

Vanja ging in den Garten und schloss das Tor hinter sich so schwungvoll, dass das Schild klapperte. *Pension Pomona.* Das sollte bleiben, hoffentlich viele Jahre. Keine bescheuerte Nachbarin durfte Sallys Traum zerstören.

Über den Pflasterweg ging sie zu dem großen Haus. Auf dem Rasen stand Sallys Baum und war jetzt voller dunkelroter, reifer Äpfel. Er war genau so schön, wie es sich Vanja damals beim Pflanzen gewünscht hatte.

Sie ging weiter die Vortreppe hoch und registrierte, dass das keinerlei Beklemmung auslöste. Dabei war sie im Sommer vor Nervosität beinahe bewusstlos geworden, wenn sie unter den unterschiedlichsten Vorwänden hierhergekommen war, um ihre erwachsene Tochter zu treffen.

Vanja klopfte sanft an eine Hälfte der Flügeltür und drückte die Klinke nach unten. Hoffentlich war Sally schon wach, es war ja erst halb zehn Uhr morgens.

»Hallo?«, sagte sie vorsichtig.

Die Diele war leer. Aus der Küche hörte man Geschirr und Besteck klappern und Vanja steckte den Kopf durch die Tür. Sally räumte gerade den Geschirrspüler ein.

»Hallo, du so früh? Du frühstückst doch sonst lange?«

Vanja nickte. Das war wahr, sie ging es morgens ruhig an, war fast unanständig faul. Sie brauchte zwei Brote und eine große Tasse Tee und die Morgenzeitung, für die sie sich viel Zeit nahm. Aber Zigarillos auf der kleinen Holztreppe gab es keine mehr. Mit dem Rauchen war Schluss.

»Stimmt«, sagte sie. »Aber heute hatte ich nach dem Aufwachen keine Ruhe.«

Sally schloss den Geschirrspüler.

»Warum nicht?«

»Ich habe, glaube ich, gestern zu wenig gesagt. Du hast das Recht, mehr über meine Kindheit zu erfahren. Und dann musste ich an all diese Dokumente denken, von denen du gesprochen hast.«

Märta sprang nun vom Küchensofa, um Vanja zu begrüßen. Dann setzte sich die große Hündin neben sein Frauchen, das sie am Kopf kraulte.

»Vielleicht sollten wir dann direkt ins Turmzimmer gehen?«, fragte Sally. »Und in den Karton schauen.«

Vanja stimmte zu. Sie war bereit.

»Es könnte schwer für dich werden«, sagte Sally. »Nur damit du es weißt. Vielleicht erfährst du Dinge, die du nicht gewusst hast. Zum Beispiel über deine Mutter. Meine Großmutter.«

Großmutter. Das Wort kam so plötzlich. Vanja war überrumpelt. Diese bedeutsame Rolle, die sie im Verhältnis zu Josefin selbst hatte, hatte Sally immer missen müssen.

Sally ging ins Obergeschoss hoch, Vanja folgte ihr. Gespannt, aber entschlossen. Leif hätte gewollt, dass sie das tut.

Das Atelier war ein ziemlich staubiges Chaos. Die Luft roch abgestanden. Vanja blieb in der Tür stehen, erschlagen vom Licht und der Stimmung. All diese Ölbilder, Kohlezeichnungen und Aquarelle. Urplötzlich befand sie sich in einem Zustand von Hilflosigkeit.

»Du warst seit dieser Führung im Sommer nicht hier, oder?«, fragte Sally.

»Nein. Und das jetzt ist etwas völlig anderes.«

Vanja setzte sich auf einen mit Farbspritzern übersäten Hocker. Durchs Sprossenfenster sah sie das klare Wetter. Der Meereshorizont war gerade wie ein messerscharf gezeichneter Strich.

»Ich kann mich daran erinnern, wie ich als Schwangere hier oben war. Am Ende war der Bauch so riesig, dass es mühsam war zu malen. Für längere Zeit konnte ich weder sitzen noch stehen. Bin die Treppe hoch- und runtergekeucht.«

Beim Reden durchfuhr sie ein Hauch Nostalgie.

Aber Sally wirkte nicht sonderlich sentimental. Sie ging zu einem an der Wand stehenden Umzugskarton, zog ihn hervor und machte ihn auf.

»Da ist es. Das Material, das die Tochter der Sachbearbeiterin gefunden hat, als ihre Mutter in ein Heim für Demente gezogen ist.«

Vanja schielte zu dem Karton. Sie konnte Ordner und Hefter darin entdecken.

»Hat du alles gelesen?«, fragte sie.

»Das meiste zumindest.«

Sally wühlte in dem Karton herum und zog ein dickes, braunes A4-Kuvert heraus.

»Hier drin ist der Gerichtsbeschluss für die Inobhutnahme. Und Krankenakten. Darin steht in den Worten der Sachbearbeiterin eine Menge über deine Mutter.«

Sie strich mit den Fingern über das Kuvert.

»Meine Großmutter Elin war offenbar sehr stark. Und sie war Abstinenzlerin und darauf bedacht, alles in Ordnung zu halten. Ernst und überhaupt nicht schlampig, wie man glauben könnte. Und sie hatte Stolz.«

Vanja starrte auf das Kuvert. Die Beschreibung deckten sich mit ihren Erinnerungen. Sie machte keine Anstalten, ihre Hand danach auszustrecken. Wenn es wirklich zu handeln galt, war das Ganze nicht so leicht.

Sally legte das Kuvert zurück in den Karton und machte ihn wieder zu.

»Ich lasse alles hier oben stehen. Dann weißt du, wo es ist, wenn du reinschauen willst. Irgendwann in Zukunft.«

Sie ging zur Tür, hielt inne und wandte sich zu Vanja.

»Über deinen kleinen Bruder steht darin nicht viel. Ich habe es nach ihm durchforstet. Weißt du was von ihm? Ihr habt doch sicher im Erwachsenenalter mal Kontakt gehabt?«

Vanja stand auf. Wie gut, dass sie nicht genau jetzt diese

Dokumente durchgehen musste, und trotzdem wusste, wie sie aussahen. Sie würde eine Sache nach der anderen angehen.

»Einmal, mehr nicht. Wir haben uns fünfundzwanzig Jahre später in Kopenhagen getroffen, aber über nichts von Bedeutung gesprochen. Unsere Leben waren so verschieden.«

»Wie kam es, dass ihr danach nichts mehr voneinander gehört habt?«

»Wie gesagt. Wir hatten nichts gemeinsam.«

Vanja ging durch die Tür und die Wendeltreppe hinunter. Sally folgte ihr ins Erdgeschoss. Sie wirkte besorgt.

»Wie geht es dir? Tut mir leid, wenn du dich jetzt unwohl fühlst.«

»Nein, nein. Du musst dich nicht entschuldigen. Alles okay mit mir.«

Vanja begegnete dem Blick ihrer Tochter und lächelte, um zu unterstreichen, was sie gesagt hatte. Ein Schritt nach dem anderen, aber sie war auf dem richtigen Weg. Sie musste einfach nur in diese Richtung weitergehen und bald würde sie Leif sagen können, sie habe ihre Einstellung geändert und sei nun Herrin über ihr eigenes Leben. Vielleicht würde das für ihn eine Rolle spielen, vielleicht auch nicht. In erster Linie tat sie das für sich. Und für Sally.

Josefin

Das Badhotell war hell erleuchtet. Aus der Ferne sah es prachtvoll aus, wie ein funkelndes Schmuckstück im Abenddunkel. Durch die großen Fenster sah man die Deckenleuchten in Form von weißen Porzellankugeln in der Luft schweben.

Josefin und Harald hatten ihr Auto etwas weg am Straßenrand geparkt. Sie näherten sich dem Gebäude und sahen, dass keiner der Gäste den Blick Richtung Meer gerichtet hatte. Alle schauten ins Innere des Lokals, wo Cilla Strömberg in ein Mikrofon sprach. In Dunkelheit gehüllt, konnten Josefin und Harald sie mit dem Rücken zur Garderobe stehen sehen. Sie trug ein rotes, langes Kleid und die blonden Haare waren elegant hochgesteckt.

So geräuschlos wie möglich gingen Harald und Josefin über den Kies zur Treppe am Gebäudeeingang auf der rechten Seite. Die Tür war nicht verschlossen, als Josefin die Klinge nach unten drückte, ging sie auf. Sie wechselte einen kurzen Blick mit Harald und schlich dann in die Garderobe. Er schloss lautlos die Tür hinter ihnen.

Cillas kräftige Stimme drang aus dem Speisesaal. Sie hielt eine Rede, in der sie ihren Gästen für die schönen Aufmerksamkeiten zu ihrem Vierzigsten dankte. Sie könne sich kein besseres Geburtstagsgeschenk vorstellen, als dass sie alle gekommen seien.

»Danke, liebster Lorenz, dass du dieses wunderbare Fest auf die Beine gestellt hast. Du bist der Mann meines Lebens. Du kennst mich in- und auswendig. Du weißt genau, was ich brauche. Ich freue mich darauf, die ganze Nacht mit euch zu feiern. Beziehungsweise die halbe Nacht. Als Vierzigjährige verträgt man nicht mehr so viel wie früher. Und manche von euch wissen, wovon ich spreche. Bitte nicht falsch verstehen.«

Man hörte die Gäste lachen. Kurz fiepten die Lautsprecher von Feedbacks, danach sprach Cilla weiter.

»Wie auch immer. Ich will mich auch dafür bedanken, dass ihr euch in Schale geschmissen habt und das an einem Dienstag. Ich wollte unbedingt an meinem eigentlichen Geburtstag feiern.«

Josefin und Harald sahen einander an. Josefin wusste, was er dachte, nämlich dasselbe wie sie. Was für ein unglaubliches Glück, dass sie eben jetzt angekommen waren. Als ihre Mutter von Cillas Party am heutigen Abend erzählt hatte, hatte Josefin nur gedacht, das könne eine gute Gelegenheit sein. Aber sie hatte niemals damit gerechnet, dass ihnen außerdem das perfekte Timing gelingen würde.

»Für mich markiert die Vierzig eine wichtige Grenze«, sagte Cilla drinnen. »Man hat sich mittlerweile selbst kennengelernt und weiß, wer man ist. Der vierzigste Geburtstag ist eine Art Neuanfang. Und ich habe große Pläne. Träume, die ich verwirklichen will, denn das Leben ist nicht unendlich, und man muss in das investieren, was man möchte, bevor es zu spät ist.«

Ein paar Leute pfiffen und applaudierten ein wenig. Als es wieder ruhig war, sprach sie weiter.

»Ich habe mein Projekt bisher geheim gehalten, weil ich erst darüber reden wollte, wenn es spruchreif ist. Aber ein paar von euch wissen schon was. Einen kleiner Hinweis nur für alle, die das geliebte, alte *Pomona Inn* vermissen: Ihr könnt euch auf einen neuen Treffpunkt in Kivik freuen.

Und zwar einen zeitgemäßen und gemütlicheren. Noch dazu in besserer Lage, nämlich näher am Meer.«

Jetzt brandete Jubel und Applaus auf.

»Ich habe das perfekte Gebäude ausgewählt«, sprach Cilla weiter. »Momentan ist es noch in Privatbesitz und wird teils als Pension verwendet. Es ist ziemlich heruntergekommen, kann aber renoviert und sehr charmant werden. Man muss das Haus nur vollständig entkernen, alles rausreißen und umbauen.«

Josefin wagte sich vor zur Tür, die in den Speisesaal führte, und schaute hinein. Lorenz stand zufrieden nickend neben Cilla vorm Publikum, lehnte sich nun zu ihr und griff nach dem Mikrofon.

»Liebling, willst du nicht enthüllen, was wir vorhaben? Ich glaube, alle sind neugierig geworden.«

Cilla spielte die Wütende und gab vor, das Mikrofon wieder an sich zu reißen. Dann blickte sie über den Speisesaal.

»Okay! Wollt ihr es hören?«

»JAA!«, schrien die Gäste im Chor.

Cilla wartete würdevoll, bis es wieder still war.

»Tagsüber werde ich eine Bäckerei und ein Café eröffnen. Eines der Luxusklasse. Nichts großes, aber mit exklusiver Atmosphäre. Guter Kaffee, Sauerteigbrot, leckerstes Gebäck.«

Heitere Rufe schallten in die Garderobe.

»Aber jetzt kommt das Beste«, sprach Cilla weiter. »Abends wird sich der Ort in einen Treffpunkt mit Lizenz zum Alkoholausschank verwandeln. Ein kleines, lokales Pub, in dem sich die Leute aus dem Ort ganz entspannt treffen können. Denn ich finde, das fehlt uns heute in Kivik.«

Wieder wurde laut applaudiert, gerufen und gepfiffen. Cilla reckte eine Siegerfaust in die Luft.

»Yes! Das Neue *Pomona Inn* wird dem ganzen Ort einen Schub nach vorne geben. Man kann sich dafür alles Mögliche ausdenken, vielleicht Musikdarbietungen oder Stand-up-Comedy! Was weiß ich? Wir werden sehen. Erst muss die Besitzerin in den Hausverkauf einwilligen. Aber ich rechne damit, dass das schnell über die Bühne geht.«

Josefin stand noch immer halb verborgen an der Tür. Sie war wie Harald starr und wie angewurzelt, konnte keinen Muskel bewegen. Das musste Åkes Haus sein, von dem Cilla da sprach.

Harald rüttelte sie leicht am Arm.

»Los jetzt«, flüsterte er. »Geh rein, bevor sie fertig ist. Warte nicht länger.«

Josefin erwachte wieder zu Leben. Er hatte Recht, sie musste rasch handeln. Sie umklammerte das gefaltete Papier, auf das sie geschrieben hatte, was sie sagen wollte. Nach den Gesprächen mit Göran und der Juristin Caroline hatte sie Notizen in Form von drei Punkten gemacht. Ihre Zeit würde begrenzt sein.

Dann betrat Josefin den Speisesaal und ging auf Cilla zu. Ihr Herz raste und die Beine zitterten, sodass sie kaum gehen konnte, aber sie versuchte, es zu verbergen. Harald folgte ihr und stellte sich neben sie.

Alle Gäste saßen mit dem Gesicht zu ihr. Josefin sah, wie sie überrascht zusammenzuckten, bevor Cilla sie überhaupt bemerkt hatte. Sie erkannte mehrere Leute an den Tischen, darunter Pontus und Anette Furumo, auch Herman und Katinka Stenman waren da, sowie diese Jennifer vom Fahrradfest und ihr Mann. Weiter hinten, in einer

Ecke, saßen Svante und Kristin Björk, mehr herausgeputzt, als sie Josefin je zuvor gesehen hatte.

Cilla drehte sich um. Sie entdeckte Josefin und Harald, ließ das Mikrofon sinken.

»Was macht ihr hier?«

Josefin bewahrte Ruhe.

»Hör auf, meine Mutter zu schikanieren.«

Cillas Blick wurde dunkel, die klaren Züge wurden ernst.

»Geht weg. Das ist ein privates Fest. Wir haben das ganze Restaurant gebucht.«

Sie sah sich nach jemandem vom Personal um. Josefin machte einen Schritt vor und schnappte sich das Mikro. Dann schaute sie in die Gästemenge.

»Ich heiße Josefin Larsson und meine Mutter Sally ist die Betreiberin der *Pension Pomona* in Kivik.«

Die eigene Stimme über einen Lautsprecher zu hören, war seltsam, hatte aber einen bestärkenden Effekt auf sie. Sie war gekommen, um etwas Wichtiges zu sagen, das alle hören mussten.

»Meiner Mutter gehört das Haus, von dem Cilla gesprochen hat. Aber es steht nicht zum Verkauf, sie wird ihre Pension darin fortführen. Und die Methoden, mit denen Lorenz und Cilla vorgehen, sind unfair. Sie sabotieren meine Mutter, indem sie Lügen verbreiten.«

Cilla grapschte nach dem Mikrofon, erwischte es aber nicht. Die schön gekleideten Menschen um die Tische waren mucksmäuschenstill, wie in Schockstarre. Josefin wandte sich in Richtung Cilla und Lorenz, faltete das Papier auf und las ihre Notizen.

»Ihr habt den Häuserdurchgang okkupiert, der neben eurem Grundstück liegt, damit die Gäste meiner Mutter nicht die Abkürzung ans Meer nehmen können. Das ist jedoch verboten, der Grund gehört der Gemeinde und soll von allen genutzt werden können.«

Lorenz wollte protestieren, wurde aber von einem Blick Cillas zurückgehalten.

»Und da wir schon von der Gemeinde reden, von der dein Heimpflegedienst einen Auftrag hat, Cilla. Wie es scheint, hast du kommunale Mittel zur eigenen Bereicherung verwendet. Soweit ich verstehe, gibt es jede Menge Fälle, in denen du falsche Zeiten und falsche Personalschlüssel angegeben hast.«

Cilla schien gleich zu implodieren. Aber Josefin las weiter.

»Offenbar hast du eine höhere Stundenzahl aufgeschrieben, um mehr Geld von der Gemeinde zu erhalten. Ein Großteil deiner Klienten ist genaugenommen nicht einmal krank.«

Jetzt konnte sich Cilla nicht mehr beherrschen.

»Was ist das für ein Papperlapapp?«, schrie sie.

Josefin fuhr einfach fort.

»Der zuständige Sachbearbeiter hat einer Menge Pflegeeinsätze und dem Einkauf von technischen Hilfsmitteln, Rollatoren und so was, zugestimmt, die eigentlich nicht nötig waren. Offenbar gibt es auch Leute, die aus deinem Betrieb Geld erhalten haben, um kränker zu spielen, als sie sind.«

Cilla und Lorenz sahen sich an, jetzt wirkten sie fast panisch.

»Raus hier!«, brüllte Cilla und versuchte wieder, das Mikro an sich zu reißen. »Das sind alles nur Lügen!«

Josefin machte schnell.

»Damit kommen wir zu Lorenz' Schreinerei«, sagte sie

und blickte zu den Zuhörern. »Die ohne Rechnungsstellung private Renovierungen bei Mitgliedern des Gemeinderats von Simrishamn durchgeführt hat. Was auf Bestechung und Betrug hindeutet und Strafgelder oder Gefängnis bis zu sechs Jahren nach sich ziehen kann.«

Lorenz wandte sich ans Servicepersonal.

»Sie lügt das Blaue vom Himmel! Kann sie jemand von hier entfernen?«

Niemand rührte sich. Nur ein älterer Herr stand auf.

»Ich muss sagen, diese Sache mit dem Durchgang stört mich ebenfalls. Der war seit Urzeiten eine natürliche Passage zum Meer. Viele kleine Ortsstraßen stammen aus der Epoche, als Kivik ein bedeutendes Fischerdorf war. Sie gehen in eine alte Kultur ein.«

Ein paar andere Gäste nickten zustimmend. Cilla wirkte nun noch wütender, mit einer plötzlichen Attacke konnte sie Josefin das Mirko aus der Hand entwenden.

»Leute, ich glaube, wir essen nun lieber das Dessert!«, schrie sie. »Alles, was hier gesagt wurde, ist erlogen und übertrieben. Es ist dermaßen unverschämt, ungebeten ein Geburtstagsfest zu stürmen. Aber das wird Konsequenzen für euch haben, darauf könnt ihr euch verlassen!«

Sie atmete ein paar Mal durch, dann setzte sie erneut an.

»Abgesehen davon weiß ich, dass sich viele im Ort über mein neues Projekt freuen werden. Wir brauchen Arbeitsplätze für unsere Jugend. Mein Vorhaben wird die Gemeinschaft noch lebendiger machen.«

Cilla wandte sich Richtung Josefin, jetzt mit einem breiten Lächeln. Sie presste das Mikro ans Kinn.

»Und weißt du was? Ihr habt schon verloren. Lorenz und ich werden auch euren Hof kaufen. Vallmogården!«

Sie lachte laut.

»Die Nachbarsbauern werden euch wegen Tiermisshandlung anzeigen. In der Haltung eurer Hühner und Schafe gibt es nämlich ziemliche Mängel. Danach werdet ihr wohl wegziehen müssen. Und dann kaufen wir Vallmogården und machen daraus einen Pferdehof, ein richtiges Paradies für den Reitsport. Was auf lange Sicht noch mehr Arbeitsplätze bringt.«

Cilla nickte in den Speisesaal.

»Vielen Dank an Svante und Kristin Björk, die bei diesen Plänen unsere Mentoren und Inspiration waren. Sie haben selbst viele Jahre Pferdezucht betrieben und sind erfahrene Hofbesitzer in der Nähe.«

Josefin und Harald sahen erst einander an, dann zu den Björks, die mit neutralen Gesichtern nebeneinander am Tisch saßen. Harald war rasend, das konnte Josefin sehen. Sie packte ihn am Arm.

»Komm. Wir können jetzt gehen.«

»Aber willst du sie dastehen und solche Sachen behaupten lassen?«

Josefin zog ihn Richtung Ausgang.

»Weiter kommen wir hier nicht. Wir haben jetzt gesagt, was wir loswerden wollten.«

Sie kamen auf den Kiesplatz vor dem Hotel und gingen schnell weiter Richtung Auto.

»Mach dir keine Sorgen«, sagte Josefin. »Niemand kann behaupten, dass es unseren Tieren nicht gutgeht.«

Aber Harald konnte sich nicht beruhigen.

»Bist du dir sicher? Cilla mit ihren Kontakten im Gemeinderat. Was wenn Cilla und Lorenz dafür sorgen, dass wir den Hof verlieren?! Bestimmt haben sie die Bauern rundherum bestochen, Anzeige gegen uns zu erstatten. Und Svante und Kristin? Scheiße, Mann!«

Josefin schloss das Auto auf und setzte sich hinters Steuer. Nein, sicher war sie nicht, und wäre sie nicht voll Adrenalin, würde sie lauthals losheulen. Doch sie riss sich zusammen.

Svante und Kristin Björk. Das deutlich ältere Paar, die ihre einzigen, richtigen Freunde gewesen waren, oder zumindest etwas in der Art, von Anfang an. Die eingesprungen waren und alles Mögliche auf dem Hof geholfen hatten. Die ihnen Werkzeug und Geräte geliehen, sie zum Essen eingeladen und freigiebig gute Ratschläge und Geschenke verteilt hatten.

Jetzt gab es überhaupt niemanden mehr, mit dem man sich treffen oder von dem man Unterstützung erhalten konnte. Es war fraglich, ob es überhaupt ging, auf einem Hof mitten in der schonischen Einsamkeit zu leben, wenn man überhaupt keine Freunde hatte.

Vanja

Vanja hatte nach ein paar Stunden wieder vor Sallys Haustür gestanden. Der Karton ließ ihr einfach keine Ruhe. Nun hatte sie den ganzen Nachmittag im Turmzimmer verbracht. Allein. Die meiste Zeit hatte sie auf dem Hocker mit den Farbspritzern gesessen, war nur hier und da durch das enge, kleine Atelier geschlendert. Manchmal war sie stehen geblieben und hatte durchs Fenster zum Meereshorizont geschaut. Der Himmel war bedeckt, aber die Schönheit der Wasseroberfläche blieb, egal, was für ein Wetter herrschte.

Um sie herum lag alles aus diesem Pappkarton, den Sally von der Tochter der Sachbearbeiterin mitgebracht hatte. Die Frau, die in den Fünfzigern für die Behörden in Vänersborg gearbeitet hatte und heute knapp einhundert Jahre alt war.

Vanja hatte fast alles gesichtet. Einen Teil hatte sie überflogen, anderes war nicht von großem Wert, aber vieles war unerhört berührend und schwer verdaulich. Bisweilen hatte sie leise heulend auf dem Hocker gesessen. Aber auch wenn diese Stunden eine Qual gewesen waren, hatte sie die ganze Zeit auch ein Gefühl von Reinigung. Das hier war nötig. Auf der anderen Seite wartete vermutlich ein anderes und besseres Leben auf sie. Eine größere Ganzheit.

Sally hatte nicht viel gesagt, als sie heute Morgen geklopft hatte, hatte sie nur in die Diele gelassen, auf Vanjas Frage hin stumm genickt und war dann ihren Arbeiten nachgegangen. Beim Hochgehen in den Dachboden hatte Vanja abermals gedacht, das Wichtigste sei, Ja zu Sallys

Bitte zu sagen. Ihrer Tochter den Wunsch zu erfüllen, sich richtig zu begegnen, über das zu sprechen, was ihren gemeinsamen Ursprung ausmachte. Wie kompliziert das auch war.

Leif war in diesem Zusammenhang zweitrangig. Das redete sie sich jedenfalls ein.

Vanja legte alle Ordner, Hefter und Dokumente wieder in den Karton. Dann ging sie zu Sally hinunter, die am Herd stand und in einem großen Topf Apfelmus kochte.

»Ich bin jetzt durch. Es hat gedauert, aber das war es wert.«

Sally rührte im Mus. In der ganzen Küche roch es nach Kivik und Sicherheit und Nostalgie.

»Du musst hungrig sein«, sagte sie. »Möchtest du was? Ein Bier und ein Brot?«

»Nein, ich fahre nach Hause. Aber vielen Dank. Für alles.«

Vanja blickte Richtung Obergeschoss.

»Das ist viel zu verdauen.«

»Ja.«

Mehr wurde nicht gesagt. Das Ganze war zu riesig, um jetzt im Moment damit umzugehen, die Worte wollten sich nicht richtig fügen. Aber etwas Neues lag in der Luft.

Die Heimkehr wurde hinausgezögert, Vanja fuhr einen langen Umweg. Planlos nahm sie größere und kleinere Straßen durch diese Landschaft, die sie so gerne mochte. Durchs Autofenster blickte sie über Wiesen, Waldstriche, Ortschaften. Hier und da fiel ihr ein etwas trostloses Haus auf und sie fantasierte, wie es wäre, wenn sie ihr ganzes Leben dort verbrachte hätte. Mit einem Sportfanatiker als

Ehemann und einer Arbeitsstelle in einer Großküche, Bank oder vielleicht einem Kleiderladen. Mittlerweile wäre sie seit ein paar Jahren Rentnerin und würde Golf spielen. Oder vielleicht Bridge oder Bingo. Oder was auch immer Rentnerinnen tun.

Zugleich konnte sie sich nicht gegen die Erinnerungsbilder wehren, die auf sie einströmten. Leif, wie er ihr den Arm um die Schultern legte, sein Kinn auf ihrem Scheitel. Sie selbst, wie ihr Kopf an Leifs Schulter ruhte und er ihren Oberarm streichelte.

Kleine, winzige Gesten der Nähe. Deren Abwesenheit merkwürdig und schwach schmerzte. So einen Schmerz hatte sie noch nie erlebt. Und dabei war sich schon über siebzig Jahre alt.

Vanja verringerte das Tempo, ließ den Wagen einfach rollen, damit sich ihr Herz beruhigen konnte. Die Farbskala rundherum war noch graubrauner als üblich. Die Wolkendecke war dicht, vermutlich zog Regen auf. Wohin sie auch schaute, war die Welt wie ein Aquarell. Breite, verwaschene Linien vom einen Papierrand zum anderen.

Sie dachte an den Malkurs. Eine Teilnehmerin war bei ihr hängengeblieben, ohne dass sie wusste, warum. An einem der Tage, als sie im Freien gearbeitet hatten, hatte Vanja die massige Gestalt halb von hinten beobachtet. Die Frau hatte einen kamelfarbigen Mantel getragen und über der Schulter hing an einer goldenen Taschenkette ein schwarzes Lederhandtäschchen, das sie auch beim Malen an der Staffelei nicht abnahm. Die Tasche baumelte vor und zurück, was die Frau nicht zu stören schien. Sie sprach Stockholmerisch in besonders aristokratischer Ausdrucksweise und ihre Kleidung war scheinbar schlicht, aber von höchster Qualität. Irgendwas an ihrer souveränen, ungekünstelten Selbstsicherheit ließ Vanja nicht los.

Auf einmal wusste sie, was es war. Die Kursteilnehmerin hatte frappierende Ähnlichkeiten mit ihrer Pflegemutter. Gerda hatte oft ein hübsches Goldarmband ums Handgelenk gehabt, und ihr Blick und die Stimmlage waren dieselbe gewesen. Wenn sie zum Beispiel anmerkte, Vanja müsse immer gebügelte Kleidung, Lackschuhe und ein Seidenband in den Haaren haben und dürfe sich beim Spielen nicht schmutzig machen.

Vanja steuerte in einen Seitenweg, der direkt in den Buchenwald führte. Sie konnte Gerda vor ihrem inneren Auge sehen, wie sie, von der Seite durch die Stehlampe mit dem roten Schirm beleuchtet, auf dem Carl-Malmsten-Sessel saß. Mitten im Wohnzimmer mit seinen glatten Gardinen, dunklen Bücherregalen und dem Kristallkronleuchter an der Decke. Dort hatte ihre Pflegemutter oft gesessen und ein Buch gelesen, vor allem Romane mit übertrieben schönen Gesichtern und verschnörkelter Schrift auf dem Cover. Im Zentrum all dieser Bücher hatte dasselbe Liebespaar gestanden, das nach diversen Verwicklungen am Ende zueinanderfand.

Der Buchenwald endete und Vanja merkte, dass sie gedankenlos eine Abkürzung genommen hatte. Jetzt war sie bald in Svinaberga. Wenige Minuten später fuhr sie durch das Örtchen und bog zu Peters Hof ab. Als sie aus dem Auto stieg und zu ihrem gelben Längsgebäude ging, spürte sie eine neue Stabilität im Körper. Sie war bereit, Leif zu kontaktieren.

Er nahm ihren Anruf an. Ein erster Teilsieg.

»Wie geht es dir?«, fragte er.

»Naja. Das Wetter ist trist, aber ich habe im Atelier zu tun. Also fehlt es mir an nichts.«

Vanja verstummte. Der letzte Satz war kompletter Unsinn. Warum hatte sie das gesagt? Dass das gelogen war, verstand Leif natürlich. Dadurch hatte sie ihm nur das Bild eines verlogenen Menschen gezeichnet, der das Bedürfnis hatte, sich hinter einer Maske zu verbergen. Das Gegenteil von dem, was sie wollte.

»Sally hat Schwierigkeiten mit einem Nachbarspaar«, sprach sie weiter, damit das Schweigen nicht zu lang wurde. »Die denken nur an sich selbst. Es kann einen ziemlich runterziehen, wenn man sieht, wie egoistisch Leute sein können.«

Sie wurde wieder unruhig. Warum redete sie nur über anderes Zeug und nicht über das einzig Wichtige? Wie sie vor ein paar endlosen Tagen auseinandergegangen waren. Was sie gesagt hatte und warum. Wie sie sich ihrer Ansicht allein in diesen wenigen Tagen schon verändert hatte. Er musste doch denken, sie sei nicht ganz dicht.

Aber Leif antwortete wie immer, ruhig und entspannt. Nichts deutete darauf hin, dass er negativ über sie dachte. Er pflichtete ihr bei, man könne erstaunt sein, wie Menschen einzig auf ihren eigenen Vorteil bedacht seien.

»Viele Menschen, denen ich begegnet bin, glauben, dass Egoismus unser Naturzustand ist«, sagte er. »Aber das ist völlig falsch. Schuld daran ist vielmehr unsere moderne Zivilisation, die auf Wettbewerb und Selbständigkeit baut.«

Seine Stimme füllte Vanja ganz aus, durchflutete ihr System. Dass Leif sie ständig zum Nachdenken über neue

Dinge brachte, war faszinierend. Selbst jetzt, nachdem sie auseinandergegangen waren. Aber sie wusste auch, dass sie bald über das sprechen würden, was zwischen ihnen geschehen war.

»Glaubst du das?«, fragte sie. »Dass wir von unserer spätkapitalistischen Gesellschaft derart geformt werden?«

»Ja, absolut. Im Grunde sind wir Menschen solidarisch. Unsere Fähigkeit zur Zusammenarbeit hat uns so weit gebracht. Nicht zuletzt wirtschaftlich.«

Sie war überzeugt, dass er Recht hatte. Und sie hatte seine Art zu reden und zu denken vermisst. Ziemlich.

Aber dann sah sie ihn in ihrem wohlbekannten Kindheitsviertel in Östermalm vor sich. Zwischen den Jahrhundertwendebauten auf dem Heimweg von einem Abendessen im Restaurant. Die schönen Fassaden in Löwengelb, Pistaziengrün oder Eierschalweiß. Geschwungene Erker, Balkone mit gewundenen, schmiedeeisernen Geländern, geschmackvoll gestrichene Fensterrahmen.

Vanja wusste genau, wie die Zimmer in diesen luftigen Häusern aussahen. In so einem hatte sie von ihrem zehnten bis siebzehnten Lebensjahr gelebt. Die Familie Hallqvist hatte eine Paradewohnung mit vier Zimmern zur Straße raus und drei Richtung Innenhof gehabt, plus einer großen Küche und einer Dienstmädchenkammer.

Leif wohnte sicher ähnlich. Sie bekam klaustrophobische Zustände und Herzrasen. Es ging einfach nicht.

So höflich wie möglich beendete sie das Gespräch. Dann stellte sie sich wie immer, wenn sie etwas bekümmerte, ans Fenster und versuchte, den Herzschlag zu beruhigen. Sie blickte über die hügelige Wiesenlandschaft. Dahinter in der Ferne lag befreiend weit das Meer.

Leif lebte sein Leben. Und sie war auf ihrer eigenen Wanderung unterwegs. Weites Gehen gab starke Beinmuskeln und gute Kondition. Sie kam nun weiter als je zuvor. Dank Sally und Josefin. Vielleicht war es an der Zeit, Bosse aufzusuchen? Ihren kleinen Bruder. Ein Wiedersehen mit ihm wäre schön.

Die Bäume schwankten im Wind. Standen da so einsam auf der leeren Kuhweide des Nachbarn. Vanja überlegte, was sie Bosse sagen würde, wenn sie sich sähen. Eigentlich war es ganz einfach. Sie würde fragen, wie sein Leben verlaufen war, und von ihrem erzählen. Dem langen Weg ins Apfelreich.

Sally

Sally stellte eine Saftkaraffe auf den Tisch im Wintergarten. Sie hatte im Schrank eine Flasche von Liselotts im Sommer gekochtem Erdbeersaft gefunden. Der passte gut zu den Vanilleschnecken, die sie aufgetaut und warmgemacht hatte. Josefin musste sich offensichtlich für eine Weile klein und umsorgt fühlen können. Wie sie da mit hochgezogenen Beinen auf dem Korbstuhl saß, wirkte sie wie ein zerzaustes Vögelchen.

Auch Sally war nach ihrem Bericht erschüttert. Konnte das wirklich wahr sein? Planten Cilla und Lorenz, sie aus Kivik zu vertreiben, Åkes Haus zu kaufen und umzubauen? Um darin eine Bäckerei mit Café und ein Pub zu eröffnen. Und dann auch noch Vallmogården zu übernehmen. Das klang nicht ganz gescheit.

»Ich hätte nie gedacht, dass sich Svante und Kristin Björk auf Cillas Seite stellen würden«, sagte Josefin. »Das ist komplett verrückt.«

»Ja, allerdings.«

»Harald und ich verstehen die Welt nicht mehr.«

Sally setzte sich in den zweiten Korbstuhl und schenkte beiden ein.

»Aber eins nach dem anderen. Dass Harald und du eure Tiere nicht ordentlich behandelt, ist schlicht eine Lüge, um die ihr euch nicht kümmern müsst.«

Josefin nahm ihr Glas und trank. Sie starrte in die Luft und biss sich auf die Lippe. Fast sah sie aus wie damals, als sie herauszufinden versuchte, wie man an eine Ranke herankommen konnte, die sich unter die Dachziegel gewunden hatte. Oder wie man eine Barriere baute, damit die Hühner nicht die frisch gesäte Saat fressen konnten. Aber das war kein solches Problem.

Sally hätte gern etwas gesagt, was Josefin wieder glücklich machen würde, aber es fiel ihr schwer. Sie hatte nämlich selbst Angst. Diese Cilla schien skrupellos zu sein. Sie und ihr Mann. Wie man gegen solche Personen kämpfte, wusste sie nicht.

Der Erdbeersaft war inmitten des Chaos ein schwacher Trost. Er schmeckte nach Sommer und Sallys Stimmung hob sich ein wenig. Wenn die schonischen Erdbeeren das nächste Mal reif sein würden, gedachte sie wie jetzt mit Josefin im Wintergarten zu sitzen. Dann wäre Hochsommer und das zweite Jahr in Folge würden Gäste die Pension füllen.

»Harald und du seid vollkommen kompetent, einen Hof zu betreiben«, sagte sie. »Da kann niemand etwas anderes behaupten.«

»Aber wenn nun Cilla und Lorenz eine Menge Dreck über uns verbreiten, dann glauben ihnen die Leute vielleicht?«

Sally schob ihr den Brotkorb mit den klebrigen Vanilleschnecken hin.

»Hier, nimm. Und dann fassen wir Mut, wir beide. In erster Linie kannst du wohl erleichtert sein, dass du Cillas und Lorenz' wahres Gesicht gesehen hast, bevor es zu mehr gekommen ist.«

Josefin nickte, starrte aber noch immer ins Leere.

»Ich hatte solche Hoffnungen. Harald auch. Dass wir endlich Erdwärme installieren können. Und die Fassade günstig renovieren.«

»Natürlich. Aber das wäre nicht mit rechten Dingen

zugegangen. Und ihr hättet in der Schuld der beiden gestanden. Jetzt bleibt euch das erspart. Ihr macht einfach weiter. Lebt wie bisher euer Leben auf eurem Hof. Ihre Art zu lügen und Gerüchte zu verbreiten, wird nicht auf Dauer funktionieren.«

Josefin nahm eine Vanilleschnecke und biss hinein, kaute langsam und schweigend.

»Wir können doch einfach beschließen, dass wir nächsten Sommer in Vallmogården zusammen helfen?«, meinte Sally. »Du und ich und Harald und Peter, und dann Vanja. Und vielleicht auch Göran und Inger. Erna darf uns anfeuern. Vielleicht habt ihr kein Geld für Erdwärme, aber die Fassade und eine Menge andere Sachen können wir reparieren.«

Josefin wirkte eine Spur froher, dann zog sie die Augenbrauen kraus.

»Und was ist mit dir? Und der Pension? Wer sagt, dass Cilla ihre Androhungen nicht umsetzen kann?«

Sally schüttelte den Kopf.

»Das werde ich nicht zulassen. Ganz einfach. Und Punkt.«

Sie meinte das völlig ernst und trotzdem kroch Unruhe durch ihren Bauch. Cilla wirkte unberechenbar. Was Peter über sie gesagt hatte, von wegen, sie stamme aus einer gutbürgerlichen Familie, die seit Generationen zur Sommerzeit in Kivik lebte, schien ebenfalls bedrohlich. Wie auch die Tatsache, dass sie alles und jeden in der ganzen Gegend kannte. Obwohl sie in Lund aufgewachsen war, schien sie mit jedermann befreundet und hatte sowohl beruflich wie auch privat ein großes Netzwerk an Beziehungen.

Angesichts von Cillas Stärke und manipulierender Art

konnte alles geschehen. Egal, was sie Josefin versprochen hatte, wenn alles schiefging, musste Sally zurück nach Stockholm ziehen, sich eine kleine, billige Wohnung suchen und darum betteln, ihren alten Job in dem Mittagslokal wiederzubekommen.

Sie erinnerte sich an die Atmosphäre in der fettigen, hektischen Küche. Wie sie mit gebratenem Fleisch und Pommes Frites hin und her gerannt war und zugleich mitgekriegt hatte, wie sich Koch und Küchenchef gegen den armen Lehrling verbündeten. Der ging auf die Fünfunddreißig zu, lebte aber noch immer im Keller seiner Eltern, in einem Zimmer voller Actionfiguren. »Na, wie läuft es mit der Sammlung?«, hatte der Koch immer gefragt und laut gekichert, während er Reihen von brutzelnden Hamburgern auf dem Grill wendete. Der Küchenchef hatte meist nur gegrinst. Der Lehrling hatte schweigend und mit rot angelaufenem Gesicht weiter Zwiebeln gehackt. Als ihn die Tyrannen einmal richtig schlimm gemobbt hatten, war Sally zu ihm gegangen. »Kümmer dich nicht darum«, hatte sie gesagt. »Es ist völlig okay, Interessen zu haben, die einem wichtig sind. Versuch, einen anderen Job zu finden. Ohne Idioten.« Der Lehrling hatte dankbar gewirkt, aber alles war weitergegangen wie zuvor.

Märta hatte sich vor den Kachelofen gelegt. Ihre große, ergebene Hündin. Wenn Sally wegziehen müsste, müssten Harald und Josefin Märta übernehmen, sie hatten sie ja auch zu Beginn gehabt. Aber das war, als würde man ein Kind weggeben. In Stockholm würde es dem Hund nicht gefallen. Märta war daran gewöhnt, an den Strandwiesen Gassi zu gehen, die Fährte von Wildhasen aufzunehmen und im Meer zu planschen.

Dann wäre da noch Vanjas altes Atelier oben im Turmzimmer. Wenn Cilla und Lorenz das Haus entkernen würden, würde es wohl verschwinden. Das durfte einfach nicht geschehen.

Sally dachte daran, wie Vanja gestern gekommen war und gebeten hatte, in Paulas Karton schauen zu dürfen. Sie war doch tatsächlich in ihrer weiten Cordhose und der Jacke mit Tarnmuster und Blumengirlande am Ärmel in den Dachboden gegangen und mehrere Stunden dort geblieben! Und anschließend hatte sie beinahe erleichtert ausgesehen. Wahrscheinlich war es trotz allem schlimmer, nicht zu wissen, was wirklich in dem Material stand, als Gewissheit zu haben. Wie schmerzlich sie auch war.

Obwohl Vanja nichts gesagt hatte, hatte eine Veränderung stattgefunden. Was für eine, würde sich zeigen. Sally hatte ihr durchs Küchenfenster nachgesehen, bis sie durchs Gartentor verschwunden war. Auf dem Rücken ihrer Jacke prangte eine Applikation aus goldenem Seidenstoff mit einem großen Peacezeichen aus Pailletten darauf.

Von der Straße erklang ein Hupen. Sally und Josefin sprangen gleichzeitig auf. Es war Liselott, die vorm Grundstück gehalten hatte. Sally ging zu ihr, sie waren seit dem Friseurkurs noch kaum zum Reden gekommen.

Liselott ließ das Fenster herunter. Das Autoradio spielte fröhliche Musik.

»Wie läuft es mit deinem neuen Salon?«, wollte Sally wissen.

»Der wird. Ich war gerade Paneele kaufen. Habe sie bei Lorenz günstig bekommen.«

Bei diesem Namen erstarrte Sally.

»Lorenz Strömberg?«

»Ja, genau.«

»Aha, aber ...«

Liselott unterbrach sie, sie wollte noch mehr erzählen.

»Cilla hat mir versprochen, den Salon ihren Klienten zu empfehlen. Dafür bekommt sie billigere Fußpflege. Wir helfen uns gegenseitig.«

»Ach ja?«

Liselott seufzte.

»Ja, ich weiß, sie hat sich dir gegenüber dreckig benommen. Einfach so in den Lesekreis zu platzen und rumzukeifen, war wirklich nicht okay. Cillas Temperament war schon immer sehr hitzig, aber sie meint es nicht böse. Manchmal versteigt sie sich in was. Das geht schnell wieder vorbei.«

Sally musterte Liselott. Sie wirkte unbesorgt. Vermutlich hatte sie noch nicht erfahren, was auf Cillas Party, auf die sie selbst nicht hatte gehen können, geschehen war.

Um die Sache mit dem Durchgang schien sie sich nicht sonderlich zu kümmern.

»Wie lange kennt ihre euch?«, fragte Sally. »Cilla und du.«

Liselott zuckte mit den Schultern.

»Schon immer. Unsere Eltern haben sich manchmal getroffen und als Teenager war ich eine Zeit lang ihre Babysitterin. Dann ist sie älter geworden und wir hatten immer mehr gemeinsam, auch wenn uns über zehn Jahre trennen. Wir sind also alte Freunde. Du warst ja nie sonderlich daran interessiert, meine anderen Freunde kennenzulernen, vielleicht weißt du das deshalb nicht.«

Sally verstummte jäh. Sie musste einsehen, dass das stimmte, und es war beschämend. Liselott ließ den Motor wieder an.

»Jetzt muss ich heim und zimmern. Mach es gut!«

Sie fuhr zu ihrem Haus weiter. Sally blieb am Gartentor stehen. Eigentlich hätte sie Liselott hinterherrennen und ihr alles von Cillas Plänen erzählen sollen, aber irgendwas hielt sie zurück. Liselott und Cilla. Alte Kiviker Freundinnen.

Sally ging zurück ins Haus. Sie erwähnte gegenüber Josefin nicht, was Liselott gesagt hatte, das würde alles noch schlimmer machen. Sie trank noch ein wenig Saft und umarmte ihre Tochter beim Gehen. Sie versicherten einander, sich bald wiederzusehen und aufeinander aufzupassen.

»Ruf an, wenn noch was passiert«, sagte Josefin.

Sally versprach es und bat sie, dasselbe zu tun. Dann fuhr Josefin nach Vallmogården und Sally blieb allein im Haus.

Schweigend ging sie umher. Strich langsam über die alten Spiegeltüren und die abgenutzten Tapeten. Blieb mitten im Speiseraum stehen und sah, wie das Sonnenlicht durchs Fenster flutete. Draußen lag der Garten, wo im Sommer Rosen und Pfingstrosen rot und rosa leuchteten, und sich Walderdbeeren am Boden entlangrankten.

Was, wenn sie das alles verlassen musste? Sie griff nach dem Stein, den Åke gefunden hatte und der Josefin angeblich so wichtig war. Wie auch diese alte, heimelige Bude. Das Haus, in dem Sally als Kind und Teenager jeden Sommer verbracht hatte. Bis sie mit einundzwanzig ihren Vater tot in seinem Schlafzimmer im Obergeschoss finden musste.

Bei ihrer Rückkehr im Frühjahr hatte sie kaum verstehen können, dass sie dreißig Jahre nicht mehr hier gewesen war. Alles war unberührt wie damals, der Duft des Hauses war noch derselbe gewesen und die Möbel hatten sich kaum einen Millimeter bewegt. Und überall an den

Wänden hatten Vanjas Werke gehangen. Diese Bilder, die Sally als Kind kaum wahrgenommen hatte, so gewohnt war sie daran, und die sie jetzt vermisste und sehnsüchtig darauf wartete, sie nach der Herbstausstellung in Kopenhagen wiederzubekommen.

»Sally?«

Sie ging in die Diele. Liselott stand in der Haustür, ihr Gesichtsausdruck war ganz anders als zuvor. Sie wirkte aufgebracht.

»Ich habe Olle getroffen, als ich bei mir die Paneele ausgeladen habe, und ihm erzählt, wo ich sie gekauft habe. Er hat irgendwas darüber geredet, dass sich Cilla dir gegenüber richtig arschig benommen hat? Und Lorenz auch. Dass sie versuchen wollen, dir dein Haus abzuknöpfen. Aber das kann doch nicht sein, oder?«

Sally setzte sich auf die unterste Treppenstufe und stützte die Ellbogen auf die Knie.

»Doch. So ist es.«

»Aber warum hast du denn nichts gesagt? Ich kenne Cilla ewig, ich kapier das nicht. Ja, sie war immer ein wenig dominant. Aber doch nicht bösartig.«

Sally schwieg. Liselott hatte offenbar ein veraltetes Bild ihrer Freundin. Das brauchte eine dringende Überholung.

»Dir ist doch klar, dass ich niemals zulassen werde, dass sie dir schadet«, sagte Liselott. »Egal auf welche Weise.«

»Ich weiß nicht, ob du was dagegen tun kannst. Sie kennt offenbar jeden. Den ganzen Ort.«

»Ich auch.«

Liselott setzte sich neben Sally und legte den Arm um sie

»Du, entschuldige, dass ich seit dem Kurs ein wenig ausweichend war.«

»Ja, das warst du. Aber ich verstehe, dass du viel um die Ohren hast mit den Plänen für den Salon.«

Es wurde eine Weile still. Dann zog Liselott langsam den Arm zu sich. Sie spielte an einem Nagel herum und starrte zu Boden.

»Ich war da in dem Kurs in Ystad ziemlich enttäuscht. Und habe mich so dumm gefühlt. Haare schneiden war so viel schwieriger, als ich es mir vorgestellt habe. Ich dachte, man muss nur loslegen. Man braucht dafür formal keine Ausbildung, zumindest gibt es dafür keine Regularien. Und ich bin kreativ und beharrlich und so. Aber jetzt weiß ich nicht mehr, ob das mit dem Friseursalon funktionieren wird.«

Liselott seufzte.

»Ich werde vermutlich nie Friseurin. Nicht einmal für ältere Menschen in Heimpflege.«

Sally schaute sie an.

»Ich verstehe, dass das für dich traurig ist, wo du doch so viel Hoffnung darauf gesetzt hast. Aber vielleicht ist es auch nicht die Welt? Du kannst so viel anderes.«

»Ich weiß nicht. Manchmal kommt es mir vor, als würde ich überhaupt nichts richtig machen. Ich zuckel nur von einer Sache zur nächsten.«

»Warum sagst du so was? Für mich bist du jemand, der einfach alles kann. Und wenn du dich für irgendwas entschieden hast, dann stürzt du dich einfach hinein. Und ziehst alle mit.«

Liselott starrte sie an. Dann entglitt ihr ein Lachen.

»Ungefähr so denke ich immer über dich. Die Pension aufzumachen! Wie abenteuerlustig kann man denn sein?«

»Pff, du weißt doch, dass das ohne dich nicht gegangen wäre. Zumindest nicht auf Dauer.«

Sally knuffte Liselott freundlich.

»Ehrlich gesagt finde ich es ganz gut, wenn du keinen Friseursalon eröffnest und im nächsten Sommer nicht so viel zu tun hast. Denn ich werde deine Hilfe wieder brauchen.«

Liselott lachte noch mehr.

»Na, danke, dass du mich unterstützt.«

Sally fasste sie am Arm.

»Nein. Jetzt aber mal im Ernst, du weißt doch, dass ich das tue?«

»Ja. Ich mache nur Witze. Und natürlich will ich jedes Jahr in der Pension arbeiten. Ich hatte verdammt viel Spaß im Frühling und Sommer, und auch im Herbst jetzt. Gib einfach Bescheid, und schon komm ich angebraust.«

»Absolut. Bin schon gespannt, was dir bis dahin einfällt. Auf jeden Fall etwas Neues. Das bin ich mir sicher.«

»Vielleicht. Wobei ich wohl am besten damit anfange, den Friseurstuhl zu verkaufen.«

»Aber heb dir die Paneele auf, die kann man immer brauchen. Wenn du einen Pool baust und eine Schwimmschule gründest. Oder eine Reproduktion des Eiffelturms konstruierst. Man kann nie wissen.«

Liselott prustete vor Lachen. Sally streckte die Beine aus und bewegte die Zehen. Irgendwas an Liselott machte sie immer kindlich. Vermutlich blieben sie auf alle Ewigkeit ungefähr neun Jahre alt, wenn sie zusammen waren.

Vanja

Vanja saß am Ateliertisch und sprach in ihr Handy. Vor ihr lagen ein Collegeblock und ein Kugelschreiber. Ausnahmsweise sah ihre Handschrift ordentlich aus.

Olga Hedlund, 58 Jahre, Alingsås, stand da. Und dann die Telefonnummer, die Vanja eben gewählt hatte. Die Frau ausfindig zu machen, die Liselotts Beitrag auf Facebook kommentiert hatte, hatte nur ein paar Sekunden gedauert.

»Wie gut, dass ich Sie erreiche«, sagte Vanja. »Ich hoffe, es stört Sie nicht, dass ich einfach so anrufe?«

»Nein, aber ...«

Olga schwieg. Ihre Stimme war spröde, fast flüsternd. Sie schien etwas perplex über den Anruf. Vanja hatte sich vorgestellt und erzählt, sie habe Olgas Facebook-Kommentar unter dem vielfach geteilten Beitrag von Liselott gesehen.

»Ich glaube, dass das mein leiblicher Bruder ist«, sagte Vanja. »Wir wurden getrennt, als ich acht und er vier war. Und Liselott, die mir geholfen hat, ist eine Freundin meiner Tochter. Kennen Sie sie?«

»Nein. Ich habe den öffentlichen Beitrag gesehen, weil ihn ein Kollege geteilt hat.«

Nun klang Olgas Stimme fester. Sie erzählte, sie sei sich nach kurzem Blick auf die Suchanzeige ziemlich sicher gewesen, dass der gesuchte Mensch Bo Ekström sei, der über zwanzig Jahren ihr Nachbar gewesen war. Alles stimmte.

»Nachdem Sie sich jetzt melden, bin ich noch sicherer«, sagt Olga. »Bo hat erzählt, dass er eine große Schwester von acht Jahren gehabt hat, als er mit vier in Obhut genommen worden war. Er hatte nicht viele Erinnerungen an sie.«

»Haben Sie seine Nummer? Oder Mailadresse?«

Kurz war es still, dann holte Olga Luft.

»Es tut mir leid. Er ist tot.«

Vanja starrte auf den Collegeblock. Das durfte nicht wahr sein. Durfte es einfach nicht.

»Es tut mir leid, das sagen zu müssen«, sprach Olga weiter. »Nachdem ich das auf Facebook gelesen habe, habe ich versucht, ihn zu kontaktieren. Bo hat auf seiner alten Telefonnummer nicht reagiert und als ich die Hausverwaltung angerufen habe, hat man mir gesagt, dass Bo verstorben ist.«

Vanja sammelte sich. Das war ein schwerer Schlag.

»Wie traurig. Ich habe mich so auf ein Wiedersehen mit Bosse gefreut.«

Erneut entstand Schweigen. Bis Olga leicht hüstelte.

»Darf ich was sagen? Er wollte nicht Bosse genannt werden, man sollte nur Bo sagen. Da hat er Wert darauf gelegt.«

»Aha, warum das?«

»Weiß ich nicht. Er war etwas eigen.«

Vanja versuchte, sich den älteren Mann vorzustellen. Es ging nicht. Ihre Erinnerungen an ihn endeten als Vierjähriger. Das Treffen in Kopenhagen war viel zu diffus. Mitte der Siebziger hatte ihr Bosse nichts bedeutet. Oder eben Bo.

»Können Sie mir mehr über ihn erzählen?«, fragte sie. »Sie waren Nachbarn? Wo?«

»In Vänersborg.«

Vanja griff wieder nach dem Stift und zeichnete winzig kleine Kreise aufs Papier. Ihr Bruder war zu dem Ort zurückgekehrt, wo alles begonnen hatte. Er hatte zurückgewollt. Selbst war sie immer auf dem Weg fort gewesen.

»Ich habe dort fast mein ganzes Leben verbracht«, sagte Olga. »Bis ich vor sieben Jahren mit meinem Freund nach Alingsås gezogen bin.«

Sie erzählte weiter. Zwischen ihrem dreißigsten und fünfzigsten Lebensjahr hatte sie mit ihrer Familie an derselben Adresse wie Bo gelebt, in einem niedrigen Mietshaus. Sie in einer Vierzimmerwohnung im dritten Stock und er in einem Einzimmerapartment mit Kochnische im Erdgeschoss. Von Anfang an hatten sie einander im Treppenhaus gegrüßt, bis Olga ihn eines Tages zu einem Kaffee eingeladen hatte, was dazu führte, dass sie manchmal abends ein Glas Wein trinken gegangen waren. Da hatten sie lange Gespräche geführt. Als sie und die Kinder nach ihrer Scheidung ausgezogen waren, war Bo gut sechzig gewesen.

»Da hatte er bestimmt seit fünfundzwanzig Jahren dort gelebt«, sagte Olga. »Wenn nicht länger.«

»Hatte er keine Partnerin? Keine Kinder?«

»In meiner Zeit zumindest nicht. Ich weiß, dass es in seinem Leben einen Sohn gegeben hat, aber Bo hat ihn nur ein einziges Mal erwähnt. Seinen Namen habe ich nie erfahren.«

Ein Sohn. Vanja füllte die Kreise mit blauer Tinte. Sollte dieser Sohn jemals mit ihr Kontakt aufnehmen, würde sie ihn mit offenen Armen empfangen. Und sie musste Sally erzählen, dass sie einen Cousin hatte.

»Wie gesagt«, sprach Olga weiter, »ich wusste von Bo, dass er ein Pflegekind war. Und dass er und seine Schwester nicht zusammen aufgewachsen sind.«

»Wissen Sie, wo seine Pflegefamilie gelebt hat?«

»Irgendwo in Värmland. Aber sobald er erwachsen war,

ist er Richtung Süden gezogen, erst nach Halmstad und dann nach Vänersborg, wo er geboren war«

»Hat er was darüber gesagt, wie es ihm da in Värmland ergangen ist?«

Olgas Antwort kam nur zögerlich.

»Man hatte Bo auf einen Hof gesteckt, wo er hart in der Landwirtschaft schuften musste. Er war ein kleines Kind, wurde aber geschunden wie ein Erwachsener. Es war die reinste Tortur.«

Vanja schob Zettel und Stift weg, saß einfach nur da und tat nichts. Was sie hörte, schmerzte in ihrem Herzen beinahe körperlich.

Bosse hatte seine ganze Kindheit lang gelitten. Irgendwann im Alter von sechsundzwanzig oder achtundzwanzig hatte er herausgefunden, wo sie sich befand, war nach Kopenhagen gekommen und hatte sie aufgesucht. Nur um nach einem gleichgültigen Abendessen abgewiesen zu werden. Von seiner einzigen Schwester, die danach keinen weiteren Kontakt haben wollte.

»Gegen Ende war es seltsam mit ihm«, sagte Olga. »Es war, als würde er allmählich ermüden.«

»Wie das?«

»Er hatte Diabetes und Gicht, weswegen ihm das Gehen schwerfiel. Dann wurden seine Finanzen immer schlechter und er wollte niemanden mehr treffen. Bevor ich weggezogen bin, habe ich erfahren, dass er sein Telefon ausgestellt hatte. Die Hausverwaltung hat mir erzählt, er wäre drei Monate tot in seiner Wohnung gelegen, bis man ihn gefunden hat.«

Vanja riss den Zettel mit den Kreisen ab und knüllte ihn zusammen. Als sie die Augen schloss, kamen die Tränen.

Sie saßen neben dem alten Betonbunker und schauten aufs Meer. Vanja und Peter hatten winddichte Jacken und bequeme Schuhe angezogen, waren nach Vitemölle gefahren und dann über die Strände und Heiden dort in Richtung Norden marschiert.

Während des Spaziergangs hatten sie über das Telefonat mit Olga gesprochen und waren übereingekommen, dass es trotz der tragischen Botschaft doch besser sei, zu wissen, als sich weiter zu fragen.

Nun saßen sie schweigend nebeneinander. Peter goss aus seiner Thermoskanne jedem eine Tasse Kaffee ein, Vanja holte zwei Stück Sandkuchen aus einer Plastiktüte und gab ihm eines.

Sie dachte an ihre eigene Pflegefamilie. Allan und Gerda Hallqvist, und ihre drei Kinder Inez, Bernhard und Lilian. Wohnhaft in Östermalm und so wohlhabend und privilegiert, wie man nur sein konnte.

Wie sehr sie auch in ihren Erinnerungen kramte, fiel ihr kein einziges Mal ein, wo sie von der Familie schlecht behandelt worden wäre. Vor allem die Pflegemutter Gerda hatte alles in ihrer Macht Stehende getan, damit sich dieses Mädchen aus dem Kinderheim bei ihnen zurechtfinden würde. Aber vergeblich. Die Familie hatte ein unbändiges Kind bekommen, das sich querstellte und sein Krallen ausgefahren hatte. Besonders Gerda gegenüber.

Vanja schlürfte ihren Kaffee und verfolgte die Bewegungen der Wellen. Es war an der Zeit für eine Neubewertung ihrer Pflegefamilie. Sie war dreiundsiebzig und musste erwachsen werden. Die Augen aufmachen und die Schwächen in den eigenen, seit Ewigkeiten existierenden Gedankengängen sehen. Wenn es um Pflegeplätze ging, hatte sie schlicht das Gewinnerlos gezogen. Bosse hatte nicht so viel Glück gehabt.

Gerda war von allen geliebt worden. Sie war freundlich und fürsorglich und hatte sich um ihre Familie gekümmert und für ein sauberes und ordentliches Haus gesorgt. Sicher, sie hatte eine Menge Ansichten darüber, wie Vanja aussehen und sich benehmen sollte, aber nur aus Wohlwollen. Sie wollte Vanja nur ein besseres Leben bieten.

Vanja hatte es ihr damit gedankt, dass sie sie verletzte und unfair war, kurz gesagt eine miese Pflegetochter. Zur Feier von Gerdas Fünfzigstem war Vanja nicht gekommen, da für sie Geburtstage wie auch Weihnachten bürgerlicher Firlefanz waren. Das hatte Gerda schwer enttäuscht, was in Vanjas Absicht gelegen hatte. Als Gerda dann in den Achtzigern viel zu früh an Krebs starb, hatte Vanja sich nicht bei der übrigen Familie gemeldet, um ihr Beileid auszusprechen. Sie hatte sie alle verachtet.

Aber um sich Verachtung leisten zu können, brauchte man etwas, wogegen man sich stemmen konnte. Eine solide Verbindung zu Kultur, Bildung und Geld. Genau wie Leif gesagt hatte.

Vanja legte den Rest ihres Sandkuchenstücks auf eine Serviette. Den letzten Bissen schluckte sie mit Mühe und Not. Bekam keinen Krümel mehr runter.

»Ich war ein schrecklicher Mensch«, sagte sie.

Peter sah sie erstaunt an. Vanja stützte das Kinn in die Hände.

»Wie viel habe ich nicht meiner Pflegemutter vorgeworfen?! Für die meisten Komplikationen in meinem Leben habe ich ihr die Schuld gegeben. Jetzt weiß ich nicht mehr, warum.«

Die Wellen schlugen unaufhörlich weiter an den Strand. Wie eine Botschaft, dass man die Zeit nicht zurückdrehen könne.

Es war wohl der Verdienst der Familie Hallqvist, dass sie heute hier inmitten dieses göttlichen Paradieses saß. Wohlbehalten und gesund, mit Familie und Freunden. Diese Liebe, die sie von ihrer Pflegefamilie und besonders von Gerda bekommen hatte, hatte sie gerettet, hatte sie hierhergebracht.

Vanja blickte zum Horizont. Wieder fiel ihr dieses alte Goethe-Zitat ein: *Am Ende hängen wir doch ab Von Kreaturen, die wir machten.* Es hatte eine neue Bedeutung bekommen.

Sie wandte sich an Peter.

»Weißt du was? Ich glaube, ich fahre morgen nach Vänersborg. Ich werde Sally und Josefin fragen, ob sie mitkommen wollen.«

Erst wirkte er überraschst, als wäre das das Letzte, das er erwartet hätte, dann lächelte er in seinen Kaffeebecher.

»Das klingt nach einer sehr guten Idee.«

Josefin

Josefin gähnte herzhaft hinter vorgehaltener Hand. Sie war am Morgen unmenschlich früh aufgestanden. Ihre Großmutter hatte gegen sechs Uhr mit dem VW-Bus vor ihrer Tür gestanden. Nachdem sie dann ihre Mutter abgeholt hatten, waren sie inklusive einer kurzen Frühstückspause in einem Café in Falkenberg fünfeinhalb Stunden gefahren.

Jetzt stiegen sie vor einem hellgrünen Holzhaus im Zentrum von Vänersborg aus. Das Elternhaus ihrer Großmutter. Hier hatte sie die ersten acht Jahre mit ihrer Mutter und ihrem kleinen Bruder gelebt. Der Vater war früh verschwunden, ob er hinausgeworfen worden oder selbst gegangen war, konnte Josefin nicht herausfinden.

Das Haus hatte nur zwei Stockwerke. Ihre Großmutter deutete auf eine Fensterreihe.

»Dort oben war unser Wohnzimmer und da die Küche. Das Schlafzimmer ging auf den Innenhof. Ich habe immer am Küchenfenster gestanden und die Leute unten auf der Straße beobachtet.«

Sie ging zu einem Gittertor und tippte in die Box daneben einen Code.

Josefins Mutter wirkte beunruhigt.

»Wissen die, dass wir da sind? Die jetzt in der Wohnung leben.«

»Ja. Ich habe mit dem Mann vereinbart, dass wir irgendwann vorm frühen Nachmittag auftauchen. Er hat mir den Code gegeben.«

Ihre Großmutter schob das Tor auf. Durch einen Bogen folgten sie ihr in einen gemütlichen Innenhof voller Büsche,

Beete und Pflanzenkübel, in dem es Tische, eine Holzbank, einen Sandkasten und einen gemauerten Grill gab. Josefin konnte sich vorstellen, wie schön es im Sommer hier war.

Dann steuerte ihre Großmutter links auf eine Eingangstür zu. Josefin und ihre Mutter gingen ihr nach.

»Als ich ein Kind war, gab es hier auf dem Hof nur ein paar Stangen zum Teppichklopfen«, sagte ihre Großmutter. »Mein kleiner Bruder und ich haben immer mit einem Ball gespielt, aber er war noch so klein, dass ich ihm den meistens nur zugerollt habe.«

An der Haustür tippte sie einen weiteren Code ein.

»Sag es, wenn es zu viel für dich wird«, sagte ihre Mutter. »Dann gehen wir sofort.«

Das Treppenhaus war alt und die Wände halbhoch mit lindenblütengrünen Paneelen beklebt. Die Treppenstufen knarrten. Im oberen Stockwerk ging ihre Großmutter zu einer der beiden weißen Spiegeltüren. Auf dem Türschild stand *Holmgren.* In der Luft lag ein schwacher Essensgeruch.

Ihre Großmutter sah sich in dem kleinen Hausflur um, schaute eine weitere Treppe hoch, die vermutlich zum Dachboden führte. Durch ein hohes Fenster fiel die Herbstsonne und legte ein helles Viereck an die Wand.

»Ja, so hat es hier ausgesehen. Der Windfang.«

Sie schien das nicht zu jemand Bestimmtem zu sagen, eher murmelte sie vor sich hin. Josefin hakte sich bei ihrer Mutter unter. Ihre Großmutter war zum ersten Mal seit fünfundsechzig Jahren hier. Sich in sie hineinzuversetzen, war unmöglich. Vermutlich spürte Josefins Mutter dasselbe Gefühl von Einsamkeit wie sie, denn sie drückte ihre Hand.

Nachdem Josefins Großmutter die Türklingel betätigt hatte, vergingen nur ein paar Sekunden, bis ein dicklicher Mann Mitte fünfzig die Tür aufmachte.

»Hallo. Na, da kommt ja die ganze Mannschaft.«

»Ja, wir sind zu dritt«, sagte ihre Großmutter. »Ich hoffe, das ist nicht zu viel?«

»Überhaupt nicht. Nur herein! Robert Holmgren.«

Der Mann ließ sie in den länglichen Wohnungsflur treten und gab ihnen der Reihe nach die Hand. Es roch nach getoastetem Brot. Ihre Großmutter stellte Sally als ihre Tochter und Josefin als ihre Enkelin vor.

Der Flur war hellblau tapeziert und mit einer Kommode, einem runden Tisch und einem gelben Hocker möbliert. Außerdem gab es noch eine mit Jacken überfüllte Garderobe und ein Schuhregal, in dem ein Durcheinander aus einer Menge Sportschuhen lag.

Ihre Großmutter besah alles äußerst gründlich. Robert Holmgren zeigte mit einer Geste an, sie könnten ins Wohnzimmer gehen. Irgendwo in der Wohnung lief ein Radio, Josefin wusste nicht, ob sie die Schuhe ausziehen sollte oder nicht.

»Bitte, sehen Sie sich um«, sagte Robert Holmgren. »Solange Sie wollen. In der Zwischenzeit beende ich mein Frühstück.«

Ihre Großmutter dankte ihm und er verschwand in die Küche. Sie drehte an ihren Silberringen, hin und her und hin und her.

Josefins Mutter zog die Schuhe aus, stellte sie neben die Wohnungstür und tappte Richtung Wohnzimmer.

»Gehen wir rein?«

Josefin war ebenfalls strumpfsockig. Jedoch nicht ihre

Großmutter, ihr schien der Gedanke nicht einmal gekommen zu sein. Sie trat auf den Parkettboden, abwartend, als wäre er eine Eisbahn.

Das Zimmer war ein normales Wohnzimmer. Würde man nur ein wenig aufräumen und die Zeitschriftenstapel auf dem Sofatisch wegnehmen, wäre es wie ein Foto auf einer Maklerseite: die Bücherwand, ein antiker Schrank, ein schwarzes Ledersofa, zwei Sessel um einen Glastisch und ein Perserteppich. Im Fenster standen Blumentöpfe und kleine Lämpchen.

Josefin schaute verstohlen zu ihrer Großmutter.

»Erkennst du es wieder?«

»Es sieht sehr anders aus, aber ... ja.«

Ihre Großmutter deutete in eine Ecke, wo auf einem Sockel eine Zimmerpflanze stand.

»Da in der Ecke hatte Mama ihr Bett. Mit einer weißen Überdecke.«

Sie nickte zur Bücherwand.

»Dort hatten wir die alte Anrichte, die Papa geerbt hatte. Die hat er nicht mitgenommen, als er verschwand, nur die chinesische Vase darauf.«

Sie gingen weiter ins Schlafzimmer. An der einen Wand stand ein breites Bett. An der anderen ein IKEA-Sessel und ein Kleiderschrank. Auf dem Boden lag ein Berg Kleidung.

»Das hier war Bosses und mein Zimmer«, sagte ihre Großmutter. »Unsere Betten standen links und rechts an der Wand.«

Josefin trat näher an sie. Sie versuchte, Augenkontakt zu erhalten, aber das ging nicht.

»An was erinnerst du dich von dem Tag, als man deinen Bruder und dich weggeholt hat?«

Ihre Großmutter seufzte langsam und zitternd.

»Es war ein Nachmittag und ich war gerade aus der Schule gekommen. Meine Mutter war mit Bosse zuhause. Die haben an der Tür geläutet, aber sie hat sich geweigert aufzumachen. Da sind sie gewaltsam eingedrungen.«

Josefin hielt beinahe den Atem an. Ihre Großmutter sah beim Sprechen aus dem Fenster. Ihre Stimme war tonlos.

»Mama hat uns in unser Schlafzimmer gezerrt und mit aller Kraft versucht, die Tür von innen zuzuhalten. Aber zwei Polizisten haben sie aufgedrückt und mich und meinen Bruder geschnappt. Wir waren natürlich verängstigt und haben geheult. Mama schrie die Polizisten an, dass sie uns loslassen sollen. Sie sagten zu ihr, sie soll freiwillig mitkommen. Ich schrie, schlug um mich, trat mit den Füßen, wurde aber überwältigt und in den Flur geschleppt. Von dort sah ich, wie die zwei Sozialarbeiterinnen Mama in der Küche festhielten. Dann schloss sich die Küchentür und ich hörte sie nur noch von innen nach mir schreien. Der zweite Polizist kümmerte sich um meinen Bruder, der hemmungslos heulte.«

Josefins Großmutter verstummte, atmete erneut tief ein und sprach weiter.

»Aber dann gelang es Mama, sich freizukämpfen. Sie stürzte aus der Küche, riss mich an sich und rannte ins Treppenhaus. Sie umklammerte mich krampfhaft. Aber die Polizisten und eine der Sozialarbeiterinnen holten uns ein. Ein Polizist drückte Mamas Arme auseinander, bis sie mich loslassen musste. Die anderen beiden fixierten mich. Mama trat und schlug auf sie ein, aber nichts half, sie trugen mich die Treppe hinunter zum Polizeiwagen, der auf der Straße wartete.«

Ihre Großmutter ging zurück ins Wohnzimmer. Josefin und ihre Mutter folgten ihr.

»Dort draußen waren Leute zusammengekommen, um zu schauen, was los war. Eine Menge Nachbarn und auch einige meiner Schulkameraden. Ich habe mich gewehrt, habe um mich getreten und geschrien, was das Zeug hielt. Als ich zum Küchenfenster hochsah, erhaschte ich einen Blick auf Mamas bleiches Gesicht hinter der Scheibe. Das war das letzte Mal, dass ich sie gesehen habe.«

Josefin setzte sich auf die Kante des Sofas. Ihre Beine waren schwach. Ihre Mutter sah wiederum ihre Mutter an. Die Tränen liefen ihr übers Gesicht, aber das merkte sie offenbar nicht.

»Und dann?«, fragte Josefin mit dünner Stimme.

»Dann haben sie mich mit Gewalt ins Auto gezwungen. Da habe ich aufgegeben, weil ich verstand, dass es sinnlos war. An die Wochen danach habe ich nicht viele Erinnerungen.«

Ihre Großmutter drehte wieder an ihren Silberringen. Nach einer Weile Stille, ging sie in den Flur hinaus.

»Ich glaube, wir sind hier fertig. Fahren wir?«

»Ja«, sagte Josefins Mutter. »Die Heimfahrt ist lang. Aber trotzdem war es das wert, hierhergekommen zu sein.«

Ihre Großmutter schüttelte den Kopf.

»Nein, nach Hause fahren wir noch nicht. Erst müssen wir zum Strandfriedhof.«

Allmählich zog das Nachmittagsdunkel auf. Über den Friedhof verteilt leuchteten vereinzelt Kerzen und Josefin fiel ein, dass am heutigen Donnerstag Allerheiligen war. Eigentlich zündete man wohl erst am nächsten Tag Kerzen auf den Gräbern an, aber manche machten es offenbar schon heute. Ihre Großmutter hatte ein Grablicht aus dem Auto mitgenommen.

Josefin setzte sich mit ihrer Mutter auf eine Bank, von der man Aussicht über das glatte Wasser hatte. Der kleine See hieß laut ihrer Großmutter Vassbotten. An dem habe sie als Kind viel gespielt. Jetzt ging sie allein durch die Grabreihen, sie wollte versuchen, ein Gefühl für den Ort zu bekommen, an dem Elin und Bosse ruhten.

Das Telefon in Josefins Jackentasche klingelte und sie ging ran. Es war Harald, der wissen wollte, ob alles gut war. Sie erzählte, dass ihre Großmutter ihr Elternhaus gesehen habe und sie bald ins Auto steigen würden.

»Erinnerst du dich an diese Jennifer vom Fahrradfest?«, fragte Harald.

»Ja, was ist mit ihr?«

»Sie und ihr Mann stellen gerade das neue Festkomitee zusammen. Offenbar ist das alte zurückgetreten und sie wollte wissen, ob wir mitmachen wollen. Was meinst du?«

Josefin ließ ihre Großmutter nicht aus dem Blick. Zugleich versuchte sie, Haralds Worte zu verarbeiten. Dafür, dass alle vier aus dem früheren Festkomitee mit Cilla an der Spitze zurückgetreten waren, musste es einen Grund geben. Den würde sie wohl erst erfahren, wenn sie wieder zuhause war.

»Lehne ab«, sagte sie. »Wir haben auf dem Hof so viel zu tun.«

Dann dachte sie weiter.

»Aber wir könnten ja weiter als Gäste am Fahrradfest teilnehmen, oder?«

Harald lachte.

»Ja, das war exakt, was Jennifer wissen wollte, quasi als Alternative. Und dazu habe ich Ja gesagt.«

Josefin lächelte vor sich hin.

»Gut. Auch wenn wir uns keine E-Bikes dafür leisten können.«

»Sag das nicht. Allmählich kriegen wir Kunden im Vintageladen. Heute waren einige Leute hier, die über andere von uns gehört haben. Es macht die Runde. Und dann haben sie das Schild gesehen.«

»Wirklich wahr?«

»Ja! Super, oder?«

Harald beschrieb, was die Kunden gekauft hatten, und dann beendeten sie das Gespräch.

Josefin lehnte sich zurück und blickte hoch in den Himmel. Eine neue Ruhe hatte sich über sie gebreitet. Sie würden das schaffen. Ihr und Harald würde es auf dem Hof gutgehen, solange sie zusammen halfen und miteinander kämpften. Vielleicht nahm der Zustrom an Besuchern im Vintageladen mehr und mehr zu. Bis zum Sommer würde er im Bewusstsein der Leute verankert sein, beschloss sie.

Josefin betrachtete einen Schwarm Enten, die in einer Formation übers Wasser paddelten. Das Festkomitee fürs Fahrradfest im nächsten Jahr wurde also ausgetauscht. Vielleicht war Cilla in Kivik doch keine so starke Führungsgestalt, wie sie selbst gedacht hatte. Oder es waren mehr Leute ihres Wütens müde.

Josefin hob den Kopf, um zu sehen, wo ihre Großmutter abgeblieben war. Mit ihren weit leuchtenden Haaren war sie nicht schwer zu finden.

Sie war in die Hocke gegangen und zündete bei einem großen Baum ihr Grablicht an. Als es brannte, verharrte sie lange bewegungslos davor. Dann erhob sie sich, streckte vorsichtig den Rücken und bürstete ihren Afghanenmantel ab.

Vanja

Vanja betrachtete das Grablichtlein und seine Flamme. Wie merkwürdig, dass sie am Strandfriedhof von Vänersborg stand. Sie war wieder zurück, bei ihrer Mutter und Bo. Die beiden wussten, dass sie hier war, und hießen sie willkommen. Wie das zu erklären war, wollte sie gar nicht erst ergründen. Sie hatten alle drei lange gewartet und nun waren sie vereint.

»Ich habe überlebt«, flüsterte sie. »Und mir geht es so gut, wie es einem gehen kann.«

Die Kerze brannte gleichmäßig. Um Vanja war es dunkel geworden. Die Leute verließen den Friedhof allmählich.

»Ihr braucht euch um mich keine Sorgen machen. Mein Leben war sehr reich. Meist war ich sicher. War nicht schrecklich ängstlich, krank oder völlig verarmt. Und ich habe eine Familie. Und Freunde. Eine sinnvolle Arbeit und Dinge, auf die ich mich freuen kann. Mir fehlt es an überhaupt nichts.«

Sie beugte sich wieder vor, drehte die Kerze.

»Wir haben jetzt einander. Wo auch immer ich hingehe, ihr werdet es wissen. Man wird uns nie mehr trennen.«

Als sie sich umdrehte und aufs Wasser zuging, tat sie das mit ruhigen Schritten. Auf der Bank dort saßen ihre Tochter und ihre Enkelin. Zwei der Menschen, zu denen sie nun gehörte. Die zwei wichtigsten.

Jetzt war es höchste Zeit für die Rückfahrt nach Svinaberga, aber kurz bevor Vanja Sally und Josefin erreicht hatte, klingelte ihr Handy. Sie holte es aus der Handtasche.

Es war Leif.

Einen Augenblick zögerte sie unsicher, ob sie rangehen sollte, doch es gab keinen Grund, es nicht zu tun. Keinen Grund, sich für das zu schämen, wer sie geworden war. Die Worte des Pfarrers hallten im Hinterkopf nach: *Was hast du erlebt?*

Entschieden drückte Vanja auf den Annahmeknopf.

»Hallo«, sagte sie möglichst neutral, um sich irgendwie zu schützen.

»Wie geht es dir?«

Leifs lebensfrohe Stimme. Vanja musste sofort lächeln. Fast ärgerte sie sich deshalb über sich selbst, konnte aber nicht anders.

»Ganz gut.«

Dann brachte sie kein Wort mehr heraus. Sie, die mit Leif immer tausend Gesprächsthemen gehabt hatte. Fragestellungen, zu denen sie seine Meinung hören wollte, Witze, die ihn zum Lachen brachten, jähes Eintauchen in sein oder ihr Innerstes. Irgendwas eben.

»Blumenregen«, sagte er. »Ich vermisse dich. Sehr.«

Es ging nicht mehr. Die Tränen kamen. Wie auch die Worte.

»Entschuldige, dass ich letztes Mal so kurz angebunden war. Und es tut mir leid, wie ich mich verhalten habe, als du bei mir warst. Das hast du wirklich nicht verdient. Seitdem habe ich so viel über mich und darüber, wie ich bin, verstanden. Du hattest mit allem Recht.«

»Nein, nein. Ich habe auch unüberlegte Dinge gesagt. Und auch ich habe über das, was passiert ist, nachgedacht. Wir waren beide aufgewühlt, da läuft so was leicht aus dem Ruder.«

Sie hörte ihn am anderen Ende der Leitung seufzen. Wie vor Erleichterung.

»Ich wollte dich so gerne kennenlernen, herausfinden, wer du geworden bist«, sprach er weiter. »Aber ich bin zu weit gegangen. Man konnte das sicher als aufdringlich empfinden. Entschuldige, bitte.«

Obwohl er sie nicht sehen konnte, schüttelte sie den Kopf.

»Nein, ich muss um Entschuldigung bitten, nicht du.«

Ihr Schluchzen verebbte. Vanja versuchte, die nassen Tropfen vom Leder ihres Afghanenmantel wegzuwischen.

»Bist du zuhause?«, wollte Leif wissen.

»Ja, beziehungsweise … Nein. Gerade nicht. Aber heute Abend.«

»Wo bist du dann?«

»In Vänersborg.«

Und dann erzählte sie ihm, warum sie an einem ganz anderen Ort war, als er sie vermutete, und dass sie sich heute Morgen mit Sally und Josefin auf den Weg hierher gemacht hatte. Die Nase war verstopft und die Stimme trug gerade so, aber nach einer Weile wurde es besser.

»Fantastisch«, sagte Leif. »Ich bin beeindruckt. Das hat bestimmt ganz schön Mut gefordert.«

Vanja wischte sich über die Augen. Er klang tatsächlich, als würde er sie für das bewundern, was sie heute getan hatte.

»Du schützt dein Kind und deine Enkelin«, sagte er. »Das ist schön.«

»Ich überlege da etwas«, sagte sie nach einer Weile gemeinsamen Schweigens. »Dieses Kinderheim in Småland, in dem ich zwei Jahre gewesen bin. Willst du mich dorthin begleiten? Wenn ich schon mal auf kleiner Tour bin.«

Er sagte nichts. Jetzt hätte sie gerne seinen Gesichtsausdruck gesehen.

»Ich kann den jetzigen Besitzer herausfinden«, sprach sie weiter. »Und du brichst morgen ganz früh in Stockholm auf und wir treffen uns am nächstgelegenen Bahnhof, schauen uns im Kinderheim um und dann fahren wir nach Hause. Nach Svinaberga. So wie beim letzten Mal.«

Noch immer sagte Leif kein Wort. Allmählich machte sich Vanja fast Sorgen, sie könnte zu weit gegangen sein. Es gab kein Zurück mehr.

»So können wir in deinem Auto fahren«, fügte sie hinzu. »Das ist bequemer als mein alter VW-Bus.«

Diese Erklärung war überflüssig. Sein Fahrzeug war ein blinkendes Raumschiff, ihres eine verkehrsgefährdende Mühle mit schlechter Federung. Endlich war Leif zu hören. Er lachte in seiner zurückhaltenden Weise voller Wärme.

»Ich fahre gerne in meinem Auto mit dir nach Hause.«

Sie lauschte seinem Lachen. *Nach Hause*, hatte er gesagt. Und ihren alten Stall in Svinaberga gemeint.

»Das Kinderheim hieß Lindboda«, sagte sie. »Ich versuche, es zu finden, und wir sprechen dann nochmal.«

Nachdem Vanja das Gespräch beendet hatte, atmete sie ein paar Sekunden tief durch. Ein völlig neuer Plan existierte. Sie musste Sally und Josefin bitten, einen Umweg über Småland zu fahren und sie dort abzusetzen, bevor sie in ihrem VW-Bus nach Hause fuhren. Vanja wollte gleich mal den nächstgelegenen Bahnhof herausfinden und ob es an diesem Ort eine Unterkunft gab.

Ihr Handy piepte. Eine SMS von Gorm, der wissen wollte, wie es mit der Inspiration lief, ob sie neue, spannende Ideen habe. Vanja durchkramte ihr Hirn nach irgendwas Fruchtbarem für eine ermutigende Antwort. Aber es gab nichts. Sie musste wohl einfach schreiben, wie es war, sie habe in letzter Zeit anderes zu tun gehabt.

Oder? Vielleicht war der gewebte Wandteppich trotz allem ein gutes Kunstprojekt? Die riesige Arbeit über Kiviks Bewohner im Lauf der Geschichte. Auf der einen Seite Fischer und Seemänner und auf der anderen Frauen, die sich um Haushalt, Kinder und den Handel kümmerten. Ein wimmelndes Fresko.

Ich melde mich bald, schickte sie Gorm. *Muss noch etwas weiterdenken.*

Es war ein Déjà-vu-Moment. Dieselbe Situation wie beim letzten Mal, nur an anderem Ort und unter anderen Vorzeichen. Vanja stand vor dem Bahnhof in Älmhult und schaute die Straße hoch und runter. Aus beiden Richtungen kamen Autos. Sie tat, als wäre sie mit dem Zug gekommen und würde auf jemanden warten, der sie abholte. Das war noch romantischer. Sie trug dieselbe Kleidung wie am Tag zuvor, hatte sich aber am Abend auf dem Weg in die Unterkunft in einem Lebensmittelladen Zahnbürste, Zahnpasta und Deo gekauft. Jetzt war sie ausgeschlafen und hatte ein kleines Mittagessen in einem Café gegessen, das Frühstück hatte sie verpasst.

Dann drehte sie sich um und sah ihn. Verborgen hinter einer Gruppe Passagiere auf dem Weg ins Bahnhofsgebäude, kam Leif.

Vanja winkte ihm zu. Er schenkte ihr ein großes, offenes Lächeln und beschleunigte die Schritte. Sie auch. Die Entfernung kam ihr ewig vor, doch dann war sie plötzlich da und warf sich ihm in die Arme. Er hielt sie lange fest und vergrub die Nase in ihren Haaren. Sie legte die Stirn an seinen schwarzen Wollmantel und schloss die Augen. Sein Rasierwasser duftete himmlisch, wenngleich heute auch anders, vielleicht eher nach brasilianischem Tropenholz.

Sie gaben sich einen Kuss. Dann noch einen. Dann gingen sie eng umschlungen zu seinem großen, schwarzen Wagen, der auf dem Parkplatz vorm Bahnhof stand. Auf dem kurzen Weg dorthin konnte Vanja Leif erzählen, was sie über Lindboda herausgefunden hatte. Das Kinderheim war Mitte der Sechziger geschlossen worden und danach hatte man das Gebäude mit seiner schönen Seelage als Altenheim genutzt. Aber vor einem knappen Jahrzehnt war Lindboda in ein Spahotel verwandelt worden, mit dessen Besitzer sie einen Besuch vereinbart hatte.

»Bravo«, sagte Leif. »Ich kann mir vorstellen, dass es ein unangenehmes Gefühl ist, dorthin zu kommen. Aber sicher auch erlösend. Erneut.«

»Hältst du meine Hand? Wenn nötig.«

»So lange du willst.«

Sie stiegen ins Auto, Leif setzte sich ans Steuer und Vanja auf den Beifahrersitz und so verließen sie Älmhult. Mit Hilfe des GPS navigierten sie sich durch die småländischen Wälder, vorbei an Wiesen und kleinen, dunkel glänzenden Seen. Vanja war ergriffen. Sie erkannte, dass Österlen nicht das einzige Paradies war. Es gab überall wunderbare Orte. Irgendwann würde sie mit Leif eine richtig lange Reise durch Schweden machen, beschloss sie.

Als sie die auf das große Hauptgebäude zuführende Allee hochfuhren, atmete sie tief ein und wappnete sich. Aber Lindboda wiederzusehen, war nicht so erschütternd wie befürchtet. Die in ihrer Erinnerung graue Fassade war nun weiß gestrichen und vermittelte einen viel angenehmeren Gesamteindruck. Das Gebäude mit seinen beiden Flügeln wirkte elegant. Vor der breiten Freitreppe zum Eingang hoch standen Bottiche mit Pflanzen und daneben geschmackvolle Gartenmöbel.

Sie parkten das Auto, gingen die Stufen hoch und durchs Portal und fanden sich in einem großen, hellen Foyer mit kleinen Sofagruppen wieder. Ein frischer Duft aus Blumen, Pfefferminze und einer Spur Chlor hüllte sie ein. Im Hintergrund dudelte auf leiser Lautstärke beruhigende Musik.

Vanja ließ den Blick wandern.

Sie erkannte es nur vage wieder. Das Einzige, woran sie sich erinnerte, war, dass die in einem warmen, gelblichen Rosa gestrichenen Wände in der Eingangshalle früher eine dunkelbraune Holzvertäfelung hatten. Doch der Steinboden, auf dem sie stand, musste derselbe sein wie damals, die Fliesen mit den Fossilienmustern darin kamen ihr bekannt vor.

Ein sauber rasierter Mann in Jeans und blaukariertem Hemd kam ihnen entgegen und begrüßte sie. Er war um die fünfundvierzig, stellte sich als Håkan vor und erzählte, er betreibe Lindboda zusammen mit seiner Frau als Spahotel, sie mache aber gerade eine Massagebehandlung.

»Sie können sich umsehen, so viel Sie wollen, solange Sie unsere Gäste nicht stören. Jasmine und ich interessieren uns selbst sehr für die Geschichte von Lindboda und haben einiges über das Kinderheim herausgefunden.«

»Wir werden niemanden stören«, sagte Vanja.

Håkan sah sie lächelnd an.

»Nein, wohl eher nicht.«

Sein Lächeln verschwand.

»Die Kindheit in so einer Institution zu verbringen, war bestimmt kein Zuckerschlecken. In welchem Jahr sind Sie hierhergekommen?«

»1951. Zwei Jahre später haben mich meine Pflegeeltern rausgeholt.«

Er schien mehr Fragen zu haben, verkniff sie sich aber und führte die beiden stattdessen die Treppe hoch in einen Korridor mit einer Türreihe an beiden Seiten.

»Dieser Gebäudeteil ist der einzige, der noch original erhalten ist, alles andere wurde abgerissen. Zur Zeit des Kinderheims gab es drei Nebentrakte, aber die waren hässlich und außerdem in erbärmlichem Zustand, deshalb haben wir sie entfernt.«

Vanja sog diese Information mit steigender Erleichterung auf. Die Nebentrakte existierten nicht mehr. Der Küchentrakt mit dem Speisesaal, in dem die strengen Erzieherinnen patrouillierten und die Kinder zum Essen eines blassgrauen Haferbreis zwangen, war weg. Wie auch der Isolationstrakt und der Krankentrakt.

»Außerdem war zur Zeit des Kinderheims die gesamte Fassade mit Eternit verkleidet«, sagte Håkan. »Wir haben alles umgebaut und schöne Hotelzimmer mit Seeblick daraus gemacht. Früher befanden sich hier die Schlafsäle mit Stockbetten aus Eisen. Ich kann mir vorstellen, dass es da ziemlich eng war, oder?«

Vanja stimmt ihm zu. Der Platz zwischen den Betten war winzig gewesen. Nur ein kleines Nachttischschränkchen mit Schubladen für persönliche Gegenstände hatte Platz gehabt. Aber die meisten Kinder besaßen sowieso nichts.

»Erinnerst du dich daran, dass du hier geschlafen hast?«, wollte Leif wissen.

Sie nickte.

»Am Abend wurden die Türen des Schlafsaals abgeschlossen, da war das Personal sehr sorgfältig.«

Sie verstummte, ihr Bauch zog sich zusammen. Abend für Abend hatte sie sich auf dem unteren Stockbett die Decke über die Ohren gezogen, um das Schluchzen der anderen Kinder nicht hören zu müssen. Sie selbst hatte nie geweint, denn hätte sie das, wären die Tränen nie mehr versiegt.

Sie war Expertin der Selbstbeherrschung gewesen. Das wurde man, wenn man ständig hungrig war oder Angst davor hatte, Prügel zu bekommen, sei es mit einem Gegenstand oder einer Hand ins Gesicht. Niemand vom Personal war nett gewesen und zwischen den Kindern existierte keinerlei Zusammenhalt. Alle waren einsam und sich selbst überlassen. Vielen Kindern ging es außerdem schlechter als ihr, sie waren Missbrauch oder brutaler Gewalt ausgesetzt gewesen. Einige hatten in einer Reihe von Pflegefamilien nacheinander fürchterliche Dinge erlebt und waren hierher zurückgeflohen. Für sie war das Kinderheim ein sicherer Hafen gewesen.

Vanja schaute durch das große Fenster am Ende des Korridors. Ein gleichmäßig grüner, gut gemähter Rasen bedeckte den Boden an der Rückseite des Gebäudes bis zum See hinunter. Sie erinnerte sich an den alten Toilettenflügel, der sich hier früher links vom Hinterausgang erstreckt hatte.

Sie griff nach Leifs Hand und umklammerte sie. Håkan trat zu ihnen.

»Erkennen Sie es wieder?«

»Das Gras hat es zu meiner Zeit nicht gegeben.«

»Nein, als Lindboda ein Kinderheim war, war die Anlage fast vollständig asphaltiert. Und rundherum gab es einen zwei Meter hohen Eisenzaun mit Stacheldraht obendrauf. Auf der Vorderseite waren große, schwarze Tore.«

Vanja nickte. Daran erinnerte sie sich.

»Dort standen Wachen und passten auf.«

»Genau.«

Die elektrisch betriebenen Tore hatten sich morgens geöffnet, wenn sich die über siebenjährigen Kinder auf den Weg zu der ein paar hundert Meter entfernten Schule gemacht hatten. Ein sorgenvoller Gang, wussten sie doch, dass sie in den Pausen eklige Worte und harte Schläge erwarten würden. So erging es einem, wenn man im Kinderheim lebte.

Leif wandte sich an Håkan.

»Wie lange war das Kinderheim in Betrieb?«

»Von 1937 bis 1965. Es hatte Platz für neunzig Kinder. Die Jungen im rechten Gebäudeteil und die Mädchen im linken.«

Sie gingen zurück ins Erdgeschoss. Durch Glastüren sahen sie einen grünlichen Pool, der zur Hälfte im Freien lag. Hotelgäste schwammen vor und zurück oder lagen in weißen Bademänteln auf Rattanliegen. Manche hatten Handtücher um den Kopf.

»Hier befand sich die Wäscherei des Kinderheims«, sagte Håkan. »Vielleicht erinnern Sie sich daran?«

Vanja nickte wortlos. Er schaute auf die Uhr.

»Ich muss mich jetzt entschuldigen, ich muss los und mich umziehen, weil ich in acht Minuten eine Aerobic-Stunde geben muss. Sie finden selbst raus, wenn Sie fertig sind?«

»Natürlich«, sagte Leif. »Vielen Dank für Ihre Hilfe.«

Håkan verabschiedete sich und verschwand. Vanja betrachtete den Pool hinter der Scheibe. Die Wäscherei. Darin war Schreckliches geschehen. Das konnte sie nicht aus dem Gedächtnis bergen, alles blieb verschwommen.

Leif stellte sich neben sie.

»Wie geht es dir? Sollen wir vielleicht fahren?«

Sie wollte Ja sagen, aber das Sprechen war unmöglich. Das Atmen wurde schwer. Leif schaute sie eingehend an.

»Vanja?«

Vor ihren Augen tanzten kleine, schwarze Punkte. Sie kämpfte gegen Bewusstlosigkeit an. Doch das brauchte sie nicht länger, denn Leif fasste sie fest unter die Arme und gemeinsam gingen sie durch den Haupteingang und die Steintreppe hinunter.

Leif führte Vanja zum Auto. Er öffnet die Beifahrertür, half ihr beim Einsteigen, holte eine Flasche Mineralwasser hervor und schraubte sie auf.

»Ja, so ist es gut. Trink ein bisschen Wasser. Und dann fahren wir nach Hause.«

Das Wasser war nicht eiskalt, aber sie trank es trotzdem in großen Schlucken. Dann lehnte sie den Hinterkopf an die Nackenstütze, während Leif auf der Fahrerseite einstieg. Das Auto glitt ruhig die Allee hinab, bald waren sie auf der Landstraße.

Leif warf Vanja von der Seite einen Blick zu.

»Was ist da drinnen geschehen? Du bist weiß wie ein Laken geworden. Ich dachte, du kippst gleich um.«

Sie blickte starr vor sich auf die Straße und drehte ihre Silberringe. Dann schaute sie ihn von der Seite an.

»Ich weiß nicht, ob du das verstehen kannst. Ich habe in

mir eine Art Raum. Einen Panikraum, in den ich mich falls nötig zurückziehen kann. Und da an der früheren Wäscherei war es zu viel geworden.«

Leif verstand sie ganz offensichtlich. Sie atmete tief ein und fühlte sich schon viel besser. Dann kam ihr ein Gedanke.

»Vielleicht hast du Recht mit Trine. Vielleicht war sie in mich verliebt. Aber ich war nicht erwachsen genug, um das zu begreifen. Mir hat es schlicht an Lebenserfahrung gefehlt.«

»Uns allen. Auch Trine.«

Vanja nickte nur.

Eineinhalb Stunden später tauchte das Meer auf, eine immer breitere Wand auf der linken Seite. Die Dämmerung war angebrochen und das Blau des Himmels verfärbte sich in ein Tiefviolett. Bald waren sie zuhause.

Sally

In der holzbefeuerten Sauna war es glühend heiß. Sally lief der Schweiß in kleinen Rinnsalen über die Schläfen und den Hals. Bald musste sie raus hier und am Strand ins Wasser tauchen. Aber sie hielt aus, denn sie wollte nichts von dem Gespräch der anderen saunierenden Frauen verpassen. Heute waren einige da und drängten sich auf den Liegen. Britta, Anita und Yvonne und natürlich Liselott. Und dann noch ein paar Frauen, die Sally nicht kannte.

Das Gesprächsthema des Tages waren die Ereignisse rund um Cillas vierzigsten Geburtstag. Liselott war eingeladen gewesen, hatte aber unter dem Vorwand einer akuten Migräne abgesagt. Eine Notlüge, wie sie Sally gebeichtet hatte. Der wirkliche Grund war, dass sie sich auf solchen Partys, bei denen die übrige Gästeliste aus verheirateten Paaren bestand, nicht wohlfühlte.

Aber letztendlich hatten ihr zwei Fußpflegeklientinnen an der Kasse bei ICA den Abend in allen Details erzählt. Nun war sie umso erleichterter, nicht dort gewesen zu sein, hätte sie sich dabei doch noch unwohler gefühlt. Sie war wütend auf Cillas unfaire Attacken gegen Sally, Josefin und Harald.

Eine robuste Frau um die sechzig verfolgte das Gespräch. In ihr Badehandtuch gehüllt, hatte sie die ganze Zeit auf der obersten Pritsche in einer Ecke gesessen und aufmerksam zugehört.

»Ich war da«, sagte sie nun plötzlich. »Auf dem Fest.«

Alle drehten sich zu ihr. Die Frau wirkte, als würde sie sich schämen.

»Ich bin Kristin Björk.«

Sally musste kurz überlegen. Genau, die Björks. Von denen hatte Josefin erzählt. Kristin und ihr Mann Svante, die auf einem Hof in der Nähe von Vallmogården lebten.

»Ah, du kennst meine Tochter«, sagte sie. »Aber wir sind uns noch nie begegnet.«

»Ist das wahr, was ich gehört habe?«, wollte Liselott nun wissen. »Dass Cilla von dir und deinem Mann Hilfe bekommen hat?«

Kristin wand sich.

»Ich hätte Josefin direkt anrufen sollen, aber um ehrlich zu sein, habe ich mich nicht getraut.«

Sie sah Sally mit beschämter Miene an.

»Kann ich dich um Entschuldigung bitten? Mein Mann und ich fühlen uns so dumm. Cilla hat uns vor einer Weile Fragen darüber gestellt, wie man einen Pferdehof betreibt. Dass sie dieses Gespräch für solche Zwecke benutzen könnte, ist uns nie in den Sinn gekommen. Sie hat uns regelrecht reingelegt.«

Kristins Kinn zitterte und die Augen glänzten immer mehr.

»Danke«, sagte Sally. »Das ist schön zu hören. Du brauchst dich nicht entschuldigen. Ich weiß, wie gut Josefin und Harald über euch denken.«

»Das beruht auf Gegenseitigkeit. Wir wollen absolut nicht, dass sie verkaufen und wegziehen müssen. Oder du.«

»Nein, ich lebe gerne hier. Ich werde an der Pension festhalten, solange ich kann. Aber was Cilla und Lorenz da treiben, ist schrecklich.«

Kristin seufzte.

»Cilla kommt mir wie eine zwanghafte Lügnerin vor. Das

meiste, was sie auf der Party von sich gegeben hat, waren frei erfundene Fantasien. Sie hat behauptet, dass der benachbarte Bauer Josefin und Harald anzeigen will, aber da würde er nie mitmachen. Der nimmt keine Bestechung an. Ich glaube, sie wollte den beiden damit nur Angst einjagen.«

»Was hat sie eigentlich genau behauptet?«, wollte Liselott wissen.

»Mangelhafte Haltungsbedingungen, Tiermisshandlung … Keine Ahnung, wovon sie da gefaselt hat. Svante und ich wissen, wie gut Josefin und Harald mit ihren Tieren umgehen. Die Hühner und Schafe könnten es gar nicht besser haben.«

Die Saunatür ging auf und eine dunkelhaarige Frau mit einem türkisenen Handtuch um den Körper kam herein. Sally erkannte sie wieder, es war die Juristin Caroline.

»Danke für die hilfreiche Antwort neulich, das war wirklich super«, sagte sie.

Caroline setzte sich auf die unterste Pritsche. Sie wirkte geheimnisvoll.

»Eigentlich sollte ich wohl nicht darüber sprechen, aber ihr werdest es sowieso bald hören. Ich habe einen Kollegen im Gemeinderat, der über andere Mitglieder darin ziemlich empört ist. Anscheinend sind die Strömbergs mit ihren Geschäften in Unregelmäßigkeiten verwickelt. Und heute wurden sie dazu aufgefordert, den Durchgang wieder freizumachen. Es wird eine gründliche Untersuchung des Ganzen geben.«

Sie nickte in Richtung von Sally.

»Dank deiner Tochter.«

»Der Durchgang?«, fragte Anita. »War der am Dienstag auch Thema?«

»Ja, und dabei handelt es sich eindeutig um ein Vergehen. Ein Hausbesitzer darf sein Grundstück nicht so erweitern, dass das von anderen als Hausfriedensbruch empfunden werden kann, auch wenn das eine Allmende ist. Fälle wie diese müssen bekämpft werden. Mein Kollege sagt, man wolle sich gemäß dem Grundgütergesetz von Seiten der Gemeinde darum kümmern. Wenn der öffentliche Durchgang nicht schnellstmöglich wiederhergestellt wird, geht der Fall an die Vollzugsbehörden, die auf Kosten der Strömbergs das Stück Erde wieder in seinen früheren Zustand versetzen werden.«

»Oh, wie gut«, sagte Yvonne. »Ich dachte mir schon, dass man das nicht einfach so machen kann.«

Britta wischte sich die Stirn mit einem Handtuchzipfel ab.

»Und wir wollen, dass die Pension bleibt. Neulich habe ich jemanden sagen hören, es würde sich anfühlen, als gäbe es die *Pension Pomona* schon immer.«

»Das habe ich auch gehört«, sagte Anita. »Dass es ein Ort ist, wo man sich zuhause fühlt und Gäste Freunde werden.«

Sally war dem Weinen nahe. Hatten die Leute so was gesagt? Diese Worte würde sie in sich bewahren.

Sie erhob sich von ihrer Pritsche, die Hitze des Holzfeuers war fast unerträglich. Durchs Fenster sah man das wartende Meer.

»Will sonst noch jemand ins Wasser?«

Alle kamen mit. Unter Rufen und Kreischen warfen die Frauen die Handtücher weg und sausten nackt zum Wasser hinunter, um dort wacklig ins eiskalte Meerwasser zu stapfen. Der Boden war seicht, steinig und voller Tang, einige stolperten, sodass es spritzte, andere schrien auf, als sie sich der Länge nach hinlegten. Sally tauchte schnell mehrmals unter und schaufelte sich Wasser ins heiße Gesicht. Sie blickte einen Augenblick zum Horizont, hatte wieder dieses besondere Gefühl, sich zwischen Himmel und Meer zu befinden.

Kristin Björk hockte sich prustend ins Wasser, verlor das Gleichgewicht und kullerte brüllend zur Seite. Sally half ihr beim Aufstehen. Beide zitterten derart, dass sie kaum atmen konnten. Auf schmerzenden Füßen rannten sie wieder zur Sauna hoch.

Eine gute Stunde später spazierten Sally, Liselott und Kristin frisch geduscht und warm eingepackt durch die Straßen des Orts nach Hause. Sally fühlte einen Frieden von innen und außen, alle Angst war weg. Nach dem, was Caroline in der Sauna gesagt hatte, schien die Pension nicht in akuter Gefahr zu sein.

»Was für ein lustiger Abend«, sagte Kristin. »Bei uns oben auf dem Hof kann es schon mal einsam werden. Auch wenn ich Svante habe.«

»Komm wieder mit uns in die Sauna«, sagte Liselott. »Oder einfach so. Und bring Josefin mit.«

Kristin versprach es. Am Hafenkiosk, wo sie ihr Auto, einen ungefähr ebenso schmutzigen Pickup wie Josefins, geparkt hatte, trennten sie sich. Sally und Liselott gingen weiter.

»Hoffentlich hat Caroline Recht«, sagte Liselott. »Denn du darfst hier nicht wegziehen.«

»Ich muss jetzt Josefin anrufen und hören, wie es ihr geht. Wir sprechen morgen weiter.«

Liselott umarmte sie und verschwand dann in ihr Haus.

Sally beschleunigte auf dem letzten Stück ihre Schritte. Sie betrat das Haus und roch den Duft von gutem Essen. Peter stand mit einer Schürze am Herd, das Abendessen war fertig. Heute Abend würde er bei ihr übernachten. Sie bemerkte, dass er den Küchentisch für vier gedeckt hatte.

»Vanja hat angerufen, während du in der Sauna warst«, erklärte Peter. »Ich habe gesagt, dass Leif und sie gerne zum Abendessen vorbeikommen können. Er ist wieder da.«

»Ah?! Wie spannend. Ich bin Leif ja erst einmal begegnet.«

Sally stellte den Korb mit dem nassen Badeanzug und dem Handtuch ab, im selben Moment klopfte es an der Haustür. Sie machte auf und da standen Vanja und Leif, so eng nebeneinander, als wären sie eine einzige Person.

»Hallo! Herzlich willkommen!«

Sie traten ein. Beide strahlten. Dass es ihnen zusammen wieder gutging, war deutlich sichtbar.

»Wie gut das hier riecht«, sagte Vanja. »Ich tippe auf Peters Herbsteintopf?«

Peter gab keine Antwort, er las gerade eine Mitteilung auf seinem Telefon. Dann sah er lächelnd hoch.

»Wisst ihr, was Jörgen Rådström schreibt? Dass Cilla und Lorenz wegziehen. Sie haben ihn gebeten, ihr Haus zu verkaufen. Er hat alles einem Kollegen übergeben, weil ihm die beiden zu anstrengend sind. Und das, obwohl Cilla seine Cousine ist.«

Sally traute ihren Ohren kaum.

»Das ist eine wunderbare Nachricht«, sagte Vanja. »Endlich ist dieses Elend vorbei.«

Peter erhielt eine weitere SMS, las sie und lachte auf.

»Cilla hat offenbar gesagt, dass sie Kivik nicht mehr erträgt. Der Ort sei nicht mehr, was er mal war. Es wären zu viele Stockholmer gekommen.«

»Und wohin wollen sie nun ziehen?«

»Keine Ahnung.«

Sally wagte ein vorsichtiges Lächeln.

»Sie können ja bei ihren Freunden in Helsingborg unterkriechen.«

Sie erzählte von der Familie mit den zwei kleinen Kindern und dem blonden, verärgerten Vater. Dann setzten sie sich an den Küchentisch und Peter servierte seinen Herbsteintopf.

»Wir waren also heute im Kinderheim«, sagte Vanja plötzlich. »In Lindboda, wo ich als Kind ein paar Jahre verbracht habe.«

Sally schaute sie erwartungsvoll an, auch Peter war baff. Aber Vanja strich nur Leif über die Wange und aß weiter. Er legte das Besteck ab und lächelte sie zärtlich an, als wäre sie das reinste Wunder. Vanja mit ihrem grauweißen Haarwirrwar, dem Silberschmuck und ihrer majestätischen, alternden Schönheit. Ihr Gesicht war friedlich, wie es Sally noch nie gesehen hatte.

Etwas war geschehen. Von großem Ausmaß. Peter hatte es wohl ebenfalls bemerkt, denn er drückte heimlich unterm Tisch sein Bein gegen Sallys Oberschenkel. Sie erwiderte es.

Vanja

Mit Leif neben sich fuhr Vanja auf dem Prästavägen Richtung Vitaby. Jedes Jahr um diese Zeit erstaunte es sie wieder, wie dunkel es abends wurde. Der Blick durch die Autoscheibe war wie der Blick in einen Kohlensack.

Aber heute war der Samstagabend des Allerheiligenwochenendes, was bedeutete, dass ganz Österlen leuchtete. Sie mochte diese Tradition, bei der alle Orte zusammenarbeiteten, um verzaubernde Erlebnisse zu schaffen. Überall wurden Aktivitäten rund ums Thema Licht und Feuer organisiert. Wohin man schaute, gab es Fackeln und Lagerfeuer, Feuerkörbe und Kerzen. Die Bewohner der Orte hatten Laternen vor ihre Häuser gestellt. Restaurants, Cafés und Läden sowie Heimatvereine und Kirchengemeinden machten mit. Bei Svabesholm gab es im großen Reitstall einen Herbstmarkt.

Die Landstraße wurde von brennenden Fackeln gesäumt. Leif deutete durch die Windschutzscheibe auf eine Gruppe sich bewegender Lichtpunkte weiter vorne an einer Seite der Straße.

»Was ist das?«

»Die Wallfahrt«, sagte Vanja. »Man geht schweigend und im Dunkel von der Kirche in Södra Mellby zur Kirche in Vitaby.«

Sie überholten den Zug aus Menschen in Warnwesten und mit Laternen in den Händen. Leifs Blick blieb an ihnen hängen, bis sie hinter ihnen in der Finsternis verschwunden waren. Beim Bahnhof von Vitaby parkte Vanja den VW-Bus. Sie führte Leif durch das alte, guterhaltene Bahnhofsgebäude mit all seinen Details aus früheren Zeiten. Auf der anderen Seite kam gerade ein proppenvoller Schienenbus an. Er hielt an der Haltestelle und die Menschen strömten heraus. Bald begann die Feuershow.

Vanja hakte sich bei Leif unter, während sie in der Menschenmenge warteten. Die Luft war fast lau, kaum zu glauben, dass es November war.

»Vorgestern hat so gutgetan«, sagte sie. »Da auf dem Strandfriedhof zu sein.«

»Kann ich mir vorstellen.«

»Ich hatte ein Gespräch mit Mama und Bosse. Sie wollten von meinem Leben hören.«

Zarte, geheimnisvolle Flötentöne erklangen, die Feuershow ging los. Schwarzgekleidete Gestalten mit Fackeln in den Händen tanzten über die Wiese und entzündeten Feuer an hängenden Ringen und Seilen. Vanja betrachtete die Flammenformationen, die ins Dunkel gezeichnet wurden. Es war atmosphärisch und faszinierend. Sie schob ihre Hand in Leifs.

Wie heilsam doch jetzt im Nachhinein die Konfrontation mit ihrem Elternhaus und dem Kinderheim für ihre Seele gewesen war! Sie würde weiter von dem erzählen, was sie erlebt hatte. Mit jeder Sache, die sie beschrieb, würden ihr vermutlich zwei andere einfallen und vielleicht würde sie ab und zu dabei zusammenbrechen. Das war jedoch nicht weiter schlimm, denn dann würde das Gespräch eben am nächsten Tag wieder aufgenommen, und am nächsten und am nächsten.

Nach dem Ende der Feuershow schlenderten sie zum Auto zurück. Leif fuhr das kurze Stück zum Parkplatz der Kirche, wo gleich die Messe beginnen würde.

»Ich glaube, dieser Besuch in Vänersborg hat auch Sally und Josefin viel bedeutet«, sagte er. »Und du, hast du dir nun selbst vergeben? Wie es deine Tochter und deine Enkelin getan haben.«

Vanja überlegte. Die Fehler, die sie in ihrem Leben begangen hatte, hatten sie lange verfolgt. Je länger sie nun nachdachte, desto sicherer wurde sie sich: Sie hatte offenbar allen vergeben, sogar sich selbst. Ungelogen und bedingungslos. Und so konnte sie ihm ehrlich antworten.

Sie gingen die steile Steintreppe zur Kirche hoch. Auf jeder Stufe stand eine brennende Fackel. Auf dem gesamten Friedhof brannten kleine Feuer und Kerzen, er wirkte wie ein beleuchtetes schwarzes Meer.

»Glaubst du, Gott hat mir auch vergeben?«, fragte sie auf der obersten Stufe.

Leif wirkte verdutzt.

»Bist du gläubig?«

Sie zuckte mit den Schultern, denn auf diese Frage hatte sie keine Antwort.

»Und du?«

Leif richtete seinen seidenweichen Kaschmirschal.

»Das ist eine komplizierte Angelegenheit und ich bin kein Theologe, also sollte ich wohl besser nichts dazu sagen.«

Er blickte über die kleinen Leuchtpunkte.

»Manche meinen, dass der Glaube an Gott ja eigentlich ein Schutz gegen Verlust ist, um dem Schmerz darüber zu entkommen, dass man alles verlieren muss, wenn man stirbt. Eine Art Ablenkung und Betäubung.«

»Vielleicht stimmt das. Aber ist das von Bedeutung?«

»Schon, oder? Wenn es ein ewiges Leben im Himmel gibt, in dem aller Schmerz und alle Sorgen verschwunden sind, eine absolute Vollkommenheit, dann muss das auch eine absolute Leere bedeuten. Eine Auslöschung dessen, was wir sind. Aber wie kann man einen solchen Zustand vom Totsein unterscheiden? Keine Ahnung.«

Vanja ging auf das offene Kirchenportal zu.

»Ich schere mich nicht um Logik. Manchmal muss ich glauben, manchmal nicht. Obwohl ich mich trotzdem als Atheistin bezeichne. Schätzungsweise.«

Sie hörte Leifs Schritte direkt hinter sich, aber er sagte nichts mehr. War sie jetzt mit ihrem schwammigen Denken zu weit gegangen? Womöglich hielt er sie nun für oberflächlich oder verwirrt. Und sogar unattraktiv.

In dem kleinen Vorraum blieb Leif stehen. Er berührte Vanja sanft und drehte sie zu sich.

»Du?«

Am liebsten wollte sie die Augen schließen, dann vermutlich kam es nun. Seine Enttäuschung darüber, dass sie anders war, als er geglaubt hatte. Doch sie wagte es, ihn anzusehen.

»Ja, was ist?«

Leif atmete tief ein, er wirkte nervös.

»Blumenregen. Willst du mich heiraten?«

Wie betäubt stand sie vor ihm, dann lächelte sie. Mehr und immer mehr.

»Ja. Das will ich.«

Sie umarmten einander kurz und unbeholfen, weil sie dem in die Kirche drängenden Menschenstrom im Weg standen. Dann folgten sie den anderen und nahmen in einer Kirchenbank Platz, saßen schweigend und mit ineinander verflochtenen Händen inmitten des ganz von Kerzen erleuchteten Kirchenraums.

Leif beugte sich zu Vanja.

»Mittsommerabend?«, flüsterte er. »Haväng?«

Sie nickte mit tränenvollen Augen.

»Gern.«

Sie konnte sehen, dass er ebenfalls gerührt war und ein Taschentuch brauchte. Beim Kramen in ihrer Schulterhandtasche fand sie neben einem Päckchen Taschentüchern noch etwas anderes. Die offensichtlich darin vergessene, zerknitterte Broschüre aus der Galerie Brinck-Jensen.

Leif nahm sich ein Taschentuch und warf einen Blick auf das Heft auf ihren Knien.

»Wirf das nicht weg. Dank deiner Ausstellung habe ich erfahren, dass du noch existierst.«

Vanja öffnete die Broschüre und studierte das Bild in der Mitte. Das große Gemälde. Wirklich, ein echtes Meisterwerk. Vielleicht das Beste, das sie je geschaffen hatte. Die Badewanne, der Schaum, das Sonnenlicht auf dem Fußboden, alles basierte auf präzisen Sinneseindrücken. Darin lag Substanz und Präsenz. Doch das Motiv drückte mehr Trauer und Bestürzung aus, als sie früher verstanden hatte.

Jetzt sah sie es. Das Werk stellte nicht nur Sally dar, sondern auch sie selbst. Was sie da gemalt hatte, war eine Lebenserzählung.

Sie stopfte die Broschüre zurück in die Handtasche.

*

Der Vormittag des Mittsommertags war bewölkt gewesen und eine Weile hatte sich Vanja ernsthafte Sorgen gemacht, es könnte regnen. Fast hätte sie Leif gebeten, sich einen Alternativplan für die Trauungszeremonie zu überlegen.

Aber zum Nachmittag hatte das Wetter umgeschlagen. Jetzt wärmte der Sonnenschein und es war weniger windig. Die Hanäbukten lag offen vor ihnen, die Heiden und Strände erstreckten sich in alle Richtungen.

Sommerlich gekleidete Familienmitglieder und Freunde hatten sich versammelt. Caroline, die Juristin, die Sally im Saunaklub von Kivik kennengelernt hatte, begrüßte alle zur Trauung von Vanja Larsson und Leif Dahlin.

Die Zeremonie dauerte nicht lange. Als sich das Brautpaar danach küsste, brandete Jubel auf. Unter Pfiffen und Hurrarufen umarmten Vanja und Leif einander fest, Reiskörner regneten auf sie herab.

»Jetzt fahren wir alle in die *Pension Pomona*«, verkündete Vanja. »Dort wartet das Hochzeitsessen auf uns und es werden noch ein paar Gäste zu uns stoßen.«

Das war eine klare Untertreibung. Leif und sie hatten zur Party am Abend einen Haufen Leute eingeladen, sowohl von seiner als auch von ihrer Seite. Außerdem hatte Vanja darauf bestanden, eine Menge Menschen, die sie durch Sally und Josefins Aktivitäten im Lesekreis, dem Saunaklub und dem Fahrradfest kennengelernt hatte, einzuladen. Leif hatte nur lachend gesagt, dann sei sie selbst schuld daran, wenn die Kloschlange zu lange werde und das Essen nicht ausreiche.

Vanja schaute sich um. Wo waren nur gleich ihre beiden Ehrengäste?

Sie entdeckte sie. Sie standen von allen anderen fast verborgen etwas weiter hinten. Ihre Pflegegeschwister Bernhard und Lilian, siebenundsiebzig respektive neunundsiebzig Jahre alt. Beide vital und halbwegs gesund. Sally war es gewesen, die sie nacheinander kontaktiert und zu einem Treffen überredet hatte. Dann war es nicht weiter schwer gewesen, den alten Groll, der sie auseinanderdriften hatte lassen, auszuräumen. Bei ihrem Erbstreit waren bestimmt starke Gefühle im Spiel gewesen, aber die lange Zeit, die seither vergangen war, ließ den Konflikt lächerlich erscheinen. Jetzt hatten sie ihn hinter sich gelassen.

Die Trauungsgäste wollten umarmen und gratulieren. Vanja und Leif waren eine ganze Weile beschäftigt, bevor sie zum Parkplatz konnten, wo die Autos standen. Der weinrote VW-Bus war an den Seiten mit Tüll und roten Rosen geschmückt und hinten einem Schild, das Harald gemacht hatte. *FRISCH VERHEIRATET* stand da. Aber gegen an der Stoßstange hängende, klappernde Blechdosen hatte Vanja sich verwehrt. Etwas Würde hatte sie.

In der *Pension Pomona* war im Garten für das Fest hergerichtet. Die Möbel aus dem Speisezimmer waren nach draußen gewandert und mit Gazetüchern und Blumengirlanden im Boho-Style dekoriert worden. Die Fahne war gehisst und die Plätze für das Brautpaar zierten wunderschöne Sonnenblumen. Vanja blieb am Gartentor stehen. Sie schaute sich an, was ihre Familienmitglieder mit Herzblut gemeinsam arrangiert hatten. In den Bäumen hingen Laternen, die am Abend angezündet werden sollten, auch wenn die Mittsommernacht heller war als andere Nächte.

Die Gäste verteilten sich mit ihren Sektgläsern über das Grundstück, redeten und hatten Spaß miteinander. Wie viele Menschen es doch auf dieser Welt gab, die sie mochte! Vanja wurde es ganz weich ums Herz.

Da stand Harald und sprach mit Göran, Inger und Erna. Die drei sprühten vor Leben und hatten offenbar eine Menge zu bereden. Vielleicht erzählte Harald von seinem

Steinwall, mit dem er gestern endlich fertig geworden war. Die Arbeit daran war unglaublich zäh gewesen und hatte doppelt so lange gedauert, wie veranschlagt, denn Harald hatte im Frühjahr lange Pausen machen müssen. Er und Vanja hatten viele Witze über seine mangelnde Geduld und ihr lausiges Einschätzungsvermögen in Bezug auf die benötigte Anstrengung gemacht. Jetzt war die Mauer jedenfalls fertig. Laut Josefin war Harald unendlich stolz gewesen, als der letzte Stein seinen Platz gefunden hatte.

»Oma!«

Vanja drehte sich um. Josefin rannte auf sie zu und umarmte sie wieder. Sie atmete tief ein und wirkte selig.

»Du riechst immer so gut. Nach Teeblättern, Tempelblumen und Mandelseife.«

Vanja lachte los.

»Was sagst du da?«

Josefin schob die Haare vor Vanjas Ohr etwas beiseite.

»Ich muss dir was erzählen«, flüsterte sie hinein. »Wir kriegen ein Kind. Zu Weihnachten. Es wird ein Mädchen.«

Vanja hatte keine Zeit zu reagieren, denn Sally war zu ihnen getreten. Ein paar Strähnen ihrer zu einem Knoten hochgesteckten Haare flatterten sanft in der milden Vorsommerbrise. Wie unglaublich schön sie heute war. Ihre erwachsene Tochter.

»Mama weiß es schon«, sagte Josefin.

Vanja packte Sally. Sie drückte sie an sich, fest und lange, und Sally erwiderte die Umarmung in der gleichen Intensität. Ein Gefühl wie damals, jenem Tag vor fast fünfzig Jahren. Genau hier, an dem weiß gestrichenen Gartentor.

Dann sahen sie einander schweigend an, alle drei. Jedes Wort war überflüssig.

Über ihnen kreischten die am Himmel segelnden Möwen. Die Brise vom Meer trug einen Dunst von Sand und Tang mit sich, der sich mit dem Duft der Blumen im Garten vermischte.

Vanja streckte die Hände aus, ergriff mit der einen Josefins Hand und mit der anderen Sallys. Sie hielt ihre Tochter und Enkelin. Spürte die Wärme ihrer Haut, den Druck ihrer kräftigen Finger. Jetzt, in diesem Moment, war alles, wie es sein sollte.